高等学校新文科教材·通识教育系列

《孙子兵法》解读（第2版）

An Interpretation on
Sunzi's Art of War (Second Edition)

黄朴民　著

中国人民大学出版社
·北京·

编写体例

本书由导言，《孙子兵法》十三篇的各篇题解、原文、注释、校记、译文、解读，主要参考书目，以及三个附录组成。

《孙子兵法》的原文，主要参考中华书局上海编辑所1961年出版的影宋本《十一家注孙子》。

注释，包括解词、释义等。解词部分，主要就原文关键词进行解释，为了使词的解释较有说服力，广泛引用了先秦两汉古籍中出现同词的资料以作佐证。释义部分，主要是对原文文句的缕析诠释，并根据需要引用《十一家注孙子》之类的释文，以助读者理解。同时，必要时，偶作“按语”，表述作者个人的管见。

校记，主要参考1985年文物出版社出版的《银雀山汉墓竹简［壹］·孙子兵法》，简称“汉简本”，武经七书本《孙子》（《续古逸丛书》影印本），简称“武经本”，也参考了“平津馆本”“樱田本”，及《通典》《太平御览》等古代政书、类书的内容。对所校勘的版本文字异同，只作逐录，不作评析，以资参证。

各篇题解与解读，主要是叙述该篇中心思想，分析其内在逻辑结构和基本特色，征引古今中外著名战例，以印证孙子的相关军事原则，和广大读者一起分享作者自己阅读和理解孙子思想理论体系及其价值的心得体会。

contents 目 录

导　言

《孙子兵法》，又称《孙子》《吴孙子兵法》《孙武兵法》，它是我国古代兵学的杰出代表，中国优秀传统文化的重要组成部分，其内容精博深邃，问世以来，对中国古代军事文化的形成和发展影响极其深远，被尊奉为“百世兵家之师”。直到今天，《孙子兵法》的许多合理内核仍然闪烁着真理的光辉，对现代军事理论的建设和发展，具有重大的借鉴与启示意义。与此同时，《孙子兵法》的基本原则和思想方法，还渗透到军事以外的社会生活领域，在商业竞争、企业管理、体育竞赛、外交谈判等活动中得到广泛的重视和应用。从这个意义上说，《孙子兵法》已超越时空的界限而具有永恒的魅力。

一、《孙子兵法》的成书年代和作者

(一) 孙子其人其书的真伪

孙武在很长一段时期里遭到了不少人的怀疑和攻讦。所谓怀疑，就是对他本人的有无和其著作真伪的存疑否定；所谓攻讦，就是对他的思想体系以儒学的观点进行衡估批判。对于后者，我们将在后文中详加剖析，这里我们的工作旨在推倒加在他和他著作上的种种不实之辞，涣释疑窦，明其真相。

对孙武其人其书的怀疑主要基于以下三方面的因素：第一，详细记载春秋史事的原始史籍《左传》《国语》等书对孙武的生平事迹丝毫不曾涉及；第二，《孙膑兵法》在魏晋以后悄然亡佚，杳无踪影，两孙子因而随之被人们混淆；第三，现存的《孙子兵法》一书多少带有某些战国时代的色彩。加上北宋以来疑古思潮的勃兴，孙武及其著作的真实与否便成为一桩疑案，而诉诸学术殿堂了，众说纷纭，莫衷一是。

的确，由于文献资料的匮乏，现在有关孙子生平问题尚存在着许多难以解释的疑窦。《史记·孙子吴起列传》过于简略，仅说"孙子武者，齐人也。以兵法见于吴王阖庐"。然后，就是一则"吴宫教战"的故事，迹近小说家言。最后来个概括性的评论："西破强楚，入郢，北威齐晋，显名诸侯，孙子与有力焉。"不少问题都无法确切说明。其家世背景、入吴动因、最后下落，都是后世追叙甚至有可能是杜撰的，方凿圆枘，难以自圆其说。

例如，孙子为田书（孙书）之孙，主要依据的是《新唐书·宰相世系表》、邓名世《古今姓氏书辨证》等材料的记载，多有可疑。田书"因伐莒有功，景公赐姓孙氏，食采于乐安"。但按《春秋左传》，田书若参与齐国伐莒，当在公元前523年，从其统兵缒城克莒的表现看，田书此时应当青壮之年，否则"缒城"这样的行动，恐怕难以胜任。而孙子见吴王阖闾，至迟不会晚于公元前506年，能写出这样杰出的兵法，当时的孙子也当在30岁之后。尽管古时早婚，但祖孙之间年龄之隔，按常理推算，实不太能契合。另外，先秦时期并无乐安之地名，乐安之名，始见于《汉书·地理志》，汉代有"乐安县"，隶属于千乘郡。春秋时期既然无"乐安"，那么，所谓"食采于乐安"，又从何谈起。

又如，据《新唐书·宰相世系表》等记载，孙子奔吴的缘由，是为了躲避齐国的内乱，"以田、鲍四族谋为乱，奔吴，为将军"。这同样不合情理：田氏是齐国内部政治斗争的胜利者，最后代替姜氏，成为齐国统治者，将姜氏之齐，变为田氏之齐，这就是史上著名的"田氏代齐"。作为田氏的支系，孙子完全可以坐享田氏胜利的成果，而不必跋山涉水，为"避祸"南逃吴国。因此，所谓的"避祸"奔吴之说，从逻辑上似乎也讲不通。

再如，孙子最后的结局，历史上也是说法多样。或讲他"飘然高隐"，不知所终，如同范蠡似的，功成身退，逍遥快活去了。《唐太宗李卫公问对》卷下："若张良、范蠡、孙武，脱然高引，不知所往。"或说他如同商鞅等人一样，被杀受戮，不得善终。《汉书·刑法志》：“孙、吴、商、白之徒，皆身诛戮于前，而国灭亡于后。报应之势，各以类至，其道然矣。”分歧甚大，让人无所适从。其实，这都是很正常的，毕竟连 2000 多年前司马迁也讲不清楚的事情，我们今天在没有更多新出土文献做佐证的情况下，也只能存而不论了。

尽管细节上我们已无法追求绝对的历史真实，但是，历史毕竟还有近似真实与逻辑真实。我们在孙子其人其书的考察上还是可以有所作为的，来尽可能接近并了解历史的本相。

（二）否定孙子与《孙子兵法》的种种说法

众所周知，关于《孙子兵法》的成书年代和作者问题，自宋代以来，争论辩诘已延续了千余年之久。论争的焦点是，该书成于春秋抑或战国？其作者是孙武还是孙膑？抑或如宋代叶适所言，为某“山林处士”（《习学记言》卷四六《孙子》，中华书局，1977 年校点本）？在疑古思潮的影响下，不少学者不承认孙子拥有《孙子兵法》一书的著作权，也否定《孙子兵法》的主体内容形成于春秋后期。这些怀疑意见总括起来，大抵不外乎以下几种：

第一，历史上本无孙子其人，《孙子兵法》十三篇系战国时人所伪托。主张这一说法的人主要有南宋的叶适、陈振孙，清代的全祖望、姚际恒和现代学者钱穆、齐思和等。叶适在《习学记言》卷四六《孙子》中指出，“凡谓穰苴、孙武者，皆辩士妄相标指，非事实”，认为《孙子兵法》乃“春秋末战国初山林处士所为”。陈振孙《直斋书录解题》卷一二《兵书类》（上海古籍出版社，1987 年校点本）则云：“孙武事吴阖闾，而事不见于《春秋传》，未知其果何代人也。”全祖望继承叶适等人衣钵，在《孙武子论》（《鲒埼亭集》卷二九，《四部丛刊》本）中进一步发挥道：“水心疑吴原未尝有此人，而其事其书皆纵横家所伪为者，可补《七略》之遗，破千古之惑。至若十三篇之言，自然出于知兵者之手。”姚际恒在其《未足定其著书之人者》（《古今伪书考》，《丛书集成初编》本）中亦唱同样的调子，说：“然则孙武者，其有耶？其无耶？……其书自为耶？抑其后之徒为之耶？皆不可得而知也。”到了现代，依旧有相当数量的学者步叶适等人的后尘，向孙武及其著述发出诘难怀疑之声。如钱穆说：“其人与书，皆出后人伪托”[①]；又如齐思和云：“孙武实未必有其人，十三篇乃战国之书”[②]。

他们的怀疑依据主要有两点：《左传》等史籍未载孙武的事迹，“孙武为大将，乃不为命卿，而左氏无传焉”（《习学记言》卷四六《孙子》）；《孙子兵法》所反映的是战国时代的社会状况和战争特色，时代特征明显晚于春秋。由于这一派既怀疑《孙子兵法》其书，又怀疑孙武其人，态度最为坚决，故可以称作彻底怀疑论者。

第二，历史上虽有孙武其人，但《孙子兵法》一书则断非其人所著。持这一观点的代表人物有北宋的梅尧臣，清代的姚鼐，现代的梁启超、黄云眉等。梅尧臣曾作《孙子注》，认为此书非孙武自著，而是“战国相倾之说也”[③]。姚鼐的意见也相同，认为“吴容有孙武者，而十三篇非所著”，认为“是书所言皆战国事耳”（《惜抱轩文集》卷五《读孙子》，《四部备要》本）。梁启超同意梅、姚等人的意见，指出“此书未必孙武所著，当是战国人依托。书中所言战事规模及战术，虑皆非春秋时所能有也”[④]。黄云眉在《古今伪书考补证》（齐鲁书社，1980年）中也认为，“孙武之有无其人虽未暇定，而十三篇之非孙武书则固无可疑者”。

这派学者怀疑、否定《孙子兵法》为孙武所著的主要依据，不外乎一条，即孙武是春秋时人，而《孙子兵法》“所言皆战国事耳”，“书中所言战事规模及战术，虑皆非春秋时所能有也”，因此书的作者不可能是孙武本人。由此可见，这一派在孙武其人其书问题上，实际上是采取了“存其人而疑其书”的态度。

第三，《孙子兵法》与《孙膑兵法》实为一书，其真正的作者是战国中期的孙膑，即使退一万步讲，该书也是导源于孙武，而完成于孙膑。持这一观点的有钱穆、陈启天等现代学者以及日本学者斋藤拙堂、武内义雄等人。可见，关于孙武其人其书真伪的这场笔墨官司，已越出国界而打到海外去了。钱穆在否定孙武其人其书的基础上，进一步推论道，“《孙子》十三篇，洵非春秋时书。

---

① 钱穆：《先秦诸子系年·孙武辨》，香港：香港大学出版社，1956。

② 齐思和：《孙子兵法著作时代考》，载氏著《中国史探研》，北京：中华书局，1981。

③ 欧阳修：《居士集·梅尧臣孙子注后序》，载《欧阳文忠公文集》卷四一，《四部丛刊》本。

④ 梁启超：《汉书·艺文志·诸子略考释》，载氏著《饮冰室专集》，北京：中华书局，1989。

其人则自齐之孙膑而误”[①]。斋藤拙堂在《孙子辨》中称，“今之《孙子》一书，是孙膑所著。孙武与孙膑，毕竟同是一人，武其名，而膑是其绰号”[②]。而武内义雄在《孙子十三篇之作者》（马导源译）一文中，虽然承认孙武、孙膑各有其人，各有著述，但却认为今本《孙子》十三篇从其内容，“非孙武所著之书”，而“出于孙膑所作”。[③] 至于陈启天的观点，则是折中性的，他指出，“古人为学，均有传授。孙膑既为孙武之后世之孙，则武之兵法授之于膑，膑即据之撰成十三篇，而署武之名以行世”[④]。尽管如此，在陈启天的眼里，《孙子兵法》的真正作者仍当为孙膑。

这一派的观点之所以提出，当缘于历史上《孙膑兵法》久已亡佚，而今本《孙子兵法》又多呈战国时代特征，故很自然地将孙武与孙膑混为一谈，将两部不同时代的兵书视为一体。从这个意义上讲，这一派的意见可以命名为“张冠李戴”。

除上述三种主要怀疑论调外，还有一些影响稍逊的否定观点。如清代牟庭在其《校正孙子》中认为，所谓孙武就是伍子胥，二者实为一人。由于其说过于离谱，因此很少有人信从。

总之，持否定意见的学者认为：孙武的事迹不见于《左传》等先秦典籍的记载，《孙子》所反映的战争规模、运动作战方式、注重诡诈权变的特点，以及专有名词（如主、将军等）的称谓、文体的风格均带有鲜明的战国时代特征。因此，《孙子》十三篇不可能成于春秋末年，而只能是在战国时期甚至更晚。

当然，历史上也有不少学者对种种怀疑孙武其人其书的论调颇不以为然，并撰文予以辨疑解惑。这方面的主要代表有元末明初人宋濂，明人胡应麟，清人纪昀、孙星衍、章学诚，今人余嘉锡等。如宋濂《孙子辨》申辩道：“春秋时，列国之事赴告者则书于策，不然则否。二百四十二年之间，大国若秦、楚，小国若越、燕，其行事不见于经传者有矣，何独武哉！”（《古籍考辨丛刊》第一集《诸子辨》，中华书局，1955 年）认为不能以《左传》等史籍不载孙武事迹

---

① 钱穆：《先秦诸子系年·孙武辨》，11 页，香港：香港大学出版社，1956。
② 江侠庵主编：《先秦经籍考》，北京：国家图书馆出版社，2010。
③ 《日本汉学研究论文集》，台北：中华丛书编审委员会，1960。
④ 陈启天：《孙子兵法校释》，41 页，北京：中华书局，1944。

而否定其人。又如孙星衍在《孙子略解·序》中也说："诸子之文，皆由没世之后门人小子撰述成书，惟此是其（孙武）手定，且在《列》《庄》《孟》《荀》之前，真古书也。"（《问字堂集》卷三，载《孙渊如先生全集》，商务印书馆，《国学基本丛书》本，1935年）从著作体例的角度，论定孙武为《孙子兵法》的作者。

（三）破解《孙子兵法》的真相

从以上简单的回顾中可以看到，关于孙武其人其书真伪的争论，在历史上延续了千余年之久，可谓学术史上一场旷日持久的聚讼。可是，种种怀疑、否定孙武其人其书的论点，虽然皆自申其理由，有的还说得头头是道，天花乱坠，但究其实质，多属猜测乃至臆断，既与历史文献记载不合，也与地下考古发现相悖，因此是不足据信的。我们的意见是，历史上孙武确有其人，无可怀疑，《孙子兵法》的作者是孙武，证据确凿。

1972年山东临沂银雀山一号汉墓中出土了一批珍贵的竹简，其中有《孙子兵法》和《孙膑兵法》。0233号汉简上书"吴王问孙子曰……"，0108号汉简上书"齐威王问用兵孙子曰……"。两种兵法同墓出土，而两则简文的内容又恰与《史记》等史籍关于孙武、孙膑的记载相吻合，这证实了历史上孙武、孙膑各有其人，《孙子》的作者不是孙膑。肯定论者据此认为《孙子》成书年代与作者这一"千年聚讼"已"一朝得释"。然而否定论者却认为银雀山汉墓竹简的出土，并不能完全解决其书的成书年代与作者问题，他们依旧坚持《孙子》一书带有浓厚的战国时代特征的基本观点。①

我们认为，《孙子》一书当基本成型于春秋末年，其作者当为孙武本人。具体理由有以下几点：

第一，孙武撰著《孙子》见于《史记》的明确记载。《史记·孙子吴起列传》云："孙子武者，齐人也。以兵法见于吴王阖庐。阖庐曰：子之十三篇，吾

① 郭化若：《孙子译注》前言，上海：上海古籍出版社，1984；李零：《关于银雀山简本〈孙子〉研究的商榷》，载《文史》，1979（7）；郑良树：《论〈孙子〉的作成时代》，载氏著《竹简帛书论文集》，北京：中华书局，1982。

尽观之矣。”这段记载至少透露了两点信息：其一，孙武曾著有兵法，并以此觐见吴王阖庐并获重用。其二，“十三篇”篇数与今传本《孙子》篇数相符。这是孙武著有《孙子》的最原始且有说服力的证据。

《史记·货殖列传》记载：“白圭，周人也。当魏文侯时，李克（悝）务尽地力，而白圭乐观时变……。故曰：吾治生产，犹伊尹、吕尚之谋，孙、吴用兵，商鞅行法是也……”白圭是战国前期人，他这里提到的“孙”，自是指孙武而非孙膑，这表明历史上孙武确有其人。《汉书·刑法志》云：“吴有孙武，齐有孙膑，魏有吴起，秦有商鞅，皆禽敌立胜，垂著篇籍。”又《吕氏春秋·上德》云：“阖庐之教，孙、吴之兵，不能当矣。”高诱注：“孙、吴，吴起、孙武也。吴王阖庐之将也，《兵法》五千言是也。”这里两则史料均明确指出孙武实有其人，并著有兵法。高诱更肯定《孙子》凡五千言，与今传本字数相近。其他像《韩非子》《尉缭子》《黄帝内经》《战国策》《论衡》等典籍亦有类似的记载。这些情况表明，孙武善用兵、撰著兵书乃战国、秦汉时人们的普遍共识。

又，《银雀山汉墓竹简·孙子佚文·见吴王》及青海《上孙家寨汉简·孙子佚文》均曾提到“十三篇”（“十三扁”），且《银雀山汉墓竹简·孙子兵法》之内容与传世本《孙子》内容基本一致，这样便从现代考古学的角度进一步证实了孙子其人其书的可信程度。①

第二，叶适、全祖望、陈振孙、钱穆、黄云眉诸人以《左传》不载孙武事迹，而断言孙武非《孙子》作者，或进而揣度孙武与孙膑为一人，或以为《孙子》成书于孙膑之手。凡是种种，多属猜测之辞。因为仅凭借《左传》之记载有无而论定孙武与《孙子》的关系，其证据显然是贫乏的。这一点宋濂《诸子辨》中即有反驳（见前文）。至于混淆孙武、孙膑为一人，或言孙膑作《孙子》，这一误解已随银雀山汉简出土而澄清，无须赘说。

第三，否定论者常就战争规模、作战方式、文体特征考论《孙子》带有浓厚的战国色彩，进而判定该书成于战国年间，孙武非其书作者。我们认为这一观点也是无法成立的。首先，就整个作战方式演变看，春秋乃一个过渡时期，其前中期与西周以来的“军礼”传统一脉相承；而自晚期起，则发生巨大的变

① 吴九龙：《简本与传本〈孙子兵法〉比较研究》，载《孙子新探》，185 页，北京：解放军出版社，1990。

化，反映为军队人数剧增，战争规模扩大，作战方式改变。仅就作战方式言，即示形动敌、避实击虚、奇正相生等“诡诈”战法开始流行，过去那种“约日定地”、“鸣鼓而战”、堂堂之阵战法日趋没落。用班固的话说，便是“自春秋至于战国，出奇设伏，变诈之兵并作”（《汉书·艺文志·兵书略序》）。《孙子》与“古王者《司马法》”不同，集中反映这一历史潮流趋向实属正常。其次，在这一时代变革中，南方地区的吴、楚、越诸国乃得风气之先者，当时这些较少受旧“军礼”传统束缚的国家，在战争活动中更多地采用了埋伏、突袭、诱敌等“诡诈”战法，并经常奏效。孙武曾在吴国为将，深受当地军事文化的影响，在其著述中自然要体现南方军事文化（包括战法）的特点。所谓“孙氏之道，明之吴越，言之于齐”（《孙膑兵法·陈忌问垒》所附残简），指的就是这层含义。所以，不能以战争规模扩大、野战机动性增强等现象来简单地和战国特征画上等号，更不宜由此而否定孙武的著作权。

第四，值得注意的是，《孙子》中也明显带有春秋前中期战争的基本特征。如其言“合军聚众”，就反映了商周以来战争动员的主要特点。其言“穷寇勿迫”，其实就是早期战争“不穷不能”“战不逐奔”的翻版。而其“不战而屈人之兵”的全胜观念，则更体现了它与早期战争特征中广义一面的联系。众所周知，春秋前中期的战争更多的以迫使敌方屈服为基本宗旨，因而军事威慑多于会战，真正以主力进行会战决定胜负的战争为数比较有限。换言之，当时大中型国家发生冲突时，多以双方妥协或使敌方屈服为结局，而彻底消灭敌方武装力量、摧毁对方政权的现象比较罕见。于是，会盟、“行成”与“平”成为当时军事活动中的重要手段。公元前700年，屈瑕率楚军大败绞师，结城下之盟而退还；公元前612年，晋攻蔡，入蔡，为城下之盟而退师；公元前571年，晋、宋、卫三国之师攻郑，冬，城虎牢，逼迫郑国求和；等等，都是这方面的显著事例。对这类传统的追慕和借鉴，遂构成《孙子》兵学的理想境界：“不战而屈人之兵”。其他如言兵种而未提及骑兵，言“仁”而未尝“仁义”并称，以及“舍事而言理”的论述风格，均突出体现了春秋的时代精神。种种情况表明，《孙子》全书打上了春秋晚期社会变迁、军事斗争艺术递嬗的深深烙印，它只能成书于春秋期间。

第五，有些被人们用来辩驳《孙子兵法》成于春秋晚期的史证，其实是一种治学不严谨状态下的“误读”。如，见到《孙子兵法》中有“焚舟破釜”的文字（仅见于“十一家注孙子”本，但皆不见于“汉简本”“武经本”“平津馆本”“樱田本”），就联想到秦汉之际的巨鹿之战，联想到项羽“破釜沉舟”的典故，于是率而断言《孙子兵法》晚出。殊不知，早在春秋前期的秦晋王官之役中，秦军早已玩过这一招数。是役，秦将孟明视统率秦师东渡黄河，为了昭示与晋军决一死战的坚定意志，孟明视采取了“济河焚舟”的做法，给晋军以极大的震慑，迫使其龟缩固守，不敢撄秦军的兵锋，秦军如入无人之境，攻克晋邑王官，取得了春秋时期秦晋交战中的一次重大胜利，一洗崤之战秦师“只马匹轮不返”的耻辱。王官之战爆发于周襄王二十九年，即公元前 624 年，早于孙子撰著兵书足足 100 多年，孙子在其兵书中引为史鉴，留下“焚舟破釜”等文字，自然是完全合乎情理与逻辑的。

当然，我们也不否认《孙子兵法》中有后人所增益的成分。余嘉锡先生在其《古书通例》一书中曾经指出：“古书之题某氏某子，皆推本其学之所自出言之。《汉志》本之《七略》，上书某子，下注名某者，以其书有姓无名，明此所谓某氏某子者，即某人耳，非谓其书皆所自撰也。”① 这是古书编纂之常态现象，《孙子兵法》一书亦无例外。

例如，其“五行”观就有较明显的战国色彩。众所周知，先秦时期的“五行说”主要有两类，一为“五行相生”说，一为“五行相胜”说。另外，还有一种“五行不常胜”说，乃墨家后学的观点。《墨子・经下》云：“五行毋常胜，说在宜。”其含义是五行相遇固不免相胜，但并非确定不移，因种种机遇，且能生出变化来，大概是多方可以胜少。《墨子・经说下》：“五：合水土火。火离然，火烁金，火多也。金靡炭，金多也。”就是“毋常胜”之说。学界多认为，墨家后学的观点所反映的是战国中后期的思想，今本《孙子兵法》云“五行无常胜”，意思接近墨家后学“无常胜”之说，这从一个侧面表明《孙子兵法》一书有一定的后人增附现象，其实细细体会《虚实篇》原文，我们可以看到，至“兵无常势，水无常形，能因敌变化而取胜者，谓之神”，全篇文义俱足，已经做了十分精彩的结束。可是，后学者好事，生怕人们不能领悟孙子的要旨，遂

---

① 余嘉锡：《古书通例・案著录第一》，23 页，上海：上海古籍出版社，1985。

增添了“五行无常胜，四时无常位，日有短长，月有死生”数语，以为注解，来叠床架屋式地阐释“兵无常势”之义，这纯属画蛇添足，在日后辗转传抄的过程中，这些注文就被混入正文，而徒滋烦扰，治丝益棼。再如，《用间篇》最后一段言“昔殷之兴也，伊挚在夏；周之兴也，吕牙在殷”云云，也与《孙子兵法》全书“舍事而言理”的基本风格相悖。然而所有这一切，均不足以动摇孙武为《孙子兵法》作者，《孙子兵法》成书于春秋晚期这一基本事实。

二、《孙子兵法》的著录、流传及版本

（一）先秦至汉代的《孙子兵法》著录

据现存文献资料，孙子其人生平与功业、孙子有著述存世以及《孙子兵法》的部分文字等等，早在战国时期就有相关的载述，分别见于《尉缭子·制谈》《尉缭子·将理》《荀子·议兵》《鹖冠子·天则》《鹖冠子·世兵》《韩非子·五蠹》《吕氏春秋·上德》《黄帝内经·灵枢》诸典籍篇章。尤其是韩非子所言“境内皆言兵，藏孙、吴之书者家有之，而兵愈弱，言战者多，披甲者少也”这段文字，更是广为流传，耳熟能详。但是，《孙子兵法》作为一部系统的著作，最早被载述著录的，当是西汉前期司马迁所撰著的《史记》。《史记·孙子吴起列传》云：“孙子武者，齐人也。以兵法见于吴王阖庐。阖庐曰：子之十三篇，吾尽观之矣。”“世俗所称师旅，皆道孙子十三篇。”可见当时称是书为“十三篇”。此后，历代对该书均有著录。其源流大致如下：

西汉时期是《孙子兵法》正式见于著录的重要开端，也是该书基本定型和开始流传的关键阶段。当时朝廷对兵书进行了三次大的搜集和校理。第一次是汉高祖在位时“韩信申军法”：“张良、韩信序次兵法，凡百八十二家，删取要用，定著三十五家。”（《汉书》卷三〇《艺文志·兵书略》）限于汉初“干戈未息”，“自天子不能具醇驷，而将相或乘牛车”的政治经济条件，以及“挟书律”尚未废除的文化氛围，这次整理大约重在搜集和遴选。第二次是在汉武帝时，

当时反击匈奴的战争正在如火如荼地进行，为了夺取战争的胜利，统治者对兵学的关注自然又提到议事日程，于是就有军政杨仆整理兵书之举："军政杨仆捃摭遗逸，纪奏兵录，犹未能备。"(《汉书》卷三〇《艺文志·兵书略》）颜师古注曰："捃摭，谓拾取之。"可见杨仆的工作主要也是搜集兵书。遗憾的是，由于种种原因，这次整理尚存在缺陷，"犹未能备"。第三次是在汉成帝时，由"任宏校兵书"："光禄大夫刘向校经传诸子诗赋，步兵校尉任宏校兵书，太史令尹咸校数术，侍医李柱国校方技。每一书已，向辄条其篇目，撮其指意，录而奏之。"(《汉书》卷三〇《艺文志·序》）可见是由步兵校尉任宏整理兵书，并由刘向总其成，为整理校订后的兵书作叙录，附于其书之中，上奏皇帝。这次整理的意义要远远大于前两次，不仅划分了兵家的各类流派，而且还认真厘定了文字，规范了版本，揭示了各部兵书的学术价值，即刘向、任宏将搜集到的各部兵书，校勘其文字，确定其书名，统一其篇名，排定其篇章次序，撰就其提要，缮写而后成为定本。通过这次整理，先秦至西汉中期的兵书基本上以较完善的面貌存之于世，为封建王朝的军事斗争提供切实的服务。

在这三次兵书整理过程中，一定都包括了最重要的《孙子》一书。尤其是第三次，它对于传世本《孙子》篇名、篇次的排定，内容的厘正，文字的校正，具有重要的意义。这次校书之事，由刘向总其成，他曾为整理校订后的书作《叙录》，附于其书之中，上奏皇帝。《叙录》的重要内容之一就是著录书名和篇题。根据其这一性质，我们可以推断《叙录》是古代目录书中著录《孙子》的第一部。刘向卒后，其子刘歆继承父业，"总括群书，撮其指要，著为《七略》"(《隋书·经籍志》）。因此，《七略》也当著录有《孙子》。同时，需指出的是，经过刘向、任宏的校书，《孙子》遂形成定本，并由国家收藏。

《汉书·艺文志》源于刘歆《七略》，其对《孙子》也有明确之著录，"《吴孙子兵法》八十二篇，图九卷"，这里，称"吴孙子"是为了有别于"齐孙子(孙膑)"。至于其篇数缘何由司马迁所言的"十三篇"(包括汉简本的提法）增至八十二篇，且附有图卷，一般的解释，原因不外乎两个：一是人们对《孙子》不断增益的结果，使其篇数大大膨胀；二是人们重新编纂篇次所致。我们认为，当以第一种因素可能性为大。

《孙子兵法》一书究竟有多少篇？字数大致为几何？一般通行的观点是，

《孙子兵法》的本文为“十三篇”，字数在“五千言”左右。应该说，这是比较靠谱的看法，也得到文献史料的支持。像篇数问题，《史记》的说法是“十三篇”，而字数问题，东汉高诱同样指出应为“五千言”：其注释《吕氏春秋·上德》“阖庐之教，孙、吴之兵，不能当矣”说：“孙、吴，吴起、孙武也。吴王阖庐之将也，《兵法》五千言是也。”

但是，现在东汉班固的《汉书·艺文志·兵书略》相关著录中，《孙子兵法》的篇数居然多达“八十二篇”。而且说到底，这还得算是西汉时期的状况，因为，众所周知，《汉书·艺文志》所据之本为刘歆的《七略》，而刘歆《七略》又渊源于其父刘向之《叙录》，这表明，早在西汉时期，《孙子兵法》的篇数卷目就有了“八十二篇”的另一类统计之说法。而据与司马迁同时代人东方朔的叙述，《孙子兵法》的文字亦远远超过了“五千言”之数，“年十三学书，三冬文史足用。十五学击剑，十六学诗书，诵二十二万言，十九学孙吴兵法，战阵之具，钲鼓之教，亦诵二十二万言。凡臣朔固已诵四十四万言”（《汉书》卷六五《东方朔传》）。这“二十二万言”之中，当然不仅仅是《孙子兵法》，还包括《吴子》等其他兵书，但《孙子兵法》不止“五千言”，当是殆无疑义的，我们认为，东方朔所言《孙子》文字数的依据，应该是“八十二篇”而非“十三篇”。

正因为早在西汉时期《孙子兵法》在篇数、文字方面就存在着统计上的差异与分歧，所以，唐代张守节在《史记正义》中就将《孙子兵法》分列为上、中、下三卷，认为“上卷”为《孙子兵法》原始文本，即“十三篇”，而“中卷”“下卷”则为孙子后学所撰，附益于孙子名下而流传。余嘉锡先生在其《古书通例·论编次第三》中，曾对“八十二篇”与“十三篇”之间的关系，以及《汉书·艺文志》只著录“八十二篇”而未著录“十三篇”的原因，做过合理的推断：“况诸子之书，源出于一人，同为一家之学乎。将以防简策之散佚，而使后人有以窥见古人学术之全，合而编之，正辨章旧闻之大者。此所以《孙子兵法》八十三（按：“三”或为“二”之讹误）篇为一书，不以十三篇别著于录。”不过，东汉末年大军事家曹操对这些依托于孙子的增益内容很不满意，认为“世人未之深亮训说，况文烦富，行于世者，失其旨要”，遂汲汲致力于恢复《孙子兵法》之原貌，“故撰为《略解》焉”，仅仅就“十三篇”作注（见《孙子注序》）。这样，便构成了孙子兵学发展史上一则聚讼纷纭的公案。

而银雀山汉墓竹简《孙子兵法》佚文的发现，则能够帮助我们做以下合理的分析与推断：《孙子兵法》其书实际上可以分为“内篇”与“外篇”，“内篇”就是司马迁所称的“十三篇”，其主要内容当出自孙子本人之手（当然也不排斥后人的一些附益，如“其下攻城”之后的“攻城之法，为不得已……”一大段文字，就很有可能是后人解释为何“攻城”为“下”策的增益内容）。而“外篇”则为除“十三篇”之外的“八十二篇”之文字，当出自孙子的后学或认同、依从孙子兵学理论的佚名兵学家之笔下。问题是，在汉简《孙子》佚文出土之前，我们对所谓《孙子兵法》“外篇”的情况并不了解，而现在通过这五篇佚文，我们就能对所谓的“外篇”有一个具体而形象的认知，可以直观地就“外篇”的主旨、内容、特色展开全面深入的讨论，从而在此基础上进一步梳理和分析“十三篇”与“八十二篇”之间的衍生关系，为解决《史记》与《汉书·艺文志》有关《孙子兵法》一书著录上分歧的疑案创造有益的条件，这显然是值得庆幸的。

（二）魏晋以降的《孙子兵法》流传与注释

曹操之《孙子略解》，又名《魏武帝注孙子》，系现存世的《孙子》最早注释本。曹氏受汉儒治经之影响，重名物训诂；他本人又是杰出军事家，有“御军三十年”之治军经验与指挥实践，注重兵法的实际应用，因此，其注简明切要，理论性、实践性浑然一体，形神兼备，具有很高的军事学术价值，问世后即备受人们的称誉推崇。其注为三卷十三篇，正与阮孝绪《七略》著录《孙子》三卷相契合，这说明曹氏乃是就太史公所云《孙子》十三篇作注，至于孙子之佚文和他人所增附的内容则阙而不论。这亦从侧面进一步证实“十三篇”才是《孙子》的主体。曹操之注本乃是日后“武经本”系统、“十家注”系统等所有《孙子兵法》注本的“祖本”。

曹操注《孙子》后，有《六朝钞本旧注孙子断片》，不知何人注本，日人香川默识《西域考古图谱》曾予收录。需附带指出的是，在两汉、魏晋南北朝期间，人们通常以“兵法”来特指《孙子》这部兵书，其正式命名为《孙子兵法》当属隋、唐以后之事，虞世南《北堂书钞》、李善《文选》注均称引“《孙子兵法》”，即是明证。

《隋书·经籍志三》著录有“《孙子兵法》二卷，吴将孙武撰，魏武帝注，梁三卷”，“《孙子兵法》一卷，魏武、王凌集解”，“《孙武兵经》二卷，张子尚注”，等等。还提到了孟氏、沈友诸人注释解诂。其中，孟氏之注，部分保留于“十家注”中，从现存注文看，它偏重于文字训诂，较少思想层面的阐发，是诸家注中训诂派的代表者。由此可见，《孙子》在唐初已有多种注解本。但从篇幅看（少则一卷，多则二卷），当未尝逾越“十三篇”的范围，或以曹注整理本为底本使然。

唐代以降，随着社会经济文化的繁荣，印刷技术的进步，《孙子》的流传也进入了一个新的发展阶段。人们对《孙子》的尊崇有增无减，习学《孙子》成为较普遍的社会风尚。注家蜂起，各种单注本、集注本以及合刻本纷纷面世。唐代的重要注家，首推杜牧。杜牧“其学能道春秋战国时事，甚博而详”（欧阳修：《孙子后序》）。其注纵横恣意，广征博引，新意迭出，堪称曹操之后《孙子兵法》的第二大注家。此外，李筌注、贾林注、陈皞注也比较重要，《郡斋读书志》称李筌云：“约历代史，依《遁甲》，注成三卷”，自成一家之言。

到了宋代，当时统治者有憾于国势积贫积弱，痛心于边患屡起迭至，出于扭转改变这一颓败局面的目的，便以较大的精力投入于军事领域，提倡研读兵书，探求富国强兵之道。北宋神宗元丰三年（1080年），宋神宗诏命国子监司业朱服和武学博士何去非等人“校定《孙子》《吴子》《六韬》《司马法》《三略》《尉缭子》《李靖问对》等书，镂版行之”（李焘：《续资治通鉴长编》卷三〇三）。将《孙子兵法》等七种古代兵书勒为一编，号曰《武经七书》，颁行于武学，为将校所必读。《孙子兵法》自此成为国家钦定的武学经典著作。此种情况一直沿袭至明、清而不变，如清代“武试默经”，依然是“不出孙、吴二种”（朱墉：《武经七书汇解·吴子序》）。

与此相应，对《孙子》的著录也成为历代各类公私目录书编写时所关注的重点之一。《旧唐书·经籍志》《新唐书·艺文志》《宋史·艺文志》《明史·艺文志》等“正史”，以及《郡斋读书志》《直斋书录解题》《遂初堂书目》《崇文总目》《秘书省续编到四库阙书目》《四库全书总目》等公私目录书，对《孙子》的各种版本、注家均有详略不同的著录。据不完全统计，唐宋以来，为《孙子》

作注者不下二百家，存世的亦在七十家以上。其中著名的注家，除上述魏晋隋唐的有关注家之外，在宋代有张预、梅尧臣、王晳、施子美、何延锡、郑友贤等，在明代有赵本学、刘寅、李贽、黄献臣等，在清代则有邓廷罗、顾福棠、朱墉、黄巩等，可谓名家辈出，蔚为大观。

宋代注《孙子兵法》成就最显著者，首推张预。其注集诸家之长，成一家之言，于《孙子兵法》义旨多有发明，博而切要，文字通畅优雅，堪为杜牧注之亚。他十分注意发明《孙子兵法》各篇之间的内在联系，而不仅仅是孤立地为《孙子兵法》只言片语作注；张预之注在《孙子兵法》文字训解上颇多新意；凡征引史例能做到贴切精练；引录了为数不少的孙子佚文和诸葛亮、李靖等人的言论，具有相当的史料价值。此外，宋代注家中，梅尧臣、王晳、郑友贤、何延锡诸人之注也值得注意。如梅尧臣之注，高度重视探究《孙子兵法》本义精粹，时有新的见解，语言亦简洁洗练，充分显示了作为诗人遣字用词的功力，像用简短九字"以智胜""以威胜""以力胜"，就非常到位而传神地说明了"上兵伐谋""其次伐交""其次伐兵"的准确要领，堪称精绝。又如王晳之注，"以古本校正阙误，又为之注"（《郡斋读书志》），对于厘正《孙子兵法》文字，正确理解文义，实不无裨益。再如何延锡之注，征引史例繁富，用战例详尽说明《孙子兵法》的基本作战指导原则，这对于普及《孙子兵法》之义，多有帮助。

（三）《孙子兵法》的主要版本

《孙子兵法》一书版本繁富，流传甚广，但考镜源流，穷本究底，不外乎三大基本系统：一是汉简本；二是武经本；三是十一家注本。不过，也有学者认为，影宋本《魏武帝注孙子》，应该是独立的版本系统，并强调它是现存最早的版本，价值要高于"武经本"与"十一家注本"。①

汉简本。1972 年山东临沂银雀山汉墓竹简《孙子兵法》是迄今为止所发现的《孙子兵法》最早手抄本。据专家研究，汉简本《孙子兵法》陪葬的年代大约在汉武帝建元元年（前 140 年）到元狩五年（前 118 年）之间。从字体风格

① 李零：《现存宋代〈孙子〉版本的形成及其优劣》，载《文史集林》第 2 辑，西安：三秦出版社，1987。

来看，其抄写年代当在秦到汉文景时期，较历史上早期著录《孙子兵法》的《史记》要早数十到上百年。有的学者据此而论定汉简本与今之传世本相比，更接近于孙武的手定原本，并推论简本《孙子兵法》或与之相类的抄本，当是传本《孙子兵法》的祖本。[①] 我们认为，这一说法有一定的道理，汉简本在校勘传世本《孙子兵法》方面确有相当的价值，但却不尽全面。因为汉简本虽弥足珍贵，但终究并非完璧。况且，刘向、任宏诸人校书，乃是综合勘比众多《孙子兵法》古抄本，多方征考，择善而从，而成定本的，其质量当较汉简本为胜。从这个意义上说，汉简本可资参考，然不宜过于迷信。汉简本的最佳整理本，系文物出版社1985年出版的《银雀山汉墓竹简［壹］·孙子兵法》。

武经本。即指宋刻《武经七书·孙子》。《武经七书》最早著录在尤袤《遂初堂书目》中，称为《七书》，后因"武举以七书试士，谓之武经"（《直斋书录解题》卷一二《李卫公问对》）。宋本《武经七书·孙子》是现存《孙子兵法》最重要的版本之一，原为陆心源皕宋楼藏书。据陆心源《仪顾堂题跋》卷六记载，此书"'殷、徵、贞、恒、警、敬、完、构、让、慎'皆缺避，当为宋孝宗时刊本"。后为日本岩崎氏购得，收藏在东京静嘉堂文库。今有《续古逸丛书》影印本。自宋代至明末清初，《孙子兵法》流传始终以武经本为主导，相对而言，十家注本的影响则比较微弱。与武经本有一定联系的是《魏武帝注孙子》，收录在清代孙星衍《平津馆丛书》卷一《孙吴司马法》内。它为现存的《孙子》最早注本，也是后世各种传写本、刊刻本的祖本，有影宋本传世。有学者认为，它与武经本属同一版本系统，但年代更早，错讹之处也较武经本、十一家注本为少。[②] 历史上武经本系统质量上乘、影响广泛的研究著作主要有：金施子美《武经七书讲义·孙子》、明刘寅《武经七书直解·孙子直解》、明赵本学《孙子书校解引类》、明黄献臣《武经开宗·孙子》、明李贽《孙子参同》、清朱墉《武经七书汇解·孙子》、清顾福棠《孙子集解》、清黄巩《孙子集注》等等。

十一家注本。即宋本《十一家注孙子》，上海图书馆藏本，1961年中华书局上海编辑所影宋本，此外，还有国家图书馆藏足本宋刻本与残本宋刻本。学者一般认为，《十一家注孙子》初刻于南宋绍兴年间，现存的诸宋本当刻刊于乾

---

① 吴九龙：《简本与传本〈孙子兵法〉比较研究》，载《孙子新探》，北京：解放军出版社，1990。
② 李零：《银雀山简本〈孙子〉校读举例》，载《中华文史论丛》，1981（4）。

道年间。[1] 它也是传世《孙子》书中最重要的版本之一，乃与武经本共同构成《孙子》书传本两大基本系统的源流。[2] 其书著录初见于尤袤《遂初堂书目》，《宋史·艺文志·子部》共著录三种《孙子》集注本，均从属于十一家注本系统。其中吉天保《十家孙子会注》当是十一家注本的重刻本。但在相当长一段时间内，十一家注本在社会上并不十分风行。这种状况，一直到清代孙星衍手里才得以改变。当时他以华阴《道藏》本《孙子集注》为底本，依据《通典》《太平御览》等典籍，对明传宋辑的《孙子兵法》之注释开展校订，就十一家注本做了一番认真细致的校订考辨工作，使之重新焕发青春，声誉鹊起，一举打破了自宋代以来《孙子兵法》主要以武经本流传的格局。孙星衍所校《孙子十家注》也就成了近世流传最广、影响最大、最实用的《孙子兵法》读本。

三、《孙子兵法》的兵学理论体系

宋代郑友贤在《十家注孙子遗说并序》中指出："武之为法也，包四种，笼百家，以奇正相生为变。是以谋者见之谓之谋，巧者见之谓之巧，三军由之而莫能知之。"参之本书，可知郑氏之论洵非虚言。《孙子兵法》内涵丰富，几乎包举了军事学上的各个领域，以下我们从几个方面着重进行阐述。

（一）慎战与备战并重的战争观念

春秋时代战争频繁，诸侯列国争霸与兼并一日无已。《孙子兵法》当然要反映这一时代特色，这就决定了孙武在战争问题上鲜明地提出慎战与备战并重的主张，换言之，"安国全军"是孙武战争观的基本主线。

孙武对战争采取十分慎重的态度，《孙子兵法》开宗明义提出："兵者，国之大事，死生之地，存亡之道，不可不察也。"（《计篇》）既然战争是关系到国家存亡的头等大事，所以孙武多次告诫并提醒统治者，必须慎重对待战争，指

① 杨丙安：《宋本〈十一家〉注及其流变》，载《孙子新探》，北京：解放军出版社，1990。
② 杨丙安、陈彭：《〈孙子〉书两大传本系统源流考》，载《文史》，1986（17）。

出："亡国不可以复存，死者不可以复生。故明君慎之，良将警之。"（《火攻篇》）对于那种缺乏政治目标和战略价值而轻启战端的愚蠢做法，孙武持坚决反对的态度："主不可以怒而兴师，将不可以愠而致战。"（《火攻篇》）并要求战场指挥者做到"战道不胜，主曰必战，无战可也"（《地形篇》）。

然而主张慎战并不意味着反对战争。《孙子兵法》提倡慎战的主旨，在于强调进行战争的政治目的应当遵循新兴阶级的功利主义原则，即做到"非利不动，非得不用，非危不战"，"合于利而动，不合于利而止"（《火攻篇》），不战则已，战则必胜。这种既重战又慎战的观点，使孙武的战争观念既不同于儒、墨的非战主张，也与稍后法家嗜战立场有所区别。由此可见，孙武的慎战出发点是"安国全军"，以最终赢得战争的胜利。

孙武是清醒的现实主义者。他鉴于战争不可避免，战争对社会经济、国家前途的巨大影响，把准备战争和指导战争的问题提到了极其重要的位置，强调做到有备无患："用兵之法，无恃其不来，恃吾有以待也；无恃其不攻，恃吾有所不可攻也。"（《九变篇》）这就是说，要把立足点放在做好充分准备，不打无准备之仗，以强大的军事实力迫使敌人不敢轻易发动战争的基点上。

基于慎战和备战并重的战争观念，孙武逻辑地推导出用兵的理想境界，这就是一个"全"字。所谓"全"就是全胜。《孙子兵法》中提到"全"的地方有十余处，最主要的篇章是《谋攻篇》。孙武认为"百战百胜"非"善之善者"，高明的战争指挥者应该做到"屈人之兵而非战也""拔人之城而非攻也""毁人之国而非久也"，从而实现战略、战役、战斗的全胜，即"必以全争于天下，故兵不顿而利可全"，用全胜的计谋争胜于天下，"不战而屈人之兵"。为了达到这一境界，孙武提出了"上兵伐谋，其次伐交"的主张，认为指导战争的上策是挫败敌人的谋略，其次是展示强大的兵威慑服敌人，至于"伐兵""攻城"，那就等而下之了。由此可见，孙武的"全胜"思想，实际上仍然是其慎战和备战思想在作战指导上的反映。慎战与备战、重战思想犹如一条红线，贯穿于《孙子兵法》十三篇中。

如果不得已进行战争，孙武主张实行进攻速胜战略。他明确提出，从事战争的目的是"掠乡分众，廓地分利"（《军争篇》），即掠取他国的人力物力资源，扩张版图，在争霸兼并战争中立于不败之地。在《九地篇》中，孙武更以明确的语言表明了自己的进攻战略："夫霸王之兵，伐大国，则其众不得聚；威加于敌，则其交不得合。"从历史发展的角度看，孙武这一战争观，是符合新兴势力的要求的，是与社会大变革的潮流相一致的，具有突出的进步意义。

（二）"令文齐武"的治军思想

为了适应新兴地主阶级建设军队、从事战争的需要，孙武曾提出过不少的治军原则，形成了比较系统的治军思想。归纳起来说，其治军思想主要包括严明赏罚、重视选将、将权贵一、严格训练、统一号令、爱卒善俘诸方面。①

严明赏罚，是调动将士积极性、提高部队战斗力的重要途径之一。孙武对此予以高度重视。在《计篇》中，他将"法"列为"五事"的一项，把"赏罚孰明"作为判断战争胜负的重要因素之一。他说："令之以文，齐之以武，是谓必取。"（《行军篇》）所谓"文"，就是精神教育、物质奖励；所谓"武"，就是军纪军法，强调重刑严罚。他认为治军必须拥有文武两手，做到恩威并施："卒未亲附而罚之，则不服，不服则难用也；卒已亲附而罚不行，则不可用也。"（《行军篇》）否则就不能造就一支具有战斗力的部队："厚而不能使，爱而不能令，乱而不能治，譬若骄子，不可用也。"（《地形篇》）

要严明赏罚，关键在于做到有法可依，有律可循，否则严明赏罚便无从谈起。所以孙武非常重视军队的法制建设，把"法令孰行"也列为判断战争胜负的标准之一。他认为部队必须有一定的组织编制，明确各级人员的职守，"法者，曲制、官道、主用也"（《计篇》）。他指出"治乱，数也"，"凡治众如治寡，分数是也"（《势篇》）。至于法制建设的重点，孙武认为是统一号令，加强纪律。他说："斗众如斗寡，形名是也"（《势篇》），主张用金鼓旌旗来统一将士的耳目，约束部队的行动，从而达到"勇者不得独进，怯者不得独退"（《军争篇》）的目的。当然，孙武主张在执法问题上也应该做到随时变宜，以更好地发挥法纪的作用。所谓"施无法之赏，悬无政之令"（《九地篇》）就是这层意思。这体现了《孙子兵法》既讲求执法严肃性又注重执法灵活性的实事求是态度。

① 黄朴民：《孙子治军思想述论》，载《孙子学刊》，1996（1）。

军事指挥者的素质优劣，在很大程度上影响到军队建设和战争胜负。孙武对这层道理有较深刻的认识，因此强调将帅在战争中的地位和作用，对将领的选拔提出了具体而严格的要求。他指出将帅是国君的助手，辅佐周密，国家就一定强盛；辅佐有缺陷，国家就一定衰弱。显然，他是把优秀将帅的作用提到“民之司命，国家安危之主”（《作战篇》）的高度来认识的。为此，他重视将帅队伍的建设，认为一名贤将必须具备“智、信、仁、勇、严”等素质。在处事上，要“进不求名，退不避罪，唯人是保”（《地形篇》）；在才能上，要“知彼知己”“知天知地”“通于九变”；在管理上，要“令素行以教其民”，“与众相得”，使士卒“亲附”；在修养上，要“静以幽，正以治”，提醒将帅要避免骄横自大、轻举妄动、勇而无谋、贪生怕死等毛病。

为了确保将帅在战争中进行有效、灵活的指挥，孙武主张将权适当地集中和专一，反对国君脱离实际情况干涉、遥控部队的指挥事宜。《谋攻篇》指出，国君危害军事行动的情况有三种：不了解军队不能前进而硬让军队前进，不了解军队不能后退而硬令军队后退，这叫作束缚军队；不了解军队的内部事务，而去干预军队的行政，就会使得将士困惑；不懂得军事上的权宜机变，而去干涉军队的指挥，就会使得将士产生疑虑。他进而认为，出现这类情况，就会导致“乱军引胜”、自取败亡的结果。可见，军事上的成败，其前提之一是“将能而君不御”。正是在这个意义上，《孙子兵法》提倡“君命有所不受”，将它确定为一条重要的治军原则。

《孙子兵法》也比较注重部队的训练问题，主张严格练兵，提高战斗力，把“士卒孰练”作为重要的制胜因素。孙武指出，“教道不明”“兵无选锋”，是造成作战失败的重要原因，切不可等闲视之，“将之至任，不可不察”（《地形篇》）。为了训练出一支英勇善战的劲旅，孙武提倡爱护士卒，认为做到“视卒如婴儿”“视卒如爱子”，乃是训练好部队的先决条件。孙武这一爱兵主张的动机是明确的，即由此而造成“上下同欲”、上下一致的良好官兵关系，保证部队达到“投之无所往，死且不北”“犯三军之众，若使一人”（《九地篇》）这样的最佳临战状态。同时《孙子兵法》还提出对敌军战俘要“卒善而养之”（《作战篇》），从而在将他们混入自己的军队的同时，使自己变得更加强大，“胜敌而益强”。这一思想也是值得肯定的。

（三）主动灵活、因敌变化的制胜之道

“善战”思想在整部《孙子兵法》中占有主导地位，“兵以诈立，以利动，以分合为变”（《军争篇》）是孙子兵学实用理性的集中体现。一部《孙子兵法》，归根结底是教人如何用兵打仗，去夺取战争的胜利的。这正是我们今天正确把握《孙子兵法》的重心所在。①

《孙子兵法》中制胜之道的内容非常丰富，简要归纳，大致有以下几个方面。

第一，“知彼知己”“知天知地”，全面了解和掌握各种情况，在此基础上筹划战略全局，实施战役指导，赢得战争胜利。孙武认为，从事战争的先决条件是要做到“知彼知己”，因为只有正确估量敌我情况才能作出正确的判断，定下正确的决心，制定正确的方针。为此，他主张在开战之前就要对敌我双方的主客观条件——“五事七计”有全面的了解，进行仔细周密的考察，以期对战争胜负趋势作出正确的预测，并据此制定己方的战略战术。在实施作战指导过程中，也要随时将“知彼知己”“知天知地”作为行动的纲领：“不知诸侯之谋者，不能豫交；不知山林、险阻、沮泽之形者，不能行军；不用乡导者，不能得地利。”（《军争篇》）为了了解和掌握敌情，《孙子兵法》提倡用间，把这看成是“知彼”亦即“知敌之情实”的主要手段。《用间篇》集中论述了用间的原则和方法，主张“五间并起”而以“反间”为主。在战场交锋中，孙武也强调最大限度地查明敌情，《行军篇》中著名的三十余种“相敌”方法就是在这样的背景下提出的。由此可见，“知彼知己”乃《孙子兵法》制胜之道的出发点和基础。

第二，“致人而不致于人”，牢牢掌握战争主动权。孙武认为要确保自己在战争中永远立于不败之地，就必须创造条件，始终把握战争的主动权，而掌握主动权的核心，关键在于做到“致人而不致于人”，调动敌人而不为敌人所调动。关于如何争取主动权，《孙子兵法》中有精辟的论述，其主要内容不外乎：

① 黄朴民：《孙子的制胜之道综说》，载《军事历史研究》，1995（2）。

(1) 加强军队实力，造成对敌力量对比上的绝对优势：“胜兵若以镒称铢”“胜者之战民也，若决积水于千仞之溪者，形也”（《形篇》）。(2) 造势任势，发挥主观能动性，主动灵活地打击敌人。孙武认为：“善战者，求之于势，不责于人，故能择人而任势。”（《势篇》）所以他重视战场的造势和任势，指出“善战者，其势险，其节短，势如彍弩，节如发机”（《势篇》）。这表明孙武是把造势和任势列为争取主动权的重要环节来对待的，其含义就是要在强大的军事实力基础上，发挥将帅的杰出指挥才能，创造和利用有利的作战态势，主动有效地克敌制胜。(3) 奇正并用，避实击虚。孙武认为要造成有利的态势，掌握战场主动权，在作战指挥上，一是要解决战术的“奇正”变化运用问题，指出“战势不过奇正”（《势篇》），用兵打仗要做到“以正合，以奇胜”（《势篇》），同时，高明的将帅还应根据战场情势的变化而灵活变换奇正战法：“奇正之变，不可胜穷也”（《势篇》）；二是要正确贯彻“避实而击虚”的原则，避开敌人的强点，攻击敌人虚弱但却关键的部位，从根本上战胜敌人，达到“善攻者，敌不知其所守；善守者，敌不知其所攻”（《虚实篇》）的目的。可见，“致人而不致于人”，掌握战争主动权，实为《孙子兵法》制胜之道的精髓和灵魂。

第三，“兵者诡道”，“示形动敌”，不拘一格，“因敌制胜”。这是《孙子兵法》制胜之道的主要手段和方式。孙武认为要掌握战场主动权，就必须在作战指挥上坚决贯彻“兵者诡道”的原则。他指出，军事家指挥艺术的奥妙，就在于“能而示之不能，用而示之不用，近而示之远，远而示之近，利而诱之，乱而取之，实而备之，强而避之，怒而挠之，卑而骄之，佚而劳之，亲而离之”（《计篇》）。唯有如此，方可“攻其无备，出其不意”（《计篇》）。这种诡诈战法的核心，则是“示形动敌”：“善动敌者，形之，敌必从之；予之，敌必取之；以利动之，以卒待之。”（《势篇》）强调战场上克敌制胜的最上乘境界乃“形人而我无形”，“形兵之极，至于无形”（《虚实篇》）。一旦做到这一点，那么进行防御，即可“藏于九地之下”；实施进攻，即可“动于九天之上”，制敌于死地，“自保而全胜”。与此同时，孙武也充分认识到用兵打仗贵在灵活机动，随机应变。所以他特别强调“因敌制胜”的重要性，指出“兵无常势，水无常形，能因敌变化而取胜者，谓之神”（《虚实篇》）；“践墨随敌，以决战事”（《九地篇》）。它们的主旨，均立足于“战胜不复，而应形于无穷”（《虚实篇》）这一点上。可见，不拘一格，“因敌制胜”，既是实践“诡道”战法的前提，也是《孙子兵法》制胜之道之所以高明的具体体现。

第四，“兵贵胜，不贵久”，强调速战速决，推崇作战行动的突然性、运动性、隐蔽性。这是《孙子兵法》制胜之道的显著特点。孙武对战争给国家、民众所带来的严重后果有着清醒的认识。所以他坚决主张速战速决，在最短的时间里以最小的代价取得最大的战果，反对使战争旷日持久，疲师耗财。为此他反复阐述“兵贵胜，不贵久”的道理，指出“善用兵者，役不再籍，粮不三载，取用于国，因粮于敌”（《作战篇》）。为了达到速战速决的战略目的，《孙子兵法》主张在采取军事行动时，一要做到突然性，使敌人处于猝不及防的被动状态：“兵之情主速，乘人之不及，由不虞之道，攻其所不戒也”（《九地篇》），努力达到“动如脱兔，敌不及拒”的最佳效果。二要做到运动性，即提倡野外机动作战，在野战中对敌人予以歼灭性打击：“顺详敌之意，并敌一向，千里杀将”（《九地篇》），“以迂为直，以患为利。故迂其途而诱之以利，后人发，先人至”（《军争篇》）。总之是要“悬权而动”，使部队始终保持主动地位，行动自如，“其疾如风，其徐如林，侵掠如火，不动如山，难知如阴，动如雷震”（《军争篇》）。三要做到隐蔽性，使对手无从窥知我方的作战意图，如同聋子、瞎子一样，从而确保我方军事行动的突然性能够达到，运动性能够实现：“易其事，革其谋，使人无识。易其居，迂其途，使人不得虑”（《九地篇》）；“因形而错胜于众，众不能知；人皆知我所以胜之形，而莫知吾所以制胜之形”（《虚实篇》）。孙武认为，只要在军事行动中真正做到了突然、运动、隐蔽，就能够速战速决，出奇制胜。

第五，正确选择主攻方向，集中优势兵力，各个歼灭敌人。这是《孙子兵法》制胜之道的突出环节。作战双方，谁具有优势的战场地位，谁就拥有军队行动的主动权，这是战争运动的通则。《孙子兵法》对此作了充分的揭示，强调“识众寡之用者胜”（《谋攻篇》）。所谓“众寡”，就是指兵力的对比，而“用”则是指兵力的使用。孙武认为，要取得战争的胜利，就必须在战场交锋时以优势兵力去对付劣势之敌，集中兵力，以镒称铢。所以他反复阐述集中兵力问题的重要性，并一再提出具体的集中优势兵力的主张：“并力”“并敌一向”“并气积力”，从而达到“以众击寡”的目的。当然，战场的态势是千变万化的，集中兵力的方法也应该因敌制宜，所谓“十则围之，五则攻之，倍则分之”（《谋攻篇》）就是这个意思。孙武进而指出，通过众寡分合以求集中兵力、掌握主动，关键在于发挥主观能动作用，善于创造条件。从战术上说，即要做到“形人而我无形，则我专而敌分。我专为一，敌分为十，是以十攻其一也，则我众而敌寡。能以众击寡者，则吾之所与战者约矣”（《虚实篇》）。他认为，在兵力部署上，不分主次方向，单纯企求“无所不备”，则势必“无所不寡”，也就失去了主动地位的物质基础。据此，《孙子兵法》一再提醒战争指挥者要避免犯“以一击十”“以少合众”这类分散兵力的错误，因为那样做是“败之道也”，到头来一定会覆军杀将，自取其辱。

第六，察知天候地理，巧妙利用地利，根据地形条件制定切合实际的战略战术，确保作战胜利。这是《孙子兵法》制胜之道的重要内容。众所周知，在冷兵器时代，掌握和利用地形，对于战争的胜负影响甚大。孙武是中国古代第一位系统探讨地形条件与军事斗争成败相互关系的军事大师。他撰写《九地篇》，阐述战略地理问题，提出了军队在九种不同战略地理条件下作战的基本指导原则；又在《行军篇》《地形篇》中着重论述了战术地理问题。他指出，在行军作战中，要善于“处军”，利用有利的地形，避开不利的地形。为此他列举了在山地、江河、沼泽、平原四种地形环境中的处军原则，并进而将利用地形的基本特点归纳为“凡军好高而恶下，贵阳而贱阴，养生而处实”（《行军篇》）。从当时的实战要求出发，孙武还具体分析了军队在作战中可能遇到的“通”“挂”“支”“隘”“险”“远”六种地形，并就这六种不同的地形条件，提出了具体而又适宜的用兵方法。总之，《孙子兵法》主张将帅要熟悉和巧妙利用地形条件：“夫地形者，兵之助也。料敌制胜，计险厄远近，上将之道也。”（《地形篇》）这显示出，孙武是中国古代军事地理学的奠基者，《孙子兵法》有关巧妙利用地形地理问题的论述，是其制胜之道的重要组成部分，极大地丰富了古典军事理论，在军事学术发展史上占有重要的地位。

综上所述，《孙子兵法》中的制胜论思想既具有完整系统性，又不乏深刻精辟性，它是孙武军事思想的主体内容，是《孙子兵法》一书精华之所在。它以无可怀疑的事实向人们昭示：孙武无愧为“一代兵圣”！《孙子兵法》无愧于“百世谈兵之祖”的不朽殊遇！

四、《孙子兵法》的地位和影响

明代兵书《投笔肤谈》中说："《七书》之中，惟《孙子》纯粹，书仅十三篇，而用兵之法悉备。"《孙子兵法》堪称古代军事理论的集大成之作，构筑了古典军事理论的框架，使后世许多兵学家难以逾越。后世的军事理论建树，多是在《孙子兵法》基本精神与原则的指导下进行的。《孙子兵法》对后世军事理论的影响，主要有下列几点：

第一，袭用、征引《孙子兵法》文字和句意，作为自己兵学理论依据的现象非常普遍。征引《孙子兵法》文句的军事著作，可以举出《吴子》《孙膑兵法》《尉缭子》《鹖冠子》《战国策》《吕氏春秋》《淮南子》《潜夫论》等。至于唐代的《唐太宗李卫公问对》、宋代的《百战奇法》、明代的《登坛必究》《投笔肤谈》等，更是或全书或某篇以阐释《孙子兵法》的原理来树立自己的学术观点。以《吴子》为例，其暗用、明引、袭抄《孙子兵法》文字和思想者，就有十多处。可以这么说，中国古代兵书，不但精神上是《孙子兵法》的孳乳，而且外貌上也打上了《孙子兵法》的烙印。①

第二，《孙子兵法》所提出的基本军事范畴得到继承和发展。《孙子兵法》在军事理论建树上的突出点之一，是基本形成了一整套独特的反映军事理论认识对象的范畴，诸如虚实、奇正、主客、形势、攻守、迂直等。后世兵学家在构筑自己的兵学体系的过程中，无不借用这些基本军事范畴来阐述自己的军事思想。同时，他们也根据新的历史条件，借鉴历史上的战争经验，通过缜密的独立思考，丰富和发展孙子所规定的军事范畴。"奇正"的缘起和充实，即是明证。奇正，作为范畴最早出于《老子》，"以正治国，以奇用兵"。但真正把它用于军事领域并作系统阐发的，则是《孙子兵法》，即"凡战者，以正合，以奇胜"，"战势不过奇正，奇正之变，不可胜穷也"。奇正的含义，显然是指兵力的使用（用正兵当敌，用奇兵取胜）和战术的变换（奇正相生，奇正相变）。孙子

① 黄朴民：《〈孙子兵法〉在中国历史上的地位与影响》，载《文史知识》，1991（8）。

确立的“奇正”这一范畴，后世兵家无不奉为圭臬，广为沿用和阐述。如《孙膑兵法（下编）·奇正》说：“形以应形，正也；无形而制形，奇也。”《尉缭子·勒卒令》说：“正兵贵先，奇兵贵后。”曹操《孙子注》说：“正者当敌，奇兵从旁击不备也。”前者是孙子“奇正”第二层意思的表述，后两说则是孙子“奇正”第一层意思的阐释。而到了《唐太宗李卫公问对》那里，“奇正”范畴则有了新的发展。它对“奇正”的论述更完备，分析更透彻，提出了一个重要论断：“善用兵者，无不正，无不奇，使敌莫测。故正亦胜，奇亦胜。”这比《孙子兵法》的“奇正”理论显然更全面、更深刻，但它依旧是祖述和发展《孙子兵法》的逻辑结果。

第三，《孙子兵法》对后世兵书编修风格与体裁产生广泛影响。《孙子兵法》阐述兵理极具特色，突出的特点是舍事而言理，词约而义丰，具有高度的哲理色彩和抽象性。后世兵书祖述《孙子兵法》，很自然形成了以哲理谈兵的历史传统。如《孙膑兵法》《吴子》《尉缭子》《六韬》《黄石公三略》《唐太宗李卫公问对》《阵纪》《兵经百篇》《草庐经略》《投笔肤谈》等著名兵书都以哲理性强而著称。一些大型综合性兵书如《武经总要》《武备志》等也收录了很丰富的军事理论内容。即使那些论述阵法、兵器等的技术型兵书，也大都以理论为纲进行编纂，从而形成了中国兵书“舍事言理”或“以理系事”的创作风格。至于编修形式，后世兵书亦多有模仿《孙子兵法》者，如《投笔肤谈》即“仿《孙子》遗旨，出一隙之管窥，谬成十三篇”。

第四，《孙子兵法》对后世军事的深远影响也表现在战争实践之中。中国古代历史上创造的众多以弱胜强、以少克多的战例，有不少是人们活用和暗用《孙子兵法》的结果。像战国时期的齐魏桂陵、马陵之战，显然是孙膑借鉴运用孙武“避实击虚”“用而示之不用”诸原则的杰作；像秦汉之际韩信背水布阵攻灭赵国，即灵活运用孙武“陷之死地然后生”思想的手笔；像三国时期邓艾偷渡阴平灭蜀汉之举，可视为对孙武“攻其无备，出其不意”“以迂为直，以患为利”理论淋漓尽致的发挥；像努尔哈赤对明军的萨尔浒之战，其“任尔几路来，我只一路去”的作战指导原则，无疑是孙子集中兵力“并敌一向”用兵艺术的实战诠释。唐代杜牧在其《注孙子序》中说：“孙武所著十三篇，自武死后凡千岁，将兵者有成者，有败者，勘其事迹，皆与武所著书一相抵当，犹印圈模刻，一不差跌。”这话虽不免有些绝对化，但古往今来为将者莫不视《孙子兵法》为“兵经”，重视其实战功效，这确是事实。战争无论胜负，我们大都可以从《孙子兵法》中找到个中原因。

正因为《孙子兵法》一书具有巨大的军事学术价值和崇高的历史地位，后世兵家对它的肯定和赞誉史不绝书。这类盛誉就其性质而言可以划分为两大类。第一类是对《孙子兵法》全书作基本概括的评价，从总体上把握它的学术价值和深远意义。古人在这方面的言辞实在不胜枚举，这里我们只能挂一漏万地做些介绍，用以再现古人心目中的“孙子”观。

早在三国时期，曹操《注孙子序》曾说：“吾观兵书战策多矣，孙武所著深矣！”与曹操同时代的蜀汉丞相诸葛亮也在《便宜十六策》中说：“战非孙武之谋，无以出其计远。”唐太宗李世民对《孙子兵法》更是推崇备至，据《唐太宗李卫公问对》记载，他曾由衷赞叹：“深乎，孙氏之言！”“观诸兵书，无出孙武。”宋代人对《孙子兵法》予以高度评价的，更不在少数，如苏洵认为：“其书论奇权密机，出入神鬼，自古以兵著书者罕所及。……词约而意尽，天下之兵说皆归其中。”(《嘉祐集·权书·孙武》)陈傅良在《孙子发微·序》中也说：“自六经之道散而诸子作，盖各有所长，而知兵未有过孙子者。”明代抗倭名将戚继光于《纪效新书·自序》中这样赞美《孙子兵法》：“孙武之法，纲领精微莫加矣，第于下手详细节目，则无一及焉，犹禅家所谓上乘之教也。”明王世贞对《孙子兵法》的评价是：“《孙子》十三篇，其精切事理，吾以为太公（姜太公）不能过也。”(《读书后·书司马穰苴孙武传后》)而明代李贽甚至把他不能广泛传授《孙子兵法》视为终身遗憾，说：“吾独恨其不以《七书》与《六经》合而为一，以教天下万世也。”(《孙子参同·自序》)

从上面所征引的古人评论来看，人们对《孙子兵法》在军事史上的重要地位是有深刻认识的，普遍将其视为历史上的兵学鼻祖而充分肯定和推崇，这是客观的看法，也是经受过历史实践检验的结论。

后世兵家对《孙子兵法》的第二类盛誉，表现为在把握其书总体情况基础上，对孙子某些基本原则和观点的评述、肯定。诸葛亮说：“孙武所以能制胜于天下者，用法明也。”(《三国志·蜀书·马良传附马谡传》裴松之注引《襄阳记》)突出赞扬孙子的治军思想。李世民指出：“孙武十三篇，无出虚实。”李靖认为："千章万句，不出乎'致人而不致于人'而已。"（《唐太宗李卫公问对》卷中）这里特别强调的是《孙子兵法》的制胜之道，把"避实击虚"、掌握主动权看成用兵艺术的精髓所在。戴望溪评《孙子兵法》云："孙武之书十三篇，众家之说备矣。奇正、虚实、强弱、众寡、饥饱、劳逸、彼己、主客之情状，与夫山泽、水陆之阵，战守攻围之法，无不尽也。微妙深密，千变万化而不可穷。"（《将鉴论断·孙武》）其对孙子其人其书的肯定，着眼点也在于孙子的主要兵学范畴和作战指导上。梅国祯认为："孙子之言曰：奇正之变，不可胜穷也；又曰：微乎微乎，至于无形，神乎神乎，至于无声。合而言之，思过半矣。"（《孙子参同·序》）这里梅氏是把"奇正之变"和"因敌制胜"看成《孙子兵法》的要旨妙道。他指出，只要真正理解和掌握了这些原则，那就等于完全认识了《孙子兵法》的兵学理论，便可在复杂的战争中无往而不胜。

以上所引，主要是后人对《孙子兵法》某些原则的看法和评价。与第一类评价高屋建瓴，立足于总体把握《孙子兵法》地位与影响的侧重点不同，它们是从更具体、更深层的方面对《孙子兵法》主要价值的挖掘和总结，是关于《孙子兵法》内在哲理的更细致的探索，充分反映了人们对《孙子兵法》认识的深度和广度。应该承认的是，这些评价者的目光十分犀利，他们基本上领悟了《孙子兵法》全书的主旨，从而揭示了其主要价值。他们所涉及的命题，在今天看来，恰恰是《孙子兵法》中能够超越时空的精华部分。

明代茅元仪在《武备志·兵诀评序》中指出："前孙子者，孙子不遗；后孙子者，不能遗孙子。"这段话很好地概括了《孙子兵法》在历史上的地位和意义。作为中国古代兵学宝库的一笔珍贵遗产，《孙子兵法》是不朽的。

进入近现代以来，《孙子兵法》的地位和影响并没有因社会历史条件的变化而有所下降。恰恰相反，它受到了更大的尊崇，影响更加扩大，应用更加普遍。

伟大的中国革命先行者孙中山就非常崇敬古代兵家的思想，将《孙子兵法》尊为军事智谋的理论源泉，指出"就中国历史来考究，二千多年前的兵书有十三篇……。由于那十三篇兵书，便成立中国的军事哲学"[①]，从而充分肯定了

① 《孙中山选集》（下），730页，北京：人民出版社，2011。

《孙子兵法》一书的历史地位。

毛泽东最注重总结、继承前人的有益经验，并能结合新的形势和条件加以创造性的发展。在研究和运用《孙子兵法》方面，同样体现了这位伟大战略家、思想家的特点。他高度重视《孙子兵法》，指出："中国古代大军事学家孙武子书上'知彼知已，百战不殆'这句话，是包括学习和使用两个阶段而说的，包括从认识客观实际中的发展规律，并按照这些规律去决定自己行动克服当前敌人而说的；我们不要看轻这句话。"[①] 他又说："孙子的规律，'知彼知己，百战不殆'，仍是科学的真理。"[②] 观察他的军事著作和指导战争的具体实践，我们可以知道毛泽东对《孙子兵法》的掌握和运用已达到了炉火纯青、出神入化的境界，这标志着中国军事思想水平达到了前所未有的高度。

其他中国共产党的军事家，如刘伯承、叶剑英等人，对《孙子兵法》也有非常精深的研究和十分透彻的理解。如刘伯承就发表过这样精辟的见解："《孙子兵法》这部兵法，是研究指导战争最普遍规律的著作。……正兵和奇兵，是辩证的统一，是为将者必须掌握的重要法则。奇中有正，正中有奇，奇正相生，变化无穷。"[③] 他们把《孙子兵法》中具有生命力的原则创造性地应用于战争实践，为中国共产党最终夺取全国政权作出了重大的贡献。

真正优秀的文化遗产是属于全人类的，《孙子兵法》就是这类遗产。它的影响也早已越出国界，而成为世界人民的共同精神财富。早在公元8世纪唐代玄宗时，日本遣唐学生吉备真备就将《孙子兵法》携带到日本，并亲自进行讲解。到德川家纲时期（公元17世纪），日本有了《孙子兵法》的日译本，从而有力推动了《孙子兵法》的普及和研究。《孙子兵法》的西传，最早是在1772年，当时法国神父约瑟夫·阿米欧在巴黎翻译出版了法文版《中国军事艺术》丛书，其中就收有《孙子兵法》。1905年，英人卡尔思罗普的《孙子兵法》英译本在东京出版。1910年，英国汉学家贾尔斯的《孙子兵法——世界最古之兵书》英译本在伦敦出版。同年，布鲁诺·纳瓦拉的《中国的武经》德译本在柏林出版。

---

① 毛泽东：《中国革命战争的战略问题》，载《毛泽东选集》，2版，第1卷，182页，北京：人民出版社，1991。

② 毛泽东：《论持久战》，载《毛泽东选集》，2版，第2卷，490页，北京：人民出版社，1991。

③ 陶汉章：《孙子兵法概论》，4、27页，北京：解放军出版社，2009。

自此之后，《孙子兵法》的各种语言的版本如雨后春笋般纷纷涌现。据不完全统计，目前《孙子兵法》有英、日、俄、法、德、意、捷、西班牙、荷兰、希腊、罗马尼亚、阿拉伯、泰、缅、越南、朝鲜、希伯来、马来、乌克兰、葡萄牙、蒙古等五六十种语言的译本。这表明《孙子兵法》在全球得到广泛流传，受到普遍推崇。这是孙武的光荣，也是中华民族的骄傲。

《孙子兵法》在国外也受到众多人士异口同声的赞美。日本学者尾川敬二称孙武为“兵圣”，“东方兵学的鼻祖，武经的冠冕”（《孙子论讲·自序》）；福本椿水称孙子是“兵家之神”（《孙子训注·自序》）；北村佳逸称孙子是“兵学家、哲学家，且是东方第一流的大文豪”（《孙子解说·自序》）。美国战略学家约翰·柯林斯说：“孙子是古代第一个形成战略思想的伟大人物。”[①] 英国战略学家利德尔·哈特说：“《孙子兵法》在论‘战争艺术’的作品中出现最早，但其闳阔深远，却迄无超越者。”[②]

与此同时，各国军事家也纷纷将《孙子兵法》的基本原理用于指导战争实践。如日俄战争期间，日本海军大将东乡平八郎在对马海战中遵循孙子“以逸待劳”的作战方针，“先处战地而待敌”，一举歼灭远道赶来的俄军舰队。又如在20世纪70年代初期爆发的印巴战争中，印军成功地运用孙子“以迂为直”的战术，实施深远的战略迂回，分割、包围巴军，各个击破，占领达卡，赢得了战争的胜利。

《孙子兵法》反映了战争指导的一般规律，因此在今天仍具有军事学上的重要借鉴价值。毋庸讳言，现代高科技条件下的作战，参战军种众多，作战系统构成复杂，战场范围广阔，情况变化急剧，军队机动性大大增强，武器装备日趋先进。可是，这些新因素的出现，并不能改变军事斗争的本质属性。正确全面的战略运筹和灵活机动的作战指挥，仍然是决定战争胜负的重要环节。在这种情况下，《孙子兵法》的思想和现代作战现实之间形成了圆满的契合，跨越了时代的鸿沟，获得了新的生机。

正因如此，世界各国在总结战争经验、发展现代军事理论时，都十分重视

---

① 约翰·柯林斯：《大战略》，8页，中国人民解放军军事科学院译，北京：中国人民解放军战士出版社，1978。

② 利德尔·哈特：《回到〈孙子〉》，李零译，载《孙子学刊》，1992（4）。

《孙子兵法》的借鉴意义。许多国家都把《孙子兵法》列为军校的必修课程；许多军事家都按照《孙子兵法》所揭示的原理，来考察自己战争实践和军事理论的得与失。可以毫不夸张地说，从不少现代西方的国家战略和军事战略上，我们能够看到《孙子兵法》基本思想的影子。如，受孙子“不战而屈人之兵”全胜思想的启发，制定的以“伐谋”“伐交”为中心内容的“孙子核战略”。又如，美国军方在提出著名的“空地一体战”理论过程中，从知彼知己、突然性、速战速决、机动作战、兵力使用和攻坚作战六个方面，对《孙子兵法》的有关军事原则作了有益的借鉴。就我军而言，《孙子兵法》的不少原则更能对我军的现代化、正规化建设事业提供理论参照和历史启迪。比如，其“兵非益多”的精兵思想，就可给我军加强质量建军的工作予以宝贵有益的启示。

《孙子兵法》虽是一部军事著作，但它的影响却并不仅仅囿于军事领域。在哲学思想发展史上，《孙子兵法》包含丰富的朴素唯物论和辩证法思想，成为中国古代辩证法的源头之一，并且以其特有的理性精神影响着古代辩证法的发展。《孙子兵法》中许多矛盾概念如奇正、虚实、动静、主客等，丰富了古代的哲学范畴，为历代哲学家所重视和阐发。同时，《孙子兵法》“舍事言理”的思维模式，也与诸子（《老子》例外）说理广征博引典故和史实有异，体现了很高的形而上逻辑思辨特色。

《孙子兵法》对古代商业经营活动也有一定的影响。《史记·货殖列传》记载：“白圭乐观时变，故人弃我取，人取我与……故曰：‘吾治生产，犹伊尹、吕尚之谋，孙、吴用兵，商鞅行法是也’。”所谓“人弃我取，人取我与”，实际上就是《孙子兵法》“致人而不致于人”“避实而击虚”原则的商业衍化。只是由于历史上统治者推行“崇本抑末”政策，《孙子兵法》在商战中的运用当时才没有普及开来。

在中医学领域，《孙子兵法》的影响同样可以见到。清初名医徐大椿在其所著《医学源流论·用药如用兵论》中说：“兵之设也以主除暴，不得已而后兴；药之设也以攻疾，亦不得已而后用，其道同也。”他列举了很多实例，说明医疗上如何运用孙武“知彼知己”和“兵因敌而制胜”等原则，最后总结说：“孙武子十三篇，治病之法尽之矣。”

《孙子兵法》文采斐然，对后世文学语言艺术的影响亦极为深远。刘勰赞誉它“辞如珠玉”（《文心雕龙·程器》）。宋代郑厚在《艺圃折衷》中认为，“孙子十三篇，不惟武人之根本，文士亦当尽心焉。其词约而缛，易而深，畅而可用。《论语》《易》《大传》之流，孟、荀、扬著书皆不及也”。这种文学成就对后人行文的影响，同样为人们所重视。宋代严羽《沧浪诗话》指出：“少陵诗法如孙吴。”清代林纾在《春觉斋论文·也字用法》中通过对“也”字用法的剖析，阐述了“十三篇”句法用词对后世文章章法的影响：“《始古录》谓欧阳修《醉翁亭记》用‘也’字，东坡《酒经》用‘也’字，王荆公《度支郎中萧公墓铭》皆用‘也’字，不知谁相师法，然皆出《孙武子》十三篇中。”

在现代社会生活中，《孙子兵法》的哲理启示与文化借鉴意义更为显著。因为它所揭示的实事求是、观照全局、预测发展、掌握情况、权衡利害、辩证分析、主动积极、扬长避短等基本原理和思想方法，始终是我们在从事各项工作时所必须遵循的认识路线和指导原则。特别是在外交、经济、体育这些竞争激烈、变化迅捷的社会领域，尤其需要当事者寻找主客观结合的契机，从实际出发，发挥主观能动性，在复杂多变的环境中应变自如，游刃有余，稳操胜券，有所建树。在这种情况下，《孙子兵法》总揽全局、综合比较、求实超前的战略运筹理论和辩证能动、因利制权的作战指导思想就可以被引入这些社会领域，对其实践活动产生影响，给人们以思想方法上的极大启迪。[①] 正是在这样的意义上，近年来《孙子兵法》在企业管理、商业经营、体育竞技等领域大显身手，掀起一阵阵“孙子热”。这可以看作《孙子兵法》在当今社会生活中宝贵价值的又一种具体体现，预示着《孙子兵法》的生命力永远旺盛，生生不息！

五、今天我们怎样读《孙子兵法》

我们在今天该怎样来阅读和掌握这部成书于2500年前，仅仅六千言左右篇幅的旷世兵书呢？这还真不是一个简单的问题。长期以来，《孙子兵法》都是人们关注的热点经典，都是人们习学兵学的重点之所在。早在战国时期，就出现

① 黄朴民：《〈孙子〉的真伪、著录、版本及价值》，载《中国书目季刊》（台北），1994（2）。

了“境内皆言兵，藏孙、吴之书者家有之”的现象，充分说明《孙子兵法》的文化魅力与思想影响是经久不息、历久弥新的。然而，恰恰就是这种大热，也会导致一些人对该书的认知与理解出现偏颇。而要避免发生偏离经典基本宗旨的情况，使这份宝贵的文化遗产真正为我们今天的工作和生活提供有益的启迪与积极的帮助，秉持科学理性的精神，遵循正确合理的原则与方法，乃尊重经典、合乎逻辑的必由之路。大致而言，它包含以下几个方面：

（一）坚持回归经典文本的整体性原则

《孙子兵法》十三篇是一个完整、有机的思想体系。每篇既是一个独立的整体，篇与篇之间又相互保持密切的联系。前后十三篇逻辑严谨，层层递进，首尾呼应，浑然一体，对战争的平时准备，战略计划的制定，战役程序的组织，战术手段的运用，以及行军、保障、各种地形条件下的作战行动及特殊战法都做了层次分明、前后贯通的阐述。

全书从战略运筹、战争预测（《计篇》）起步，经战争准备（《作战篇》），运用选择方略（《谋攻篇》），发展实力（《形篇》），创造有利作战态势（《势篇》），灵活用兵、争夺先机、因敌变化而取胜（《虚实篇》《军争篇》《九变篇》），到解决具体的“处军相敌”（《行军篇》），利用战术地形（《地形篇》），掌握兵要地理（《九地篇》），实施特殊战法（《火攻篇》），搜集情报、以资决策（《用间篇》）等具体的战术问题，始于“知彼知己”，又终于“知彼知己”，恰好规划了一个完整的战争程序。其篇次结构序列设计，注重于按用兵制胜的要领与方法加以逻辑展开。曾有人这么认为：“十三篇结构缜密，次序井然，固有不能增减一字，不能颠倒一篇者。”（蒋方震等：《孙子浅说·绪言》）在某种程度上说，这话不无道理。这无疑是正确理解孙子十三篇思想及其价值的通衢捷径。

唯有如此，我们才能避免对《孙子兵法》作片面的理解。例如，许多人推崇《孙子兵法》的讲谋略，甚至认为《孙子兵法》与《三十六计》是同类。这显然是一种偏颇的识见。《孙子兵法》当然讲谋略，提倡“上兵伐谋”，以谋制胜。但是《孙子兵法》更注重实力建设，认为实力是基础，无实力做后盾，则谋略无所施展其作用，“巧妇难为无米之炊”，要战胜对手，前提是做强、做大自己，牢牢“立于不败之地，而不失敌之败也”。其后裔孙膑的“田忌赛马”故事，其实最能说明这层关系，以上驷对中驷，中驷对下驷，下驷对上驷，比赛的结果是三局两胜，赢了比赛。这说明，谋略有用，在双方实力相近的情况下，谋略能起到四两拨千斤的作用，成为压垮骆驼的最后一根稻草。但如果三驷皆为下驷，那么，不管怎样运筹，比赛的结果很可能就是零比三，必输无疑。在强大的实力面前，依赖谋略是无济于事的。所以，孙子主张“先为不可胜”，认为“不可胜在己”，强调“胜兵先胜而后求战”，“胜兵若以镒称铢”。这里，《孙子兵法》所揭示的是主观能动性与客观规律性的辩证统一关系，提倡既要尊重客观实际，遵循客观规律性，又要重视发挥人的主观能动性。这与只强调谋略，将“瞒天过海”“借刀杀人”“顺手牵羊”“混水摸鱼”“趁火打劫”之类阴谋诡计奉为圭臬的《三十六计》有着云泥之别。如果仅仅视《孙子兵法》为谋略的渊薮，那显然不是正确地对《孙子兵法》整体性的认知与把握。

（二）坚持认识经典要义的科学性原则

《孙子兵法》的鲜活灵魂，在于把握“经”与“权”、“常”与“变”的辩证统一，在于强调“兵无常势，水无常形，能因敌变化而取胜者，谓之神”。没有传承就无所谓发展，没有积淀就谈不上创新，“新”与“旧”、“传统”与“突破”之间如影相随，相辅相成，浑然一体，而不能人为地加以割裂，否则这种“创新”，这种“发展”，就是无本之木，无源之水，是出尔反尔，是朝令夕改。所以，孙子十分尊重前人在“古司马兵法”中所阐述的相关军事原则，所谓“前孙子者，孙子不遗”。细加考察，我们能看到《孙子兵法》一书中，明引“古司马兵法”（如《军政》）、暗引（如“兵法曰”“法曰”等）或化用前人兵学成果者不在少数。因为在孙子看来，前人兵法中的许多基本原则，如“高陵勿向，背丘勿逆”“围师必阙，穷寇勿迫”之类，是无数次战争经验与教训的沉淀积累，是千万人用鲜血与生命换取的结晶，自然应该充分尊重，加以借鉴和传承。

但是，孙子又十分注重创新和发展，《孙子兵法》一书，是中国兵学思想文化发展史上的一次革命，正如郑友贤所言：“《司马法》以仁为本，孙武以诈立；

《司马法》以义治之，孙武以利动；《司马法》以正，正不获意则权，孙武以分合为变。”基于这样的认识，孙子认为，对前人的兵学原则，不能过于迷信，亦步亦趋，而必须结合新的情况，针对不同的对手，根据不同的条件，灵活机变，出奇制胜，否则就是拘泥僵化，胶柱鼓瑟。显而易见，孙子希望人们学习自己的兵法，但他的终极宗旨是期盼人们在学了他的兵法之后忘掉兵法，在孙子的心目中，没有规则就是唯一的规则，没有规则就是最高的规则。所谓“此兵家之胜，不可先传也”“战胜不复，而应形于无穷”“形兵之极，至于无形”。用岳飞的话讲，就是“阵而后战，兵法之常。运用之妙，存乎一心”。

的确，战场形势瞬息万变，作战对象形形色色，如果执一定之规，应无穷之敌，不知变通，机械保守，那一定会招致败绩，沦为笑谈，如同何去非在《何博士备论》中所言：“法有定论，而兵无常形。一日之内，一阵之间，离合取舍，其变无穷。一移踵瞬目，而兵形易矣。守一定之书，而应无穷之敌，则胜负之数戾矣。”历史上学《孙子兵法》的人很多，可是，有些人由于不懂得这个道理，食古不化，一味迷信兵学教条，不但没有帮助自己在战场上克敌制胜，建功立业，反而大败亏输，覆军杀身。

像三国时的马谡，他对《孙子兵法》可谓稔熟于心，倒背如流，其在街亭之役中，行军布阵，处处遵循《孙子兵法》的要求，兵法要求军队屯驻宜“居高向阳”，他就部署军队于高丘之上，声称“居高临下，势如破竹”。别人提醒他山上无水源，若遭敌军包围，就容易陷入不战自乱的困境，他亦拿出《孙子兵法》的话来为自己做支持，“置之死地然后生，投之亡地然则存”。他忘了自己的对手乃号称曹魏“五子良将”的张郃，若不玩《孙子兵法》，尚不至于败得如此不堪，而拘泥《孙子兵法》的教条，则输得惨到自己的命都给搭进去了。

由此可见，今天读《孙子兵法》，关键是要做到既能入乎其内，又要出乎其外，真正做到《何博士备论·霍去病论》中所主张的那样：“不以法为守，而以法为用，常能缘法而生法，与夫离法而会法。”不把兵法原理当作教条，而要结合实际情况来灵活运用这些原理，与时俱进，在原有理论的基础上发明新的理论，新的战法，表面上看做的事情跟原理之间好像不相符，实际上却是与原理的核心精神相吻合的，这才是理解和运用《孙子兵法》的最上乘境界，也是现代社会竞争中掌握先机、立足主动的根本前提。

（三）坚持理解经典价值的超越性原则

《孙子兵法》之所以在今天还为人们所热爱、所阅读，自是因为其拥有独特的魅力，具有时空的超越性。更为重要的是，它已超越了单纯的军事领域，而具有了哲学意义上的普遍性价值。对此，前人早已指出："言言硕画，字字宏谟，上筹国计，下保民生，实以佐大学治平之未逮者。"（杨谦：《武经三子体注·序》）从本质上讲，《孙子兵法》是一部哲学著作，是一种思想方法论，充满哲学启迪与人生智慧。这是在当代社会，学习和借鉴这部兵书的关键所在。

概括地讲，《孙子兵法》的价值集中体现在它的辩证思维上，和《老子》一样，它充满鲜明的超常思维与逆向思维特征，善于在合理中发现不合理，在正常中发现不正常。

《孙子兵法》的精华集中体现为矛盾的两点论与矛盾的重点论的辩证统一。一方面，孙子善于从全局的高度，去认识决定战争胜负的要素，把握克敌制胜的奥妙，驾驭治军用兵的方法。无论是政治与军事主从关系的分析，经济与战争依赖性质的阐述，抑或是敌我战略优劣态势的判断，作战指导原则各个层面的协调，它都具有鲜明的整体性、系统性、全局性、互补性特征。如战略预测上的"五事七计"，治军手段上的"令文齐武"，作战方法上的"奇正相生"，战争观念上的"仁诡相济"等等，无一不是以系统综合的视野切入，由全局呼应的途径造就，处处体现出纲举目张、举重若轻的大局意识和见微知著、占隐察机的预见能力。

但是，另一方面，孙子更注重抓矛盾的重点。因为在他看来，观照全面，不等于事无巨细平均使用力量，恰恰相反，抓住重点，强调主次，是克敌制胜的基本保证。按他的逻辑，己方即使拥有极大的优势，但是如果不能把好钢用在刀刃上，不讲主次，四面开花，全面受敌，那么这种优势将不复存在，而将处于极大的被动中，所谓"无所不备，则无所不寡"。正确的方法应该是，在充分观照全面、有效照顾整体的同时，合理地配置有限的资源，突出重点，高明选择战略主攻与突破方向，集中优势兵力，中心突破，以点带面，达成自己预定的战略目标，这就是"故为兵之事，在于顺详敌之意，并敌一向，千里杀将"

(《九地篇》)。

正是基于这样的认识,《孙子兵法》全书既坚持全面论,又强调重点论。其所有命题,均以两点之中抓重点的方式来表述,如“知彼”与“知己”,二者缺一不可,但以“知彼”为首位;攻守一体,以攻为重点;奇正相生,以奇为优先;主客相对,以客为侧重;常变并行,以变为主体。追求“全胜”“兵不顿而利可全”,又看到一味求“全”,则不免考虑问题时瞻前顾后,患得患失,处理问题时优柔寡断,投鼠忌器,故以“战胜”为根本。“打赢”和“自保”,以避免危险、防止崩盘为中心,故“军争为利”一笔带过,“军争为危”反复强调;只说“百战不殆”,不讲“百战百胜”。凡此种种,不一而足。

这样的辩证思维方法论,贯穿于《孙子兵法》全书。例如,它既强调健全法制、制定规章的重要性,“修道而保法”,又主张超越法纪、超越制度,“施无法之赏,悬无政之令”。既提倡军队统一号令、令行禁止,“一人之耳目”,又推重机断指挥,“君命有所不受”。既肯定爱护民众、关心民众的必要性,提倡“视卒如爱子”“唯民是保”,又主张把捏分寸,恰到好处,掌握一个合适的“度”,防止“过犹不及”,反对无原则地爱民,一味地讲求廉洁,以至“图虚名而处实祸”,认为不讲节制的“廉洁”“爱民”,会导致“覆军杀将”的悲惨后果。

总之,在孙子的眼里,表面上对立的事物,合在一起恰恰能成为最大的合理,所谓“一阴一阳之谓道”。这种善于反向思考事物利弊得失的思想方法论,无疑是《孙子兵法》一书留给我们的最佳资源。它具有时空的超越性,也具有无穷的文化魅力和不朽的思想启迪意义。我们今天阅读《孙子兵法》的重中之重,就是要发掘和借鉴它的思维方式,为提升自己的能力创造条件。

(四)走出《孙子兵法》阅读和理解上的“误区”

这些“误区”,概括而言,大致有三个方面的表现。

一是歪曲原意,郢书燕说。即脱离孙子论述的语境,简单地比附与迎合现实的需要,对孙子的某些观点作无谓的拔高或任意的贬低,从而歪曲了孙子的原意与宗旨。例如有些人对于孙子“不战而屈人之兵”思想的发挥,就天花乱坠，望文生义，背离了孙子说这段话的本意。很典型的例子就是把“不战而屈人之兵”吹捧为“不战主义”“和平主义”，这显然是片面的解读，抹杀了该书是“兵法”这一根本特征。

二是取其一点，不及其余。这主要表现为对孙子兵学理论体系作断章取义的总结，忽视了孙子理论主旨的全面性与系统性。《孙子兵法》的中心内容在许多人的心目中似乎只有一个印象，即诡道，“兵以诈立”，兵不厌诈。所谓“非诈不为兵，盖自孙、吴始”。孙子的确讲诡诈，但诡诈只是《孙子兵法》的一部分，绝不等于《孙子兵法》的全部。《孙子兵法》是一个综合有机的体系。在军事上孙子不仅讲诡道，也讲仁义。更何况孙子并不单纯就军事而讲军事，而是将军事与政治、经济、文化等多个因素加以综合考虑。

三是生搬硬套，乱贴标签。这个问题在《孙子兵法》的阅读引申与借鉴运用上特别突出。有人动辄将《孙子兵法》的兵学原理，和经营管理等经济活动加以联系，不分青红皂白一一予以对应。我们说《孙子兵法》对今天生活有启示，这主要是就其思想方法论的意义而言，而不是指可以把孙子的具体用兵之法与经济活动方凿圆枘，对号入座。说到底，兵法，其属性是“兵”，是战场上你死我活的一种斗争艺术，它的本质属性是对敌而不是对自己人。而商业与企业经营管理乃非对抗性矛盾，要讲诚信，要讲利益共存。所以不能不加区别地将《孙子兵法》中的“诡诈之道”运用到企业管理和商业运作中去，否则就是游戏无规则，道德无底线，造成严重的诚信危机。兵可诈立，但商却不宜“诈立”。

国学经典的阅读和运用，乃是一个综合性、系统性的工程，没有一部经典和一家学说可以包揽一切，它们之间存在着一种共生互补、相辅相成的关系。所以，在阅读《孙子兵法》的同时，我们不妨同时阅读《论语》和《老子》，前者能帮助人们拥有健康的道德情操，后者能促成人们提升旷达的人生境界。而儒家的立场、道家的境界和兵家的能力这三者之间若能做到水乳交融、浑然一体，那么，必将有助于一个人走向成熟，有所建树。

计　篇

题解

孙子的兵学思想体系，具有一个完整的逻辑结构，这个结构，是根据由战争筹划到战争实施的自然进程构建而成。从事战争，第一个步骤，就是分析与预判，因此，“庙算”就是全书的逻辑起点，从这个意义上讲，《计篇》作为《孙子兵法》的首篇，合乎逻辑，在全书中具有提纲挈领的意义。它主要论述战争指挥者如何在战前正确筹划战争全局以及在战争过程中怎样实施高明作战指挥的问题。孙子从“兵者，国之大事，死生之地，存亡之道”这一基本认识出发，着重强调通过对敌我双方现有客观条件——“五事七计”的考察比较，对战争的胜负趋势做出合乎实际的预测，并据此制定己方的战略决策。同时孙子主张在把握敌我双方政治、经济、军事以及天时、地利诸条件的基础上，充分发挥战争指挥者的主观能动性，这就是在作战中遵循和贯彻以“利”为宗旨的“诡道十二法”原则。“攻其无备，出其不意”，积极“造势”，以确保己方在战争中牢牢掌握主动权，克敌制胜，实现自己的战略目标。由此可见，本篇在一定程度上可以视作孙子军事思想的概述。

本篇篇题，宋本《武经七书·孙子》(据《续古逸丛书》影宋本，以下简称“武经本”)作“始计第一”，此处“始”字殆系后人因兵家有“先计而后战”之说而附增，不可取。所谓“计”，当是预计、计算的意思，《说文解字》释“计”云：“计，会也，算也。”这里系指战前的战争预测与战略谋划。宋本《十一家注孙子》曹操注：“计者，选将、量敌、度地、料卒、远近、险易，计于庙堂也。”这是现在所能见到的历史上人们对本篇主旨最早而又十分准确的概括。

孙子曰：兵〔1〕者，国之大事〔2〕[1]，死生之地，存亡之道〔3〕[2]，不可不察〔4〕也[3]。

注释

〔1〕兵：本义指兵械，《说文解字》："兵，械也。"后引申为兵士、军队、战争等，此处作战争、军事解。

〔2〕国之大事：意为国家的重大事务。《左传·成公十三年》："国之大事，在祀与戎。"《鹖冠子·近迭》亦云："人道先兵。"与《孙子兵法》此语相合。孙子所处的春秋晚期，大国争霸、列强兼并的战争正日趋激烈频繁，故符合逻辑地产生这样的思想认识。

〔3〕死生之地，存亡之道：意为战争直接关系到军民的安危、国家的存亡。杜牧注："国之存亡，人之死生，皆由于兵。"梅尧臣则曰："地有死生之势，战有存亡之道。"刘寅《武经七书直解》："死生以战陈言，故曰地；存亡以国家言，故曰道。"

〔4〕不可不察：察，考察、研究。《论语·卫灵公》："众恶之，必察焉；众好之，必察焉。"不可不察，意指不可不仔细审察，谨慎对待。

按：这一段文字开宗明义，为《孙子兵法》全书定了基调。不同于儒、墨、道的"非战""反战"，也迥异于法家（尤其是商鞅一派）的"好战""主战"，孙子走的是"中庸"道路，是"慎战""重战"。兵凶战危，"非利不动，非得不用，非危不战"，犹如一条红线，贯穿于全书的始终。换言之，《孙子兵法》源于战争，又高于战争。故孙子只讲"百战不殆"，而不崇尚"百战百胜"，《司马法》所说的"以战止战，虽战可也"，同样是孙子的初心和终极目标。从某种意义上说，《孙子兵法》不是追求胜利的理论，而是避免失败的哲学。

校记

[1]"国之大事"，汉简本"事"下有"也"字。樱田本同汉简本。

[2]"死生之地，存亡之道"，《北堂书钞》（据光绪十四年南海孔氏校刊本，以下简称"《书钞》"）卷一一三引文，无此八字。

[3]"不可不察也"，《太平御览》（据中华书局影宋本，以下简称"《御览》"）卷二七〇引文，无"死生之地"至"不可不察也"三句。《通典》卷一四

八、《书钞》卷一一三引此，“察”下皆无“也”字。樱田本“也”作“焉”。

译文

孙子说：战争是国家的大事，它关系到民众的生死，国家的存亡，不可不认真考察，仔细研究。

故经之以五事〔1〕[1]，校之以计而索其情〔2〕[2]。一曰道〔3〕，二曰天，三曰地，四曰将，五曰法。道者，令民与上同意也〔4〕[3]，故可以与之死，可以与之生，而不畏危〔5〕[4]。天者，阴阳、寒暑、时制〔6〕也[5]。地者，远近、险易、广狭、死生〔7〕也[6]。将者，智、信、仁、勇、严〔8〕也[7]。法者，曲制[8]、官道、主用〔9〕也。凡此五者，将莫不闻[9]，知之者胜，不知者不胜〔10〕。故校之以计而索其情[10]，曰：主孰有道〔11〕？将孰有能〔12〕？天地孰得〔13〕？法令孰行〔14〕？兵众孰强〔15〕？士卒孰练〔16〕？赏罚孰明〔17〕？吾以此知胜负矣。

注释

〔1〕经之以五事：经，度量、衡量的意思。《诗经·大雅·灵台》：“经始灵台，经之营之。”毛苌传：“经，度之也。”此句意为要从五个方面分析、预测战争胜负的可能性。

按：本段紧承上段而来。战争既然关系着军民生死，国家存亡，因此逻辑地推导出打不打、何时打、何地打、由谁打、怎么打必须预作综合评估，全面考量，追求不战则已，战则必胜，而达到这一目的的基本途径别无他途，唯“五事七计”而已。“五事”之次序，《武经七书直解》有云：“惟有道可以伐无道，故以道先之。天时顺，宜兴师，故以天次之。地利便宜战守，故地又次之。将得人可制胜，故将又次之。法令行则士用命，故法又次之。五事之序也。”

〔2〕校之以计而索其情：校，衡量、比较。《广雅·释诂》：“校，度也。”计，指下文所言“主孰有道”等“七计”。索，考索、探索。《墨子·尚贤中》：

“索天下之隐事遗利，以上事天。”情，情势、实情，也可理解为规律。全句的意思为：要通过对双方各种条件的比较分析，来探索战争胜负的情况与规律。张预注：“校计彼我之优劣，探索胜负之情实。”即孙子之本旨。

〔3〕道：本义是道路，后引申为事理、规律、方法等。此处的含义是指社会政治条件，尤指人心向背。《孟子·公孙丑下》言：“得道者多助，失道者寡助。寡助之至，亲戚畔之；多助之至，天下顺之。”即表明政治得失对战争成败具有关键影响。

〔4〕令民与上同意也：令，使、教。民，普通民众、老百姓。上，君主、统治者。意，意志、意愿。《管子·君臣下》：“明君在上，便僻（嬖）不能食其意。”同意，同心同德。令民与上同意，言使普通民众认同、拥护君主的意愿。

按：孙子的深刻处，就在于他所理解的优良政治，乃是“令民与上同意也”。换成儒家，则一定是所谓“道者，令上与民同意也”。孙子认为儒家的“以民为本”固然高尚，但在实际生活中往往行不通。在孙子的心目中，胜利与否是衡量“道”是否正确与合理的唯一标准，因为战场上不相信眼泪，一旦输了，一切都免谈。所以，决策者应该有主见有定力，让民众认同、拥护、支持自己的决策，而不是放弃自己的责任，随风附和，为民意所绑架，这就是所谓的“道者，令民与上同意也”！

〔5〕可以与之死，可以与之生，而不畏危：意为民众与统治者一条心，乐于为君主出生入死而毫不畏惧危险。不畏危，不害怕恐惧危险。汉简本“不畏危”作“弗诡也”。“弗诡”意即无疑贰之心。有人释“弗诡”为“不敢违抗”，于义亦通。

〔6〕阴阳、寒暑、时制：阴阳，指昼夜、晴晦等天时气象的变化。寒暑，指寒冷、炎热等气温差异。时制，指四时季节的更替。汉简本在“时制”后尚有“顺逆，兵胜也”等五字，这显然是兵阴阳家的语言，也符合兵权谋家“兼形势，包阴阳，用技巧”的学术属性。汉简本反映了汉代政治思想文化“天人合一”“阴阳灾异”之说大盛的时代氛围，而宋代刊行《武经七书》之时，阴阳灾异说已经被逐出主流意识形态，故“顺逆，兵胜”等文字也被删去。由此可见时代文化精神的变迁及其对兵书书写的折射。

按：这里的“天”，其实还有另一层含义，即战略时机的成熟与否。“时不至，不可强究”，过早行动，就可能成为矛盾的焦点，所谓“出头的椽子先烂”“堆高于岸，流必湍之；木秀于林，风必摧之”，四面受敌，两线作战。但是，太晚了也不行，“过了这个村，就没有这个店”，蛋糕已经分割完毕，自己已被边缘化，再也没有机会了。所谓“天”，其实就是讲这层道理：把握时机，收放自如，恰到好处，见好就收。正如宋人何去非所言：“天下之事，日至而无穷；而吾有以应之，莫不中理者，在乎善用其机。”（《何博士备论·宋武帝论》）

〔7〕远近、险易、广狭、死生：远近，指作战区域的距离远近。张预注：“知远近，则能为迂直之计。”险易，指地势的险厄或平坦。广狭，指战场面积的宽阔或狭窄，也即战场的容积量。死生，指地形条件是否利于攻守进退。死即死地，进退两难之地；生即生地，易攻能守之地。《孙膑兵法·八阵》：“险易必知生地、死地，居生击死。”

〔8〕智、信、仁、勇、严：智，足智多谋，计出万端。信，赏罚有信，令行禁止。仁，爱抚士卒，关怀百姓。就深层次而言，“仁”更多是指决策者的胸襟、肚量，有包容性，能做到海纳百川，有容乃大。不以自己的是非为是非，避免犯“水至清则无鱼，人至察则无徒”的错误。勇，英勇善战，杀敌致果。这里“勇”还有敢于负责、勇于担当的含义。严，严于律己，执法必严。如《尉缭子·兵令上》所言：“卒畏将甚于敌者胜，卒畏敌甚于将者败。”凡此五德，孙子认为是作为优秀将帅所必须具备的基本素质。即《史记·司马穰苴列传》所称的“文能附众，武能威敌”。梅尧臣注：“智能发谋，信能赏罚，仁能附众，勇能果断，严能立威。”又，《武经七书直解》：“智则能谋，信则能守，仁则能爱，勇则能战，严则能临。”

按：在为将“五德”之中，“智”与“勇”也许是最重要的两个素质。这正如何去非在其《何博士备论·杨素论》中所指出的那样：“战必胜，攻必取者，将之良能也。良将之所挟，亦曰智、勇而已。徒智而无勇，则遇勇而挫；徒勇而无智，则遇智而蹶。智足以役勇，勇足以济智，然后以战必胜，以攻必取，天下其孰能当之！”近代普鲁士著名军事理论家克劳塞维茨（K. P. G. von Clausewitz）在其不朽著作《战争论》中也有类似的看法：“战争是充满偶然性的领域，人类的任何活动都不像战争那样给偶然性这个不速之客留有这样广阔的活动天地，……要想不断地战胜意外事件，必须具有两种特性：一是在这种茫茫的黑暗中仍能发出内在的微光以照亮真理的智力；二是敢于跟随这种微光前进的勇气。”①

〔9〕曲制、官道、主用：曲制，有关军队的组织编制、通信联络等具体制度。曹操注：“曲制者，部曲、幡帜、金鼓之制也。”官道，指各级将吏的管理制度。张预注：“官谓分偏裨之任，道谓利粮饷之路。”主用，指各类军需物资，如车马兵甲、衣装粮秣的后勤保障制度。主，管理、主管。《孟子·万章上》：“使之主事而事治。”用，物资费用。

〔10〕将莫不闻，知之者胜，不知者不胜：闻，知道、了解。知，深切了解之意。全句的意思如曹操注所言：“同闻五者，将知其变极，即胜也。”

〔11〕主孰有道：指哪一方的国君为政清明，拥有广大民众的支持。主，君主、统治者。孰，疑问代词，谁，这里指哪一方。道，有道，政治清明。

〔12〕将孰有能：哪一方的将领更有才能。

〔13〕天地孰得：哪一方拥有天时、地利。张预注：“观两军所举，谁得天时、地利。”

〔14〕法令孰行：哪一方能对法令规章加以认真执行。曹操注：“设而不犯，犯而必诛。”《何博士备论·李广论》：“正义之立，在国为法制，在军为纪律。治国而缓法制者，亡；理军而废纪律者，败。法制非人情之所安，然吾必驱之使就者，所以齐万民也；纪律非士心之所乐，然吾必督之使循者，所以严三军也。”

〔15〕兵众孰强：哪一方的兵械铦利，士卒众多，军队强大。兵，在这里是指兵械。但也有注家认为，“兵”为军队。

〔16〕士卒孰练：哪一方的军队训练有素。张预注：“离合聚散之法，坐作进退之令，谁素闲习。”练，娴熟。《战国策·楚一》：“练士厉兵，在大王之所用之。”《武经七书直解》：“辨旌旗，审金鼓，明开阖，知进退，闲驰逐，便弓矢，习击刺，此练士之法也。”

〔17〕赏罚孰明：哪一方的奖惩能做到公正无私。《孙膑兵法·威王问》：“夫赏者，所以喜众，令士忘死也。罚者，所以正乱，令民畏上也。”《韩非子·五蠹》：“明主施赏不迁，行诛无赦，誉辅其赏，毁随其罚，则贤不肖俱尽其力矣。”

---

① 克劳塞维茨：《战争论》，第1卷，69页，中国人民解放军军事科学院译，北京：商务印书馆，1978。

校 记

[1]“故经之以五事”，汉简本“经”作“轻”，“轻”借为“经”。且“五”下无“事”字。《通典》卷一四八引此亦无。孙校本据《通典》删去“事”字。

[2]“校之以计而索其情”，汉简本“校”借作“效”，“而”作“以”，“情”又借作“请”。《书钞》卷一一三引此作“以索其情”，与汉简本同。《御览》卷二七〇引此作“校之以五计”。樱田本“计”上又有“七”字。

[3]“道者，令民与上同意也”，《通典》卷一四八引此作“道者，令人与上下同意也”。“民”作“人”，乃避唐太宗李世民之讳而改，衍“下”字。《长短经·道德》引此“民”亦作“人”。孙校本所据原本脱“令民”二字，其校云：“令民二字，原本脱，今据《通典》《北堂书钞》《太平御览》补。”武经本无“也”字，汉简本“也”上又有“者”字。《长短经·道德》引此有“者”字。

[4]“故可以与之死，可以与之生，而不畏危”，武经本无“故”字。汉简本无二“以”字。《御览》卷二七〇引此文与汉简本同，今从之。“不畏危”，汉简本作“弗诡”。武经本、汉简本等句末有“也”字。

[5]“天者，阴阳、寒暑、时制也”，时制，《通典》卷一六二引此作“时节制”，而卷一四八则又作“时制”。《长短经·天时》作“时节制”。《御览》卷二七〇引此作“时制”，唯“制”误作“利”；卷三二八引此则作“节制”。俞樾《平议》云：“盖一本作‘节’，一本作‘制’，而写者两存之耳”，并谓二字一声之转，“节”当读为“制”。《长短经·天时》引此“天者”作“天时者”。孙校本校云：“《通典》及《御览》‘阴阳’下有‘刚柔’二字。”《通典》卷一六二、《御览》卷三二八引此，注云：“谓顺天行诛，因阴阳、四时、刚柔之制。”此句之下，汉简本又有“顺逆，兵胜也”五字，为各本所无。所谓“顺逆”乃是以阴阳向背为禁忌，所谓“兵胜”则是以五行相胜为禁忌（李零：《兵以诈立》第三讲“始计第一”）。

[6]“地者，远近、险易、广狭、死生也”，汉简本在“远近”前有“高下”二字。其他各本无。《长短经·地形》引此“地者”作“地利者”。

[7]“将者，智、信、仁、勇、严也”，此句王符《潜夫论·劝将》引作“将者：智也，仁也，敬也，信也，勇也，严也”，孙校本谓“汉时故书如此”。

查《孙子兵法》各本皆无“敬”字，各家注亦均不释“敬”字。《书钞》卷一一三引此虽作“将者：知也，信也，仁也，敬也，勇也，严也”，然亦止称“五德”。故王说未可从。

[8]“曲制”，《御览》卷二七〇引此“曲”下衍“帜”字。俞樾《平议》谓“曲”乃“典”之误，且引《国语·周语》“瞽献典”明道本作“瞽献曲”为证，谓二字形近易混。于鬯《香草续校书》说略同。

[9]“凡此五者，将莫不闻”，《御览》卷二七〇引此“闻”下无“知”字，且连读为“将莫不闻之者胜”，未可据。

[10]“故校之以计而索其情”，《通典》卷一五〇引此句前有“孙子曰：用兵之道”七字，《御览》卷二七〇引同，孙校本已经指出当为臆增。又，《御览》“计”上又有“五”字，亦非是。

译文

因此，要通过对敌我五个方面的分析，通过对双方七种情况的比较，来探求战争胜负的情势。一是政治，二是天时，三是地利，四是将才，五是制度。所谓政治，就是要让民众认同拥护君主的意愿，使得他们能够为君主而生，为君主而死，而不惧怕危险。所谓天时，就是指昼夜晴晦、寒冷酷热、四时节候的变化。所谓地利，就是指征途的远近、地势的险峻或平坦、作战区域的开阔或狭窄、地形对于攻守的益处或弊害。所谓将才，就是说将帅要具备足智多谋、赏罚有信、爱抚部属、勇敢坚毅、严格执法等品质。所谓制度，就是指军队组织体制的建设，各级将吏的管理，军需物资的掌管。以上五个方面，身为将帅者不能不了解，充分了解这些情况就能打胜仗，不了解这些情况，就不能打胜仗。所以必须通过对双方七种情况的比较，来求得对战争情势的认识：哪一方君主政治清明？哪一方将帅更有才能？哪一方拥有天时地利？哪一方能够贯彻法令？哪一方武器装备精良？哪一方士卒训练有素？哪一方赏罚公正严明？我们根据这一切，就可以判断谁负谁胜了。

将听吾计[1] [1]，用之必胜，留之。将不听吾计，用之必败，去之[2]。

注释

〔1〕将听吾计：将，助动词，读作“江”（jiāng），表示假设，意为假如、如果。《左传·昭公二十七年》：“令尹将必来辱，为惠已甚。”如此，则本句意为：如果能听从、采纳我的计谋。十家注多作此解。一说，“将”在这里当作名词解，读作“匠”（jiàng），即将领。又一说，此处之“将”，当理解为“偏裨之将”，即属下之将校，意为：部将若能听从我（主将）的计谋与命令。《武经七书直解》：“此将字指偏裨之将而言也。人君与大将定计于庙堂之上，大将便当选偏裨之将而节制之，故言偏裨之将听信吾计，用之而战，必能取胜，则留而任之；偏裨之将不听吾计，用之而战，必然取败，则除而去之不任也。”三说相较，当以第一说为善。听，依从、遵从的意思。

〔2〕去之：去，离开。

校记

[1]“将听吾计”，赵注本云：“‘将’字一作‘如’字。”

译文

如果能听从我的计谋，指挥作战就一定会取胜，我就留下。假如不能听从我的计谋，指挥作战就必败无疑，我就告辞离去。

计利以听〔1〕，乃为之势〔2〕，以佐其外〔3〕。势者，因利而制权〔4〕也。

注释

〔1〕计利以听：计利，计算、衡量敌我双方的有利或不利条件。以，通“已”，《礼记·檀弓》郑玄注：“以与已字本同。”已然、业已的意思。听，听

从、采纳，在这里亦可以理解为“处理”，近似“垂帘听政”之中“听”的含义。

〔2〕乃为之势：意思是指造成一种积极有利的军事态势。乃，于是、就。为，创造、造就。之，语助词，无义。势，态势。

〔3〕以佐其外：作为辅佐以争取战争的胜利。佐，辅佐、辅助。外，曹操注：“常法之外也。”一说，外指国境之外（李零：《吴孙子发微》）。按：一个“佐”字，说明谋略的运用，智慧的角逐，较之于客观实力，只是“佐”，而非“主”。力量为“本”，韬略为“末”，二者是主从、主次关系，而非并列关系。孙子尚谋，但孙子更讲求“力”。故《孙子兵法》不同于一味讲谋略诡计的《三十六计》。

〔4〕因利而制权：意为根据利害得失情况而灵活采取恰当的对策。张预注：“所谓势者，须因事之利，制为权谋以胜敌耳。”因，根据、凭依。《孟子·离娄上》：“为高必因丘陵。”制，从、随从。《淮南子·氾论训》：“圣人作法，而万物制焉。”高诱注：“制，犹从也。”这里是决定、采取的意思。权，本义是秤砣，用作动词，即掂量轻重，权衡利弊，此处引申为权变、灵活处置之意。

译文

在精心筹划的方略已被采纳的情况下，还要设法造成一种态势，用来辅佐战略计划的实现。所谓态势，即依凭有利于己的条件，采取灵活机动的应变措施，以掌握战场上的主动权。

兵者，诡道也〔1〕。故能而示之不能〔2〕，用而示之不用〔3〕[1]，近而示之远，远而示之近〔4〕，利而诱之〔5〕[2]，乱而取之〔6〕，实而备之〔7〕，强而避之，怒而挠之〔8〕[3]，卑而骄之〔9〕，佚而劳之〔10〕[4]，亲而离之〔11〕[5]。攻其无备，出其不意[6]。此兵家之胜〔12〕[7]，不可先传〔13〕也[8]。

注释

〔1〕兵者，诡道也：兵，用兵打仗。诡道，诡诈、谲变的行为或方式。曹操注："兵无常形，以诡诈为道。"诡，欺诈、诡诈。《管子·法禁》："行辟而坚，言诡而辩。"道，行为、方式、原则。"兵者，诡道也"为整段文字的主题句，以下的"诡道十二法"，皆为"兵者，诡道也"的具体诠释。

〔2〕能而示之不能：能，有能力、能够。示，显示、假装。言能战却装作不能战的样子。此句至"亲而离之"等十二条作战原则，即著名的"诡道十二法"。

〔3〕用而示之不用：实际要打，却假装不想打。用，用兵。

〔4〕近而示之远，远而示之近：实际要进攻近处，却装作要进攻远处；实际要进攻远处，却显示要进攻近处，致使敌人无从防备。按：历史上，吴越笠泽之战中，越王勾践左右翼佯动，中路突破大败吴师之举，可谓"近而示之远"的例证；韩信灭魏一役中"木罂渡河"可谓"远而示之近"的典范。

〔5〕利而诱之：利，此处作动词用，贪利的意思。诱，引诱、诱使。意为敌人贪利，则用小利加以引诱，伺机进行打击。

〔6〕乱而取之：乱，混乱。取，乘机进攻，夺取胜利。梅尧臣注："彼乱，则乘而取之。"一说"取"指伏兵偷袭而败敌。《左传·庄公十一年》："覆而败之曰取某师。"

〔7〕实而备之：备，防备、防范。言对付实力雄厚之敌，需严加防备。

〔8〕怒而挠之：怒，容易生气、愤怒。挠，挑逗、扰乱、骚扰。《说文》："挠，扰也。"意为敌人暴躁易怒，就设法挑逗激怒它。一说，敌人来势凶猛，当设法扼制其气焰。

〔9〕卑而骄之：卑，小、怯。《左传·僖公二十二年》："公卑邾，不设备而御之。"杜预注："卑，小也。"言敌人卑怯谨慎，则应设法使其变得骄傲自大，然后伺机破之。一说，敌人卑视我方，则将计就计，使之更骄傲麻痹，然后寻找机会加以打击。又一说，我方当主动卑辞示弱，给敌人造成错觉，令其骄傲。自"利而诱之"到"亲而离之"，皆根据敌情而言对策，故前说义长。

〔10〕佚而劳之：佚，同“逸”，安逸、自在。劳，疲劳，用作使动。敌方安逸，就设法使它疲劳。

〔11〕亲而离之：亲，亲近、团结。离，离间。《广雅·释诂一》：“离，分也。”此句言如果敌人内部团结，则想方设法离间分化它。如《三国演义》中“曹操抹书间韩遂”，故意制造假象，分化离间马超与韩遂的关系，就是“亲而离之”的形象注脚。按：亲，这里其实并非真正的“亲”，而只是一种表面现象，真实的情况是早已有了裂痕，故能“离之”。

〔12〕兵家之胜：兵家，军事家。胜，奥妙、胜券。此句意为：（上述“诡道十二法”）乃军事家用兵如神、克敌制胜的奥妙所在。

按：前四法，主体为“我”，后八法，主体为“敌”。又，“实而备之”“强而避之”等，与诡谲、欺骗似乎并不相干，故“诡”的释义，似乎也包含了“变”的意蕴。

〔13〕不可先传：先，预先、事先。传，传授、规定。言不能够事先传授，必须根据具体情况灵活应用。按：孙子申明，他说这些，只是举例说明而已。因为一旦有招，就有破招之招，真正高明的作战指导精髓是只可意会、不可言传的。无招胜有招，没有规则，才是唯一的规则；没有规则，才是最高的规则，也即最理想的境界。

校记

[1]“故能而示之不能，用而示之不用”，《通典》卷一五三引此二句并作“故能用示之不能用”。按：“能”与“不能”乃以实力言之，而“用”与“不用”则以作战意图言之，二者各为一义，不宜省并。汉简本“示”作“视”，古通。

[2]“利而诱之”，《书钞》卷一一三、《御览》卷二七〇“利”上皆有“故”字。

[3]“怒而挠之”，汉简本“怒而挠之”下即接下文“攻其无备”，无“卑而骄之，佚而劳之，亲而离之”三句，疑脱。且“挠”又借作“譊”。

[4]“佚而劳之”，《御览》卷二七〇“佚”作“引”。十一家注本校语：“一本作引而劳之。”《长短经·先胜》注文中引，“佚”亦作“引”字。

[5]“亲而离之”，《御览》卷二七〇于此句之下又有“佚而劳之”。孙校本

云："按本文'诱'与'取'为韵，'备'与'避'为韵，'挠'、'骄'与'劳'为韵，不应于'亲而离之'下复重出也。"按：孙说是。又，宋曾公亮《武经总要》（以下简称"《总要》"）卷四引此句下又有"饱而饥之，安而动之"。按：这很可能是《虚实篇》文而率引于此处。

[6]"攻其无备，出其不意"，《总要》卷四"其"下又有"所"字，且"无"作"不"。

[7]"此兵家之胜"，《总要》卷四"家"作"法"。叶大庄《退学录》又谓"胜"下脱"其"字。

[8]"不可先传也"，《御览》卷二七〇引此作"不可豫传"。《总要》卷四又作"所以为神也"。

译 文

用兵打仗是一种诡诈奇谲的行为，因此必须做到：能打，却装作不能打。要打，却装作不想打。明明要向近处，却装作要向远处。实际要向远处，却装作要向近处。敌人贪利，就用小利引诱他。敌人混乱，就乘机攻取他。敌人力量充实，就注意防备他。敌人兵卒强锐，就暂时避其锋芒。敌人暴躁易怒，就设法挑逗扰乱他。敌人卑怯谨慎，就设法使他骄横。敌人休整良好，就设法使他疲劳。敌人内部和睦，就设法离间分化他。要在敌人没有防备处发动进攻，在敌人意料不到时采取行动。所有这些，正是军事家指挥艺术的奥妙精髓，是不可预先传授说明的。

夫未战而庙算〔1〕胜者，得算多也〔2〕；未战而庙算不胜[1]者，得算少也。多算胜，少算不胜[2]，而况于无算乎〔3〕[3]！吾以此观之，胜负见矣〔4〕[4]。

注 释

〔1〕庙算：庙，古代祭祀祖先与商议国事的场所。算，计算、筹算。《仓颉

篇》："算，计也。"古代兴师作战之前，通常要在庙堂上商议谋划，分析战争利害得失，制定作战方略。这一作战准备程序，就叫作"庙算"。张预注："古者兴师命将，必致斋于庙，授以成算，然后遣之，故谓之庙算。"

〔2〕得算多也：意为取胜的条件充分、众多。算，即"筭"，古代计数用的筹码，此处引申为胜利的条件。

〔3〕多算胜，少算不胜，而况于无算乎：而况，何况、更不必说。于，至于。言胜利条件具备多者可以获胜，反之，则无法取胜，更何况未曾具备任何取胜条件！按：孙子的庙算决胜论实质是实力决胜论。也即说，实力是基础和前提，诡道是淋漓尽致运用和发挥实力的手段与方法。只有实力与诡诈权谲二者圆满结合，相辅相成，方能在战争中稳操胜券，所向无敌。

〔4〕胜负见矣：胜负的结果显而易见。见，同"现"，显现。《战国策·燕策》："（荆）轲既取图奉之，发图，图穷而匕首见。"

按：孙子的文章技巧，也是超一流的。十三篇皆呈示"凤头，蜂腰，豹尾"的鲜明特征，本篇也是如此，既然"计"为本篇篇题与中心思想，故最后也以"庙算"作结，呼应与点明"计"这个主题。

校记

[1]"庙算胜"与"庙算不胜"，洪颐煊《读书丛录》以《后汉书·杨赐传》与《后汉书·袁绍传》有"庙胜之术"与"庙胜之策"，谓"庙"下当无"算"字。

[2]"多算胜，少算不胜"，《通典》卷一四八"不胜"作"败"，孙校本谓其"臆改"。《书钞》卷一一三引此作"多算胜少算也"。《御览》卷三二二引此作"多算胜少算"。汉简本"少"字下只空三字，即接"无算"。又，汉简本"算"作"筭"。

[3]"而况于无算乎"，《通典》卷一四八、《御览》卷三二二引此皆无"于"字。

[4]"胜负见矣"，《通典》卷一四八作"胜负易见也"，《御览》卷三二二作"胜势见也"。

译文

凡在开战之前就预计能够取胜的，是因为筹划周密，胜利条件充分；凡在开战之前就预计不能取胜的，是因为筹划不周，胜利条件缺乏。筹划周密、条件充分的就能取胜，筹划不周、条件缺乏的就无法取胜，更何况没有筹划、毫无条件呢！我们依据这些因素来观察分析，那么胜负的趋势也就显而易见了。

解读

如同一首律诗有它的“诗眼”，一首乐曲有它的主题旋律，一部理论著作自然也有它的中心篇章，其在全书中起着提纲挈领、总揽全局的关键作用。《计篇》作为《孙子兵法》十三篇的首篇，也具有这样的特殊地位，它的内涵十分丰富，思想非常深刻，字里行间透露出智慧的养分，篇内篇外飘荡着胜利的灵魂，在某种意义上可以看作孙子杰出兵学思想的高度浓缩和精辟概括。

《计篇》的基本思想由两个部分组成，一是战争的筹划理论，二是战争的实施方法。前者是“体”，后者是“体”之“用”，“体”与“用”二者有机结合，相得益彰，互为因果，相辅相成，从而奠定了孙子兵学体系的坚实基础。

《计篇》的全部文字所反映的就是这样一种凝练而清晰的思想：怎样筹划战争，怎样指导战争。说得再具体一点，便是在战争开始之前如何“算”，对敌我的实力对比、战争的胜负趋势做到心中有数。在战争进行过程中如何“骗”和“变”，变得对手摸不着北，处处被动，一步步走向失败。

用兵打仗先要算计，这是最基本的常识。但是，算计哪些细目，怎样进行算计，却大有讲究，差别非常大。一类是占卜算卦、装神弄鬼的巫觋祝史，他们的算法最原始，但却最神秘，即通过灼烧乌龟壳或者排列蓍草的方法，预测战争的吉凶，揣度胜负的归属。《史记·龟策列传》称其为“灼龟观兆，变化无穷”，“卜筮至预见表象，先图其利”。此外，星占、五行占、梦占、六壬、遁甲、太乙等，也是这一类算法中的节权旁枝、支派衍流。这种算法通常叫作“卜筮”，主要流行于我国历史上的夏、商、西周时期，显然是古代宗教迷信观念在军事预测领域的反映。它依靠主观想象，牵强附会，随意比附，表面上幽深奥妙，实际上却荒诞不经，与其说是算计胜负，不如说是碰撞大运，算不准可以文过饰非，偶尔碰巧凑上了则不妨大大吹嘘一番。先秦时期这类算法曾风靡千百年，秦汉之后虽然风头不如以前强劲，但是在打仗的指挥官那里还是很有市场的。只要看看“顺时而发，推刑德，随斗击，因五胜，假鬼神而为助者”（《汉书·艺文志·兵书略》）的“兵阴阳家”，俨然成为兵学四大宗派之一，《三国演义》中的诸葛亮亦人亦神，《水浒传》中的公孙胜撒豆为兵，以及李淳风、袁天罡、刘伯温等人的神奇莫测，便可知用“卜筮”方法算计战争前景对于古代人们来说，有如“芝麻开门”的魔咒一样，始终是有一定吸引力的。对人们的这种无知愚昧，可以悲悯，但却无法改变。

儒家有关战争成败的算法最富道德正义感，但同时也最为天真滑稽。在文圣人孔子和他的接班人亚圣孟子看来，决定战争胜负的关键因素是道义，所谓“得道者多助，失道者寡助。寡助之至，亲戚畔之；多助之至，天下归之。以天下之所归，攻亲戚之所畔，故君子有不战，战必胜之”（《孟子·公孙丑下》）。而道义的核心，是民心向背，“天时不如地利，地利不如人和”（《孟子·公孙丑下》）。要收拢民心，取决于行“仁政”，搞“德治”。这是最强大的精神原子弹，威力无比，任凭尔有强大军队，任凭尔有快刀利剑，遇上我“仁政”这杆大旗，一定是望风披靡，溃不成军。用孟子的话说，便是“以此可以挞秦、楚之坚甲利兵矣”！（《孟子·梁惠王上》）可惜的是，儒家算计战争的方法属于一厢情愿，历史上没有用空洞的道德仁义打赢战争的事例。那位憨态可掬的宋襄公曾经想这么玩上一把，结果没有玩成倒先把性命赔上了。由此可见，儒家的算法好比是“皇帝的新衣”，当古董作谈资勉强可以，如果脑瓜发热较真起来，那么非出尽洋相不可。

法家的算法正好同儒家相反，最注重力量，最迷信暴力。它关于战争胜负的计算公式是，谁农业搞得好，谁就能组建一支强大的军队，有了强大的军队，加上用严刑峻法约束将士，用钱财官爵鼓励将士，那么就没有打不败的敌人，就没有攻不下的城池，就没有征服不了的国家。在法家眼里，战争是包治百病的良药，是统治国家、稳定秩序、发展实力的捷径，须臾不可离，片刻不可少，可谓拳头出真理，刀剑定是非。应该说，法家的算法最是坦率，最是简洁，没有虚与委蛇的矫情，没有欲说还休的扭捏，而是直奔主题，实话实说。它无疑有一定的道理，至少比起巫师神道的算法要正确，比起儒家之流的算法要真实。然而，正如常言所说，真理越过一步也就变成了谬误。法家算法的致命伤在于它太单纯迷信军事实力了，而忽略了制约战争的其他要素，如民心向背、政治教化等等。所以也许能暂时得逞于天下，“秦皇扫六合，虎视何雄哉，挥剑决浮云，诸侯尽西来”（李白：《古风》之三），但往往因其后患过多而无法维系长久，免不了“一夫作难而七庙堕，身死人手，为天下笑”（贾谊：《过秦论》）。从根本的战略利益衡量，法家有关战争胜负的算法同样存在问题。

孙子的算法与上面所说的各家算法都不同。作为兵家的真正创始人和代表者（姜太公虽被后人尊奉为兵家“本谋”，但他有实践而无理论体系传世，只能算作兵家之先驱），孙子的思想最能体现中国人文传统中的理性精神：不懂兵道，不会打仗，那么“人为刀俎，我为鱼肉”，人家就会杀上门来欺负你，生命财产难以保全，政权社稷危若累卵，因此，“以战止战，虽战可也”。但是，打仗可不是一件好玩的事情，既不轻松，也不愉快，它意味着鲜血的滚滚流淌、财富的灰飞烟灭。所以孙子要提出一个既能正视战争现实，又能减轻战争灾难的战略预测方案，它不同于巫史神祝的热衷猜谜，也不同于法家之流的迷信暴力，更不同于老子、孔子的空谈道德，它有的只是最普通最平凡却又最实用最高明的计算公式。

这个计算公式就是所谓的“五事七计”，具体地讲，就是从五个决定战争胜负的基本要素着眼，通过七个方面的具体比较，对敌我双方的战略态势优劣做出正确的评价，在此基础上对战争的可能结果做出比较合乎实际的预测，并据此制定好自己这一方的战略决策，这叫作“夫未战而庙算胜者，得算多也”。

决定战争胜负的五个基本要素，孙子概括为道、天、地、将、法。“道”是政治条件，就是国内政治清明，上下和谐，在战争问题上，使高居庙堂的统治者和身处草莽的老百姓形成共识，心往一处想，劲往一处使，至少也要做到不唱反调，不有意作梗。“天”与“地”，都是讲战争的自然环境，要拥有有利的天时、地理条件，把握住战争的主动权。“将”，讲的是军队的统帅问题，将帅作为一支军队的灵魂，他的素质才能直接关系着军队战斗力的发挥，正所谓“兵熊熊一个，将熊熊一窝”，“千军易得，一将难求”，“置将不慎，一败涂地”，所以“将”理所当然成为衡量双方军事实力、预测战争胜负的重要因素。至于

“法”，同样十分重要，合理的编制，协调的配合，有力的保障，适宜的赏罚，是任何军队在军事活动过程中须臾不可缺少的环节。我们很难设想，一群乌合之众，没有法纪的约束，做不到令行禁止，单凭血气之勇，而能成就大事的。在这个意义上，三国时期大政治家、军事家诸葛亮才说：“有制之兵，无能之将，不可以败；无制之兵，有能之将，不可以胜。”（《诸葛亮集·兵要》）孙子把健全军队法制看作克敌制胜的基本保证。

克劳塞维茨在《战争论》中，曾把“决定战斗的运用的战略要素”，区分为“精神要素、物质要素、数学要素、地理要素和统计要素”[①]。孙子的“五事”实际上已经包含了克氏所列举的战略诸要素，进入了宏观的大战略思维层次，树立了全局意识，这一点足以说明孙子的战前预测和运筹是高于一般军事家的。美国著名战略学家柯林斯说：大战略是在各种情况下运用国家力量的一门艺术和科学，如果单凭武力那将是十分愚蠢的。只有政治、经济、文化、心理、外交、社会全方位地配合起来，有机结合，才能最终赢得战争的胜利。[②]孙子的“五事”衡量法，说到底就是一门正确运用“国家力量”的艺术和科学，立足于军事，又不局限于军事，而是讲道、天、地、将、法等综合因素，是综合能力的一种凝聚和归纳。作为真正的高明算法，它印证了一条普遍的战略原则：“不足谋全局者，不足以谋一域。”因为全局能决定局部的成败与得失，而局部的成败或得失有时并不能对全局起决定性的影响。孙子“五事”的奥秘正在于用全局的观点来谋划残酷的战争游戏。

如果说“五事”的重心在于战前全面了解敌我双方的基本战略要素，那么，孙子讲“七计”的宗旨则在于对这些战略要素的优劣进行仔细周密的考察比较，“较之以计而索其情”。看一看究竟哪一方君主政治清明？哪一方将帅素质优秀、更有才能？哪一方拥有有利的天时地利条件？哪一方法令能够贯彻执行？哪一方武器装备坚利精良？哪一方士卒训练有素、骁勇善战？哪一方赏罚公正严明、令行禁止？正确估量敌我双方的态势，在此基础上做出正确的判断，定下正确

① 克劳塞维茨：《战争论》，第1卷，185页，中国人民解放军军事科学院译，北京：商务印书馆，1978。

② 约翰·柯林斯：《大战略》，43页，中国人民解放军军事科学院译，北京：中国人民解放军战士出版社，1978。

的决心，制定正确的作战方案。用戚继光的话说，就是打“算定仗”，不打“糊涂仗”“舍命仗”。用毛泽东的话说，就是不打无把握之仗，不打无准备之仗。

从历史上的战争实践来看，孙子“五事七计”、预见胜负的战略运筹思想，的确是定谋决策、用兵打仗的客观基础，就像唐代杜牧在《注孙子序》中所说：“孙武所著十三篇，自武死后凡千岁，将兵者有成者，有败者，勘其事迹，皆与武所著书一一相抵当，犹印圈模刻，一不差跌”，是一个带有普遍性的军事规律，具有强大生命力的思想体系。对此可以举出无数个具体战略决策的例子来说明。

一个例子是韩信著名的“汉中对”。楚汉战争爆发前夕，僻处汉中、巴蜀一隅的刘邦处于战略上的劣势地位，如何摆脱被动，扭转已方在与项羽对峙中的战略劣势，逐鹿中原，赢得对天下的统治权，成为刘邦朝思暮想的最大心事。正在他计无所出、进退维谷的困难时期，韩信给他送上了一剂治愈这一心病的良药，这就是著名的“汉中对”。

在“汉中对”中，深富韬略的韩信为刘邦全面算计了军事斗争的得失前景，透彻分析了楚汉双方的战略态势。韩信指出，项羽虽然“勇悍仁强”，但他的“勇”，乃是只知道冲冲杀杀的匹夫之勇；他的“悍”，乃是蛮不讲理、横行霸道式的“悍”；他的“仁”，乃是婆婆妈妈的“妇人之仁”；他的“强”，乃是没有根基，单凭暴力的“强”，即所谓“百姓不附，特劫于威，强服也”。总而言之，项羽的强大只不过是表面上的现象，骨子里其实虚弱得很，迟早要走向反面。反观刘邦，只要能反项羽之道而行之，任用天下的英雄豪杰，厚待重赏功臣宿将，利用麾下汉军将士渴望东归故土的心理，并凭借政治上“除秦苛法，与民约法三章”，得到广大民众的拥戴，就可以平定关中地区，占据战略重地，进而逐鹿中原，得志天下。韩信的算计和建议非常正确，刘邦心头长期积压的阴霾随之一扫而光，遂采纳韩信之策，“部署众将之所击”，“明修栈道，暗度陈仓”，一举攻占关中，并经过前后数年的浴血征战，转弱为强，最终大破楚军于垓下，迫使曾经不可一世的西楚霸王项羽自刎于乌江之畔，夺取了楚汉战争的胜利，在累累白骨上建立起强盛的西汉王朝。由此可见，孙子“多算胜，少算不胜”的论断，确实是至理名言。

另一个例子是曹操抗击袁绍的官渡之战的战略决策。东汉末年，在黄河南北的广大地区逐渐形成了袁绍、曹操两大军事集团。两雄不能并立，双方的决战宛如箭在弦上，势在必行。到了汉献帝建安四年（199年）左右，袁绍已经基本占有了黄河以北的全部地区，拥兵数十万，麾下谋士成群，猛将如云，处于进可以攻、退可以守的有利战略地位。他踌躇满志，顾盼自雄，决定同曹操豪赌一把，遂集结起冀、并、幽、青诸州十万精兵，计划实施南下进攻曹操大本营——许昌的方案，以实现其吞并中原的目的。这一消息传到许昌，曹操不敢怠慢，马上召集部将商议，认真谋算，运筹帷幄，来制定应付袁绍进犯的具体对策。曹操胸有成竹，一针见血地指出袁绍一方的致命弱点：袁绍志大而缺乏智谋，色厉而胆略不足，猜忌而没有威望，兵多而不善指挥，将骄而各存私心，土地和粮食虽多，但都是为我所准备的，不过是我们的"运输大队长"罢了。谋士荀彧也接着指出：袁绍兵员虽多但不整治，谋士田丰刚而犯上，许攸贪而不治，武将审配专而无谋，逢纪刚而自用，这些人势不相容，必生内变。大将颜良、文丑，匹夫之勇，可以一战而擒杀！

曹操和他的部属们从双方主帅、将领、政策、武器装备、士兵素质、组织纪律，以及赏罚等各个方面做了详尽的对比分析后，一致预测出这样的结论：整个形势有利于自己一方而不利于对手袁绍。在这一战略预测的基础上，曹操最后果断做出决定：集中兵力，抗击袁绍来势汹汹的进攻。这样就拉开了官渡决战的帷幕。在战争过程中，曹操根据既定的战略决策，灵活主动地打击敌人，通过乌巢烧粮的奇招，一举掌握作战的主动权，终于夺取这场战略决战的胜利，进而统一了北方中原地区。显而易见，曹操在官渡之战中笑到最后，是他遵循孙子"五事七计"战略预测和运筹思想精神，在战前算得精细、算得高明的自然结果。

再一个例子是东晋十六国时期，前秦天王苻坚发动淝水之战的战略决策。公元383年，前秦天王苻坚自恃兵多将广，不顾群臣阻谏反对，亲率百万大军，在东西长达数千里的战线上，水陆并进，声言要"投鞭断流"，企图一举吞并东晋，统一天下，然而却最终在淝水一带（今安徽境内）同东晋军队的战略决战中全面失败。这一结局的出现，固然有苻坚在战役中指挥不当的因素，但归根结底，最重要的原因当是苻坚本人在战前筹划中主观武断，一意孤行，算法上出现严重失误，不能用孙子"五事七计"的计算方法来算清和掌握敌我情势，预测战争胜负前景。明明绝大多数臣下不与自己“同意”，反对贸然进攻东晋，可他却偏偏要执意南伐，做一统天下的美梦；明明内部不稳，士气低落，兵众不强，慕容垂等异族部将怀有“他志”，居心叵测，他却偏偏要锐意轻进，企图毕其功于一役；明明不熟悉南方地区的气候条件、地理环境，不知道东晋内部的各种情况，水师力量远不如对手，军队缺乏系统训练，他却偏偏要舍长就短，轻举妄动。这样便深深地埋下了失败的种子，加上具体作战指导上的失误，于是就不可避免要“风声鹤唳，草木皆兵”，上演丧师灭国、自殒其身的悲惨一幕了。这也恰好从反面证实了孙子“五事七计”战争算法的高明卓越，如果违背它，必然会受到战争之神的应有惩罚。

常言道，良好的开始只是成功的一半，算计精明、算计正确，为夺取战争的胜利创造了可能性，然而可能性毕竟不等同于现实性，要使它真正转化为现实性，就必须发挥主观能动性，运用一切有用的方法，来达到消灭敌人、保存自己的目的。这个方法，就是孙子所说的“计利以听，乃为之势，以佐其外。势者，因利而制权也”。说白了，便是“骗”。

在孙子看来，战争说到底是敌对双方比试“骗术”，是你死我活的过程，会骗的打败不会骗的，大骗战胜小骗，骗术越是高明，骗法越是多样，就越是拥有赢的把握，越能成为胜利的主宰。战争是血淋淋的杀戮，你不想在战场上做人家的刀下之鬼，你就不能不把冠冕堂皇的“仁义道德”暂时搁置在一边，让自己变成铁石心肠，无怨无悔地施展出各种招数，让你的对手陷于失败。这个手段，孙子把它称作“诡道”。

“诡道”，顾名思义便是“诡诈之道”。这里，“诡”指的是手段运用的特色：诡秘神奇，变幻莫测，杀敌于无形之中。至于“诈”，指的是手段运用的性质：招数迭出，诈敌唬人，用尽可能小的代价，换取尽可能大的胜利。

高明的骗术在于能做到变化多端，花样翻新，即《司马法》所说的“无复先术”，否则一旦形成固定的模式，便容易为对手所识破，会偷鸡不成蚀把米，赔了夫人又折兵。孙子的了不起，就在于他不但确立了兵不厌诈的基本原则：“兵者，诡道也”，而且一口气传授给我们十多条如何使诈、怎样行骗的方法，这就是所谓的“诡道十二法”：明明要打你却装出不想打的模样，明明能够打却装出不能打的姿态，要从远处打却装出会从近处打，要从近处动手却装出会从远处下手……不一而足，总之是要实施全方位、多层次的军事欺骗，以假象迷惑对手，真真假假，以假乱真，因势利导，造成不利于敌人而有利于自己的态势，从而牢牢把握住战争的主动权。孙子认为用兵打仗所追求的成功说白了是非常单纯的："攻其无备，出其不意"，便是要在敌人没有防备处发动进攻，在敌人意料不到时采取行动。可是要真正理解和掌握其中的精髓奥秘却并不容易，"此兵家之胜，不可先传也"。天底下没有免费的午餐，要在战场上得心应手、出神入化地施展诡道，赢得胜利，就必须自己亲身去实践、去琢磨，甚至必须有付出沉重代价的思想准备。

孙子亲身经历、参与指挥的吴楚柏举之战，就是实施军事欺骗从而赢得作战胜利的一个典范。当时吴楚双方从军事实力上讲，是楚国占有明显的优势：它地大物博，人口众多，军队数量远远超过吴国，而且多年与晋国为争夺中原霸权而兵戎相见，战争经验非常丰富。尽管这时候由于鄢陵之战、三驾之役的失利，楚国实力已受很大的损耗，不复全盛时期的风光。然而，瘦死的骆驼比马大，它要对付晋国这样的强大对手虽然力不从心，可要摆平偏处东南一隅的蕞尔小邦吴国却绰绰有余。在这样的背景下，吴国要打败这个强大的对手，达到称霸中原的第一个战略目标，自然不能同楚国作正面的硬碰，正确的途径只能是施展军事欺骗的手段，以时间换空间，积小胜为大胜，为最后的战略决战创造最为有利的条件，四两拨千斤，谋求胜得巧妙、胜得狡诈。

这个骗术，就是"能而示之不能"，"用而示之不用"，就是"怒而挠之，卑而骄之"。它的具体方案，即脍炙人口的"疲楚误楚"之策。伍子胥、孙子等人针对当时楚国军队人数众多，但军令不一导致机动性较差的实际情况，创造性地提出了欺敌误敌的作战策略，他们向吴王阖闾建议说："楚昭王年纪轻轻，无力控制政局。楚国当政者人数众多，表面上看似谁都负责，其实谁都不负责，乖张不和，政出多门，没有一个人能够承担楚国的忧患。在这样的情况下，我们最好的对策，是把自己的部队分编成三支，轮番去骚扰楚国：只要出动一支部队就能把楚军全部吸引出来。当楚军一出动，我军就退回；楚军若退回，我军另一支部队便再出动，必然可以使楚军疲于奔命。如此这般三番五次地骚扰楚军、疲惫楚军，多方调动楚军，整得它没有宁日，必能使敌人在判断和指挥上都发生失误。而敌人的失误恰好是我们的机会，到时候我们就出动三军主力全面进攻，就必定能够聚歼楚军，大获全胜，成就霸业！”由此可见，“疲楚误楚”之策的基本思想是分吴军为三支，轮番出击，骚扰楚军，麻痹敌人，创造战机，制敌于死地，而核心宗旨乃一个字，就是“骗”。

随后吴楚战争的进程充分证实了“疲楚误楚”军事欺骗的巨大成功：吴军前后六年施行“疲楚误楚”之策的结果，是吴军先后袭击了楚国的夷（今安徽涡阳附近）、潜（今安徽霍山东北）、六（今安徽六安北）及弦、豫章等战略重地，害得楚军疲于奔命，丧失斗志。同时更具有意义的是，吴军这种浅尝辄止、不作决战的挑逗性之举，给楚国的战略决策者造成致命的错觉，误以为吴军的行动仅仅是“骚扰”而已，是小泥鳅掀不起大波浪，而忽视了吴军这些“佯动”背后所包藏的“祸心”，放松了应有的警惕，到头来终于栽了大跟斗：当数万吴国精锐之师越过大隧、直辕、冥阨三关险隘，突然挺进到汉水东岸之时，楚国不得不仓促应战，陷于战略上的彻底被动，结果连战皆负，溃不成军，国都沦陷，几乎灭亡。

其实，孙子的“诡道十二法”几乎条条都可以找到具体的战例验证。这正是它们之所以成为后人高度推重的军事欺骗方法的缘由所在。汉高祖刘邦当年之所以有平城之围，就是由于匈奴冒顿单于巧妙实施“能而示之不能”策略的结果：冒顿单于面临汉军大举进攻之时，故意派遣一些老弱士兵在前线作无力抵抗，让刘邦误以为匈奴军队实力不过尔尔，遂轻易冒进，不知不觉中进入对方预设的伏击圈中，被重重包围于平城白登山，差一点全军覆没。幸亏陈平想出一条计策，贿赂冒顿单于的阏氏，才侥幸摆脱围困，狼狈退回长安。

三国时期吕蒙之所以能白衣渡江，从蜀汉大将关羽的手中夺回战略要地荆州，也是他高明运用“用而示之不用”之计的产物。赤壁一场大火，烧得数十万曹军人仰马翻，狼狈北窜，烧得一代枭雄曹操横槊赋诗，一吞天下的雄心灰飞烟灭，也烧出三国鼎立的崭新局面。可是正如西方近代一位政治家所言，在国与国的关系上，没有永久的敌人，也没有永久的朋友，有的只是永久的利益。原先为抗曹而形成的孙、刘联盟，随着战后利益分割上的矛盾与冲突，出现了越来越大的裂痕，并无可挽回地一步步走向瓦解。这中间的关键，就是荆州的归属。刘备方面是久“借”不还，坚决赖账，东吴方面则是志在必得，寸土不让，冲突斗争的结果只能是彼此翻脸、大打出手。为了夺回荆州，东吴军事统帅吕蒙想出毒辣一招：自己称病告退，让年轻将领陆逊替代。陆逊上任后故意写信给关羽，称自己少不更事，还请前辈多多指教，用卑辞屈己之法麻痹了关羽，使他放心地统率大军去和曹军争夺襄樊，造成荆州防备空虚。此计得逞后，吕蒙即遣发主力迅速开进，攻陷荆州，并趁关羽慌忙回师之际实施伏击，一举尽歼号称“万人敌”的关羽主力。这的确是明明要打，却装作不想打的典范战例。

其他像韩信在楚汉战争中“木罂渡河”，兵出临晋，擒获魏王豹，平定魏地，是为“远而示之近”原则的诠释；春秋末年越王勾践在笠泽之战中，两翼佯动，中路突破，声东击西，大破吴军，是为“近而示之远”原则的注脚；汉军激将楚将曹咎，再夺成皋，属于“卑而骄之”；曹操抹书间韩遂，拆散他与马超的同盟，属于“亲而离之”。凡此种种，均表明孙子以“诡道十二法”为基本内容的军事欺骗术是屡试不爽、威力无比的克敌制胜武器。

“兵之变化，固非一道”，因敌变化，随机制敌，永远是高明的战争指挥者自由驰骋的广阔天地。倘若不懂这一道理，不遵循这一原则，那么即便是遍读天下兵书，也终究是纸上谈兵，胶柱鼓瑟，隔靴搔痒，到头来难免夸夸其谈，一事无成。历史上赵括、马谡之流丧师辱身，贻笑天下，就是显著的例子。运用孙子“诡道十二法”的奥秘也是一样。战争中离不开军事欺骗的道理也许人人都懂，“兵者，诡道”的原则，只要是头脑正常的人都不会否认，然而，有的人成功，有的人失败，问题就在于骗术掌握、运用得高明与否。这种高明属于“羚羊挂角，无迹可求”的境界，应该是“得鱼忘筌”“得意忘言”，而不能用言辞来状摹、来说明，所谓“上骗不言骗”。不过总的精神或许可以着眼于：第一，不能重复，切忌依样画葫芦，所谓“一之为甚，其可再乎”。第二，新奇怪诞，防不胜防，所谓“明枪易躲，暗箭难防”。第三，顺藤摸瓜，请君入瓮，所谓“将欲夺之，必固予之”。第四，逆向思维，反常为常，所谓“出乎意表，合乎其理”。按上述四个思路去设局，去谋策，势必能“眉头一皱，计上心来”，军事欺骗之手段日日翻新，军事欺骗之思维开阖自如。

由于孙子“诡道十二法”的作战指导思想符合战争活动的内在规律，在实战实践中一再获得验证，因此为后世兵家奉为圭臬，备受青睐。他们沿着孙子开辟的道路前进，进而从各方面深化了“诡道十二法”的思想。这中间来历不明的《三十六计》可谓集“诡道”（也即军事欺骗）的大成之作。这部民国年间才出现于书摊，但有可能是明末清初成书的兵书，从头到脚，谈的就是一个“骗”字。它招招阴损，计计险恶，目的都围绕一个中心，怎样引诱敌人上当受骗，而自己则趁此机会一招制敌。这只要看看它的计策名目便可以一目了然：“瞒天过海”“声东击西”“无中生有”“笑里藏刀”“李代桃僵”“欲擒故纵”“抛砖引玉”“浑水摸鱼”“偷梁换柱”“假痴不癫”“上屋抽梯”，统统都是欺骗敌人的高招，夺取胜利的窍门。然而，“诡道”毕竟是作为“道德”的对立面出现的，一味推重“诡道”也有一定的副作用，尤其是将它不分青红皂白推广到非军事领域运用时，必定会导致君子稀少、小人成堆、人心不古、世风日下的恐怖局面。

作战篇

题解

本篇的中心思想是阐述如何结合实际情况进行战争的准备工作。孙子的基本逻辑是：战略筹划完成，决定对敌开战之后，接下来，就自然而然进入了战争的准备阶段。这种准备是全方位的，包括政治、经济、军事、文化、外交等各个方面。而这中间的重点，则是军事后勤准备。为了保证自己战略意图的顺利迅速实现，妥善解决战争需要与后勤补给之间的矛盾，孙子提出了“因粮于敌”的重要原则，主张在敌对国家境内就地解决粮草补给。同时孙子还主张通过厚赏士卒、混编缴获的敌方人力物力资源等手段来壮大发展自己的实力，达到“胜敌而益强”的目的。值得注意的是，本篇中，孙子的两个战略原则始终贯穿于战争准备的整个过程之中：第一，进攻至上，进攻优先。《孙子兵法》是强者的哲学，其基本特色是刚强进取，所反映的具体手段是先发制人。这是中国兵家文化的一条主线、一条明线。“一阴一阳之谓道”，除此之外，中国兵学同时也存在着一条辅线、一条暗线，即由老子哲学所引申而成的兵学传统：防御为上，防御优先。这是弱者的哲学，其特征为“柔弱胜刚强”，表现的手段是后发制人。两条线互为弥补，相辅相成，共同构成了中国兵学的鲜明特征。第二，避免旷日持久，力求速战速决。这一原则是就战争成本大小所做的考量。孙子认为，战争对于人力、物力和财力有着巨大的依赖关系，这种内在依赖关系，在春秋时期生产力比较低下，战争规模、战争方式比较原始的特定历史条件下，不可避免地决定了战争“速”的极端重要和“久”的重大危害。这一原则也受到当时多极竞争条件的具体制约，强调要避免出现“诸侯乘其弊而起”的战略被动局面，从而牢牢地把握战略上的主动权。

作战，始战，即从事战争准备。这里不是通常意义上的战阵交锋。作，始、开始的意思，同“乍”。《诗经·鲁颂·駉》：“思马斯作。”毛亨传曰：“作，始也。”又，《荀子·致士》：“故土之与人也，道之与法也者，国家之本作也。”张预注：“计算已定，然后完车马，利器械，运粮草，约费用，以作战备。”最符合孙子本篇之主旨。

孙子曰：凡用兵之法〔1〕，驰车千驷〔2〕[1]，革车千乘〔3〕，带甲〔4〕十万，千里馈粮〔5〕[2]；则内外之费〔6〕[3]，宾客之用〔7〕，胶漆之材〔8〕[4]，车甲之奉〔9〕，日费千金〔10〕，然后十万之师举〔11〕矣[5]。

注释

〔1〕法：规律、法则。

〔2〕驰车千驷：战车千辆。驰，奔、驱。驰车，快速轻捷的战车，古代亦称“轻车”“攻车”。曹操注：“驰车，轻车也，驾驷马。”《禹鼎》：“戎车百辆，斯驭（厮驭）二百，徒千。”驷，原称驾一辆车的四匹马，后通指四匹马拉的战车，此处作量词用。

〔3〕革车千乘：专门用于运载粮草和军需物资的辎重车千辆。革车，一般认为就是守车、重车、辎车。杜牧注：“革车，辎车、重车也。载器械、财货、衣装也。”一说革车为重型作战车辆，其文献依据有《左传・闵公二年》：“革车三十乘”，《孟子・尽心下》：“武王之伐殷也，革车三百乘”，等等，亦能成立。乘，辆，也是古代一辆四匹马拉的车子。《说文》：“车轭驾马上曰乘，马必四，故四马为一乘。”这里也作量词用。

〔4〕带甲：戴盔披甲，此处指全副武装的士卒。《国语・吴语》：“为带甲三万，以势攻，鸡鸣乃定。”《管子・大匡》：“天下之国，带甲十万者不鲜矣。”

〔5〕千里馈粮：意为当时的战争往往都是深入敌境，远离后方，所以需要有很长的后勤补给线，跋涉千里辗转运输粮草。馈，这里作供应、运送解。

〔6〕则内外之费：内外，这里指前方、后方。王皙注：“内谓国中，外谓军所也。”此句意为前方后方的开支花费。

〔7〕宾客之用：指招待诸侯国使节、游士的费用。宾客，诸侯使节以及游士。杜牧注：“军有诸侯交聘之礼，故曰宾客。”

〔8〕胶漆之材：通指制作和维修弓矢等军用器械的物资材料。按：漆是当时重要战略物资，颇类似于当代的石油。盾牌等防护兵器，通常需要通过髹漆的工艺程序以增强其韧度，强化相应的防护功能。

〔9〕车甲之奉：泛指武器装备保养补充的开销。车甲，车辆、盔甲之属。奉，同“俸”，费用、开销。

〔10〕日费千金：每天都要花费大量财力。千金，巨额钱财。李筌注：“千金者，言多费也。”李零《吴孙子发微》：“先秦时期的‘金’可能与秦制的‘金’接近，是以一镒为一金，‘千金’约合374公斤。”

〔11〕举：出动。张预注：“约其所费，日用千金，然后能兴十万之师。”

校记

[1]“驰车千驷”，《御览》卷三〇六“千驷”作“千乘”。

[2]“千里馈粮”，汉简本“馈”上有“而”字，《御览》卷三〇六引同。

[3]“则内外之费”，武经本“内外”前无“则”字，樱田本亦无。又，汉简本“内外”作“外内”。《御览》卷三〇六引此同汉简本。

[4]“胶漆之材”，《御览》卷三〇六“材”作“财”，非是。

[5]“十万之师举矣”，《通典》卷一四八与《御览》卷三〇六“师”作“众”。又自“凡用兵之法”起至“十万之师举矣”句，《通典》卷一四八省作“用兵之法，日费千金，然后十万之众举矣”。

译文

孙子说：凡兴师打仗的通常规律是，需要动用战车千辆，辎重车千辆，军队十万，同时还要越境千里运送军粮。前方后方的经费，款待列国使节的费用，胶漆器材的用度，车辆兵甲的开销，每天都要耗费千金，然后十万之师才能出动。

其用战也胜〔1〕，久则钝兵挫锐〔2〕[1]，攻城则力屈〔3〕，久暴师则国用不足〔4〕。夫钝兵挫锐，屈力殚货〔5〕[2]，则诸侯乘其弊而起〔6〕，虽有智者[3]，不能善其后矣〔7〕。故兵闻拙速，未睹巧之久也〔8〕[4]。夫兵久而国利者[5]，未之有也〔9〕[6]。故不尽知用兵之害者[7]，则不能尽知用兵之利〔10〕[8]也。

注释

〔1〕其用战也胜：指在战争耗费巨大的情况下用兵打仗，就要求做到速决速胜。胜，取胜，这里作速胜解。

〔2〕久则钝兵挫锐：意为用兵旷日持久就会导致军队疲惫，锐气挫伤。张预注："久而后能胜，则兵疲气沮矣。"钝，疲惫、困乏。挫，挫伤。锐，锐气。

〔3〕攻城则力屈：力屈，指力量耗尽。屈，通"绌"，竭、竭尽。《荀子·王制》："使国家足用，而财物不屈。"又，《庄子·天运》："目知穷乎所欲见，力屈乎所欲逐。"

〔4〕久暴师则国用不足：意为长久陈师于外就会给国家经济造成困难。暴，露，"曝"的本字。《穀梁传·隐公五年》范宁注："暴师经年。暴，露也。"国用，国家的开支。《礼记·王制》："冢宰制国用。"

〔5〕屈力殚货：指力量耗尽，经济枯竭。殚，尽、枯竭。《文选·张衡东京赋》云："征税尽，人力殚。"薛综注："殚，尽也。"货，财货，此处指经济。

〔6〕诸侯乘其弊而起：其他诸侯国家便会利用这种危机前来进攻。张预注："邻国因其罢弊起兵以袭之。"其说甚是。当时的现实是，诸侯林立，争霸兼并一日无已。战争不仅仅是参战双方的事情，第三方、第四方都在窥测时机，以求一逞。第三者插足、坐收渔人之利，乃是常态。因此，"卞庄刺虎""螳螂捕蝉，黄雀在后""鹬蚌相争，渔翁得利"等典故、寓言在这个时期大量出现，显然是对孙子观点的形象说明和具体阐释。越王勾践趁吴国多年征战、北上黄池争霸之机，大举偷袭，攻占吴都姑苏，让夫差为其穷兵黩武的做法付出毁灭性的代价，则是生动的史例。弊，疲困，此处作危机、危难解。

按：错简，是古书流传过程中的常见现象。这在今本《孙子兵法》中也似乎比比皆是。本段文字显得有些突兀，仔细推敲，我认为逻辑上它应该为本篇的第三段，而本篇的第四段，则应该是第二段。正因为旷日持久的战争有导致出现"百姓之费，十去其七""公家之费……十去其六"等后果，存在着"国之贫于师者远输"这样的弊端，孙子才汲汲主张"其用战也胜"，认为"久则钝兵挫锐"。如此梳理，方能做到逻辑自洽。

〔7〕虽有智者，不能善其后矣：意为即便有智能超群之人，也将无法挽回

既成之败局。贾林注："人离财竭，虽伊、吕复生，亦不能救此亡败也。"后，后事，此处指败局。

〔8〕兵闻拙速，未睹巧之久也：拙，笨拙、不巧。《老子》第四十五章："大直若屈，大巧若拙，大辩若讷。"速，迅速取胜。巧，工巧、巧妙。此句张预注云："但能取胜，则宁拙速而无巧久。"此句李贽《孙子参同》卷二注云："宁速毋久，宁拙毋巧，但能速胜，虽拙可也。"

〔9〕夫兵久而国利者，未之有也：长期用兵而有利于国家的情况，从来不曾有过。杜佑注："兵者凶器，久则生变。"

〔10〕不尽知用兵之害者，则不能尽知用兵之利：不尽知，不完全了解。知，了解、认识。害，害处、危害。利，利益、好处。意为必须充分认识用兵的危险性。这充分体现了孙子辩证认识事物利弊得失关系的思想方法论。

校记

［1］"其用战也胜，久则钝兵挫锐"，汉简本作"……用战，胜久则顿……"，无"也"字，"钝"作"顿"。"钝""顿"二字古通。《御览》卷二九三引此，亦作"顿"。又吴九龙《孙子校释》作"其用战也，胜久则钝兵挫锐"。孙校本作"其用战也，胜久，则钝兵挫锐"。各本此句字词虽同，然而句读各异。

［2］"屈力殚货"，《通典》卷一四八、《御览》卷二九三引此作"力屈货殚"。

［3］"虽有智者"，汉简本作"虽知者"。"知"同"智"。

［4］"故兵闻拙速，未睹巧之久也"，《长短经·惧诫》裴文安语"兵以拙速，不闻巧迟"。《御览》卷二九三"睹"亦作"闻"。"巧之久"，《文选·张景阳杂诗》注、《任彦昇奉答敕示七夕诗启》注皆引作"工久"。《三国志·王基传》卷二七引此作"兵闻拙速，未睹工迟之久"。又，《书钞》卷一一三无"久"上"之"字与"久"下"也"字，《通典》卷一四八"也"上又有"者"字。

［5］"夫兵久而国利者"，《御览》卷二九三"兵久"作"久兵"。易培基《读孙子杂记》又谓"兵"上应有"用"字。

［6］"未之有也"，汉简本"未"下无"之"字。《通典》卷一四八将"夫兵

久而国利者，未之有也”句，移至下文“军食可足”句后。

[7] “故不尽知用兵之害者”，汉简本作“不尽于知”。

[8] “则不能尽知用兵之利”，《通典》卷一四八“不能尽知”作“不能得”，《御览》卷三三二又作“不得尽知”。

译文

用兵打仗，贵在速胜，旷日持久就会使军队疲惫，锐气受挫。攻打城池，会使得兵力耗竭；军队长期在野外作战，会使国家财力不继。如果军队疲惫，士气受挫，实力耗尽，国家经济枯竭，那么诸侯列国便会乘此危机发兵进攻，那时候即使有智慧超群的人，也将无法挽回危局。所以，用兵打仗，只听说过指挥虽拙但求速胜的情况，而没有见过讲究指挥工巧而追求旷日持久的现象。战事久拖不决而对国家有利的情形，从来不曾有过。因此，不完全了解用兵弊害的人，也就无法真正理解用兵的益处。

善用兵者 [1]，役不再籍〔1〕 [2]，粮不三载〔2〕 [3]，取用于国〔3〕，因粮于敌〔4〕。故军食可足也。

注释

〔1〕役不再籍：役，兵役。籍，本义为名册，此处用作动词，即登记、征集、按名籍征发。再，二次。《左传·僖公五年》：“一之谓甚，其可再乎？”

〔2〕粮不三载：粮草不多次运送。三，多次。载，运输、运送。

〔3〕取用于国：曹操注：“兵甲战具，取用国中。”《左传·隐公四年》记载：郑庄公伐许，“甲辰，授兵于大宫”，即系史证。

〔4〕因粮于敌：粮草给养依靠在敌国就地解决。其主要途径是抄掠敌境，如《军争篇》所言“掠乡分众”，《九地篇》所言“掠于饶野”“重地则掠”，等等。因，依靠、凭借。《左传·僖公三十年》：“因人之力而敝之，不仁。”按：“取用于国”“因粮于敌”是孙子军事后勤思想的核心内容。

校 记

［1］“善用兵者”，《通典》卷一四八、《御览》卷三三二引此，“善”前有“故”字。

［2］“役不再籍”，《通典》卷一四八“籍”作“藉”，二字古通。

［3］“粮不三载”，《御览》卷三三二作“再载”，《诸子菁华录·孙子》（张之纯编纂，曹家达校订，以下简称“《菁华录》”）从之。按：作“三载”不误。各家皆以“三载”指“往则随，缺则继，归则迎”。而曹操注：“还兵入国，不复以粮迎之”；出兵之后，粮草缺乏，则又可因粮于敌，而无须载粮以继，故只以出征时载粮随之。刘寅《武经七书直解·孙子》（以下简称“《直解》”）云：“一馈粮而即止”，实不二载，胡云乎“三”邪？汪中《述学·释三九》有云：“古人措词，凡一、二所不能尽者，则约之以三，以见其多，……此言语之虚数也。实数可稽也，虚数不可执也。”故此，“三”字当即《论语》所谓“三思”“三复”之“三”，非实言载粮三次也。

译 文

善于用兵打仗的人，兵员不再次征集，粮草不多回运送。武器装备由国内提供，粮食给养在敌国补充。这样，军队粮食供给也就充足了。

国之贫于师者远输〔1〕，远输则百姓贫〔2〕［1］。近于师者贵卖〔3〕［2］，贵卖则百姓财竭［3］，财竭则急于丘役〔4〕。力屈财殚［4］，中原内虚于家〔5〕。百姓之费，十去〔6〕其七［5］；公家之费〔7〕［6］，破车罢马〔8〕［7］，甲胄矢弩〔9〕［8］，戟楯蔽橹〔10〕［9］，丘牛大车〔11〕，十去其六［10］。

注 释

〔1〕国之贫于师者远输：之，虚词，无实义。师，指军队。远输，远道运

输。此句意思是说国家之所以因用兵而导致贫困，是由于军粮的远道运输。

〔2〕远输则百姓贫：远道运输就会造成百姓的贫匮。百姓，金文中多作“百生”，此处的百姓，并非寻常民众，而是指有身份、有地位、家业殷实的世族大家。

〔3〕近于师者贵卖：近，临近。贵卖，指物价飞涨。意为临近军队驻扎点地区的物价就飞涨。按：古代往往在军队驻地附近设置军市，以供交易。

〔4〕丘役：军赋。古代以丘为单位征集的赋税。丘，古代的地方行政区划单位。《汉书·刑法志》：“四井为邑，四邑为丘。”

〔5〕中原内虚于家：中原，此处指国中。此句意为，国中百姓之家因远道运输而变得贫困、空虚。《汉书·昭帝纪》言汉武帝长期征伐匈奴的结果是：“海内虚耗，户口减半。”类此。

〔6〕去：耗去、损失。

〔7〕公家之费：公家，国家。费，费用、开销。

〔8〕罢马：罢，同“疲”。疲惫不堪的马匹。

〔9〕甲胄矢弩：甲，护身的铠甲。胄，头盔。矢，箭、箭镞。弩，弩机，一种依靠机械力量发射箭镞的弓，在当时为杀伤力颇大的新式武器，“积弩齐发”是当时具有大规模杀伤作用的重要战法。

〔10〕戟楯蔽橹：戟，古代戈、矛功能合一的兵器。楯，同“盾”，盾牌。蔽橹，用于攻城的大盾牌。甲胄矢弩、戟楯蔽橹，是对当时攻防兵器与装备的泛指。

〔11〕丘牛大车：丘牛，从丘役中征集来的牛。大车，指载运辎重的牛车。曹操注：“丘牛，谓丘邑之牛。大车，乃长毂车也。”“破车罢马，甲胄矢弩，戟楯蔽橹，丘牛大车”等文字，当是孙子后学对“公家之费”一语的具体内容注释，在后来的传抄过程中，遂被当作正文，混为一体。这种现象，在古书中常见，余嘉锡先生《古书通例·绪言》曾有说明：“古书本不出自一人，或竹帛著自后师，或记叙成于众手，或编次于诸侯之客，或定著于写书之官。逸事遗闻，残篇断简，并登诸油素，积成卷帙。故学案与语录同篇，说解与经言并载。又笺注标识，混入正文，批答评论，咸从附录。”孙子的原文，本当为：“百姓之费，十去其七；公家之费，十去其六。”

校记

［1］“国之贫于师者远输，远输则百姓贫”，该句《通典》卷一五六引作“国之贫于师者，远师远输，远师远输则百姓贫”，汉简本作“国之贫于师者，远者远输则百姓贫”。

［2］“近于师者贵卖”，武经本“近”下无“于”字，《通典》卷一五六与《御览》卷三三二亦无，汉简本同，唯“师”作“市”。

［3］“贵卖则百姓财竭”，于鬯《香草续校书》谓“百姓”二字乃衍文，且云“贵卖则财竭”者，谓军中财竭，非谓百姓财竭也。正因为如此，国家“始必急征百姓之财矣”。故此“财竭”非指百姓，而指国家军队。杜佑之注意思略同。

［4］“力屈财殚”，汉简本“力屈”下无“财殚”二字，唯“力屈”作“屈力”。武经本与《御览》卷三三二亦无。

［5］“十去其七”，汉简本作“十去其六”。

［6］“公家之费”，《御览》卷三三二“费”作“用”。

［7］“破车罢马”，《御览》卷三三二“罢”作“疲”，二字古通。

［8］“矢弩”，武经本作“弓矢”，《御览》卷三三二引同。

［9］“蔽橹”，武经本作“矛橹”，《御览》卷三三二引同。

［10］“十去其六”，原本此下有校语云：“一本作‘十去其七’”，李筌注亦云：“公家之物，十损于七也”，而梅尧臣、张预注则皆言：“十损乎六”或“十损其六”。按：上句既言“十去其七”，则此句自当仍依各本作“六”，以错综其词而成其义。

译文

国家之所以因用兵而导致贫困，就是由于远道转输。远道转输，就会使百姓陷于贫困。临近驻军的地区物价必定飞涨，物价飞涨，就会使得百姓财富枯竭，财富枯竭就必然急于加重赋役。力量耗尽，国内便家家空虚。百姓的财产将会耗去十分之七，国家的财产，也会由于车辆的损坏，马匹的疲敝，盔甲、弓箭、戟盾、蔽橹的制作和补充以及大牛大车的征调，而消耗掉十分之六。

故智将务食于敌[1] [1]。食敌一钟[2]，当吾二十钟；萁秆一石[3]，当吾二十石。

注释

〔1〕智将务食于敌：智将，明智的将领。务，务求、力求。意为明智的将帅总是务求就食于敌国。李筌注："将之智者，务食于敌，以省己费也。"

〔2〕钟：古代的容量单位。每钟六十四斗。曹操注："六斛四斟（斗）为钟。"

〔3〕萁秆一石：萁秆，泛指牛、马等牲畜的饲料。萁，同"萁"，豆秸。《说文》："萁，豆茎也。"石，古代的重量单位。每石一百二十斤。《汉书·律历志》："三十斤为钧，四钧为石。"据出土衡器，战国时期的"石"重约三十公斤。按：这段文字也当为孙子后学所增益，用以说明前文"因粮于敌"的好处，在文本辗转传抄过程中，混入正文。

校记

[1]"故智将务食于敌"，《武备志》"智"误作"習"。

译文

所以，明智的将帅总是务求在敌国解决粮草的供给问题。消耗敌国一钟粮食，等同于从本国运送二十钟。耗费敌国一石草料，相当于从本国运送二十石。

故杀敌者，怒也[1] [1]；取敌之利者，货也[2] [2]。故车战 [3]，得车十乘已[3]上 [4]，赏其先得者，而更其旌旗[4]，车杂而乘之[5]，卒善而养之[6] [5]。是谓胜敌而益强[7] [6]。

注释

〔1〕杀敌者，怒也：言军队英勇杀敌，关键在于激励部队的士气。张预注："激吾士气，使上下同怒，则敌可杀。"这是从精神激励层面着眼，以激发士卒杀敌之勇气与斗志。故梅尧臣注云："杀敌则激吾人以怒。"

〔2〕取敌之利者，货也：货，财货。这里指用财货进行奖赏，以调动广大官兵杀敌制胜的积极性。意为要让军队夺敌资财，就必须先依靠财货奖赏。这是从物质鼓励层面考量，以调动将士们勇于拼杀之积极性。故梅尧臣注云："取敌则利吾人以货。"《三略·上略》："军无财，士不来；军无赏，士不往。"

〔3〕已：同"以"。

〔4〕更其旌旗：意为在缴获的敌军战车上更换上我军的旗帜。张预注："变敌之色，令与己同。"更，变更、更换。旌旗，古代用羽毛装饰的旗帜，是重要的军中指挥号令工具。

〔5〕车杂而乘之：杂，掺杂、混合。《国语·郑语》云："先王以土与金木水火杂，以成百物。"韦昭注："杂，合也。"乘，驾、使用。意为将缴获的敌方战车和我方车辆掺杂在一起，用于作战。

〔6〕卒善而养之：意为优待被俘虏的敌军士卒，使之为己所用。张预注："所获之卒，必以恩信抚养之，俾为我用。"卒，俘虏、降卒。

按："卒善而养之"之"善"，汉简本作"共"。而"共"之文义，有"共有"的义项，如祸福与共，《论语·公冶长》："愿车马，衣轻裘，与朋友共，敝之而无憾。"也可引申为掺杂、混合的意思。考究《孙子》全句的文义，很显然，汉简本言"共"是正确的，"共"与"杂"交错对文，均为掺杂与混合，孙子言此，乃是反复强调在作战中当将俘获的敌方车辆、人员加以利用，混合并掺杂编入己方的车队与军阵之中，共赴战事，从而来增强自己的力量。这里，孙子说的是因敌之资以助己的问题，借力打力而已，实与优待俘虏风马牛不相及，张预等人"恩信抚养之"的说法乃望文生义、郢书燕说。由此可见，"共"在传世本中作"善"，当属《孙子兵法》流传过程中为后人所臆改，以迁就所谓

"善俘"的主张。①

〔7〕胜敌而益强：指在战胜敌人的同时使自己变得更加强大。杜牧注："因敌之资，益己之强。"益，增加。

按：这段文字，也非常有可能是错简，因为它与本篇前后文皆无有机之逻辑联系，也与本篇主题"战争准备"相游离。我推测是后人在竹简文字缀合整理过程中，发现难以将它归入特定某篇，不得已而将它置于此处。

校记

[1]"故杀敌者，怒也"，敌，汉简本多借作"適"，"適"通"敵（敌）"。

[2]"取敌之利者，货也"，刘寅《直解》作"取敌之货者，利也"。

[3]"故车战"，武经本句首无"故"字，樱田本同。

[4]"得车十乘已上"，武经本"已"作"以"，樱田本同。"已""以"二字古通。

[5]"卒善而养之"，汉简本"善"作"共"，共，掺杂之意。

[6]"是谓胜敌而益强"，汉简本"谓"借作"胃"，他处同此。

译文

要使军队英勇杀敌，就应激发士兵同仇敌忾的士气；要想夺取敌人的军需物资，就必须借助于物质奖励。在车战中，凡是缴获战车十辆以上的，就奖赏最先夺得战车的人，同时，要更换战车上的旗帜，混合编入自己的战车行列。对敌俘要予以优待和任用。这也就是说，愈是战胜敌人，自己也就愈是强大。

故兵贵〔1〕胜，不贵久。故知兵之将〔2〕[1]，生民之司命〔3〕[2]，国家安危之主也〔4〕[3]。

---

① 在古代兵书中，"善俘"的主张是常见的，如《司马法·天子之义》即有言："见其老幼，奉归勿伤；虽遇壮者，不校勿敌；敌若伤之，医药归之。"

注释

〔1〕贵：重、推重。《礼记·中庸》："去谗远色，贱货而贵德。"

〔2〕知兵之将：指深刻懂得用兵之法的优秀将帅。知，认识、了解。《周礼·大司徒》："知仁圣义忠和。"郑玄注："知，明于事。"

〔3〕生民之司命：意为普通民众命运的掌握者。生民，泛指一般民众。《孟子·公孙丑上》："率其子弟，攻其父母，自有生民以来，未有能济者也。"司命，星宿名，主死亡。《宋史·天文志》："司命二星在虚北……主死亡。"此处是喻指命运的主宰。

〔4〕国家安危之主也：国家安危存亡的主宰者。王皙注："将贤则民保其生，而国家安矣。"主，主宰。瑞士军事学家若米尼也强调指出："一个统帅的高超指挥艺术，无疑是胜利的最可靠的保证之一，尤其是在交战双方的其他条件都完全相等时，更是如此。"①

校记

[1]"故知兵之将"，《御览》卷二七二"将"作"术"。

[2]"生民之司命"，孙校本据《潜夫论·劝将》、《通典》卷一四八、《御览》卷二七二删"生"字，武经本无"生"字，樱田本亦无。《通典》卷一四八、《御览》卷二七二引此，"民"作"人"，避唐讳。又赵注本云："一本'民'上有'为'字，非是。"

[3]"国家安危之主也"，《潜夫论·劝将》"国家"作"而国"，《御览》卷二七二"安危"作"安民"。

译文

因此，用兵打仗贵在速战速决，而不宜旷日持久。懂得用兵之道的将帅，是民众生死的掌握者，是国家安危存亡的主宰。

① 若米尼：《战争艺术概论》，62页，刘聪、袁坚译，北京：解放军出版社，1986。

解读

中国人的性格一向温顺平和。对他们来说似乎最不缺乏的，就是耐心，喜欢用时间换空间，像“只要功夫深，铁杵磨成针”“君子报仇，十年未晚”“善有善报，恶有恶报，不是不报，时候未到，时候一到，一切都报”之类的格言、谚语广泛流传，大有市场，就是证明。所以，越王勾践“十年生聚，十年教训”，历经千辛万苦终于灭吴的做法，一直受到国人的推崇和颂扬。

然而，从军事学角度来讲，通过旷日持久同敌人拼消耗、拼意志来完成战略优劣态势的转换，最终赢得战争的胜利，毕竟是一种颇不情愿但又无可奈何的选择。如果己方在实力上明显占有优势，又机遇偶合，那么自然应该采取“快刀斩乱麻”的手段，干净利落地摆平对手，尽可能用最小的代价换取最大的胜利，这就是所谓的速战速决。古今中外有头脑的军事家都遵奉这条原则，都把在尽可能短的时间里打败敌人，实现预定的战略目标作为用兵打仗的理想追求。因为他们都知道一个普通的道理：一分钟决定战斗的结局，一小时决定战局的胜负，一天决定帝国的命运。军队的迅速机动和闪电般的冲击永远是真正的战争灵魂。所以《吕氏春秋》的作者把迅猛神速、进攻速胜看成“决义兵之胜”的关键①，明朝人尹宾商更是强调“时不再来，机不可失，则速攻之，速围之，速逐之，速擒之”，认为如此这般，则“靡有不胜”（《白豪子兵䍙》卷一《迅》）。

这种速战速决思想的发明权很可能属于军事谋略学的原生地——古代中国，更具体地说，兵圣孙子就是进攻速胜论的首创者，他汲汲主张的“兵闻拙速，未睹巧之久也”“兵贵胜，不贵久”，实际上已经十分精辟地概括了速战速决理论的本质属性。

孙子的速战速决思想，不是凭空产生的，而是通过核算战争经济成本后得出的基本认识。作为参悟战争禅机的军事家，孙子充分认识到战争对人力、物力和财力有着巨大的依赖关系。这种巨大的依赖关系，在当时生产力比较低下，战争规模、作战方式相对原始的特定历史条件下，不可避免地决定了战争中速

① 《吕氏春秋·论威》：“急疾捷先，此所以决义兵之胜也，而不可久处。”

战速决的极其重要和旷日持久的莫大危害。这一特点，要求战争指挥者在从事战争准备活动的过程中，明确树立起“兵贵胜，不贵久”的速战速决指导思想，一切战争准备工作都必须紧紧围绕这一中心来开展。

孙子不但是一位军事学家，而且是一位经济学家。在他看来，战争不仅是智慧的角逐，同时也是国家综合实力的较量。而在构成国家综合实力的诸多因素中，经济又占据特殊的地位，换句话说，经济是从事战争的前提和基础，是制约一切军事活动的最主要物质因素。没有充足的财力、物力，任何美好的战略计划都是空中楼阁，说白了便是望梅止渴，画饼充饥。所以不能不算经济账，而经济账算下来，战争便只能是速战速决了，要求时间越短越好。

在孙子看来，战争是一场成本极其昂贵的“豪赌”：动用十万部队规模的军事行动，花销大得让人吃惊，简直是一个填不满的无底洞，“日费千金”。在“丘牛大车”的农耕社会里，没有比兴师动众更花费钱财的事情了。如此高投入、高消耗的战争，一旦旷日持久，久拖不决，那么它的后果必定是极其严重的，甚至是非常可怕的。孙子认为这种后果至少有三个方面：

第一，战争旷日持久一定会导致国家财力物力的巨大消耗。国家经济资源再丰富，也承受不起长期战争所带来的巨大支出，“久暴师则国用不足”，“力屈财殚，中原内虚于家。百姓之费，十去其七；公家之费，破车罢马，甲胄矢弩，戟楯蔽橹，丘牛大车，十去其六”。金山银山，也经不得“坐吃山空”，老是打仗，老是用兵，国库当然空空如也，银子流水一般花掉，国家的建设还搞不搞？朝廷的前途还要不要？这显然是一桩十分不划算的买卖。

第二，战争久拖不决势必会进一步加重普通老百姓的负担，激化社会各种矛盾。国家的财富从哪里来，自然不是从天上掉下来的，从来没有天上掉馅饼的好事，说到底还是从老百姓身上征收来的，所谓“羊毛出在羊身上”。打仗打久了，国库空虚了，可还想打下去，怎么办？唯一的出路便是，加大对老百姓的搜刮力度，“财竭则急于丘役”，把战争负担转嫁到平民百姓身上。而那些不法奸商也会乘机哄抬物价，大发战争横财，“近于师者贵卖，贵卖则百姓财竭”，使得底层民众“屋漏偏逢连夜雨，船破更遇顶头风”，雪上加霜，苦不堪言。肚子里怨气积多了，迟早有一天会宣泄出来，这样就会激化各种矛盾，导致尖锐的社会危机。这在历史上是有很多例子的：汉武帝长期对匈奴用兵，“海内虚耗，户口减半”（《汉书》卷七《昭帝纪》），结果面临民众暴动的威胁，“盗贼滋起……大群至数千人，擅自号，攻城邑，取库兵，释死罪，缚辱郡太守、都尉，杀二千石”（《汉书》卷九〇《酷吏传》）；隋炀帝远征高丽，劳民伤财，导致隋末阶级矛盾的高度激化，最终酿成隋末农民大起义的爆发等，便是证明。如此看来，战争旷日持久绝对不是一桩好事。

第三，战争时间久了很容易使国家陷入多面受敌、两线作战的被动局面。俗话说“螳螂捕蝉，黄雀在后”“鹬蚌相争，渔翁得利”。要知道，春秋战国是诸侯林立、列国纷争的分裂动荡时代，诸侯国之间关系十分复杂。在这种情况下，如果某一个国家长期从事征战攻伐，暴师在外，导致国内防御空虚，实力锐减，那么就会给原先坐山观虎斗的第三国提供可乘之机，最终使得自己陷入多线作战的不利处境，即所谓“夫钝兵挫锐，屈力殚货，则诸侯乘其弊而起”，而这样的危险局面一旦形成，那么即便有十个诸葛亮、一百个刘伯温也无法挽回，“虽有智者，不能善其后矣”。这叫作“天作孽，犹可违；自作孽，不可活”。从历史的情况看，春秋末期吴国的衰亡，战国中期魏国的没落，都是明显的例子。吴王夫差走向穷途末路，被对手勾践逼得在姑苏台上自杀身亡，原因固然很多，但他好大喜功，长期穷兵黩武，追逐“图虚名而处实祸”的霸权，多线出击，倾全国之师北上与齐、晋等大国较量高下，造成“钝兵挫锐，屈力殚货”，以至被世仇越国乘隙蹈虚，惨遭败绩，无疑是其中最主要的因素。而战国时期魏国霸权的中衰，也实与魏惠王爱面子不爱里子，战略眼光短浅，多方树敌，陷于东西两线作战困境，最终为齐国所乘，一败于桂陵，再败于马陵，丧师辱国，破军杀将有直接的关系。可见，要想避免出现“诸侯乘其弊而起”的糟糕局面，最好的办法是，尽可能地缩短打仗的时间，在别人还没有反应过来的时候，已经迅速地把所有事情摆平了。

为了确保速战速决作战指导思想的实现，就需要解决战争消耗巨大与后勤补给困难之间的矛盾。为此，孙子提出了“取用于国”“因粮于敌”的军事后勤保障原则。众所周知，后勤保障是军队战斗力的重要组成部分，是重要的战略因素，它直接关系到战争的胜负，孙子对此是有深刻认识的。所谓“取用于国”，就是主张武器装备由国内提供。这是因为，士兵对战场上使用的兵器必须事先熟悉其性能，长短轻重适用，掌握其特点，这样使用起来才能得心应手，杀敌制胜。而且，武器装备直接为敌国兵库所收藏和控制，不能像粮秣那样可以随时就地征发。受这两个基本因素的制约，武器装备最佳的保障途径乃是“取用于国”。所谓“因粮于敌”，就是指在敌国境内就地解决粮饷补给的后勤保障原则。孙子认为，军粮问题生死攸关，然而假如采取“千里馈粮”的方式来解决补给问题，实在是弊大于利，既造成民穷国困，又导致物价飞涨，从而引起“内外骚动”，埋下社会动乱的种子。所以，“千里馈粮”乃是不得已的选择，正确的做法应该是“因粮于敌”。

打仗在很大程度上是打后勤。当年诸葛亮六出祁山却大多无功而返，固然有战略指挥失误的问题，包括重用了不该重用的人（马谡），没有采纳魏延提出的大胆从子午谷突袭长安的作战建议等，然而更主要的原因恐怕还是后勤补给无法跟上，饿着肚子支撑不住，不得已只好“粮尽退兵”。尽管也造了木牛流马来运送粮草，但毕竟杯水车薪，不能从根本上解决问题。所以古代兵家都把搞好军事后勤保障看成克敌制胜的重要前提，所谓“兵马未动，粮草先行”便是这种认识的形象表述。

“民以食为天”，在整个军事后勤保障体系中又以粮食的补给供应为首要条件。中国自古以农立国，农耕经济方式影响着人们的思维，把填饱肚子作为生存的基本要义，“无粮则亡”，粮食问题在军事后勤乃至整个战争过程中始终占有最突出的地位。军事后勤是否成功，战争准备是否充分，很大程度上取决于粮食是否供应得上，是吃香软的干饭还是喝“坚硬的”稀粥，所以说“用兵制胜，以粮为先”。曹操一把大火烧掉了袁绍存放在乌巢的军粮，袁绍数十万大军顿时不战自溃，袁绍也就彻底玩儿完了。张巡守睢阳城，一旦粮食吃光，即使是杀了自己的小老婆，把肉分给战士吃，依然无济于事，睢阳城还是落入了安史叛军的手中。可见，断炊绝粮是军队打仗的大忌，克敌制胜必须以有饭吃为前提。

怎样解决军队的吃饭问题，孙子出的主意是四个字：“因粮于敌”。他算了一笔账，千里馈粮成本太高，很不划算，“食敌一钟，当吾二十钟；萁秆一石，当吾二十石”。所以正确的方法是在敌国境内就地解决军粮供应问题，以战养战，来维系战争机器的正常运转。

至于“因粮于敌”的具体手段，孙子也非常坦率地提了出来，这就是“重地则掠”“掠于饶野，三军足食”“掠乡分众”等。一个字便是“抢”：抢对方田地里长的庄稼，抢对方牧场上放的牛羊，抢一切可以用来填饱自己肚子的东西。手段很单纯，目的很简要，就是要让对手当自己的“运输大队长”，恰如贺绿汀《游击队员之歌》中所讴歌的那般：“没有吃，没有穿，自有那敌人送上前；没有枪，没有炮，敌人给我们造。”孙子认为，纵兵大掠，抢得快，抢得好，至少有三层好处：一是缩短了补给线，减少了损耗率，大大节省了本国粮草开销与运输成本，也有效减轻了本国民众的战争负担。二是有力地削弱了敌人的后勤补给能力，从根本上打击了敌人用以支持战争的经济潜力，彼消而我长，速战速决有了更大的希望。三是补给上更有了及时性，就地抢粮要比路远迢迢运送粮草来得方便、迅捷，从而使捕捉战机、掌握战争主动更有了保障。

也许有人会觉得孙子公然鼓吹纵兵抢掠不人道，太残暴，但这无疑是按道德家的标准来要求孙子，其用心是好的，可实际上却行不通。孙子不是文质彬彬的道德君子，而是以功利追求为目标的兵学家。对于孙子来说，衡量一位军事家是否成功的标志，不是虚无缥缈的仁义道德，而是实实在在的军事胜利。与其虚仁假义标榜自己的高尚道德，不如直截了当、干脆利索地坦白自己的克敌制胜之道。只要能达到自己的战略目的，又何妨使用有伤大雅的手段，抢掠不合人道，但却能有助于战争的取胜；仁义合人道，但却解决不了战争后勤的实际需要，所以也只好“以菩萨心肠，行霹雳手段”了。实在用不着“犹抱琵琶半遮面”，图虚名而处实祸。

不过这么一来，孙子也便成了许多人讨厌憎恶的对象。中国传统的假道学的特色，是要求人们具有双重人格，言行最好不一致，心里想的不是手上做的，手上做的又不是心里想的。就像鲁迅先生所针砭揭露的那样：“大家去谒陵，强盗装正经。静默十分钟，各自想拳经。”[①] 以此之故，道学之士提倡人们要善于掩饰，扭扭捏捏，故作姿态，即所谓“逢人且说三分话，未可全抛一片心”。如今孙子赤裸裸地把底线告诉了大家，这让道学之士感到芒刺在背，不舒服到了极点。他们斥骂孙子这样的“异数”说：“非诈不为兵，盖自孙、吴始。甚矣，人心之不仁也！”（《叶适集·兵权》）把孙子高明的兵学理论斥为人见人憎的

① 鲁迅：《鲁迅诗集·南京民谣》，104页，北京：人民文学出版社，2001。

“盗术”。孙子说了老实话，遭到那些依靠扯谎混日子的冬烘先生、迂腐陋儒的攻击，乃是非常正常的，否则，才是不正常哩！

孙子的速战速决战略思想既然符合进攻作战的一般原理，那么自然会受到古今中外军事家的青睐，并在战争实践活动中得到广泛的借鉴和运用。历史上作为战略进攻的一方，在一般情况下总是追求速战速决、迅捷制胜的效果，即所谓“一决取胜，不可久而用之矣”。这一原则从历史上诸多统一战争的进程来考察，可以看得十分清楚。秦王嬴政听取李斯、尉缭等人的意见，适时完成军事战略方针的转变，改“蚕食渐取”为“鲸吞急进”，针对关东六国分崩离析、苟延残喘的客观现实，发起大规模的统一战争：中路突破，攻占韩、魏；北上挺进，横扫赵、燕；南下征战，剪灭荆楚；最后东向进击，平定田齐。马不停蹄，人不解甲，连续进攻，大举聚歼，仅仅用前后不到十年的时间，便完成了吞灭六国、底定天下的殊世伟业，“秦皇扫六合，虎视何雄哉，挥剑决浮云，诸侯尽西来”，一幕雄浑磅礴的统一话剧，就这样伴随着秦国铁甲雄师浩浩荡荡、所向披靡的进军步伐迅速谢幕了。

西晋武帝司马炎，采纳重臣羊祜、杜预、张华、王濬等人的建议，经过长期精心充分的准备，毅然决然定下击灭东吴、统一南北的决心，分兵六路从长江上、中、下游同时发起迅雷不及掩耳的进攻，歼灭吴军主力，前后费时不满三个月时间，便兵临石头城下，迫使东吴末代君主孙皓挂出白旗，乖乖投降，“王濬楼船下益州，金陵王气黯然收，千寻铁锁沉江底，一片降幡出石头”（刘禹锡：《西塞山怀古》）。这同样是速战速决达成战略目的的成功范例。

隋朝南下灭陈，统一天下的情况，与西晋灭吴之役有惊人的一致之处。一样的精心策划，一样的充足准备，一样的多路进兵，一样的互为策应，一样的直捣巢穴，一样的速战速决，不出两个月时间，隋军便大举攻入陈朝都城建康，将那位只知道欣赏“玉树后庭花”靡靡之音的陈后主，连同他的美人张丽华从枯井之中搜寻出来，押上槛车，让他们在普天下的人们面前丢人现眼。

北宋剪灭南唐统一江南，十个月左右时间即高奏凯歌，大功告成。清军进入山海关后，把握时机，及时发起战略追击，兵收晋豫，混一区宇，次第除李自成、张献忠农民军，灭南明福王、唐王、鲁王、桂王政权，不出数年，便夺取对全国的统治权。凡此种种，均表明速战速决的战争指导原则始终是打开胜利之门的钥匙、赢得战略主动的秘诀。“好风凭借力，送我上青云”，一位军事家如果不知道利用和凭借“速战速决”这阵“好风”，那么想直上“青云”，成就一番事业就太难了！

在西方世界，速战速决的作战原则，也被众多军事家奉为圭臬，践行遵循。拿破仑的军事成就，就集中体现为他善于分析战场形势，捕捉稍纵即逝的战机，集中优势兵力，积极机动，速战速决，在尽可能短的时间里，歼灭敌人的有生力量，实现战役的目的。他在奥斯特里茨战役中，迅速展开兵力，凶猛攻击，坚决突破，大破俄奥联军，确立起对整个欧洲的霸权。这充分反映了他敢于速胜、善于速胜的精湛军事艺术造诣。

从19世纪上半叶开始，随着军队快速机动性的提高和兵器杀伤威力的增强，速战速决理论更是风靡一时，成为克劳塞维茨、若米尼、毛奇、史里芬、福熙、鲁登道夫等著名军事思想家十分热衷、倾心阐发的军事理论命题，并在战争实践中予以充分的运用。换句话说，孙子所总结的先发制人、速战速决的作战指导原则，作为一般战争的规律，在近现代战争中仍未失去它特有的价值。第二次世界大战中，希特勒发动“闪击战”横扫整个欧洲大陆，暂时得逞；日本军国主义分子偷袭珍珠港，一举得手；这都是比较明显的例子。虽然这些战争贩子最终并没能逃脱覆灭的命运，但这主要是由于其战争性质的反动，以及全世界反法西斯力量长期英勇奋战、前仆后继的结果，并不能否定其在战争初期实施速战速决方针在战术上的正确性与可行性。

当然，任何高明的军事思想，任何卓越的作战原则，都存在着思维上的盲区，都不是无懈可击的，这就是所谓的“智者千虑，必有一失”，“有一利必有一弊”。在这方面，孙子的速战速决战争指导思想也不例外。它的局限性在于其观察、分析、把握问题的片面化、绝对化倾向，缺乏全面辩证、有机统一的思维理性。就孙子的“因粮于敌”军事后勤保障思想而言，我们就需要一分为二加以分析。孙子主张以战养战，“因粮于敌”，出发点在于尽可能减轻后勤供给上的负担，以顺利达到进攻速胜的战略目的，这无疑有一定的合理性。但孙子所讲的“因粮于敌”，实质所指乃是掠夺敌国的粮仓、敌国的民众，以保证军事行动的顺利进行。这里，孙子并无从敌国征集粮秣、收购粮秣的想法，更没有依靠和争取敌国民众箪食壶浆、自动捐献粮秣的考虑。手段相当单纯，用武力劫掠夺取而已。应该说，这种做法未免失之偏颇。如果在荒漠草原作战，或遇到敌方坚壁清野，便无粮可因，或可因之粮不多。所以清初的《兵法百言》就曾认为，因粮于敌“间可救一时，非可常恃也”。比较正确的做法应该是，“内必屯田以自足，外必因粮于敌”，双管齐下，互为补充，各擅胜场，以达成效。

孙子“因粮于敌”，借助劫掠利用敌对国家物质资源以支持战争的后勤保障思想，曾在历史上产生过相当大的影响。不少军事家都将它视作深入敌区时解决给养难题的一个对策，并在实战中加以运用。同时他们也多少意识到单纯“掠于饶野”做法的局限性，注意丰富和发展孙子“因粮于敌”的思想内涵，主张争取民众，让民众自动赠粮送物，“民咸馈献”，或采取有偿征集，“设法购运”，以减少“因粮于敌”过程中人为的阻力。这样看待问题、处理事情的态度和做法，显然要比孙子的主张来得较为全面、较为得体。

再如，就军事斗争的基本规律而言，孙子一再强调进攻速胜，这固然有相当合理、相对正确的一面，也大致符合春秋晚期的战争实际需要。但是，让人感到遗憾的是，他并没能辩证地认识到军事行动中速决与持久的内在关系，有意无意地忽略了防御持久在战争中应有的地位、必要的意义，以至于将速胜与持久的关系机械地截然对立起来，给人们留下凡是进攻速胜便是好的，凡是防御持久便是差的的刻板印象。其实速胜与持久乃是对立的统一，不应该人为地割裂开来。因为虽然在战役与战斗的层面上，采取速战速决的方针始终有必要，绝对不能有所动摇；然而，在战略的层面上，究竟是防御持久还是进攻速胜，则不是由战争指挥者的主观愿望决定的，而必须由特定的历史条件，特别是敌对双方各种力量的对比来决定。即战争指挥者必须根据双方力量对比、战略态势、国际环境等实际情况，来具体决定到底是进攻速胜抑或是防御持久，当速则速，宜久则久，“兵无常势，水无常形”，不可意气用事，拘泥局囿。否则，“欲速则不达”，便是形而上学，便是画地为牢，到头来必定会遭到战争规律的无情惩罚。

对于弱势的一方，要想战胜强大的对手，自然不能指望速战速决，而只能采取积极防御的对策，这时候在战略上同对手持久抗衡就显得十分必要了。要像牛皮糖一样紧紧把敌人粘住，拖垮对手，磨得对手没有脾气，在这个过程中，利用时间换取空间，悄悄地完成双方优劣态势的转换，等到时机完全成熟之后再果断发起反击，赢得战争的胜利。抗日战争时期，毛泽东针对“亡国论”与“速胜论”两种错误观点，提出“持久战”理论，为抗日战争的最后胜利指明方向，就是典型的以弱胜强兵法的运用，也是对孙子兵学思想的继承与发展。可见“江山代有才人出，各领风骚数百年”，“天外有天，山外有山”，孙子是了不起的，但也有比他更了不起的，对他应该尊重，却不必迷信。

谋攻篇

题解

孙子的兵学体系，有其内在的逻辑性与系统性。战争准备完成后，就合乎逻辑地要进入如何选择相应的战略手段了。很显然，本篇的主题，就是论述在战争基本准备全面就绪的前提之下，战争决策者根据战争成本的大小、性价比的高下，对达成战略目标的基本手段、相关途径进行优劣比较，多样选择，将各种可能性都考虑在内，制定上、中、下三策，不仅要有计划 A，还要有计划 B、计划 C……，立足最坏的情况，争取最佳的结果。坚持底线思维，把各种可能性都考虑在内。换言之，就是如何做到在战略方案的选择上的多样性与可行性，简单地说，即谋划“进攻之道”。

“上兵伐谋”“不战而屈人之兵”是孙子所汲汲追求的用兵艺术的最高境界，也是全篇的核心思想。孙子认为，“百战百胜”并非用兵的最佳手段，高明的战争指挥者应该做到“屈人之兵而非战也；拔人之城而非攻也；毁人之国而非久也”，从而实现战略上的“全胜”。同时，孙子认识到达到“不战而屈人之兵”这样的境界并非易事，所以他也立足于“战胜”，主张通过战场交锋来赢得胜利。为此，他提出了一系列正确的战术运用方针：“十围”“五攻”“倍战”“敌分”“少逃”“不若避”。在本篇中，孙子还指出不谙军事的君主干预战场指挥的危害性，强调了“知胜”的五个基本条件，并在篇末揭示了“知彼知己者，百战不殆”的著名军事规律，这一规律直到今天仍具有重大的启迪意义。

本篇题为“谋攻”，意思就是谋划进攻之道。杜牧注：“庙堂之上，计算已定，战争之具，粮食之费，悉已用备，可以谋攻。”比较正确地揭示了孙子本篇的主要旨趣。

孙子曰：凡用兵之法，全国为上，破国次之〔1〕；全军为上，破军次之〔2〕［1］；全旅为上，破旅次之〔3〕［2］；全卒为上，破卒次之〔4〕；全伍〔5〕为上，破伍次之。是故百战百胜［3］，非善之善者也〔6〕［4］；不战而屈人之兵，善之善者也〔7〕［5］。

注释

〔1〕全国为上，破国次之：以实力为后盾，迫使敌方城邑完整地降服为上策，而通过战争交锋，攻破敌方的城邑则稍差一些。曹操注："兴师深入长驱，距其城郭，绝其内外，敌举国来服，为上。以兵击破，败而得之，其次也。"全，完整、全部。按：国，在春秋时，与"家"一样，含义与今天的"国""家"不同，家非家庭，而为"家族""宗族"，故称"三家分晋""田氏（家）代齐"。"国"也不能简单地理解为今天的"国"，而指的是国都或大城邑，《国语·周语中》："国有班事，县有序民"，韦昭注："国，城邑也"。破，攻破、击破。当然，国都为该国的政治、经济、军事、文化中心，为社稷宗庙之所在，所以，国在这里也可以理解为国家，人们也一般以国都代指整个国家。

〔2〕全军为上，破军次之：意为能使敌人的"军"完整地降服是上策，击破敌人的"军"则略逊一筹。以下"全旅""破旅"、"全卒""破卒"、"全伍""破伍"等句，也是这一观点的不同表述。军，本义为驻屯，后来泛指军队，也是军队的一个编制单位。此处当是后义。《周礼·地官·小司徒》："五旅为师，五师为军。"郑玄注："军，万二千五百人。"但春秋战国时各国军队编制不尽相同，故文献中"军"的编制人数也各有差异。

〔3〕全旅为上，破旅次之：旅，古代军队编制单位，通常以五百人为一旅。《左传·哀公元年》："有田一成，有众一旅。"杜预注："五百人为旅。"

〔4〕全卒为上，破卒次之：卒，古代军队编制单位。《左传》杜预注："百人为卒。"但春秋齐国之"卒"则为二百人。《管子·小匡》："四里为连，故二百人为卒。"

〔5〕伍：古代军队最基本的编制单位，《周礼·地官·乡大夫》："五人为伍。"

按：古代各种军队编制均是从"伍"法起源，如10人的什，25人的两，50人的小戎或队，100人或200人的卒，都是从伍进上去的。伍可按前、中、后成列，也可按左、右、前、后、中成方阵。可见，伍是决定古代队形编制（阵法）的最基本要素。[①]

① 李零：《吴孙子发微》，49页，北京：中华书局，1997。

按：春秋时，军队的基本编制为六级编制："军、师、旅、卒、两、伍"，但吴国则实行四级编制："军、旅、卒、伍"，这也透露出《孙子兵法》一书具有浓厚的吴越文化色彩，《汉书·艺文志》称其为《吴孙子兵法》并非偶然。由六级编制变为四级编制，原因有二：一是吴国为后起国家，君权始终比较集中，减少层级，实施"扁平化"指挥，有利于强化君主对军权的绝对控制。二是受吴军兵种结构的制约，吴国军队以步兵为主，车兵相对较少，所以，主要体现车兵编制的"两"，也被省减了。

〔6〕是故百战百胜，非善之善者也：善，好、高明。此句张预注曰："战而后能胜，必多杀伤，故云非善。"刘寅《直解》亦言："言数战而胜，必致杀人之多，如秦白起之类是也。"

〔7〕不战而屈人之兵，善之善者也：屈，屈服、降服，用作使动。张预注："明赏罚，信号令，完器械，练士卒，暴其所长，使敌从风而靡，则为大善。"这是对孙子"不战而屈人之兵"主张之实现条件及效果的妥切阐述。

校记

［1］"破军次之"，《御览》卷二七〇"破军"作"破国"，误。

［2］"全旅为上，破旅次之"，《通典》卷一四八无"全旅"与"破旅"两句，《御览》卷二七〇引同。唐顺之《武编》又无自"全国"至"破旅"六句。

［3］"是故百战百胜"，《通典》卷一四八与《御览》卷二七〇无句首"是故"二字。

［4］"非善之善者也"，《通典》卷一四八无"也"字。《御览》卷二七〇无"者也"。

［5］"善之善者也"，赵注本"善之善者也"前有"乃"字。《通典》卷一四八无句末"也"字。

译文

孙子说：一般的战争指导法则是，使敌国举国降服为上策，而击破敌国就略逊一筹；使敌人全"军"完整地降服为上策，而击溃敌人的"军"就略逊一筹；使敌人全“旅”完整地降服为上策，而打垮敌人的“旅”就略逊一筹；使敌人的“卒”完整地降服为上策，而击败敌人的“卒”就略逊一筹；使敌人的“伍”完整地降服为上策，而击败敌人的“伍”就略逊一筹。因此，百战百胜，并不就是高明中最高明的；不经交战而能使敌人屈服，这才算是高明中最高明的。

故上兵伐谋〔1〕，其次伐交〔2〕，其次伐兵〔3〕，其下攻城［1］。攻城之法〔4〕，为不得已〔5〕［2］。修橹轒辒〔6〕［3］，具器械〔7〕［4］，三月而后成［5］；距闉〔8〕［6］，又三月而后已〔9〕［7］。将不胜其忿而蚁附之〔10〕［8］，杀士三分之一而城不拔者〔11〕［9］，此攻之灾也〔12〕［10］。

注释

〔1〕上兵伐谋：上兵，上乘的用兵之法。张预注：“兵之上也。”伐，进攻、攻打。谋，谋略。伐谋，以谋略攻敌赢得胜利。此句意为：用兵的最高境界是用谋略胜敌。梅尧臣注：“以智胜。”

〔2〕伐交：交，交合、两军对峙示威。曹操注：“将合也。”伐交，在两军阵势已列，战衅将开之际，向敌显示己方的严整军容、强大实力，震慑对手，吓阻敌人，从而使敌人丧失斗志和信心，被迫退兵或无奈投降。即所谓“以威胜”（梅尧臣注）。

〔3〕伐兵：通过军队间交锋一决胜负。兵，此处指进行野战。梅尧臣注：“以力胜。”

〔4〕法：途径、手段。

〔5〕为不得已：言实出无奈而为之。

〔6〕修橹轒辒：制造大盾和攻城的四轮大车。修，制作、建造，曹操注：“治也。”橹，曹操注：“大楯也”，即藤革等材料制成的大盾牌。一说，橹即“楼橹”，一种攻城用的器具。轒辒，攻城用的四轮大车，用大木制成，外蒙生牛皮，可以容纳兵士十余人。杜牧注：“排大木为之，上蒙以生牛皮，下可以容

十人，往来运土填堑，木石所不能伤。”

〔7〕具器械：准备攻城用的各种器械。具，准备，《左传·隐公元年》：“缮甲兵，具卒乘。”器械，曹操注：“机关攻守之总名，飞楼、云梯之属。”可参考《墨子》“城守十二篇”中《备云梯》《备高临》《备穴》诸篇。

〔8〕距闉：为攻城作准备而堆积的高出城墙的土山。即紧挨敌城墙堆土为山，以便登城，或就近观察城内情况。曹操注：“距闉者，土积高而前，以附其城。”距闉，依杨丙安《孙子会笺》说，“距”与“拒”相通，皆有“备”“治”之义，故可理解为准备。闉，小土山，武经本作“堙”，义同。

〔9〕已：完成、竣工之意。

〔10〕将不胜其忿而蚁附之：胜，克制、制服。《国语·晋语四》：“尊明胜患，智也。”忿，愤懑、恼怒。蚁附之，指驱使士兵像蚂蚁一般爬梯攻城。

〔11〕杀士三分之一而城不拔者：士，士卒。杀士三分之一，言使三分之一的士卒被杀。拔，攻占城邑或军事据点。曹操注：“将忿不得攻器成，而使士卒缘城而上，如蚁之缘墙，必杀伤士卒也。”按：此处言“士”，而不言“卒”，恰好说明孙子所处春秋时期的“士”，其实就是“武士”，也即“二桃杀三士”中的“士”。顾颉刚先生称春秋之前的“士”，皆为武士（见氏著《史林杂识初编》相关论述），可谓笃论。

〔12〕此攻之灾也：攻，此处特指攻城。

按：自“攻城之法，为不得已”至“此攻之灾也”这一段文字，很有可能是孙子之弟子、后学所作之注，其目的是要说明为何讲“攻城”为“其下”，是最糟糕的一种选择，是要强调避免攻城之举的必要性。但是，后世辗转抄写的过程中，这些文字被混入正文，成为今本《孙子兵法》正文的一部分了。古书出现这种情况，也是常态，如同余嘉锡先生所言：“门弟子相与编录之，以授之后学，若今之用为讲章。又各以所见，有所增益，而学案、语录、笔记、传状、注释，以渐附入。其中数传以后，不辨其出何人手笔，则推本先师，转相传述曰：此某先生之书云耳。”

校记

[1]“其下攻城”，《通典》卷一六〇引此作“下政攻城”，下注：“言攻城屠

邑，攻之下者，所害者多。”《御览》卷三一七引此作“下攻攻城”，“下攻”为“下政”之误。孙校本据《通典》《御览》改此句为“下政攻城”。

[2]“攻城之法，为不得已”，汉简本无“为不得已”四字，《御览》卷一九三引此亦无此四字。《总要》卷一〇“为”作“必”，非是。樱田本“已”后有“也”字。

[3]“轒辒”，《艺文类聚》卷六三、《御览》卷一九三引此，皆作“枌榅”。

[4]“具器械”，《艺文类聚》卷六三、《御览》卷一九三引此，“具”皆作“其”。

[5]“三月而后成”，汉简本作“三月而止”。又，《总要》卷一〇“成”下又有“踊土”二字，乃编者所记，非正文。

[6]“闉”，汉简本“闉”作“闅”，当即“闉”之异体。武经本“闉”作“堙”。

[7]“又三月而后已”，汉简本作“有三月然”。“又”“有”古通。

[8]“将不胜其忿而蚁附之”，《通典》卷一六〇“其忿”作“心之忿”，查王皙、张预等家注文，亦有“将心忿急”“将心忿躁”“将心忿速”之语，因此《孙子兵法》故书或作“心之忿”。

[9]“杀士三分之一而城不拔者”，《通典》卷一六〇、《御览》卷三一七“杀”上均有“则”字。又，武经本“士”下有“卒”字，樱田本与《通典》卷一六〇同。

[10]“此攻之灾也”，《御览》卷三一七引同。《通典》卷一六〇“攻”下有“城”字。陆懋德《孙子兵法集释》（据1915年商务印书馆铅印本，以下简称“陆懋德《集释》”）从之。又，汉简本“灾”作“戋”，乃“烖”之省，古通“灾”。

译文

所以，用兵的上策是运用谋略战胜敌人，其次是用兵威慑服敌人，再次是击败敌人的军队，下策就是攻打敌人的城池。选择攻城的做法实出于迫不得已。制造攻城的大盾和四轮大车，准备攻城的器械，要费时数月才能完成；而构筑用于攻城的土山，又要花费几个月时间才能竣工。将帅克制不住自己愤怒的情绪，驱使士卒像蚂蚁一样去爬梯攻城，结果士卒损失了三分之一，而城池却仍旧未能攻克，这就是攻城所带来的灾难。

故善用兵者，屈人之兵而非战也〔1〕[1]，拔人之城而非攻也〔2〕，毁人之国而非久也〔3〕[2]。必以全争于天下〔4〕[3]。故兵不顿而利可全〔5〕[4]，此谋攻之法也〔6〕。

注释

〔1〕屈人之兵而非战也：言不采用直接交战的办法而迫使敌人屈服。张预注："或破其计，或败其交，或绝其粮，或断其路，则可不战而服之。"

〔2〕拔人之城而非攻也：意为夺取敌人的城池而不靠硬攻的办法。

〔3〕毁人之国而非久也：非久，不旷日持久。指灭亡敌人之国而无须旷日持久。曹操注："毁灭人国，不久露师也。"

〔4〕必以全争于天下：全，即上言"全国""全军""全旅""全卒""全伍"之"全"。此句意为一定要根据全胜的战略争胜于天下。

〔5〕故兵不顿而利可全：顿，同"钝"，指疲惫、受挫折。利，利益。全，保全、万全。

〔6〕此谋攻之法也：这就是以谋略胜敌的最高原则。法，原则、宗旨。

按："全"是理想追求、远大目标、上乘境界，提倡"全胜"是可以占据用兵理想的制高点，故孙子一再强调。但是一味求全，也可能导致考虑问题时瞻前顾后，患得患失，处理问题时优柔寡断，投鼠忌器。而战略时机稍纵即逝，打仗绝对不能有八九分把握时再打，那时其实早已失去战机了，而应该有五六分胜算时就打。一方面固然要仰望星空，另一方面更要脚踏实地。"求全"只是一种理想，"剑走偏锋"才是一种现实，要争取"全胜"，但更应该致力于"战胜"。这就是本篇中孙子的逻辑。

校记

[1]"屈人之兵而非战也"，汉简本"屈"作"诎"，二字古通。《通典》卷一六〇与《御览》卷三一七无"也"字，以下两句并同。

[2]“毁人之国而非久也”，汉简本“毁人”作“破人”。《通典》卷一六〇“非久”又作“不久”。

[3]“必以全争于天下”，曹家达《菁华录》无“于”字。

[4]“故兵不顿而利可全”，武经本与十一家注本《作战篇》“钝兵挫锐”作“钝”，而此句“兵不顿而利可全”则作“顿”，二字古通。

译文

所以，善于用兵的人，使敌人屈服而不是靠交战，攻占敌人的城池而不是靠强攻，毁灭敌人的国家而不是靠久战。一定要用全胜的方略争胜于天下。所以，自己的军队不至于疲惫受挫，而胜利却能够圆满实现，这就是以谋略胜敌的原则。

故用兵之法：十则围之〔1〕，五则攻之〔2〕，倍则分之〔3〕，敌则能战之〔4〕，少则能逃之〔5〕[1]，不若则能避之〔6〕。故小敌之坚，大敌之擒也〔7〕。

注释

〔1〕十则围之：兵力十倍于敌就包围敌人。曹操注：“以十敌一，则围之。”曹操认为，用兵打仗，贵在因敌变化，所谓兵无常势，水无常形。“十围”“五攻”“倍分”云云，乃一般而言，即哲学上的一般性、普遍性，但是，更需要承认有特殊性。曹操以自己破下邳、擒吕布一事为例，指出：如果对手已破胆绝望，斗志俱无，则即使只拥有二倍于敌的兵力，同样可对敌实施包围。《武经七书直解》也认为：“吾军十倍于敌则可四面合围，使敌不能逃也。此言将智勇等而兵利钝均者如此。若主弱客强，不必十倍然后围之也。”

〔2〕五则攻之：兵力五倍于敌就主动向它发起进攻。

〔3〕倍则分之：倍，加倍。分，分散。有一倍于敌的兵力，就设法分散敌人，造成局部上的更大优势。

〔4〕敌则能战之：敌，《尔雅·释诂》：“匹也”，指兵力相等，势均力敌。

《战国策·秦五》："四国之兵敌。"高诱注："强弱等也。"能，乃、则的意思，此处与"则"合用，以加重语气。此句言如果敌我力量相当，则当敢于抗击、对峙。

〔5〕少则能逃之：少，兵力少。此乃就数量而言。逃，退却、躲避。《武经七书直解》："此亦以将智勇等而兵利钝均者言之。若我治彼乱，我奋彼怠，我佚彼劳，我饱彼饥，虽少亦可与众者合战。若吴起以五百乘破秦五十万，谢玄以八万破苻坚一百万，宇文泰以一万破高欢十万，何必逃哉！"

〔6〕不若则能避之：不若，不如，指实际力量不如敌人，即兵力孱弱，此乃就质量而言。

〔7〕小敌之坚，大敌之擒也：小敌，弱小的军队。之，若、如，《左传·宣公十二年》："楚之无恶，除备而盟。"坚，坚定、强硬，此处指固守硬拼。大敌，强大的敌军。擒，捉拿，此处指俘虏。此句通常的解释是小不能够勉强敌大。李筌注："小敌不量力而坚战者，必为大敌所擒也。"《直解》："故小敌不量己之力，不能逃，不能避，而坚与人战，则必为大敌之所擒。如息侯屈于郑伯，李陵降于匈奴是也。"但亦有人认为，此句可释为：小的对手如果能集中兵力，即使大的对手也可擒获（李零:《吴孙子发微》）。

校记

[1]"少则能逃之"，武经本、十一家注本原文皆如此，樱田本同。《通典》卷一五五与《御览》卷二九五亦并作"逃"，唯"则"作"而"。但其他各本中有"逃"作"守"者，曹操单注本亦不一致，孙星衍《平津馆丛书》本作"逃"，而四库抄本《孙吴司马法》（以下简称"四库本"）则作"守"。再查各家注，曹操注云："高壁坚垒，勿与战也"，杜牧注义同，因此其所据本当为"守"字，而梅尧臣注则云："彼众我寡，去而勿战。"王皙则径注："逃，伏也。"张预注亦云："逃去之，勿与战。"查《形篇》有云："守则不足"，敌众我寡则取守势，乃法之常，故本字当依曹操注改作"守"，但作"逃"于义亦通。今并存二说，仍依通行本作"少则能逃之"。

译文

用兵的原则是：拥有十倍于敌的兵力就包围敌人，拥有五倍于敌的兵力就进攻敌人，拥有两倍于敌的兵力就设法分散敌人，兵力与敌相等就要努力抗击敌人，兵力少于敌人就要实施退却，兵力弱于敌人就要避免决战。所以，弱小的军队如果一味坚守硬拼，就势必沦为强大敌人的俘虏。

夫将者，国之辅也〔1〕。辅周则国必强〔2〕，辅隙则国必弱〔3〕［1］。

注释

〔1〕国之辅也：国，指国君。辅，原意为辅木，《左传·僖公五年》："辅车相依。"孔颖达疏："盖辅车一处分为二名耳，辅为外表，车为内骨，故云相依也。"这里引申为辅助、佐辅。

〔2〕辅周则国必强：言辅助周密、相依无间国家就强盛。周，周密。

〔3〕辅隙则国必弱：辅助有缺陷则国家必弱。隙，缝隙，此处指有缺陷、不周全。

校记

［1］"辅隙则国必弱"，《六朝抄本旧注孙子》（残片）（日本香川默识《西域考古图谱》收录。后罗振玉收入《汉晋书影》，以下简称"六朝抄本"）"国必弱"作"国弱"。此句《通典》卷一四八引作"将者，国之辅。辅周则国必强，辅隙则国必弱"，《御览》卷二七二作"将者国辅，辅周国必强，辅隙则国必弱"。《菁华录》"隙"作"缺"。

译文

将帅是国君的辅佐。辅助周密，国家就一定强盛；辅助有缺陷，国家就一定衰弱。

故君之所以患于军者三〔1〕[1]：不知军之不可以进而谓之进〔2〕，不知军之不可以退而谓之退，是谓縻军〔3〕[2]。不知三军之事，而同三军之政者〔4〕[3]，则军士惑矣〔5〕。不知三军之权[4]，而同三军之任〔6〕[5]，则军士疑矣[6]。三军既惑且疑[7]，则诸侯之难至矣。是谓乱军引胜〔7〕[8]。

注释

〔1〕君之所以患于军者三：患，危害、贻害。三，指三类情况、三种做法。

〔2〕谓之进：谓，告诉，此处是命令的意思。《诗·小雅·出车》："自天子所，谓我来矣。"郑玄笺："以王命召己，将使为将帅也。"可资参证。谓之进，犹言"使（命令）之进"。

〔3〕是谓縻军：这叫作束缚军队。縻，束缚、羁縻。

〔4〕不知三军之事，而同三军之政者：梅尧臣注："不知治军之务而参其政。"三军，泛指军队。周时一些大的诸侯国设三军，有的为上、中、下三军，有的为左、中、右三军。同，共，此处是参与、干预、干涉的意思。政，政务，这里专指军队的行政事务。

〔5〕军士惑矣：军士，指军队的吏卒。惑，迷惑、困惑。

〔6〕不知三军之权，而同三军之任：不知军队行动的权变灵活性质，而直接干预军队的指挥。权，权变、机动。任，指挥、统率。《左传·僖公十五年》："重怒难任。"杜预注："任，当也。"

〔7〕是谓乱军引胜：梅尧臣注："自乱其军，自去其胜。"最合文意。乱军，扰乱军队。引，去、却、失。《礼记·玉藻》"引而去"，郑玄注："引，郤也。""郤"同"却"。引胜，即却胜。一说"引"为引导、导致之意，引胜即导致敌人胜利。此说虽可通，但孙子此处实就己方军情发议，故应以前说为善。

按：需要指出的是，孙子本人是将帅，以此身份讨论问题，其考量的重点会更多地立足于将帅的立场。因此，其追求掌握战场机断指挥权限才如此不遗余力，有"君命有所不受"之论，而"知胜有五"，也强调"将能而君不御者胜"。

校记

[1]“故君之所以患于军者三”，汉简本“患”下无“于”字。六朝抄本“君”上无“故”字。《直解》“君”“军”倒置。

[2]“是谓縻军”，《通典》卷一四八“縻”上有“之”字。

[3]“不知三军之事，而同三军之政者”，汉简本仅存“知三军”三字，难以确定属此句或者下句。六朝抄本“三军”作“军中”。《通典》卷一四八、《御览》卷二七二、《太白阴经·鉴才》引此皆作“军中”。又，《通典》卷一四八引此“而同”作“而欲同”。武经本“政”字下无“者”字。又，易培基《杂记》谓“同”当作“司”，因“司”古书或作“伺”，形近“同”而致误也。按：“司”可训“主”，此说亦有理，然无所据。

[4]“不知三军之权”，《御览》卷二七二“权”上衍“任”字。

[5]“而同三军之任”，《通典》卷一四八“同”上有“欲”字。《御览》卷二七二引同。

[6]“则军士疑矣”，《通典》卷一四八作“则军覆疑”，《御览》卷二七二作“则军事覆疑”。

[7]“三军既惑且疑”，《御览》卷二七二“且”作“既”。《总要》“惑”“疑”二字互倒。

[8]“是谓乱军引胜”，《通典》卷一四八引文无“乱军引胜”句，《御览》卷二七二引此“军”后又有“而”字。

译文

国君危害军事行动的情况有以下三种：不了解军队不能前进而硬使军队前进，不了解军队不能后退而硬令军队后退，这叫作束缚军队。不了解军队的内部事务，而去干预军队的行政，就会使得将士迷惑。不懂得作战上的权宜机变，而去干涉军队的指挥，就会使得将士产生疑虑。军队既迷惑又存有疑虑，那么诸侯列国乘机进犯的灾难也就随之降临了。这就叫作自乱其军，自寻败亡。

故知胜有五：知可以战与不可以战者胜［1］；识众寡之用者胜〔1〕［2］；上下同欲者胜〔2〕［3］；以虞待不虞者胜〔3〕；将能而君不御者胜〔4〕。此五者，知胜之道也〔5〕［4］。

注释

〔1〕识众寡之用者胜：能善于根据双方兵力对比情况而采取正确战法，就可以取胜。众寡，指兵力多少。

〔2〕上下同欲者胜：上下同心协力的能够获胜。同欲，意愿一致，指齐心协力。

〔3〕以虞待不虞者胜：自己有准备对付没有准备之敌则能得胜。虞，有准备、有戒备。

〔4〕将能而君不御者胜：将帅有才能而国君不加掣肘的能够获胜。杜佑注："将既精能晓练兵势，君能专任事不从中御。"能，贤能、有才能。御，原义为驾驭，这里指牵制、制约。《武经七书直解》强调"君不御"的基本前提是"将能"："若夫将帅不能，人君必当授予成策。如后魏太武帝命将出师，从命者无不致胜，违命者率多毁失。齐神武任用将帅出讨，奉行方略，罔不克捷，违失指教，多致奔亡。是将不能而君能，又安得不御之耳！"

〔5〕知胜之道也：认识、把握胜利的规律。道，规律、方法。

校记

［1］"知可以战与不可以战者胜"，武经本此句作"知可以与战不可以与战"，汉简本作"知可而战与不可而战"，无"者"字。

［2］"识众寡之用者胜"，识，汉简本作"知"，《通典》卷一五〇同。

［3］"上下同欲者胜"，《御览》卷三二二无"欲"字。

［4］"知胜之道也"，《通典》卷一五〇、《御览》卷三二二无句末"也"字。

译 文

预知胜利的情况共有五种：知道可以同敌人打或不可以同敌人打的，能够胜利；了解多兵和少兵的不同用法的，能够胜利；全军上下意愿一致的，能够胜利；以有备之己对付无备之敌的，能够胜利；将帅有才能而国君不加掣肘的，能够胜利。凡此五项，就是预知胜利的方法。

故曰：知彼知己者［1］，百战不殆〔1〕；不知彼而知己［2］，一胜一负〔2〕；不知彼，不知己，每战必殆［3］。

注 释

〔1〕知彼知己者，百战不殆：孟氏注曰："审知彼己强弱之势，虽百战，实无危殆。"殆，危险。

按："知彼知己"，在《孙子兵法》中凡两见，这不是重复，更不是衍文，而是一种强调。凡孙子自己认为特别重要的原则，他都会强调两遍。如"合于利而动，不合于利而止"（《九地篇》《火攻篇》）；"不知诸侯之谋者，不能豫交"（《军争篇》《九地篇》）；"知彼知己"（《谋攻篇》《地形篇》）也是如此。另外需要注意的是，孙子说"百战不殆"，而不言"百战百胜"，这其实也是他的忧患意识的集中体现，他始终认为"兵凶战危"，开宗明义就是"兵者，国之大事，死生之地，存亡之道，不可不察也"。因此"不殆"是其"慎战"观念的必有之义。说到底，《孙子兵法》不是"求胜"的哲学，而是"免败"的哲学。再则，孙子是矛盾的"两点论"者，故"知彼"和"知己"缺一不可。但是，孙子更是矛盾的"重点论"者，他的逻辑是，了解自己相对比较容易，真正困难的是了解对手。对手藏在暗处，他们的真实战略企图，他们的真实军事实力，难以捉摸，更何况对手还要制造假象，设置圈套，我方要透过假象的迷雾，掌握真实的情况，那是难上加难的。所以"知彼"是第一位的，"知己"是第二位的，二者关系不能颠倒，"知彼知己"，不可误作"知己知彼"。

〔2〕一胜一负：杜佑注："胜负各半。"指无必胜之把握。

校记

[1]"故曰：知彼知己者"，汉简本作"故兵知彼知己"，《通典》卷一五〇"彼""己"互倒。孙校本、武经本均无"者"字。

[2]"不知彼而知己"，《御览》卷三二二无"而"字。

[3]"每战必殆"，武经本作"每战必败"，樱田本同，查各家注，杜佑注为"殆"，李筌、张预注则为"败"，这说明古本二字杂用。

译文

所以说：既了解敌人，又了解自己，那么打上百仗都不会有任何危险；虽不了解敌人，但却了解自己，那么，有时能胜利，有时会失败；既不了解敌人，又不了解自己，那么每次用兵都必然会有危险。

解读

本篇题为"谋攻"，集中论述了战争决策者如何根据战争成本的大小，对达成战略目标的手段进行优化和选择，追求"上兵伐谋""不战而屈人之兵"的理想境界，同时立足于"战胜"，确保自己立于不败之地。本篇在《孙子兵法》全书中的地位和价值不亚于《计篇》《虚实篇》等重要篇章，对从事现代军事斗争以及其他社会活动亦不无积极的启示意义。

1."全胜"战略的两个层次

战争是流血的政治，它固然是社会进步、文明嬗替过程中一个不可逾越的阶梯，但是，它对物质、文化的毁耗，对生命的吞噬等种种严重后果也同样显而易见。所以，历史上真正伟大的军事家，出于对人类命运的终极关怀，都致力于在确保战略目标实现的前提下，寻找最大限度减少战争伤亡和损失的道路，兵圣孙武就是这方面最杰出的代表。他找到的道路即所谓的"全胜"理论，提出的方案便是"必以全争于天下"，做到"兵不顿而利可全"。

从全篇文字来看，“全胜”思想包含两个主要层次：一是追求“不战而屈人之兵”的理想境界；二是在不得已而用兵作战的情况下，尽可能减少损失，实现破中之全。前者是高层次的“全胜”，而后者则是相对低层次的“全胜”，然而二者相互弥补，相得益彰。①

孙子认为“百战百胜”，表面上轰轰烈烈，风光无限，其实是“如鱼饮水，冷暖自知”，并非用兵打仗的上乘境界，唯有“不战而屈人之兵”，才是战争指挥者应该孜孜追求的神圣目标：“是故百战百胜，非善之善者也；不战而屈人之兵，善之善者也。”换句话说，高明的战略家应该真正做到“屈人之兵而非战也，拔人之城而非攻也，毁人之国而非久也。必以全争于天下，故兵不顿而利可全”，即以强大的军事实力作为后盾，通过高明的谋略算计敌人，唬住敌人，摧毁敌人的抵抗意志，不经过直接的战场交锋而使得对手屈膝投降，从而实现战略上的“全胜”。在孙子看来，推行“全胜”战略乃是理所固宜，势所必然。因为对自己一方来说，这样做代价最小；对敌人一方来说，这样做反抗最小；对普通老百姓来说，所遭受的灾难最小；对天下来说，所获得的利益最大，“全胜”战略毫无疑义属于最佳的选择。这一点，西方军事学家的观点与孙子也可谓异曲同工，殊途同归。他们中间不少人同样既立足于“重战”，又汲汲主张“慎战”。如克劳塞维茨说：“如果说流血的屠杀是残酷可怕的，那么这只能使我们更加严肃地对待战争，而不应该使我们出于人道让佩剑逐渐变钝，以致最后有人用利剑把我们的手臂砍掉。”② 英国军事学家富勒则说：“战争可分为两大类：具有有限政治目的的战争，和具有无限政治目的的战争。只有第一种战争给胜利者带来利益，而决非第二种。”③ “作战的最终目标是歼灭敌人这种有害的信条，在理论上否定了战争的真正目的，即建立更加美好的和平生活。……要实现战争的真正目的，就必须终止使用破坏性手段。这就是说，战争必须逐步地由武力争斗发展到智谋与士气斗争的阶段，换言之，指挥艺术必须基本上代替暴力，用瓦解士气或精神上的打击，代替武力争斗或肉体的攻击。”④ 孙子

---

① 黄朴民、高润浩：《新读孙子兵法》，45页，长春：长春出版社，2008。

② 克劳塞维茨：《战争论》，第1卷，300－301页，中国人民解放军军事科学院译，北京：商务印书馆，1978。

③ 富勒：《战争指导》，“前言”4页，绽旭译，周驰校，北京：解放军出版社，2014。

④ 富勒：《装甲战》，34－35页，周德等译，北京：解放军出版社，1987。

"不战而屈人之兵"的"全胜"战略思想，对后世兵家的影响是非常深远的。如《六韬》就一再宣扬"全胜不斗，大兵无创"，"故善战者，不待张军；善除患者，理于未生；胜敌者，胜于无形。上战无与战"(《六韬·龙韬·军势》)。《尉缭子·战权》也说："高之以廊庙之论，重之以受命之论，锐之以逾垠之论，则敌国可不战而服。"其他像《淮南子·兵略训》《神机制敌太白阴经》《百战奇法》《翠微先生北征录》等典籍在这方面也有大同小异的说法。它们之间论述的侧重点虽然不无差异，论述的深度也有高下之别，但是其核心精神却完全一致，就是要做到"以威德服人，智谋屈敌，不假杀戮，广致投降"(《阵纪·赏罚》)，真正进入用兵的理想境界。

再从战史上看，那种折冲樽俎、"上战无与战"的现象也是曾经存在过的。仅在先秦两汉时期，就曾有墨子救宋不以兵革，与鲁班一番沙盘攻守作业推演下来，逼得楚国国君不得不打消攻打宋国的念头；郑国烛之武夜见秦穆公，巧舌如簧、口若悬河劝退秦师，一举挫败秦晋联军灭亡郑国的企图；韩信采纳李左车的建议，派遣使者传檄威慑，不动干戈而顺利平定燕地；赵充国以谋代战，屯田备边，显示实力，慑服羌人等脍炙人口的事例。由此可见，战争固然是铁血的交锋，生灵的厮杀，但是在一定的条件下，开展正确有力的政治、外交斗争，加上机遇凑巧，仍是有可能达到"不战而屈人之兵"的目的的。从这个意义上讲，孙子的"全胜"战略思想不是空穴来风、一厢情愿，有人把它斥责为"主观唯心主义"的单纯"空想"，大加鞭挞，是粗暴也不公正的做法。

不过，假如因为孙子"不战而屈人之兵"思想具有合理的成分，而把它尊奉为孙子整个学说的精髓，说孙子理论的宗旨是"不战主义"，孙子本人是"和平"大使，那么又完全是郢书燕说、胡说八道了。世间之事，"不如意者常八九，可心人儿无一二"，孙子的"全胜"理念毕竟是阳春白雪，曲高和寡，"不战而屈人之兵""全胜"战略思想是一种十分美妙、令人羡慕的用兵理想境界，但在活生生的现实生活之中，它的实现难免荆棘丛生、困难重重。因为理想与现实之间，毕竟存在着很难逾越的巨大鸿沟，在处理阶级之间、民族之间、集团之间以及国家之间不可调和的对抗性矛盾的时候，"不战而屈人之兵"当然是一种选择，但是这种选择实属偶然，并不具有普遍性的意义。一般地说，只有在一方处于绝对的优势，另一方处于绝对的劣势，而处于绝对劣势的一方又由于各种各样的原因丧失了抵抗意志、放下武器的情况下，“不战而屈人之兵”才有可能变成现实。换句话说，与大量存在的“困兽犹斗”“负隅顽抗”“狗急跳墙”“即便是死，也得找个人做垫背”的现象相比，“不战而屈人之兵”的情况毕竟十分罕见，少之又少。

司马迁曾经这么说过：“能言之不必能行之，能行之不必能言之。”（《史记·孙子吴起列传》）孙子是聪明人，他非常清醒地认识到“不战而屈人之兵”是可遇而不可求的，与其仰着脖子眼巴巴等待天上掉馅饼的好事，不如脚踏实地去争取属于自己的利益。所以，在本篇中他更注重从实际出发，立足于高明的作战指导，心无旁骛地通过战场上的一刀一枪去争取胜利。当然，这种胜利的出发点也完全建立在以最小的代价换取最大的战略利益的认识基础之上，即所谓“以破求全”；而不是逞血气之勇，鲁莽行事，打“舍命仗”，打“糊涂仗”。这显然是孙子“全胜”战略思想的第二个层次，与前一个层次相比，它更具有可操作性，不是花拳绣腿，而是见血封喉的毒辣功夫。

如果说，实现高层次的“全胜”的基本途径是“伐谋”（跟敌人拼智慧、斗计谋，让对手甘拜下风）和“伐交”（向敌人显实力、展威风，让对手知难而退），那么，实现这一层次的“全胜”的主要手段便是“伐兵”（在野外旷地上拼个你死我活），在没有其他招数的情况下也不排斥“攻城”。当然，这种“伐兵”与“攻城”，同样立足于对战争效果的积极追求，绝不是鲁莽进攻，死打硬拼，而是依靠智谋奇计，开动脑筋，胜得巧、胜得妙。为此，孙子在本篇中独具匠心地提出了一整套的战术运用方针：拥有十倍于敌的兵力就包围敌人，拥有五倍于敌的兵力就进攻敌人，拥有两倍于敌的兵力就分割敌人，兵力与敌人相当就要努力抗击敌人，兵力少于敌人就要设法摆脱敌人，实力弱于敌人就要努力避免决战。总之，要根据集中优势兵力各个击破敌人的根本原则，针对敌我兵力对比不同而采取灵活机动的战术，“分别主客，指画攻守”，迫使敌人在我方的凌厉打击下丧失抵抗的意志，摇旗投降。

这样一来，孙子就使得他的“全胜”战略思想系统化和具体化了，一方面确立了崇高的理想追求目标：“不战而屈人之兵”；另一方面又规范了军事斗争实践的操作方式：“十围、五攻、倍分、敌战、少逃、不若避。”二者互为弥补，相辅相成，共同服务于“必以全争于天下”这个基本宗旨。由此可见，孙子已经在理想与现实之间寻找到了最好的平衡点与结合点，既不乏崇高的追求，又能充分尊重现实；既志存高远，不甘于庸碌无为，又平心静气，不存异想天开之念。

应该说，孙子思想体系中“全胜”策与“战胜”策的浑然天成、水乳交融，恰好是合乎中国传统文化的价值取向与思辨逻辑的。从历史考察，中国人在对待和处理任何问题时，都习惯于区别理想追求与实际操作之间的辩证关系，既确定最高的标准，用以弘扬己之理想，这就是所谓的“取法其上”；又立足于具体的目标，用以躬行实践，这就是所谓的“得乎其中”。前者只是说的，主要用来作姿态给外界看；后者才是做的，主要用来满足自己心灵的真正渴求。譬如孔老夫子，他虽然主张“祖述尧舜”，大吹大擂尧、舜的丰功伟绩，“唯天之大，唯尧则之”，但真正的用力处却在于“宪章文武”，寻梦周公，一生颠沛流离，奔走呼号，为恢复西周“礼乐文明”倾注全部的精力。又如诸葛亮丞相，表面上汲汲致力于“奖掖三军，北伐中原，兴复汉室，再造一统”，实际上聪明如他，又何尝不明白所谓“兴复汉室”不过是一个凝聚人心、鼓舞士气的口号而已，真正要做和能做的，是尽可能维系住偏处西南一隅的蜀汉政权命脉，能拖多少时间就拖多少时间。所以，“兴复汉室”是理想追求，维系三国鼎立之局是操作要务。当然，能以一州之地与强大的曹魏势力相周旋，对诸葛亮来说已是极不容易了，后人对其赞颂有加，所以“伯仲之间见伊吕，指挥若定失萧曹”云云，也不算太离谱。再如近代那位康南海（康有为）先生，当年思想境界之高，即便在今天仍让人肃然起敬。具体的标志，便是在“万马齐喑究可哀”的封建帝制时代，他已经在考虑“天下大同”问题，还为此专门写了《大同书》，追求公平合理，没有人剥削人的理想社会秩序，但实际上他真正致力去做的，却是“变法维新”“君主立宪”。

这类双重人格的差异、双重目标的分歧，在兵圣孙武身上，也没有例外。他积极倡导“不战而屈人之兵”，津津乐道“必以全争于天下”，但最最重视的却是如何打仗、怎样用兵。换句话说，在孙子那里，“兵不顿而利可全”只是一面高高飘扬的旗帜，“致人而不致于人”，夺取作战主动权，才是现实，才是其兵学的旨趣所在。

这里其实有一个如何正确理解和认识“全”的概念、内涵、意义的问题。《孙子兵法》十三篇中，提到“全”的地方多达十余处，什么“全国为上”“全军为上”“全旅为上”“全卒为上”“全伍为上”“必以全争于天下”，什么“自保而全胜”“安国全军之道”等，不一而足。可见，“全”在孙子思想体系中的地位，如同孔子哲学的核心——“仁”、老子哲学的核心——“道”、墨子哲学的核心——“兼爱”、韩非哲学的核心——“法术势”一样，具有十分重要的意义。

“全”无疑是一种美好的事物，是值得锲而不舍追求的理想目标。然而，正因为它太美好了、太高尚了，所以要真正做到“计出万全”实在太困难了，变得可遇而不可求。在很大程度上，它只能是一种美好的愿望，而不是一种客观的现实，因为一味求全，在考虑问题时往往会瞻前顾后，患得患失；在处理问题时难免会优柔寡断，投鼠忌器。在军事实践活动中，最值得注意、最应该避免的，是因追求万全而优柔寡断，以至错失战机。因为“先作万全之计，然后图彼。得之则大克，不得则自全”①，往往只是一种虚幻的设想，如果处处求全，事事求备，就会不分主次，“眉毛胡子一把抓”，结果顾此失彼，进退维谷，什么都浅尝辄止，蜻蜓点水，这叫作“备前则后寡，备后则前寡，备左则右寡，备右则左寡，无所不备，则无所不寡”。

可见，真正的“万全之策”是不存在的，战前准备的充分只是相对的，战争的进程是复杂多变的，战争的前景是充满各种不确定因素的，对战争的预期只有可能性、或然性，而没有肯定性、盖然性。在任何情况下，军事行动都带有一定的冒险性，是赌博投机的行为，更何况你的对手并非泥塑木偶，也不会毫无作为，等在那里被动挨打。所以正确的态度是，且把所谓的“万全之策”暂时搁置在一边，立足于以自己为主，排除各种干扰，敢于冒一定的风险，敢于走“偏锋”，发挥主观能动性，在有七八成，甚至五六成把握的前提下，及时采取必要的军事行动，“并敌一向，千里杀将”，重点突破，中心开花，从而以点带面，扩大战果，控制全局，赢得胜利。

这方面西晋时期大军事家（也是大学问家）杜预的做法值得人们好好借鉴。当时晋武帝司马炎计划兴师南下征伐东吴孙皓政权，实现国家统一大业。但由于考虑到东吴水师实力比较强大，且拥有长江天险之利，“孙氏负江山之阻隔，

① 《魏书》卷六五《邢峦传》。

恃斗牛之妖氛，奄有水乡，抗衡上国”[①]，晋朝大举南征并无万全的把握，因此晋武帝不免踌躇迟疑，不敢轻易下定决心。杜预对此看在眼里，急在心里，遂上书晋武帝，具体分析灭吴之战的利弊得失，对万全与风险之间的关系做出辩证深刻的判断。他认为，“凡事当以利害相较，今此举（指南下灭吴）十有八九利，其一二止于无功耳”[②]。即风险值得去冒，灭吴之战箭在弦上，不得不发，应该尽快拍板，迅速展开。晋武帝听取了杜预的建议，大军齐发，直捣建康，很快完成了统一南北、平定天下的赫赫大业。我们不妨设想一下，如果西晋王朝一味追求万全而在“十之一二”不利条件面前畏首缩尾，自缚手脚，那么其灭亡东吴、统一全国的事业究竟要拖到哪一天才能够得到实现？

北宋攻灭南唐统一江南地区同样反映了赵匡胤等战略决策者对待军事上“万全”与风险问题上的辩证态度。当时北宋对南唐虽然拥有相当大的政治、军事优势，但平心而论却远未达到“以碫击卵”“以镒称铢”的程度。南唐方面兵力众多，水师强大，总兵力达 30 余万人，而且还据有长江天险。在这样的背景下，北宋大军渡江作战并没有十成的把握。更何况北宋王朝侧后还存在着北汉势力以及辽朝政权的严重威胁。然而，北宋君臣没有因这些困难（也就是所谓的“不全”）而放弃席卷江南、统一南北的计划，而是在经过较为充分的准备之后，权衡整体形势，把握战机，适时发起攻击南唐之役，并通过正确的运筹，在高明的作战方针指导下，克服种种不利，长驱直入，纵横驰骋，克敌制胜，最终一举剪灭了南唐小朝廷。这里，北宋军队取胜的前提，就在于其决策者跳出了“万全之策”思维怪圈的束缚，于“不全”中求“全胜”，炉火纯青地驾驭了用兵的艺术。

孙子认为要想顺利实现“全胜”的目的，重要条件之一，在于将帅的素质和能力。俗话说，千军易得，一将难求，其德行操守的优劣、韬略智慧的长短、指挥艺术的高下，直接关系到军队的安危、战争的胜负。因为假如统军之将猥琐无能，“伐谋”“伐交”固然无从谈起，“伐兵”“攻城”也将一事无成。所以孙子对将帅的作用和地位予以充分的肯定，把它看作保证“全胜”战略目标实现的重要条件，指出将帅对于国家的关系，就好比辅木对于车毂一样，强调如

---

① 《晋书》卷四二《唐彬传》。
② 《晋书》卷三四《杜预传》。

果将帅在指挥千军万马时，能切实从国家的利益出发，力求以谋制敌，真正做到“兵不顿而利可全”，就一定能使军队保全、国家强盛。

将帅在实现“全胜”战略的过程中地位既然如此重要，那么协调处理好将帅与君主的关系，使之辅车相依、紧密合作也就成了一个不可忽视的问题。孙子认为，在将帅和君主这一对矛盾关系中，占矛盾主导方面的是君主一方，所以要协调处理好君将关系，首先需要解决的是将从中御的问题。他指出，君主过多地牵制将帅的行动必然会导致败军祸国的严重恶果，这种恶果具体表现为三个方面：第一，“不知军之不可以进而谓之进，不知军之不可以退而谓之退，是谓縻军”；第二，“不知三军之事，而同三军之政者，则军士惑矣”；第三，“不知三军之权，而同三军之任，则军士疑矣”。要力争“全胜”，就必须克服这些弊端，而克服的途径，在于君主能真正赋予将帅指挥战争的实权，使将帅能充分发挥自己的才干，以追求“全胜”的理想结果。应该说，孙子这一立足于“全胜”战略的重将任将思想是非常高明的，对后人也有启迪。

2.“知彼知己”的“全胜”战略认识论基础

在本篇中，孙子提出了“知彼知己，百战不殆”的重要观点。他认为要驾驭战争，争取“全胜”的理想结果，就必须全面了解和正确把握敌我双方的情况，预知胜负，制定正确的战略战术方针，确保自己立于不败之地，而不放过任何战胜敌人的机会。

无论是“全胜不斗”，还是“破中求全”，它们的基础都在能否做到“知彼知己”。战争指挥者最大的愚蠢就是“情况不明决心大，计划不周干劲足”，这样的决心越是大，这样的干劲越是足，带来的灾难便越是可怕，受到的损失便越是巨大。所以，孙子一再强调“知彼知己”的重要性，“知彼知己，胜乃不殆；知天知地，胜乃不穷”，据此力求“全胜”，争取“战胜”。这在《计篇》中是著名的“五事七计”，而在本篇中则是所谓的“知胜有五”（争取谋胜、全胜的五个条件），它正是战争指导上争取“全胜”的五个条件。既包含了对客观军事力量进行综合分析的基本方面，也体现了对主观作战指导能力的高度强调，全面具体又深刻精邃，反映出孙子在预知胜负问题上的卓越识见。其中，判定可打或者不可打，“知可以战与不可以战”是前提；懂得根据兵力多少而采取合适的战法，“识众寡之用”是用兵的枢机；全军上下心往一处想、劲往一处使，

“上下同欲”是政治保障；未雨绸缪，有备无患，“以虞待不虞”是基础；将帅智勇双全、才华横溢而君主不加牵制干涉，“将能而君不御”是用兵成功的秘诀。五者互为条件、相互作用，构成了预知胜负、实现“全胜”的整体。那么这仗不打便罢，一打必胜，就像孟子说的，“君子有不战，战必胜矣”。

“知彼知己，百战不殆”，就像“人要吃饭”的道理一样浅显、通俗，也一样深刻、高明。的确，最伟大的哲理往往包含于最平凡、最简单的事物之中，平实的语言才闪烁出真理的光辉。孙子这一“全胜”战略的强大生命力，其实早已为无数次战争实践所证明了。

一个例子是著名的“汉中对”。楚汉战争爆发前夕，曾经落魄多年的韩信时来运转，经萧何的推荐，当上了汉军大将。作为见面之礼，他向汉王刘邦呈上一份“战略咨询报告”，即所谓的“汉中对”。在对策中，他全面分析了楚汉双方的战略态势，预测了双方战争的基本走向。他指出：项羽虽然“勇悍仁强”，不可一世，但他的“勇”，不过是没有头脑的匹夫之勇；他的“悍”，乃是蛮不讲理、横行霸道式的“悍”；他的“仁”，不过是婆婆妈妈的“妇人之仁”；他的“强”，也不过是“百姓不附，特劫于威”的蛮横强梁，“强梁者不得好死”。因此，项羽的强大仅仅是表面现象，骨子里虚弱得很，迟早要走向反面。相反，对刘邦，韩信是非常看好的，所以在“汉中对”中，他积极为自己的主子打气，指出只要刘邦能反项羽之道而行之，任用天下英雄豪杰，舍得花大本钱调动手下文武官员的积极性，好好利用汉军将士渴望东归老家的心理，并凭借日前在关中“约法三章”所带来的民众好感优势，就可以“明修栈道，暗度陈仓”，一举平定关中，逐鹿中原，得志天下。①

这是一个建立在“知彼知己”基础上完整成熟的战略方案，无怪刘邦听了之后茅塞顿开，两眼冒光，连声叫好。事情的发展也证明了韩信战略眼光的远大和高明：汉军果然迅速占领三秦地区，进而挥师东向，与西楚霸王项羽争夺天下，经过前后四年的浴血奋战，终于逼得这位“力拔山兮气盖世”的大英雄洒泪别姬，自刎于乌江边上。

又一个例子是日俄对马海战。20世纪初，日俄两国为争夺东北亚地区的霸

---

① 《史记》卷九二《淮阴侯列传》。

权，尤其是对我国东三省的控制而剑拔弩张，龇牙咧嘴。俄国人既不知己，又不知彼，竟然把日军轻蔑地称为“乳儿军”，趾高气扬地宣言俄军战胜日军不过是小菜一碟，“易如反掌”。他们不是与日军斗智斗谋，而是跟日军斗气斗性。结果俄国海军主力波罗的海舰队，不远万里长途跋涉，从大西洋绕过非洲好望角，经印度洋，过马六甲海峡，进入太平洋，行驶到对马海峡，却因敌情不明，疲惫不堪，而被“知彼知己”、胸有成竹的日本海军元帅东乡平一郎运用“以逸待劳”的战法杀得惨败。

再一个例子是第二次世界大战初期的德法之战。战争爆发前夕，法国军事领导人自恃拥有坚固的马其诺防线，狂妄自大，以为可以高枕无忧，放松了战争的准备。尤其是那位艾仑赛元帅，自我感觉太好了，总是过高估计法军的战斗力，过低估计德军的战斗力，声称德军所有将领在第一次世界大战中，没有一个曾经做过比上尉更高的官职，这是德军的一个大弱点。可以想见他当时说这番话时沾沾自喜、神气活现的模样。然而，结果却是法国军队在德军大举进攻面前，丢盔弃甲，溃不成军。而指挥德军凯旋进军的，正是那些为艾仑赛元帅所不屑一顾的小人物：当年第一次世界大战战场上德军队伍中的少尉、中尉们。

毛泽东是经天纬地的大伟人，他眼中瞧得起的历史人物屈指可数，连秦皇汉武之流，也忍不住要调侃一番：“惜秦皇汉武，略输文采；唐宗宋祖，稍逊风骚；一代天骄，成吉思汗，只识弯弓射大雕。”（《沁园春·雪》）然而，对于孙子，他却多少有些惺惺相惜，推重孙子在军事理论方面的重大建树，高度评价孙子基本原则的不朽价值：“孙子的规律，‘知彼知己，百战不殆’，仍是科学的真理。”[①] “中国古代大军事学家孙武子书上‘知彼知已，百战不殆’这句话，是包括学习和使用两个阶段而说的，包括从认识客观实际中的发展规律，并按照这些规律去决定自己行动克服当前敌人而说的；我们不要看轻这句话。”[②]

“唯大英雄能本色，是真名士自风流。”李白发牢骚，说“自古圣贤皆寂寞”，这不对，真正的圣贤是不会寂寞的。孙子身后拥有无数的“知音”，其中甚至包括毛泽东这样的一代伟人，就是明证！

---

① 毛泽东：《论持久战》，载《毛泽东选集》，2版，第2卷，490页，北京：人民出版社，1991。

② 毛泽东：《中国革命战争的战略问题》，载《毛泽东选集》，2版，第1卷，182页，北京：人民出版社，1991。

形　篇

题解

谋划进攻之道这一步骤完成之后，顺着孙子兵学体系的内在理路，就自然会逻辑地推导出应该凭什么来克敌制胜、达成既定战略目标的问题。在孙子看来，无论是“伐谋”“伐交”，还是“伐兵”“攻城”，决定最终成败的，是依靠实力，而非寄托谋略，也即实力为战胜之本，没有实力，一切无从谈起。要在战场上克敌制胜，前提条件是做大自己，做强自己，否则“巧妇难为无米之炊”。鸦片战争、甲午战争之时，《孙子兵法》并没有失踪，但那个时候，即使有一千本《孙子兵法》，我们依然不可能打赢，因为敌我双方的实力，不在一个平台上。对方是经过了工业革命之后的近代资本主义文明，而我方则还是封建、落后的农耕文明，这样，我们打败仗是必然的。这就像西班牙、葡萄牙殖民者踏上美洲大陆的情况一样，当地的印第安部族及其酋长，无论怎样骁勇剽悍、英武能战，但是在先进的枪炮面前，他们终究逃脱不了被屠杀、被征服的悲惨命运！

很显然，孙子本篇的主题是讲实力建设问题，论述如何依据敌我双方军事实力的强弱，灵活运用攻守两种不同的形式，以达到在战争中保全自己、消灭敌人的目的。孙子清醒地认识到敌我力量对比对于战争胜负的决定性意义，提出了“先为不可胜，以待敌之可胜”的作战指导原则。为了在战争中确立自己的优势地位，孙子提出了一系列正确的对策：第一，“修道而保法”，从政治上加以保证。第二，认真对敌我双方的实力进行综合对比，在此基础上预测战争的胜负，“地生度，度生量，量生数，数生称，称生胜”。第三，依据战场态势的变化，采取恰当的攻守策略，“守则不足，攻则有余”。孙子强调，在“胜兵先胜而后求战”方针的指导下，就可以“决积水于千仞之溪”，实现“自保而全胜”的战略意图。

本篇篇题，汉简本作“刑”，“刑”为“形”之通假字，先秦两汉时人多以“刑”为“形”。武经本作“军形第四”，“形”上有“军”字，当为后人援引曹操注文“军之形也”所增。形，古有器之一义。《周易·系辞上》：“见乃谓之象，形乃谓之器。”韩康伯注：“成形曰器。”孔颖达《周易正义》曰：“体质成器，是谓器物，故曰形乃谓之器，言其著也。”由此可见，“形”，不仅可指形于外者，也可指器物，即实质性的东西。孙子在这里引入“形”的概念（范畴），所要说明的正是军事实力及其外在表现，如众寡、强弱等。

孙子曰：昔之善战者［1］，先为不可胜〔1〕，以待敌之可胜〔2〕。不可胜在己，可胜在敌〔3〕。故善战者［2］，能为不可胜，不能使敌之可胜［3］。故曰：胜可知而不可为〔4〕［4］。

注释

〔1〕先为不可胜：为，造就、创造。不可胜，指我方不致被敌人战胜，即所谓“立于不败之地”的意思。

〔2〕以待敌之可胜：待，等待、寻找、捕捉。敌之可胜，指敌人可能被我战胜的时机。

〔3〕不可胜在己，可胜在敌：指创造不被敌人战胜的条件，在于自己主观的努力；而敌方是否能被战胜，则取决于敌方自己的失误，而非我方主观所能决定。《直解》云：“不可胜在修己之备，可胜在乘敌之虚。”

〔4〕胜可知而不可为：胜利可以预知，但敌人有无可乘之隙，战而胜之，则不能由我方来决定。张预注：“己有备则胜可知，敌有备则不可为。”

校记

［1］“昔之善战者”，赵注本“昔”作“古”。汉简本“昔”下无“之”字。《长短经・先胜》引此作“善用兵者”。

［2］“故善战者”，汉简本“善”下无“战”字。

［3］“不能使敌之可胜”，汉简本作“可胜”。十一家注本作“之可胜”，武经本作“之必可胜”，樱田本同。《通典》卷一五二引此作“必可胜”，《御览》卷三二二引同，唯“胜”下又有“也”字，而卷三一九则又引作“必不可胜己”。是《御览》二引皆有“必”字。孙校本依《通典》《御览》改“之”为“必”。

［4］“胜可知而不可为”，汉简本“为”下有“也”字。

译文

孙子说：从前善于用兵打仗的人，总是先做到不会被敌人战胜，然后再捕捉时机战胜敌人。不会被敌人战胜的主动权操在自己手中，能否战胜敌人则取决于敌人是否有隙可乘。所以善于用兵打仗的人，能够创造不被敌人战胜的条件，但却不可能做到使敌人一定为我所战胜。所以说，胜利可以预知，但却不可强求。

不可胜者，守也；可胜者，攻也〔1〕[1]。守则不足，攻则有余〔2〕[2]。善守者，藏于九地之下〔3〕[3]；善攻者，动于九天之上〔4〕[4]，故能自保而全胜〔5〕也[5]。

注释

〔1〕不可胜者，守也；可胜者，攻也：意为使敌人不能胜我，在于我方防守得宜；而战胜敌人，则取决于我方进攻得当。

〔2〕守则不足，攻则有余：采取防御，是由于处于劣势；采取进攻，是因为拥有优势。按：汉简本此句作“守则有余，攻则不足”，意为在同等兵力的情况下，用于防御则兵力有余，用于进攻则感到兵力不足。亦通。攻守本为一体。故《唐太宗李卫公问对》有云：“攻是守之机，守是攻之策，同归乎胜而已矣。”

〔3〕善守者，藏于九地之下：九，虚数，泛指多数。汪中《述学·释三九》：“古人措辞……约之以九以见其极多。”九地，用于形容极深的地下。此句言善于防守的人，能够隐蔽军队活动，如藏物于极深之地下，令敌方莫测虚实。故梅尧臣注曰：“九地，言深不可知。”此句另一种解释为：善于防守者，能巧妙利用各种地形以为坚固防守。曹操注：“因山川丘陵之固者，藏于九地之下。”但似不如前说为善。

〔4〕善攻者，动于九天之上：九天，形容极高的天上。李白《望庐山瀑

布》之二："日照香炉生紫烟，遥看瀑布挂前川。飞流直下三千尺，疑是银河落九天。"此句意为善于进攻的人，进攻时能做到行动神速、突然，如自九霄而降，令敌猝不及防。梅尧臣注："九天，言高不可测。"又一说：善攻者，善于利用天时天候主动地选择进攻时间。曹操注："因天时之便者，动于九天之上。"

〔5〕自保而全胜：保全自己而战胜敌人。张预注："守则固，是自保也；攻则取，是全胜也。"

按：汉简本无"善攻者"等字样，据此，本句的整体意思就成了：善于防御的，既要能做到藏于九地之下，以求保存自己；又要能动于九天之上，以积极的行动消耗敌人，逐渐改变敌我力量的对比，创造有利的战机，适时转入进攻，最终消灭敌人，达成"自保而全胜"的战略目标。毛泽东有言："消灭敌人，保存自己"，以保存自己为优先，然后再寻找机会破敌，先"自保"，然后再争"全胜"。

校记

［1］"不可胜者，守也；可胜者，攻也"，汉简本作"不可胜，守；可胜，攻也"。

［2］"守则不足，攻则有余"，汉简本作"守则有余，攻则不足"。按：十一家注本、武经本作"守则不足，攻则有余"。各本皆同。但汉人言兵法者多言攻不足守有余。《汉书·赵充国传》："臣闻兵法，攻不足者守有余。"《后汉书·冯异传》："夫攻者不足，守者有余。"文义皆与汉简本相近。

［3］"善守者，藏于九地之下"，汉简本作"昔善守者，臧九地之下"。"臧"同"藏"。《通典》卷一五二引此"善守者"上有"故"字。《御览》卷三一九引此"善守者"上有"所以"二字。

［4］"善攻者，动于九天之上"，汉简本"动"上无"善攻者"三字。如此，则当与上句连读为"善守者，藏于九地之下，动于九天之上"。

［5］"故能自保而全胜也"，汉简本作"故能自葆全……"。"葆""保"古通。

译 文

想要不被敌人战胜，在于防守严密；想要战胜敌人，在于进攻得当。实行防御，是由于兵力不足；实施进攻，是因为兵力有余。善于防守的人，隐蔽自己的兵力如同深藏于地下；善于进攻的人，展开自己的兵力就像自九霄而降，所以既能够保全自己，而又能夺取胜利。

见胜不过众人之所知〔1〕，非善之善者也；战胜而天下曰善，非善之善者也［1］。故举秋毫不为多力〔2〕，见日月不为明目［2］，闻雷霆不为聪耳〔3〕。古之所谓善战者，胜于易胜者也〔4〕［3］。故善战者之胜也［4］，无智名，无勇功〔5〕［5］。故其战胜不忒〔6〕［6］。不忒者，其所措必胜〔7〕，胜已败者也〔8〕［7］。故善战者，立于不败之地［8］，而不失敌之败也［9］。是故胜兵先胜而后求战〔9〕［10］，败兵先战而后求胜〔10〕［11］。善用兵者［12］，修道而保法〔11〕，故能为胜败之政〔12〕［13］。

注 释

〔1〕见胜不过众人之所知：见，预见。不过，不超过。众人，普通人。知，认识。

〔2〕举秋毫不为多力：秋毫，鸟兽之毛至秋更生，细而末锐，称为“秋毫”，通常比喻极轻微的东西。多力，力量大。

〔3〕闻雷霆不为聪耳：能听到雷霆之声算不上耳朵灵敏。聪，听觉灵敏。

〔4〕胜于易胜者也：易胜者，容易战胜的敌手，指已经暴露弱点之敌。《直解》：“易胜者见微察隐，破于未形也。若交兵接刃，以力制敌，是难胜也。”

〔5〕故善战者之胜也，无智名，无勇功：言真正能打仗的人取得胜利，并不显露出智谋的名声，并不呈现为勇武殊世的赫赫战功，而于平淡中表现出来。即老子所谓“大方无隅，大器晚成，大音希声，大象无形”。故杜牧注云：“胜

于未萌，天下不知，故无智名；曾不血刃，敌国已服，故无勇功也。”《直解》云：“天下不称料敌制胜之智，众人不见搴旗斩将之功也。”

按：汉简本有“无奇胜”三字，传世本皆无。以汉简本为善。孙子论兵，在不同之处、不同篇章的主旨下，会特别强调某一点。例如，既云“胜可知而不可为也”，又云“胜可为也，敌虽众，可使无斗”。《形篇》强调军事实力建设为重中之重，强调战争决策者必须老老实实、脚踏实地发展实力，不要寄希望于玩心眼、斗谋略、走捷径，故云“无奇胜”。后世庸人，不知孙子之深意，只看到孙子曾说过“以正合，以奇胜”，以为“无奇胜”有误，率意删去，适显其浅陋无知也。

〔6〕故其战胜不忒：忒，音“特”，失误、差错。不忒，无差错，意为确有把握。《周易·豫》：“四时不忒”，郑玄注：“忒，差也。”

〔7〕其所措必胜：措，筹措、措施、措置。《礼记·中庸》：“故时措之宜也。”郑玄注：“时措，言得其时而用也。”此处指的是作战措施。

〔8〕胜已败者也：战胜业已处在失败地位的敌人。

〔9〕胜兵先胜而后求战：胜兵，胜利的军队。先胜，先创造不可被敌战胜的条件。此句意为能取胜的军队，总是先创造取胜的条件，然后才同敌人决战。《尉缭子·攻权》：“兵不必胜，不可以言战；攻不必拔，不可以言攻。”与孙子的意思相合。

〔10〕败兵先战而后求胜：指失败的军队总是轻易开战，然后企求侥幸取胜。《何博士备论·李陵论》：“古之善战者，无幸胜而有常功。计必胜而后战，是胜不可以幸得也；度有功而后动，是功可以常期也。”

〔11〕修道而保法：道，政治、政治条件。法，法度、法制。意为修明政治，确保各项法制得到贯彻落实。张预注：“先修饰道义以和其众，后保守法令以戢其下，使民爱而畏之。”即加强军队内部的团结与和谐，充分保证各项规章制度的贯彻和落实。

〔12〕故能为胜败之政：政，同“正”，主、主宰的意思。《老子》第四十五章“清静为天下正”，即言清静为天下主。为胜败之政，即成为胜败问题上的主宰。又，《管子·水地》：“为祸福正。”

校记

［1］“见胜不过众人之所知，非善之善者也；战胜而天下曰善，非善之善者也”，此两句汉简本甲本作“……众人之所知，非善……曰善非□□也”，“非”“也”二字间之空位当为“善者”二字。汉简本乙本作“见胜□过众人之智非善者也”。因此汉简本两“非善之善者也”均作“非善者也”。

［2］“见日月不为明目”，汉简本“见”作“视”。

［3］“古之所谓善战者，胜于易胜者也”，此句汉简本作“所谓善者，胜易胜者也”。《御览》卷三二二引此作“古人所谓善战者，胜于易胜者也”，孙校本从之。

［4］“故善战者之胜也”，汉简本作“故善者之战”。《御览》卷三二二“胜”上有“所”字。汉简本有“无奇胜”三字，甲本作“无奇□”，乙本作“□奇胜”。其他各本皆无。

［5］“无勇功”，《御览》卷三二二“功”作“攻”，非是。

［6］“故其战胜不忒”，汉简本作“故其胜不贷”，无“战”字。“贷”字从“代”声，“代”从“弋”声，“忒”亦从“弋”声，二字可通假。李筌注谓“忒”当作“贰”，云：“百战百胜，有何疑贰也?”

［7］“其所措必胜，胜已败者也”，平津馆本、武经本无“必”字，樱田本亦无。汉简本“措”作“错”，古通。“胜已败者也”，叶大庄谓“胜”下应有“于”字。

［8］“立于不败之地”，《御览》卷三二二引此“不败”作“不敢败”。未可据。

［9］“而不失敌之败也”，《御览》卷三二二引此“败”下又有“胜者”二字。

［10］“是故胜兵先胜而后求战”，汉简本作“□胜□后战”，无“求”字。《御览》卷三二二引同，唯句前无“是”字，而卷三一三“胜兵”则作“胜者之兵”。

［11］“败兵先战而后求胜”，“败兵”，《御览》卷三二二引同，而卷三一三引则作“败者之兵”。汉简本此句作“败□□□而后求胜”，所空三字当为“兵”

“先”“战”，文同传本。

[12]“善用兵者”，汉简本作“故善者”。

[13]“故能为胜败之政”，汉简本作“能为胜败正”。

译文

预见胜利不超越普通人的见识，这算不得高明中最高明的。通过激战而取得胜利，即使是普天下人都说好，也不算是高明中最高明的。这如同能举起秋毫算不得力大，能看见日月称不上目明，能听到雷霆算不上耳聪一样。古时候所说的善于打仗的人，总是战胜容易取胜的敌人。因此，善于用兵的人打了胜仗，既不显露智慧的名声，也不表现为勇武的战功。他们取得胜利，是不会有差错的。其之所以不会有差错，是由于他们的作战措施建立在必胜的基础之上，是战胜那些业已处在失败地位的敌人。因此善于用兵打仗的人，总是确保自己先立于不败之地，而同时从不放过任何击败敌人的机会。所以，胜利的军队总是先创造取胜的条件，而后才寻求同敌人决战；而失败的军队，却总是先同敌人交战，而后企求侥幸取胜。善于指导战争的人，总是善于修明政治，确保健全法制，从而能掌握战争胜负的决定权。

兵法[1]：一曰度〔1〕，二曰量〔2〕，三曰数〔3〕，四曰称〔4〕，五曰胜。地生度〔5〕，度生量〔6〕，量生数〔7〕，数生称〔8〕，称生胜〔9〕。故胜兵若以镒称铢〔10〕[2]，败兵若以铢称镒。胜者之战民也〔11〕[3]，若决积水于千仞之溪者〔12〕[4]，形〔13〕也。

注释

〔1〕一曰度：度，指度量土地面积。贾林注：“度，土地也。”

〔2〕二曰量：量，容量、数量，指计量物质资源。

〔3〕三曰数：数，数量、数目，指计算兵员的多寡。

〔4〕四曰称：称，衡量轻重。王皙注：“权衡也。”指敌对双方实力状况的

衡量对比。

〔5〕地生度：生，产生。言双方所处地域的不同，产生土地幅员大小不同的“度”。

例如，美国所处的地理位置（“地”）决定其地大物博，战略环境相对优越：西临太平洋，东濒大西洋，北方的加拿大与南方的墨西哥相对实力薄弱，在战略上进可攻，退可守。而韩国、日本的情况就不一样，相对较为被动，所处的地理位置决定了它们或为半岛之一隅，或为岛国，面积不会太大，战略上回旋空间较为狭促，物质也相对贫瘠，资源匮乏，尤其缺石油与钢铁，故战略上不能不被动。美国在珍珠港事件前，为打击日本法西斯，对日本实施钢铁、石油等战略物资的禁运，日本就陷入困境。

〔6〕度生量：指幅员大小的不同，产生物质资源多少的“量”的差异。

〔7〕量生数：指物质资源多少的不同，产生兵员多寡的“数”的差异。

〔8〕数生称：指兵力多寡的不同，产生军事实力对比强弱的不同。

〔9〕称生胜：指双方军事实力对比的不同，产生、决定了战争胜负的不同。

〔10〕故胜兵若以镒称铢：镒、铢，皆古代的重量单位。镒，《玉篇·金部》：“镒，二十两。”李筌注：“二十两为镒。”张预注同。铢，张预注：“二十四铢为两。”以镒称铢，指二者相比，轻重悬殊。此处比喻力量相差悬殊，胜兵对败兵拥有实力上的绝对优势。张预注：“有制之兵对无制之兵，轻重不侔也。”

〔11〕胜者之战民也：战民，指统率指挥士卒作战。民，作“人”解，这里借指士卒、军队。战民，与下篇《势篇》“任势者，其战人也，如转木石”之“战人”含义同。春秋时，兵农合一，民众平时生产，战时征集从戎。故此处之“民”，同样可以理解为兵士。

〔12〕若决积水于千仞之溪者：仞，古代的长度单位，七尺（一说八尺，见《说文》、《孟子》赵岐注）为仞。千仞，形容极高。溪，山涧。

〔13〕形：喻指军事实力。《势篇》云：“强弱，形也。”

校记

［1］“兵法”，汉简本《形篇》“兵法”皆作“法”，无“兵”字。

［2］“故胜兵若以镒称铢”，汉简本无“故”字，两“若”字并作“如”，

“镒”作“洫”，“铢”作“朱”。

[3]“胜者之战民也”，汉简本《形篇》“胜”字前有“称”字，作“称胜者战民也”。武经本、樱田本等本句作“胜者之战”，无“民也”二字。

[4]“若决积水于千仞之溪者”，汉简本“若”作“如”，义同；“仞”作“邔”，古通；“溪”作“㙦”，义近。

译文

兵法的基本原则有五条：一是“度”，二是“量”，三是“数”，四是“称”，五是“胜”。敌我所处地域的不同，产生双方土地幅员大小不同的“度”；敌我地幅大小——“度”的不同，产生双方物质资源丰瘠不同的“量”；敌我物质资源丰瘠——“量”的不同，产生双方兵员多寡不同的“数”；敌我兵员多寡——“数”的不同，产生双方军事实力强弱不同的“称”；敌我军事实力强弱——“称”的不同，最终决定了战争的胜负成败。胜利的军队较之于失败的军队，有如以“镒”比“铢”那样，占有绝对的优势。而失败的军队较之于胜利的军队，则就像用“铢”比“镒”那样，处于绝对的劣势。胜利者指挥军队进行战斗，就像在万丈悬崖决开山涧的积水一样，所向披靡，这就是军事实力的“形”。

解读

不管《三国演义》《说岳全传》等古典小说把“锦囊妙计”吹嘘得如何神乎其神，也不管《三十六计》等坊间兵书把“骗人招数”渲染得怎样煞有介事，战争归根结底是拼实力。这就是说，军事实力是军队综合战斗力的具体表现，也是战争的物质基础。在军事斗争中，奇谋妙计固然占有举足轻重的位置，但从根本上讲，强大的军事实力才是真正决定战争胜败的天平上的砝码。因为不仅“伐兵”“攻城”离不开一定的军事实力的巧妙运用，就是“伐谋”“伐交”也必须要以雄厚的军事实力为后盾。孙子对这一问题有着清醒的认识，并用专门的篇章加以深入详尽的探讨，这反映了其军事思想注重实际、尊重客观的科学理性精神。

纵观古往今来的战争历史，无一不是力量强大的一方战胜力量弱小的一方。即使本来是弱小的一方，要最后战胜力量强大的一方，也是由于通过各种各样的手段，逐渐完成优劣强弱态势的转换，使得自己的力量最后从总体上超过了最初力量强大的一方而实现的，摧枯拉朽，所向披靡，这实在是不以人们主观意志为转移的战争一般规律。杜甫诗云：“诸葛大名垂宇宙”，但是不论诸葛亮怎样足智多谋，殚精竭虑，鞠躬尽瘁，熬白了头发，累酸了腰腿，“三顾频烦天下计，两朝开济老臣心”，五月渡泸，深入不毛，六出祁山，北伐中原，但到头来依然是僻处西南一隅，“出师未捷身先死”，就是因为蜀汉与曹魏实力相比，实在太过悬殊了，“起巴蜀之地，蹈一州之土，方之大国，其战士人民，盖有九分之一也”，“众寡不侔，攻守异体”[①]。常言道，“巧妇难为无米之炊”，诸葛亮“连年动众，未能有克”的命运乃是注定了的，后人除了替他一掬同情的眼泪，还真的不能多说些什么。西晋王朝顺利吞灭东吴、隋王朝一举灭亡南朝陈国，完成统一南北的大业，人心向往统一、战略决策高明、作战指挥卓越固然是十分重要的原因，但是归根结底，在于西晋王朝、隋王朝包括军事在内的综合实力，较之于东吴国、南朝陈国方面，好比是“以镒称铢”，占有压倒性的优势。

在世界军事史上，实力决定胜负也是普遍的规律，如古代罗马与迦太基之间的布匿战争，迦太基统帅汉尼拔的军事天才无人可及，迦太基军队也曾取得过坎尼之战这样辉煌的胜利，但最终的结局还是迦太基战败灭亡，归根结底，还是因为在总体实力上，罗马对迦太基占有碾压式的优势。

本篇全面系统地论述了军事实力在战争中的地位和作用，以及军事实力运用的原则和实力建设的方法、途径诸问题。具体地说，“先为不可胜”“胜兵先胜而后求战”是实力政策；“守则不足，攻则有余”，即“强攻弱守”是对实力的战略运用；“修道而保法”是发展军事实力的基本原则；而“善战者之胜也，无智名，无勇功”“胜于易胜”则是实现实力政策所要达到的上乘境界。孙子认为，战争指挥者必须依据敌我双方物质条件的优劣，军事实力的强弱，灵活采取攻守两种不同形式，“以镒称铢”，“决积水于千仞之溪”，以达到在战争中保全自己、消灭敌人的目的。

---

① 《三国志》卷三五《蜀书·诸葛亮传》，裴松之注引张俨《默记·述佐篇》。

既然敌我力量对比对战争胜负结果具有关键性的意义，孙子便提出了在军队作战中要努力确保自己先立于不败之地，“先为不可胜”，“不可胜在己”，做到“胜兵先胜而后求战”，在此基础上，则要积极寻求和利用敌人的可乘之机，即所谓“以待敌之可胜”“不失敌之败也”，一旦时机成熟，便果断采取行动，乘隙蹈虚，以压倒的优势，给敌人以致命的打击，“故胜兵若以镒称铢”，“胜者之战民也，若决积水于千仞之溪者，形也”。唯有如此，才是真正“能为胜败之政”，成为战争胜负的主宰。应该说，这一作战指导思想是带有普遍指导意义的。

认识军事实力在战争中的重要地位和作用，并不等于顺理成章地拥有了强大的军事实力，更不意味着能淋漓尽致地运用和发挥自己的实力，在战场交锋中所向披靡，战无不克。用孙子的话说，便是“不能使敌之可胜”，“胜可知而不可为”。孙子之所以高明，见识远胜于其他军事家，乃在于他在宏观上认识战争中军事实力的地位作用的基础上，又系统地论述了运用军事实力的原则和建设实力的方法、途径等问题，从而使自己以实力制胜的理论体系完备、逻辑严谨，具有充分的说服力和深刻的启示性。

需要指出的是，西方近代军事学者有关实力与谋略之间的内在关系之认识，可以与孙子本篇主旨参照对勘着来看。在他们的心目中，也是实力建设为本，谋略运用为末。如克劳塞维茨就指出：“任何一次出敌不意都是以诡诈（即使是很小程度的诡诈）为基础的。……（诡诈）这些活动在战略范围内通常只起很小的作用。”① “对统帅来说，正确而准确的眼力比诡诈更为必要，更为有用。但是，战略支配的兵力越少，就越需要使用诡诈。因此，当兵力很弱，任何谨慎和智慧都无济于事，一切办法似乎都无能为力的时候，诡诈就成为最后手段了。”② 而若米尼也认为，佯动欺骗，也只是一种万不得已情况下的选择，作战胜利从根本上说，是建立在拥有强大实力的基础之上：“首先必须行动迅速，其次必须极力以佯动欺骗敌人，使敌人不了解真实情况。然而，这是一种最大胆

① 克劳塞维茨：《战争论》，第1卷，206-217页，中国人民解放军军事科学院译，北京：商务印书馆，1978。

② 克劳塞维茨：《战争论》，第1卷，218页，中国人民解放军军事科学院译，北京：商务印书馆，1978。

的机动，只有在十分急需的情况下才可以采用。”①

如何在战争中确立自己的优势地位，孙子高屋建瓴地提出了一系列正确的对策。要言之，大致包括以下几个方面。

第一，“修道而保法”，从政治上加以具体保证。所谓“道”，就是清明的政治，和谐的秩序，调动起广大民众和参战士兵的积极性，即《计篇》中所提到的“令民与上同意也，故可以与之死，可以与之生，而不畏危”，从而造就同仇敌忾，举国一致，勇于公战，怯于私斗的理想政治局面。所谓“法”，就是严格的制度、正确的法纪。表现为赏罚公正严明，上下井然有序，士卒训练有素，用人唯才是举，办事有章可循。由此可见，“修道而保法”的核心便是修明政治，严肃法制，提高军队的凝聚力，鼓舞民众的士气，为夺取战争主动权创造必要的条件。很难设想，一个国家、一支军队如果离心离德、一盘散沙，还能有实力、有前途。指望它们打胜仗不啻刻舟求剑，缘木求鱼，肯定会让人失望。

第二，对敌我双方的实力进行认真的综合对比分析，在此基础上预知胜负，指导战争。预知胜负，是高明军事家指导战争的必有之义。孙子十分重视这一问题，在《计篇》中开宗明义加以深刻阐述。本篇的主旨是探讨军事实力地位作用以及运用原则，因此同样要把衡量军事实力列为重要的环节。孙子在这里提出了综合对比衡量双方军事实力的具体标准，这就是“度”“量”“数”“称”“胜”。即从双方的所处地域位置、地幅面积大小、物质资源丰瘠、兵员多寡等客观情况，来比较分析双方军事实力强弱关系，并进而预知战争胜负趋势。按孙子的理解，实力上占有绝对优势的一方，是可以所向无敌、横扫一切的：“胜兵若以镒称铢，败兵若以铢称镒。”孙子认为“度”“量”“数”“称”“胜”这五个方面依次相生，层层递进，是链条式的因果关系，具有法则的性质。所以要增强自己的军事实力，就必须使自己的主观愿望符合这种客观的规则，紧紧围绕这个因果关系来从事自己的军事实力建设。

第三，根据战场情势的变化，采取相宜的攻守策略，主动灵活地打击敌人，顺利实现敌我军事实力对比的转换。一般来说，受种种主客观条件的制约，在临战之前，双方的力量对比尽管有强弱之别，但并非一成不变，所以作为战争

---

① 若米尼：《战争艺术概论》，155－156页，刘聪、袁坚译，北京：解放军出版社，1986。

指挥者，要善于根据战场情势，发挥主观能动性，采取正确的、行之有效的措施和方法，使己方的军事实力得到充分的施展，已有优势则进一步加强之，若处劣势则设法改变摆脱之，处处高敌一筹，稳操胜券。在这个过程中，如何采取适当的作战形式，仍是一大关键。通常的作战形式不外乎攻与守两种，二者各有自己的功能，一般来说，“不可胜者，守也；可胜者，攻也”。高明的军事家应该按照“守则不足，攻则有余”的作战规律，从自己的军事实力出发，灵活主动地展开进攻或实施防御。若是实施防御，要善于隐蔽自己的兵力，“藏于九地之下”，令敌无法可施；一旦展开进攻，则要做到“动于九天之上”，使敌猝不及防。总之，只有在攻守问题上真正做到因敌变化，随机处置，才算完全掌握了灵活机动的指挥艺术之精髓。这时候无论是展开进攻，还是实施防御，都可以得心应手，从容自如，无往而不胜，“故能自保而全胜”。孙子认为，这乃正确运用军事实力的重要途径，能够进入用兵的理想境界：“战胜不忒”“所措必胜”。

值得注意的是，两千多年之后，克劳塞维茨在其名著《战争论》一书中，也对攻守问题进行了深入探讨，并且得出了和孙子一样的结论。他说：“假定使用的是同一支军队，进行防御就比进攻容易。”防御这种作战形式，就其本身来说，比进攻的作战形式要显得优越。这是因为防御者可以得到的“待敌之利和地形之利”，“不仅仅是指进攻者在前进时所遇到的种种障碍（如陡峭的山谷、高山峻岭、两岸泥泞的河流、成片的灌木林，等等），而且是指那些能使我们隐蔽的配合军队行动的地形”。因此，在“力量弱小”之时就不得不采用防御的作战形式，“一旦力量强大到足以达到积极的目的时，就应该立即放弃它……所以以防御开始而以进攻结束，是战争的自然进程”①。克劳塞维茨说得不错，只是他的这番见解要比孙子的攻守思想晚了两千多年。

孙子重视军事实力，把实力看作运计设谋的前提和基础，这是很了不起的认识。可惜的是，后世那些兵学理论家，大多眼光不及孙子，观察事物、考虑问题往往是单向思维，只见其一，不见其二，只见树木，不见森林，总是人为地割裂孙子思想的内在逻辑关系，忘记或忽视注重谋略与发展实力在孙子那里

① 克劳塞维茨：《战争论》，第2卷，477页，中国人民解放军军事科学院译，北京：商务印书馆，1978。

乃是一个钱币的正反两面，是辩证的统一。他们只倾心于用计谋、施损招，而没有充分认识到实力是计谋之“体”，计谋是实力之“用”，体用和谐，方能克敌制胜。而且他们有轻视实力建设的倾向，“攻人以谋不以力，用兵斗智不斗多”“贵谋而贱战”等种种论调大行其是，甚嚣尘上。一手硬，一手软，光讲谋略而忽视实力建设（至少是不够充分），这无疑是中国传统军事文化中存在的一个很大弊端。

应该说，后世重谋轻力军事文化价值取向的滋生和风行，是中国兵学理论发展过程中的悲哀，是对孙子军事思想基本精神的一种曲解，属于歪嘴和尚念经，把经给念歪了。更严重的是，这客观上也让人们对《孙子兵法》产生误解，降低了（甚至毁坏了）中国军事文化的声誉。

这方面最典型的例子，便是把《孙子兵法》与《三十六计》等同化。在好多人的印象中，《孙子兵法》和《三十六计》就是一回事。什么“借刀杀人”“指桑骂槐”“美人计”“走为上”之类，统统划归到《孙子兵法》的名下。前些时候，有人拍电视剧，题目便叫《孙子兵法与三十六计》，中央电视台也不问虚实，二话不说便拿到频道上播。可见大家都把两本书搅和在一起了。这一方面说明《孙子兵法》的确有巨大的名气，家喻户晓；另一方面也表明人们对《孙子兵法》的理解还是很粗浅、很模糊的，往往从阴谋诡计、诡诈欺骗的层面来诠释孙子博大精深的军事思想，似乎《孙子兵法》只不过是小人的伎俩，而非君子的哲学，这显然是偏颇的看法，也使中国古代军事思想的档次大大降低，好像咱们中国人只会搞一些玩权术、施诡计的东西，《孙子兵法》就如同李宗吾先生的“厚黑学”一样，泯灭了是非的界限，教坏了人们的心术。①

其实《孙子兵法》与《三十六计》完全是两码事，所反映的是两种兵学文化价值观。如果《孙子兵法》跟《三十六计》一个档次，那么它就不配被称作《孙子兵法》了，也没有资格充当中国优秀传统军事文化的杰出代表了。《三十六计》从头到尾就是一个“骗”字，典型的“我是流氓我怕谁”，一股理直气壮的“痞子”劲。“瞒天过海”“趁火打劫”“无中生有”“上屋抽梯”“李代桃僵”“借刀杀人”，只要看看这些计策的名字，就可以知道它们是多么的阴损毒辣，

① 黄朴民：《新读〈孙子兵法〉》，载《传承的神韵》，199 页，北京：中国人民大学出版社，2006。

多么的厚颜无耻，让人浑身上下起鸡皮疙瘩。说白了，《三十六计》是玩空手道的，做无本钱生意，充斥着赌徒心理，赌一把碰碰运气，有枣没枣先打一竿子再说，押宝押中了，皆大欢喜；押不中，输个精光，那就自认晦气。所以它不讲求什么军事实力建设，通俗一点说，就如同“朝三暮四”这个成语，早晨给猴子三个桃子，傍晚给四个桃子，猴子觉得自己吃亏，便大吵大闹；以后换成早晨四个，傍晚三个，猴子就高兴了，便又唱又笑。实际上换来换去、颠三倒四，仍是七个桃子的实力。所谓《三十六计》，穷其究竟，不过是在那里把七个桃子横过来又竖过去，做各种各样排列组合的拼图游戏罢了。总之，《三十六计》是纵横家、阴谋家的思想宝典，张仪、苏秦的所作所为和《三十六计》的原理一脉相通、心心相印。他们口若悬河，伶牙俐齿，纵横捭阖，折冲樽俎，朝秦暮楚，反复无常，察言观色，脚踏两方之船，兴风作浪，搅动天下之局。可是他们有一个共同缺陷，那就是都忘了向自己游说的对象提醒一件事：该静下心来好好发展实力，加强综合国力的建设。

孙子的智商要比那些只会耍小聪明的兵学家高明得多。这种高明，便是他思维的全面性、逻辑性、辩证性。他既讲谋略，也讲实力；既讲诡诈，也讲仁义；既讲功利，也讲道德。真的是无懈可击。《三十六计》的作者的军事学术水平和孙子相比，差距岂可以道里计。

孙子的实力为胜利之本理论，在后世已为无数次战争实践所证明。先秦时期偏处西北一隅的秦国，之所以能后来居上，最后统一山东六国，其关键就是依靠了“农”“战”两手，始终不渝地把发展军事实力放在首要位置。它重视农业，奖励耕织，结果是粮食成山成堆。粮食充足，布匹够穿，军队就养得多，士兵就吃得饱，穿得暖，打起仗来就特有力气，特有热情，形成了一支人见人怕的“虎狼之师”。所谓“齐之技击不可以遇魏氏之武卒，魏氏之武卒不可以遇秦之锐士”云云，实际上就是秦国较之于山东六国占有实力优势的一个缩影。粮食产得多，打仗打得狠，二者相辅相成，就像一辆车子有了左右两只匹配的轮子，横扫六合，一统天下，也便水到渠成了，这叫作“奋六世之余烈，振长策而御宇内”！

汉武帝北逐匈奴也是一样的道理。当时匈奴占地面积很大，但人口稀少，开始打仗时，汉朝根本打不过它，汉高祖刘邦被它在平城白登山整整围了七天七夜，泱泱天朝大国的面子都给丢尽了。吕后当政，冒顿单于送来书信，极尽奚落侮辱之能事，吕后读了气不打一处来，可想想此时汉朝实力不足，也只得心字头上一把刀，硬给“忍”了。文、景二帝先后上台，推行的还是低声下气的“和亲”政策。这当然不是汉王朝统治者自己所乐意干的，而是因汉朝的军事实力有很大的欠缺，特别是汉朝的军队兵种建设跟不上对匈奴战争的需要：汉朝的军队多是步兵（材官）和车兵（轻车），机动性不强，而匈奴几乎是清一色的骑兵，来无影去无踪，机动性好，战斗力强。“夫所谓骑者，匈奴之胜兵长技也。广泽平野，奔突驰战，出没千里，非中国步兵所能敌也。”（《何博士备论·李陵论》）而且匈奴人吃的是牛羊肉，在非常艰苦的环境中成长起来，忍渴耐寒，身强力壮，所以汉兵同他们交手总是处于下风。可见实力不足是汉朝在双方军事对峙中处于不利地位的重要因素。汉武帝当上皇帝后，把军事实力建设放在第一位，尤其是有针对性地优先发展骑兵。在汉武帝之前的古代中国，步、车、骑、舟四大兵种之中，骑兵占第三位，到了汉武帝之时，骑兵一跃而成为第一位，超过了步兵和车兵，这在中国古代军队建设史上具有划时代的意义，对于汉匈战争的最终结局更是发挥了关键的作用。

骑兵的主要特点是快速机动，“能离能合，能散能集，百里为期，千里而赴，出入无间”[①]，并具有强大而猛烈的突击力，类似于现代由装甲机械化部队组成的“快速兵团”。汉武帝大规模发展骑兵进攻兵团，使之成为战场上独立作战的主要兵种，这样就使得汉匈之间的战略态势发生了根本性的变化。汉军从此便可以机动对付敌之机动，可以远程奔袭，能够实施迂回、包围、分割、围歼等各种战法，赢得战场上的主动优势地位。正是在这样的历史条件下，汉武帝胜利地发动了前后五次大规模反击匈奴的战役，从根本上遏制住了匈奴对北部中原地区的入侵骚扰，“匈奴远遁，而幕南无王庭”[②]，为多民族统一的封建中央集权制大帝国的巩固和发展做出了重要的贡献。这一回，轮到匈奴人伤心落泪，跺脚长叹了：“夺我祁连山，使我六畜不蕃息；失我焉支山，使我妇女无颜色。”[③]

---

① 杜佑：《通典》卷一四九，引相传孙膑所言的“用骑十利”语。

② 《汉书》卷九四上《匈奴传上》。

③ 《文献通考》卷三二二《舆地考八》。

当然，发展军事实力也有一个突出重点的问题。首先，实力建设在决策上要抓对方向。如二战前，德国陆空军的发展主题，就是从“速度”着眼，“机动、快速”成为最核心的命题。因此，从总体实力上看，德国与英、法等国相差无几，但英、法实力建设战略指导上的失误，使其实力在战争中得不到应有的发挥，所谓的“马其诺防线”也就成了最大的笑话。其次，实力建设在内涵上要抓关键，要选择好突破口，这叫作“有所为，有所不为”。而要正确选择突破口，核心问题是要对战略大势明了于心，具有超前意识。例如，二战前夕，海军的实力主要是以战列舰为衡量标准的，一个国家拥有战列舰的数量多，吨位大，大炮火力强，似乎海军的实力就可观，就拥有了海上霸权。但这仅仅是表面现象，这时有一种新的军事动态正在出现，并开始在海军建设上占据主导地位，这就是海军航空兵在海空作战中的作用逐渐突出，成为海战制胜的主要手段，它代表着日后海战的发展方向。在这种新的军事革命来临之际，发展海军实力的突破口便是建造更多、更先进的航空母舰，而不应该按陈旧的观念，再把海军实力建设的重点放在建造战列舰上面。从这个意义上说，日军偷袭珍珠港虽然大获成功，但真正的战果却是有限的。因为尽管美国的大量战列舰在这次日军偷袭行动中被击沉、被击毁，人员伤亡也很惨重，然而由于它的航空母舰在日军发动偷袭的那一天没有在夏威夷、没有在珍珠港，并未受损，所以美国整个海军的主要实力并没有遭到根本性的打击，依然具备与日本海军在太平洋上抗衡的能力。

战局的发展证明了这一点，中途岛海战成了太平洋海战的转折点。之所以如此，是因为在这场海空大决战中，美国海军在尼米兹的统率下，一举歼灭了日本特遣舰队的主力，击沉了日本海军“赤城号”等四艘航空母舰，这对于日本海军的打击可以说是致命性的，使得日本海军渐渐丧失了太平洋上空的制空权，也等于丧失了制海权，而战争主动权一经易手，日本海军也就不得不处于被动挨打的境地了。那些吨位大到六七万吨，表面上象征着海军实力的大型战列舰——“大和号”“武藏号”，在失去海军航空兵空中掩护的情况下，不但显示不了什么力量，反而成了作战的累赘，活像是浮动于海上的巨型铁棺材，成为美军蝗虫一般的轰炸机投弹轰炸的目标。在美军飞机夜以继日的连续轰炸之下，它们终于支撑不住，先后沉入海底，而舰上成千上万名日本海军将士也随之葬身鱼腹。

由此可见，发展军事实力不是空洞的口号，不是虚泛的概念，而有切实的内涵。必须以动态超前的战略眼光，捕捉到正确的信息，掌握住胜利的方向，牢牢占有先机主动之利。否则，投入的人力、财力、物力再多，也是南辕北辙，把钱财打水漂了。表面上或许是大张旗鼓、轰轰烈烈，实际上纯粹是“作秀”，无助于真正提升实力，只会误国误民。

这层道理中国历史上明智的统治者其实都是懂得的。西晋、隋朝都从事过统一南北的战争，要统一天下，就必须先拥有实力，而发展实力则必须抓住中心，突出重点。西晋、隋朝的统治者在这方面做得均不含糊，把军事实力建设的重点确定在发展水师、建造舟船上。这无疑是高明的抉择，因为南方地区多江河湖泊，且有长江天险阻隔，擅长野战驰骋的北方骑兵在江南无所用其长，北方军队要踏足江南大地，实现国家统一，就必须入乡随俗，“舍鞍马而就舟楫”。这时候衡量北方军队真正实力的标志，便不再是有多少匹骏马，有多少辆战车，而是看能不能拥有一支可以征服长江天险的水军。所以，晋武帝采纳羊祜的建议，委派大将王濬在益州一带修造舟舰，整治水师，“乃作大船连舫，方百二十步，受二千余人，以木为城，起楼橹，开四出门，其上皆得驰马来往”[①]。隋文帝乾纲独断，指令杨素、李衍、元寿等重臣在长江上、中、下游多处“修营战舰，为上流之师”[②]，制造出“五牙”“黄龙”“平乘”等不同等级的战船，组建起一支强大的水师。一旦西晋、隋朝解决了水师这个问题，它们的军事实力便有了质的飞跃，统一天下的大业也便瓜熟蒂落了。

另外，军事实力还有一个如何发挥的问题，这里便牵涉到制度与人的因素了。最强大的实力说到底还是“硬件”，是有形的东西；而制度的优劣、人的素质的高低，乃是“软件”，是无形且又十分关键的东西。“硬件”再好，“软件”不济，那么军事实力要想充分发挥，也一定是办不到的。同样的飞机、同样的坦克、同样的导弹，美军操纵起来，自然比有些国家的士兵操纵起来更能充分发挥其战斗性能，更加具有战斗力。这种情况历史上也出现过。近代中国搞洋务运动，曾引进过不少先进工艺和武器装备，到 19 世纪末，清朝军队的装备其

---

① 《晋书》卷四二《王濬传》。
② 《隋书》卷五四《王长述传》。

实并不是太差。至少李鸿章控制的北洋水师，其战舰数量、舰队吨位、火炮口径、铁甲厚度等主要技术指标，与日本的海军相比较，大体上处于同一水平，即使差一点（主要是战舰行驶速度要慢一些），也没有糟糕到弱不禁风、不堪一击的程度。可是，甲午海战的结果大家都看到了，一支规模可观、实力不弱的北洋水师，居然没有打上几个回合，便被对手杀得一败涂地、全军覆没，酿成中国近代史上又一个奇耻大辱！这里就不再是单纯的军事实力优劣强弱问题了，而是当时中国封建专制体制因素在作祟，有这样的体制，有这样的体制培育出来的各色人等，再好的军事“硬件”也会变成“破铜烂铁”，中看不中用，俨然成摆设。

所以，促进军事实力方面的“硬件”建设固然重要，改善军事实力方面的“软件”素质更为迫切，古今中外，概莫能外。

势　篇

题解

孙子认为：实力为战胜之本，但如果仅仅到这一步，孙子就成了机械唯物主义者了。孙子的可贵之处，是他考量问题的思维方式是辩证能动的。他意识到，有了强大的实力，只是拥有胜利的可能性，并不等于拥有胜利的现实性，实力是水，如果不去搅动它，那就是一洼死水，只有去搅动它，才能使其能量淋漓尽致地释放出来。他的基本逻辑是：要在拥有客观上强大实力的基础上，充分发挥将帅的主观能动性，造势任势，将胜利的可能，转化为胜利的现实。因此，紧接着尊重客观的《形篇》之后，就是强调主观的《势篇》。由此可见，本篇与前篇《形篇》为姊妹篇，主要阐述在强大的军事实力的基础上，充分发挥将帅的杰出指挥才能，积极创造和利用有利的作战态势，主动灵活、出奇制胜地打击敌人，夺取战争的胜利。

所谓“势”，孙子认为就是兵势，亦即根据一定的作战意图而灵活部署兵力和掌握运用作战方式方法所造成的一种客观作战态势，换言之，“势”指的是军事力量合理的积聚、运用，充分发挥威力，表现为有利的态势和强大的冲击力。本篇是孙子“势”论的集中体现，包含有“势”的定义、主要外在表现形态、实施的条件（“奇正”）以及具体的手段（“示形动敌”）等。孙子认为要造成有利的作战态势，关键在于妥善解决战术上的奇正变化运用问题，指出“战势不过奇正”，用兵作战必须做到“以正合，以奇胜”，而奇正关系又是变化无端的。所以，高明的将帅，必须根据战场情势的变化而灵活变换奇正战法。孙子还充分考虑了“势”与“节”的关系，主张在“任势”时，要善于控制距离，捕捉战机予敌以打击。在任势问题上，他认为只有发挥人的主观能动性，“择人而任势”，才能收到显著的效果。同时孙子指出了造势、任势的主要手段——“示形”“动敌”，即用谋略迷惑敌人，调动敌人，从而达到“出奇制胜”的目的。

很显然，《形篇》讲实力，《势篇》讲谋略，这其实包含了一个极其深刻的哲学命题：尊重客观规律性与发挥主观能动性的辩证统一。一方面，要尊重客观，尊重实际，按照客观规律办事；另一方面，又要避免机械唯物论，强调在尊重客观规律性的前提下，充分发挥主观能动性。前者是“形”，是实力建设，“先为不可胜”；后者为“势”，是运用谋略，造势任势。二者相辅相成，不可偏废。孙膑“田忌赛马”的典故就是对这种内在统一性的最好揭示：上驷对中驷，中驷对下驷，下驷对上驷，这样，比赛的结果是胜2局，输1局，二比一，赢了。这说明谋略有用，在双方实力相差无几的情况下，谋略可以起到四两拨千斤、打破平衡的作用，成为压垮骆驼的最后一根稻草。但如果我们再深究下去：假如三对乘驷皆为“下驷”，那么不管怎样排列组合，都无济于事，比赛的结果只能是输。毫无疑义，孙子的“势”论，内容丰富，逻辑严谨，形象生动，充满辩证思维的理性精神，在军事学术史和哲学发展史上都具有重要的价值。

本篇篇题，汉简本作“埶”，“埶”为“势”的古字。武经本作“兵势第五”，“兵”字当为后人因曹操注解题作“用兵任势也”而臆增。势，态势、气势、形势，是中国古典兵学中的一个重要范畴。古代兵家均重视“势”的地位与作用，《吕氏春秋·不二》：“孙膑贵势。”《六韬》亦强调，古之善战者，“具成与败，皆由神势”。张预云：“兵形已成，然后任势以取胜，故次《形》。”

孙子曰：凡治众如治寡〔1〕，分数是也〔2〕［1］。斗众如斗寡〔3〕［2］，形名是也〔4〕。三军之众，可使必受敌而无败者〔5〕［3］，奇正是也〔6〕。兵之所加，如以碫投卵［4］者〔7〕，虚实是也〔8〕。

注释

〔1〕治众如治寡：治，治理、管理，意为管理人数众多的部队如同管理人数很少的部队一样。

〔2〕分数是也：分数，此处指部队的组织编制。曹操注：“部曲为分，什伍为数。”《直解》：“偏裨卒伍之分，十百千万之数。”可见，分就分门别类而言，数指人员数量。此句也有用以简驭繁的意思来做解释的。杜牧注云：“分者，分

别也；数者，人数也。言部曲行伍，皆分别人数多少，各任偏裨长伍，训练升降，皆责成之。故我所治者，寡矣。”

〔3〕斗众如斗寡：斗众，指指挥人数众多的部队作战。斗，使……斗，使动用法。

〔4〕形名是也：目可见者为形，耳可闻者为名。曹操注：“旌旗曰形，金鼓曰名。”又，《释名·释言语》：“名之为言，鸣与命也。”此处指的是军队的指挥号令。

〔5〕必受敌而无败者：必，“毕”的同音假借，意为完全、全部。此句张预注云：“人人皆受敌而无败”，甚是。

〔6〕奇正是也：奇正，古代兵法中的常用术语，其含义非常广泛。一般以常法为正，变法为奇，包括正常使用兵力和灵活变换战术两个方面。具体地说，在兵力使用上，守备、钳制的为正兵，机动、突击的为奇兵。在作战方式上，正面攻、明攻为正，迂回、侧击、暗袭为奇。在作战方法上，按一般原则作战为正，采取特殊战法为奇。在战略上，堂堂正正进军为正，突然袭击为奇。《直解》：“大众所合为正，将所自出为奇。善战者，或以奇为正，或以正为奇，使敌莫测。”

〔7〕以碫投卵者：碫，《说文》：“碫，厉石也”，即磨刀石，此处泛指坚硬的石头。以碫投卵，比喻以坚击脆，以实击虚。

〔8〕虚实是也：虚实，古代兵法中的常用术语，指军事实力上的强弱、优劣。有实力为“实”，反之为“虚”；有备为“实”，无备为“虚”；休整良好为“实”，疲敝懈怠为“虚”；等等。总之，有者为实，无者为虚；坚者为实，空者为虚。“实”指兵力集中而强大，“虚”指兵力分散而薄弱。表现在具体军情上，大凡勇、饱、治、逸、众、有备、强为“实”，怯、饥、乱、劳、寡、不虞、弱为“虚”。这里含有以强击弱、以实击虚的意思。

按：开篇列出四组范畴：分数，形名，奇正，虚实，全面谈到制胜的基本要素。但接下来，篇中只集中地阐释“奇正”要义，这是因为“分数”“形名”是具体实在的，属于“形而下”层面，指挥者容易理解与掌握，故不必多讲。“虚实”虽然是“形而上”的内容，是抽象的，但之后有专篇讨论，也不必在本篇中展开。于是乎，本篇的重点全落在了“用兵之钤键，制胜之枢机”之“奇正”范畴上了。孙子的矛盾重点论思想方法论，于此可见一斑。

校 记

[1]“凡治众如治寡，分数是也”，汉简本句末无“也”字。

[2]“斗寡”，《御览》卷二七〇“斗寡”误作“斗少”。

[3]“可使必受敌而无败者”，汉简本“必”作“毕”。张预注云：“人人皆受敌而无败”，因此其所本当为“毕”字。而王皙注则云：“必当作毕”，因此其所本作“必”。

[4]“以碫投卵”，汉简本作“段”，“段”“碫”古通。

译 文

孙子说：通常而言，管理大部队如同管理小部队一样，这属于军队的组织编制问题。指挥大部队作战如同指挥小部队作战一样，这属于指挥号令的问题。整个部队遭到敌人的进攻而不致失败，这属于“奇正”的战术变化问题。军队对敌实施打击，如同以石击卵一样，这属于“避实击虚”原则的正确运用问题。

凡战者，以正合，以奇胜〔1〕[1]。故善出奇者[2]，无穷如天地，不竭如江河〔2〕[3]。终而复始[4]，日月是也；死而复生[5]，四时是也〔3〕。声不过五[6]，五声之变〔4〕，不可胜听也〔5〕[7]。色不过五，五色之变〔6〕，不可胜观也[8]。味不过五，五味之变〔7〕，不可胜尝也。战势不过奇正〔8〕[9]，奇正之变，不可胜穷也[10]。奇正相生〔9〕[11]，如循环之无端〔10〕[12]，孰能穷之〔11〕[13]！

注 释

〔1〕以正合，以奇胜：合，交战、合战。胜，制胜、取胜。此句意为，以

正兵合战，用奇兵制胜。张预注："两军相临，先以正兵与之合战，徐发奇兵，或捣其旁，或击其后，以胜之。"《何博士备论・苻坚论上》："兵以义举，而以智克；战以顺合，而以奇胜。"

〔2〕无穷如天地，不竭如江河：言奇正变化有如宇宙万物之变化无穷、江河水流之滔滔不竭。竭，竭尽。

〔3〕死而复生，四时是也：去而复来，如春、夏、秋、冬四季之更替。

〔4〕五声之变：五声，五音。古代把宫、商、角、徵、羽五个基本音阶称为五声（五音），以区分声音之高低强弱。《左传・昭公六年》："章为五声"，杜预注："宫、商、角、徵、羽。"变，变化。

〔5〕不可胜听也：意为听之不尽。胜，尽、穷尽。

〔6〕五色之变：中国古代以青、赤、黄、白、黑五种基本色素为正色。《左传・昭公六年》："发为五色。"杜预注："青、黄、赤、白、黑。"

〔7〕五味之变：五味，指甜、酸、苦、辣、咸五种味道。《左传・昭公六年》："气为五味"，杜预注："酸、咸、辛、苦、甘。"

〔8〕战势不过奇正：战势，指具体的兵力部署和作战方式。言作战方式归根结底就是奇正的运用。

〔9〕奇正相生：意为奇正之间相互依存、相互转化、变化无穷。《直解》有云："或以奇而生正，或以正而生奇。"

〔10〕如循环之无端：循，顺着。环，圆环。无端，无始无终。此句意为奇正变化转换，就如顺圆环旋转一般，从终点又回到原点，永无尽头。

〔11〕孰能穷之：孰，谁、何者。穷，穷尽。之，指奇正相生变化。

校 记

[1]"以正合，以奇胜"，《长短经・奇正》引此作"兵以正合，事以奇胜"。

[2]"故善出奇者"，郑友贤《孙子遗说》谓应作"善出奇正者"，"不言正，阙文也"。《文选》卷四三孙楚《为石仲容与孙皓书》注引此作"善出奇正者"。

[3]"不竭如江河"，汉简本作"无谒（竭）如河海"。武经本"江河"作"江海"，樱田本同，《御览》卷二八二引此亦同。

[4]"终而复始"，汉简本作"冬而复始"，"终""冬"古通。

[5]“死而复生”，武经本“复”作“更”，樱田本与赵注本并同，《御览》卷二八二亦作“更”，因此《孙子兵法》故书或有作“更”者。

[6]“声不过五”，《御览》卷二八二“声”前有“故”字。《长短经·还师》引此作“声不过五声”。

[7]“五声之变，不可胜听也”，《御览》卷二八二“听”作“闻”。《长短经·还师》引此“听”下无“也”字。

[8]“色不过五，五色之变，不可胜观也”，《书钞》卷一一六“观”作“视”。《长短经·还师》引此作“色不过五色”，“观”下无“也”字。

[9]“战势不过奇正”，《长短经·奇正》引此“战势”误作“战胜”。《御览》卷二八二引此“战势”误作“战数”。

[10]“奇正之变，不可胜穷也”，《长短经·奇正》引此“穷”下无“也”字。

[11]“奇正相生”，汉简本作“奇正环相生”，上文“三军之众，……奇正是也”句王晳注云：“奇正还相生”，《三国志·王昶传》注与《史记·田单列传赞》引并同，《文选·魏都赋》、张协《杂诗》注引亦皆有“还”字，因此《孙子兵法》故书或本如此。

[12]“如循环之无端”，汉简本作“如环之毋端”，无“循”字，《长短经·奇正》亦无，《史记·田单列传赞》与《文选》张协《杂诗》注引亦皆无。

[13]“孰能穷之”，武经本句末“之”下又有“哉”字，樱田本同。

译文

通常而言，作战总是以“正兵”当敌，用“奇兵”取胜。因此，善于出奇制胜的人，其战法有如苍天大地那样变化无穷，长江黄河那样奔腾不息。终而复始，就像日月的运行；去而又来，如同四季的更替。声音不过五个音阶，然而五音的变化，却是不可尽听；颜色不过五种色素，然而五色的变化，却是不可尽观；滋味不过五样味道，然而五味的变化，却是不可尽尝。作战的方式不过“奇”“正”两种，可是“奇”“正”的变化，却永远不可穷尽。“奇”“正”之间的相互转化，就像顺着圆环旋绕似的，无始无终，又有谁能够穷尽它啊！

激水之疾[1]［1］，至于漂石者，势也；鸷鸟[2]之疾［2］，至于毁折[3]者，节也[4]。是故善战者［3］，其势险，其节短［4］，势如彍弩[5]，节如发机[6]［5］。

注释

〔1〕激水之疾：激，湍急。疾，急、快、迅猛、急速。《易·说卦》："动万物者，莫疾于雷；挠万物者，莫疾于风。"

〔2〕鸷鸟：凶猛的禽鸟，如鹰、雕、鹫之类。《说文》："鸷，击杀鸟也。"

〔3〕毁折：折物。此处指猛禽捕捉擒杀鸟雀。

〔4〕节也：节，节制、节度、审度长短，指动作爆发得既迅捷、猛烈，又把握分寸，恰到好处。张预注："鹰鹯之擒鸟雀，必节量远近，伺候审而后击。"《直解》："节量其力，必至其处，使不失也。""善战者其势险，势险则难御；其节短，节短则易胜。"

〔5〕势如彍弩：彍，弩弓张满的意思，繁体为"彍"，《说文》："彍，弩满也。"彍弩即张满待发的弓弩。

〔6〕节如发机：机，《说文》："主发之为机"，即弩之机钮（弩牙），类似现代枪上的扳机。发机，即引发弩机的机钮，将弩箭突然射出。

校记

［1］"激水之疾"，汉简本无"激"字。《御览》卷二八二"激"作"故"，亦无"激"字。

［2］"鸷鸟之疾"，"疾"《御览》卷二八二作"击"。孙校本引《吕氏春秋》："若鸷鸟之击也，搏攫则殪"，谓当从《御览》作"击"。《史记·越王勾践世家》："鸷鸟之击也，必匿其形"，《淮南子·兵略训》："飞鸟之击也，俯其首"，亦皆曰"击"。查诸家注，除李筌、王皙注"疾"外，曹操、杜牧、杜佑、张预、何氏等皆以"搏""击"为解。

［3］“是故善战者”，《通典》卷一五四、《御览》卷二八二引此“故”作“以”。平津馆本无“是”字。

［4］“其势险，其节短”，《总要》卷三引此二句互倒，误。

［5］“势如彍弩，节如发机”，《书钞》卷一一七注引此“势”上又有“善战者”三字。又同卷引此“彍”作“墩”，孔广陶校注：“避（隋）炀帝讳。”《总要》“彍”又作“张”。《淮南子·兵略训》：“疾如彍弩，势如发矢。”盖用此文。

译文

湍急的流水飞快地奔泻，以至能漂移巨石，这就是流速迅捷的“势”；鸷鸟高飞猛击，以至能捕杀鸟雀，这就是短促急疾的“节”。因此，善于指挥作战的人，他所造成的态势险峻逼人，他进攻的节奏短促有力，险峻的态势就像张满的弓弩，迅疾的节奏犹似击发弩机。

纷纷纭纭〔1〕，斗乱而不可乱也〔2〕；浑浑沌沌〔3〕，形圆而不可败也〔4〕［1］。乱生于治〔5〕，怯生于勇〔6〕［2］，弱生于强〔7〕。治乱，数也〔8〕；勇怯，势也；强弱，形也。故善动敌者〔9〕，形之〔10〕，敌必从之［3］；予之，敌必取之。以利动之［4］，以卒待之〔11〕［5］。

注释

〔1〕纷纷纭纭：纷纷，紊乱无序。纭纭，众多且混乱。此处指旌旗杂乱的样子。

〔2〕斗乱而不可乱也：斗乱，谓在纷乱状态中指挥作战。不可乱，言做到从容镇静，有序不乱。

〔3〕浑浑沌沌：混乱迷蒙的样子，形容战场上尘土飞扬，迷茫一片。

〔4〕形圆而不可败也：形圆，指摆成圆阵（环形防御），保持态势，周到部署，首尾连贯，与敌作战应付自如。杜牧注云：“此言阵法也。”《直解》：“布阵形圆而敌不可败。”

〔5〕乱生于治：于，此处作根据解。意为示敌混乱，是由于有严整的组织。又一说，混乱产生于严整之中。

〔6〕怯生于勇：示敌怯懦，是由于自己具备勇敢的素质条件。杜牧注：“欲伪为怯形以伺敌人，先须至勇，然后能为伪怯也。”又一说，“怯”可以由“勇”产生。

〔7〕弱生于强：示敌弱小，是由于本身拥有强大的实力。杜牧注：“欲伪为弱形以骄敌人，先须至强，然后能为伪弱也。”梅尧臣、王晳、何氏、张预诸注皆近杜注。另一说，“弱”可以由“强”产生。按：李零《吴孙子发微》释“乱生于治”等三句为：“部队投入战斗，一开始往往是整齐的、勇敢的和强大的。但投入战斗后问题往往就暴露出来，逐渐向对立面转化。”此说可资参考。

〔8〕治乱，数也：数，即前言之“分数”，指军队的组织编制。意为军队的整治或混乱，决定于组织编制是否有序。

〔9〕故善动敌者：动敌，调动敌人。

〔10〕形之：形，用作动词，即示形，示敌以伪形，指以假象迷惑、欺骗敌人，使其判断失误，为我所乘。

〔11〕以卒待之：用重兵伺机破敌。卒，士卒，此处可理解为伏兵、重兵。

校记

［1］“纷纷纭纭，斗乱而不可乱也；浑浑沌沌，形圆而不可败也”，武经本“乱”与“败”下皆无“也”字，樱田本同。《长短经·教战》引此，“乱”“败”下亦无“也”字，“不可败也”下有“此用众之法也”六字。

［2］“怯生于勇”，汉简本“怯”作“协”，音近义通；“勇”作“恿”，乃“勇”之古文。

［3］“故善动敌者，形之，敌必从之”，《总要》卷三引此作“善动者形之；形之，敌必从之”，无可据。

［4］“以利动之”，汉简本作“以此动之”。

［5］“以卒待之”，武经本“卒”作“本”，樱田本同。又，赵注本云：“一本‘本’作‘卒’字，非是。”

译文

战旗纷乱，人马杂纭，在混乱之中作战做到军队整齐不乱；浑浑沌沌，迷迷蒙蒙，要布阵周密，保持态势而不致失败。向敌诈示混乱，是由于己方组织编制的严整；向敌诈示怯懦，是由于己方具备勇敢的素质；向敌诈示弱小，是由于己方拥有强大的兵力。严整或者混乱，是由组织编制的好坏所决定的；勇敢或者怯懦，是由作战态势的优劣所造成的；强大或者弱小，是由双方实力大小的对比所显现的。所以善于调动敌人的指挥者，伪装假象以迷惑敌人，敌人便会听从调动；用小利来引诱敌人，敌人就会前来争夺。用这样的办法积极调动敌人，再预备重兵伺机掩击它。

故善战者［1］，求之于势，不责于人〔1〕［2］，故能择人而任势〔2〕［3］。任势者［4］，其战人也〔3〕，如转木石。木石之性〔4〕［5］，安则静，危则动〔5〕，方则止，圆则行。故善战人之势〔6〕［6］，如转圆石于千仞之山者，势也。

注释

〔1〕求之于势，不责于人：责，求、苛求。《说文》："责，求也。"成语有"求全责备"。此句言当追求有利的作战态势，而不是苛求下属。

〔2〕故能择人而任势：选择简拔人才，创造利用态势。择，选择。任，任用、利用、掌握驾驭。《武经七书汇解》："择，拣择也。量人之材，随长短以任之。"一说，"择"训"释"，意为不强求人力。按：古人往往假"择"为"释"，可参见泷川资言《史记会注考证》下册第2043页（上海古籍出版社，1986年）。

〔3〕其战人也：指挥士卒作战。与前《形篇》中之"战民"义同。

〔4〕木石之性：木石的特性。性，性质、特性。

〔5〕安则静，危则动：安，安稳，这里指平坦的地势。危，高峻、危险。

《庄子·田子方》："尝与汝登高山，履危行。"此处指地势高峻陡峭。张预注："木石之性，置之安地则静，置之危地则动，……自然之势也。"

〔6〕势：是指在"形"（军事实力）的基础上，发挥将帅的主观能动作用，从而造成有利积极的作战态势。王皙注云："石不能自转，因山之势而不可遏也；战不能妄胜，因兵之势而不可支也。"

校记

[1]"故善战者"，《长短经·理乱》引此无"战"字。

[2]"不责于人"，汉简本"不"作"弗"。《直解》与《武备志》"责"下皆有"之"字。

[3]"故能择人而任势"，《通典》卷一五四引此"势"下有"也"字。

[4]"任势者"，《通典》卷一五四引此无"任"字。

[5]"木石之性"，汉简本"性"作"生"，"性""生"古通。

[6]"故善战人之势"，《通典》卷一五四引此无"善"字。

译文

因此，善于用兵打仗的人，总是努力创造有利的态势，而不对部属求全责备，所以他能够选择人才去利用和创造有利的态势。善于利用态势的人，他们指挥部队作战，就如同滚动木头、石头一般。木头、石头的特性是，置放在平坦安稳之处就静止，置放在险峻陡峭之处就滚动，方的容易静止，圆的滚动灵活。所以，善于指挥作战的人所造成的有利态势，就像将圆石从万丈高山上推滚下来那样，无可阻挡，这就是所谓的"势"。

解读

本篇主要论述在强大的军事实力基础上，充分发挥将帅的杰出作战指挥才能，积极创造和运用有利的作战态势，出奇制胜地打击敌人，夺取战争的胜利。

韩非子说"势者，胜敌之资也"。这个资本太重要了，"尧为匹夫，不能治三人；而桀为天子，能乱天下”（《慎子校正·内篇》，又见《韩非子·难势篇》）。既然是“时势造英雄”，那么兵学家同样要对“势”情有独钟，挖空心思琢磨“造势”，处心积虑诉求“任势”，把“势”这个好东西牢牢掌控在自己的手中。孙子写《势篇》，便是这方面具有经典意义的论述。

孙子重视军事实力，可他又认为光有军事实力还不够，关键在于如何把军事实力淋漓尽致运用起来，发挥出来，也就是使静态的“力”转化为动态的“势”。在孙子看来，所谓“势”，就是“兵势”，它作为中国古典兵学的一个重要范畴，主要是指军事力量合理的组合、积聚和运用，充分发挥其威力，表现为有利的态势和强大的冲击力。换句话说，“势”是战争指挥者根据一定的作战意图，匠心独运，灵活地部署使用兵力和正确地变换战术所造成的有利作战态势。为此，孙子本人用十分形象的比喻来说明“势”的特征：“势”就像滚动圆石头从万丈高山顶上滚下来，或者像湍急的流水以飞快的速度奔泻，以至把河床上的石头给冲得漂浮起来。“善战人之势，如转圆石于千仞之山者，势也”，“激水之疾，至于漂石者，势也”。在这样强大“势”的冲击面前，任何敌人都无法抵挡，遇之者毁，触之者折，抗之者灭：“是故智者从之而不释，巧者一决而不犹豫。是以疾雷不及掩耳，迅电不及瞑目，赴之若惊，用之若狂，当之者破，近之者亡，孰能御之！”（《六韬·龙韬·军势》）

孙子认为，合理的编组，有效的指挥，灵活的战法，虚实的运用，这四者是“造势”和“任势”的客观基础；而快速突然地近距离接敌，造成险峻可怖的态势，把握恰到好处的战机，采取猛烈而短促的行动节奏，则是“造势”“任势”的必有之义和最佳表现。即所谓“善战者，其势险，其节短，势如彍弩，节如发机”。

要做到这一步，首要的任务是妥善解决战术变换和兵力使用上的“奇正”问题。“用兵之钤键，制胜之枢机”，这是古人对“奇正”地位与价值最富有诗意，也是最到位的总结。作为概念，“奇正”一词最早见于《老子》一书，老子说过：“以正治国，以奇用兵，以无事取天下。”（《老子》第五十七章）不过真正把它引入军事领域并作系统阐发的，孙子当之无愧是第一人。中国古代的理论范畴一般都很模糊，追求的是一种只可意会不可言传的混沌境界，“奇正”的情况也一样，含义之蕴藉丰富，表述之隐晦曲折，令人回味深长，曲尽其妙。一般来说，常法为正，变法为奇；在兵力使用上，用于守备、相持、钳制的为正兵，用于机动、预备、突击的为奇兵；在作战方式上，正面进攻、明攻为正，迂回、侧击、暗袭为奇；在作战方法上，循规蹈矩、按一般原则进行作战为正，偷鸡摸狗、采取特殊战法破敌为奇；在战略态势上，堂堂正正下战书，然后进兵交锋为正，突然袭击，出其不意，诡诈奇谲为奇。

孙子的高明，是他第一次用精辟又生动的文字描绘了“奇正”的要旨：凡是展开军事行动，无论是进攻还是防御，在兵力的使用上，一般要用正兵去当敌，用奇兵去制胜：“凡战者，以正合，以奇胜。”而在战术变换上，则要做到奇正相生，奇正相变，虚虚实实，真真假假，变化无端，出神入化：“战势不过奇正，奇正之变，不可胜穷也。奇正相生，如循环之无端，孰能穷之！”在孙子看来，一名将帅如果能根据战场情势的变化来灵活理解和巧妙运用“奇正”战术，做到战术运用上正面交锋与侧翼攻击浑然结合，兵力使用上正兵当敌与奇兵制胜相辅相成，作战指挥上遵循“常法”与新创“变法”互为弥补，那么不管敌人怎样强大，收拾起来也是轻松愉快的，这就算是真正领会了用兵打仗的奥妙精髓，也为“造势”和“任势”创造了必要的条件。总而言之，一切都应该从实际情况出发，当正则正，当奇则奇，因敌变化，攻守自如，从而进入驾驭战争规律的自由王国。

孙子确立“奇正”这一范畴后，后世兵家无不奉为圭臬，广为沿用和阐述。如《孙膑兵法（下编）· 奇正》：“形以应形，正也；无形而制形，奇也。”《尉缭子 · 勒率令》：“正兵贵先，奇兵贵后。”曹操《孙子注》：“正者当敌，奇兵从旁击不备也。”就是这方面的例子。而到了《唐太宗李卫公问对》那里，“奇正”范畴则有了新的丰富和发展。它对“奇正”论述得更完备，分析得更透彻，提出了一个重要论断：“善用兵者，无不正，无不奇，使敌莫测。故正亦胜，奇亦胜。”（卷上）这比孙子的“奇正”理论显然更全面、更深刻，但它依旧是祖述和发展《孙子兵法》的逻辑结果。

理解和运用“奇正”的重要性固不待言，而要在这方面有所作为、独领风骚，关键在于“造势”和“任势”，即积极发挥将帅的主观能动性，使己方的军事潜能得到最佳的凝聚和施展，十八般武艺都拿将出来，掌握作战的主动权，形成强大无比、摧枯拉朽的战斗力：“善战者，求之于势，不责于人，故能择人而任势”，在此基础上把对手打得落花流水。

“造势”“任势”是夺取战争主动权的关键，但如何在这个问题上把握分寸，并恰到好处，乃是更为重要的事情。在社会生活中，有些人凡事爱走极端，考虑问题常常偏颇化、片面化，矫枉过正，所以孔子提倡“中庸”之道，强调“过犹不及”，主张“无过无不及”，希望大家能够避免这类思维误区，克服这类偏激做法。可惜的是，言者谆谆，听者藐藐，似乎效果并不理想，气得孔子连声悲叹，“中庸之为德也，其至矣乎，民鲜久矣！”好在孙子完全考虑到了如何使“造势”“任势”恰到好处，即正确处理“势”与“节”的关系，尽可能以“节”去制“势”。

孙子认为，“势”与“节”二者之间互为关系，相辅相成，有“势”而无“节”，不能发其机，“强弩之末，势不能穿鲁缟”；有“节”而无“势”，则不能逞其威，“龙游浅水受虾戏，虎落平阳遭犬欺”。“势”要险，即应该快速、突然、迅猛；“节”要短，即应该近距离发起最猛烈的攻击。只有做到节量远近，掌握时机，把握分寸，正中其宜，才能充分发挥“势”的强大威力，真正拥有“致人而不致于人”的战场主动地位。

孙子谈“势”“节”，本质上是追求积极造势与把握分寸的有机统一，是一个如何掌控“度”的问题，“极高明而道中庸”，这是真正的用兵大艺术，人生大智慧。人之患，在于观察问题的一点论，只见其利，不见其害；只见其可，不见其否；反之亦然。孙子最瞧不起这种战略短视，指出以偏概全、以长饰短是用兵的大忌，致败的根源。这时候就要有一个“度”来中和、缓释思维上的偏激性，节制行动上的放任性。他说：“必死，可杀也；必生，可虏也；忿速，可侮也；廉洁，可辱也；爱民，可烦也。”其实，勇于牺牲，善于保全，同仇敌忾，廉洁自律，爱护民众等，本来都是身为将帅者应该具备的优良品德，本身并没有什么过错。可是一旦失去节制、过了尺度的话，也就是说假如发展到“必”这一程度的话，那么其性质也就起了变化，走向了事物的反面，而成为“覆军杀将”悲剧发生的起因了。另外，像军队治理上既主张“视卒如婴儿”“视卒如爱子”，问冷嘘暖，关怀备至，又反对“厚而不能使，爱而不能令，乱而不能治”，放任自流，娇惯宠爱；作战指导上既强调“胜可知而不可为”，又肯定“胜可为也，敌虽众，可使无斗”等，也均是孙子以“势”“节”大局观考虑问题，谋划方略的必有之义。可见有人在孙子头上加冕“朴素辩证法思想家”这项桂冠，并不能说是一点不着边际的做法。

“造势”“任势”的主要手段，在于巧妙“示形”，机智“动敌”，即用谋略去迷惑欺骗敌人，调动控制敌人，从而达到消灭敌人、保全自己的目的。这是孙子在本篇中想要告诉我们的第三层意思。

战场上两军对垒，生死相搏，敌我双方在主观上都没有例外地致力于“造势”和“任势”，争做胜利的主宰，但是谁能够成功做到这一点，就看谁能够真正广施权变，示形动敌，出奇制胜，即究竟谁是“骗人者”，谁是“受骗者”。

“兵者诡道”，“兵以诈立”，喋血沙场，不相信眼泪，“胜者王侯败者寇”，这时候如果同敌人讲什么信义，比什么道德，说什么仁慈，那么只能自己吃亏，丧师辱国，祸不旋踵。在孙子看来，要夺取战争的胜利，就必须抛弃一厢情愿的“仁义”，真正按军事斗争的规律办事，四两拨千斤，乾坤大挪移，践行诡道，示形动敌。

所谓“示形”，就是伪装和欺骗，即隐蔽真相，制造假象，让敌人乖乖地中计上当。所谓“动敌”，就是实施机动，调动敌人，即牵着敌人的鼻子走，使其最后陷入失败的命运，任你齐天大圣一个筋斗翻去十万八千里，可就是逃不出我如来佛的手心。用孙子自己的话说，这便是“善动敌者，形之，敌必从之；予之，敌必取之。以利动之，以卒待之”。在这里，“示形”是“动敌”的前提和基础，而“动敌”则是“示形”的最佳效果。很显然，成功的机动是“造势”“任势”的中心环节，它的目的在于创造和利用敌人的过失或弱点，积极争取主动，形成优势。一有机会就咬住敌人的脖子，绝不放松，直到咬断他的喉咙，让他两眼翻白直挺挺伸腿死去为止。

孙子指出，示形动敌必须具备一定的条件。这个条件就是自己要做到组织编制严整，将士素质优良，整体实力强大，即所谓“乱生于治，怯生于勇，弱生于强。治乱，数也；勇怯，势也；强弱，形也”。只有具备了这样的前提条件，军队欺敌误敌，实施机动才有可靠的保障。在此基础上，指挥者发挥主观能动性，制造假象迷惑敌人，施以诱饵调动敌人，然后集中优势兵力，伺机攻击敌人，“以利动之，以卒待之”，从而达到出奇制胜的目的。值得附带指出的是，老子曾说过：“将欲夺之，必固与之。”（《老子》第三十六章）孙子的示形方法与老子之言颇有相通之处，这表明孙子高明军事思想的形成，乃是借鉴汲取前人思想精华的结果。这种文化继承发展现象应引起我们的重视。

总之，孙子认为用兵打仗是比谁心肠黑、脸皮厚、手段毒的生死较量，“量小非君子，无毒不丈夫”，只有掌握了“奇正”的变化，具备了“造势”“任势”的条件，又合理拿捏住“势”与“节”的分寸，具备了“造势”“任势”的尺度，再加上做到了“示形动敌”，具备了“造势”“任势”的手段，“造势”“任势”才算是呼之欲出，有利的作战态势才算是基本形成，战场上的主动权才算是大致到手。这时才可以同敌人一决雌雄，分个高下，这就是所谓的“转圆石于千仞之山”，所向披靡，战无不胜，谁拿你也没有办法。

“生活之树常青，而理论则是灰色的。”这是德国伟大诗人歌德的一句名言。它的前半句自然至为正确，可后半句却不免说得过于绝对。灰色的理论当然是有的，可这是指那些说得天花乱坠实际上又无济于事的空头理论，真正正确的理论并不呈现灰色。它作为古今思维理性的沉淀，作为人类智慧的结晶，来源于实践，反映和揭示的是客观物质运动的规律，对社会实践具有重大的指导意义。概略地说，没有火热的生活，理论必然枯萎；没有正确的理论，生活必然盲目。二者的关系大抵如此。

孙子兵学理论无疑是一棵常青的大树，“造势”“任势”原则作为大树上的一根枝条，同样是青翠欲滴、生机盎然的。孙子兵学理论的重要意义一再得到古今中外历史上数不胜数的战例之佐证。

战国后期秦、赵长平之战中双方指挥上的优劣得失，可用来对本篇基本原理作最好的诠释。

《孟子·离娄上》描绘了战国时期的战争场景：“争地以战，杀人盈野；争城以战，杀人盈城。”纵观烽火连天、刀光剑影的二百五十余年战国历史，可知“亚圣”孟老夫子的这一番话并没有夸张的成分。当然，就战争规模之庞大、杀伤程度之惨烈而言，在当时的众多战争中，没有比秦、赵长平之战更为惊心动魄的了。

长平之战发生在公元前 260 年，是秦、赵之间的一次战略决战。在战争中，秦军上下贯彻正确的战略指导，采用灵活多变的战术，一举歼灭赵军 45 万人，开创了我国历史上时间最早、规模最大的包围歼灭战先例。

秦国自孝公任用法家商鞅实行变法以来，制定了正确的治国战略：奖励耕战，富国强兵，国势如日中天；连横破纵，远交近攻，外交连连得手；旌旗麾指，铁骑驰骋，军事捷报频传。百余年间，蚕食缓进，重创急攻，破三晋，败强楚，弱田齐，构成了对山东六国压倒性的战略优势。在秦国“虎狼之师”的咄咄兵锋面前，韩、魏屈意奉承，荆楚自顾不暇，东齐力有不逮，北燕无足轻重。环顾六合之内，只有赵国，自公元前302年赵武灵王推行“胡服骑射”军事改革以来，国力还算雄厚，军队还算强大，对外战争胜多败少，而且拥有廉颇、赵奢、李牧等一批深富韬略、能征惯战的将领，还可以硬着头皮同强秦进行一番周旋。

形势非常清楚，秦国要完成兼并六国、统一天下的殊世伟业，就一定得拔去赵国这颗钉子；自然，赵国也不是温顺的羔羊，岂肯坐以待毙，乖乖听凭他人宰割。如果说，秦国是老虎，那赵国便是豺狼，虎狼同笼，必有一拼，双方之间不是你死，便是我亡，一场战略决战如箭在弦，势所难免。

公元前260年，秦昭王派遣大将王龁领兵攻打刚刚降赵的上党郡，与赵军主力对峙于长平一线，赵军主帅廉颇深沟坚壁，固守不出，以逸待劳，消磨秦军锐气。秦军远道奔袭，客地作战，急求速决，不间断地向赵军骂阵挑战，无奈老将廉颇“任凭风浪起，稳坐钓鱼船”，沉着应对，岿然不动。

秦相范雎遂行离间之计，派间谍向赵国权臣郭开贿赂黄金千斤，挑拨赵王让廉颇“下岗”，改任赵奢之子赵括为主帅。秦方深知赵括只会“纸上谈兵”，又好大喜功，用他替换廉颇，此役其实已经胜了一半。同时，秦昭王也相应调整了自己的军事部署，任命名将白起为上将军，秘密派往前线担任总指挥，并且严令军中保密，“有敢泄武安君将者，斩”（《史记》卷七三《白起王翦列传》），把骄傲自大的赵括蒙在鼓里。

针对赵括立功心切又鲁莽轻敌的弱点，白起制定了诱敌设伏、分割围歼的作战方针。赵括新官上任三把火，一改廉颇旧制，主动向秦军大举进攻。秦军将计就计，诈败后撤，赵括不知是计，挥师尾追，直抵秦垒，受阻于坚壁之下，被白起预先埋伏于两侧的两万五千奇兵截断退路，另外五千骑兵则切断了赵军大营留守部队与其主力之间的联系，将赵军分割包围。赵括势穷力竭，只得构筑临时工事，苦守待援。秦昭王获知白起得手，亲到河北，征发十五岁以上男子入伍，悉数送往长平前线，阻绝赵军的援兵及粮道。赵军前后饥饿四十余天，断水绝粮，杀人而食。赵括在绝望中分兵四队突围，均成泡影，自己也被乱箭射死。赵军丧失主帅，斗志全无，四十余万饥疲之师全部解甲投降，为白起坑杀殆尽。这场空前残酷的血战于是便以秦军的彻底胜利而宣告终结。

在这场关系到战国晚期战略格局演变趋势的决定性战役中，秦国最高统帅的正确战略和高明指挥，使得秦军具备了战胜赵军这个强劲对手的可能。而"战神"白起的杰出用兵艺术，则使得这种可能性顺利转化为现实。身为秦军主帅的白起指挥若定，用兵如神，"以正合，以奇胜"，使秦军"必受敌而无败"。在整个作战过程中，白起善于"造势""任势"，"其势险，其节短"，控御战场局面的能力达到炉火纯青的境界。他注重示形动敌，通过后撤退却的假象，引诱赵军主力脱离大营，轻易出击，而自己则严密部署，"以卒待之"，实施正面相持，从侧翼及时投入精锐奇兵分割包围对手，并用轻骑阻隔赵军主力与其大营之间的一切联系，将赵军水泄不通地包围起来，最后一举聚歼赵军。而秦昭王在关键时刻任命白起为主帅，也做到了知人善任，"择人而任势"，为秦军的取胜提供了保证。经此一战，秦国制服了关东六国中最后一个有实力的对手，使自己日后实现天下统一的征途变得一马平川，畅通无阻。从这个意义上说，长平之战无愧为中国历史上最具经典意义的战例之一，淋漓尽致地诠释了孙子"造势""任势"理论的风采神韵和无穷魅力。

真正的民族文化，必然同时也是世界性的遗产。孙子的"势"论基本原则，在世界战争史上也能够寻觅到无数的知音，世界上不少成功的战例，其取胜的经验背后，与孙子兵学的精神不无息息相通之处。例如，第二次世界大战中德国法西斯闪击波兰，一举成功，撇开其战争的非正义性质不说，在战略指导与作战指挥上，此战与孙子的"造势""任势"原理确有惊人的相似之处。

闪击波兰，是希特勒发动第二次世界大战的序战，在世界战争史上具有特别突出的意义。希特勒同历史上的诸多战略家一样，极为重视序战的准备和实施。1939年4月11日，希特勒就正式批准了闪击波兰的"白色计划"，并下达了进入直接战争准备的命令。为了隐蔽自己不可告人的战略企图，希特勒在政治、军事、外交上全方位展开了战略欺骗，示假隐真，麻痹波兰当局以及其盟友英、法等国。在"和平""友好"烟雾的巧妙掩护下，武装到牙齿的德军以

“秋季演习”“野营训练”“召开庆祝大会”等名目为幌子，神不知鬼不觉地完成了闪击波兰的战略集中与展开，为达到战略进攻的突然性创造了条件。这可谓孙子“示形”作战理论在近现代战争活动中的典型翻版。

在具体实施闪击波兰的作战方案之时，希特勒和他的统帅部大本营成员们又十分坚决地贯彻了三项基本作战原则：

第一，集中优势兵力，以主力参加首次战略突击。德军在展开闪击波兰军事行动时，共拥有 101 个陆军师、4 000 余架作战飞机。除留出 39 个师分别部署在德国同法、卢、比、荷四国的边境附近担负防御任务和在占领国留守外，德国集中 62 个师用于闪击波兰，而又以这些部队的主力参加首次战略突袭行动。这样一来，当德国法西斯陆、海、空三军铺天盖地，犹如决了堤坝的洪水一般涌入波兰时，拘泥于陈旧常规战法、“南守北攻”、沿国境线一带配置部署的波兰军队，便完全丧失了抵抗能力，迅速陷于全线崩溃。

第二，发起大规模突然空袭，迅速击垮波兰军队的指挥、动员、交通体系。规模空前、猛烈突然的空袭，是德军从战争伊始就实施的夺取战略主动权和保持战略优势的主要手段。德国空军集中 2 000 多架飞机，对波兰全国实施铺天盖地的战略空袭，一口气摧毁了波兰的主要机场和作战飞机，夺得了制空权，完全打乱了波兰军队的指挥、通信体系，使波军成了聋子、瞎子和哑巴，同时彻底瘫痪了波兰的交通，破坏了波兰的动员体系，使波兰的战争动员计划仅仅执行一天，便在战争爆发的当日遭到扼杀，致使波军 40 个师、22 个旅只有不到半数的部队在缺员严重、装备不齐的情况下仓促上阵应战，严重地影响了波军战斗力的正常发挥。

第三，“飞行炮”与“锋刀”密切配合，实施不间断的快速机动和凶猛进攻，乘胜追击，扩大战果，一举而克。把强大航空兵的空中迅猛突击当作“飞行炮”，有力地支援陆军的“锋刀”——坦克集群实施不间断的高速进攻，是德军闪击波兰之战的又一个显著特点。当时德军统帅部成员们高度重视英国军事学家富勒的“装甲战”理论，并把它全面应用于大规模实战，他们将仅有的 7 个坦克机械化师、4 个摩托化师混编组成 4 个坦克军，全部用于闪击波兰，作为主要突击集团的“锋刀”，在“飞行炮”的有力支援下，引导步兵军团实施高速进攻，仅仅八天时间就逼近波兰首都华沙。军事思想陈旧落后、缺乏防空和反坦克兵器的波军，面对德军这种“以碫击卵”式的凶猛突击，计无所出，力无所施，束手无策，一筹莫展，在万般绝望之下，竟然用骑兵集团向无坚不摧的德军坦克兵团进行反击，以人、马的血肉之躯去与坦克这种钢铁巨兽厮杀，导演了“用鸡蛋碰石头”的悲剧。

由于德军采用了上述三项作战原则，而波军又根本找不到任何应对之策，这场德军闪击波兰的战事之结果也就可想而知了。战事甫起，波兰全国上下即陷于一片混乱，波军节节败退，一溃千里，不到27天即全军覆灭，波兰作为一个国家，在短短32天内就亡国了。

从德军闪击波兰的战略部署与作战指导中，我们可以发现，它完全可以用来诠释孙子“势”论在现当代战争中的价值与意义：德军主力全线压上，空中突袭与陆军坦克兵团配合默契，是所谓“奇正之变”，“奇正相生”，“兵之所加，如以碫击卵者”，是充分的“造势”和“任势”。而德军猛烈的空袭，排山倒海、不容间息的进攻，则犹如孙子所说，“其势险，其节短”，“激水之疾，至于漂石”。古今同理，史证彰然。

综上所述，孙子的“势”论，包含“势”的定义、主要外在表现形态、实施的条件（“奇正”）以及具体的手段（“示形动敌”）等，它内容丰富，逻辑严谨，思想深邃，形象生动，充满着朴素唯物辩证法的精神，在军事学术史和哲学发展史上都具有珍贵的价值。

虚实篇

题解

《形篇》与《势篇》之后，孙子的逻辑就进入了下一个环节。即，孙子认为无论是发展实力，壮大自身，还是运用谋略，造势任势，都不能平均使用力量，因为面面俱到，等于面面不俱到，什么都是重点，就没有了重点，所谓“无所不备，则无所不寡”。所以孙子接着要做的事，就是突出重点，把握关键，于是就有了《虚实篇》。该篇主旨就落在抓重点问题上，孙子在篇中强调了把握重点的三个基本方向：一是争取主动权，“致人而不致于人”；二是争取主动权的基本手段，“避实而击虚”；三是拥有主动权该达到的境界，“兵无常势，水无常形”。

具体地说，本篇论述了战争活动中“虚”“实”关系相互对立、相互转化这一具有普遍规律性的问题，揭示了军事上避实击虚的一般原则，并提出了在作战中如何掌握虚实、如何转化虚实、如何运用虚实的基本要领。孙子强调要通过对“虚”“实”关系的全面认识和辩证把握，来夺取战争的主动权，即“致人而不致于人”。而做到这一点，其关键在于如何争取优势，主动灵活地打击敌人。为此，孙子提出了著名的作战指导原则——“避实而击虚”。而这一原则在作战行动中的具体化，就是要做到：(1) 示形于敌，迷惑和欺骗敌人，诱使其暴露弱点，然后予以打击。(2) 集中优势兵力猛烈果断地打击敌人，即所谓的“以十击一”。(3) 因敌变化而取胜，在作战过程中不机械、不呆板，根据敌情变化，随时调整部署，始终保持主动。(4) 察知战场地理，了解战场天候，“知战之地，知战之日”，并采取策、作、形、角等方法，全面掌握敌情。(5) 正确选择主攻方向，做到牵一发而动全身，“出其所不趋”，“攻其所必救”。孙子认为，只要能充分发挥人的主观能动性，采取正确的作战指导原则和具体作战措施，那么，战争的胜利不但“可知”，而且也是完全“可为”的。

本篇文字较长，但条理分明，层层递进，名句迭出，妙语横生，变化无穷，出神入化，将避实击虚的规律阐述得淋漓尽致、完备无瑕，既符合人们思维逻辑的认知过程，又符合军事家谋敌制胜的行动过程，同时又给人们以智慧的启迪与美的享受，真可谓一篇千古奇文。《唐太宗李卫公问对》称云：

“观诸兵书，无出孙武，孙武十三篇，无出《虚实》。”这一评价，洵非虚言。

虚实，“虚”即空虚，指兵力分散而薄弱；“实”即充实，指兵力集中而强大。虚实，同时也指作战行动中虚虚实实、示形佯动等手段。曹操注：“能虚实彼已也。”李筌注：“善用兵者，以虚为实；善破敌者，以实为虚。”杜牧注：“夫兵者，避实击虚，先须识彼我之虚实也。”皆是旧时注家对孙子“虚实”含义的正确理解。

此篇篇题各本皆作《虚实》，唯汉简本及篇题木牍作《实虚》。当以《虚实》名篇为确。查各家注皆言《虚实》，而无以《实虚》相称者，且上篇已明言“以碫投卵者，虚实是也”。篇次如张预注：“《形篇》言攻守，《势篇》说奇正。善用兵者，先知攻守两齐之法，然后知奇正；先知奇正相变之术，然后知虚实。盖奇正自攻守而用，虚实由奇正而见。故次《势》。”

孙子曰：凡先处战地而待敌者佚[1] [1]，后处战地而趋战者劳[2] [2]。故善战者，致人而不致于人[3]。能使敌人自至者 [3]，利之也[4]；能使敌人不得至者，害之也[5] [4]。故敌佚能劳之[6]，饱能饥之[7]，安能动之[8] [5]。

注释

〔1〕先处战地而待敌者佚：处，占据、占领。佚，即“逸”，指安逸、从容。贾林注：“先处形势之地以待敌者，则有备豫，士马闲逸。”

〔2〕后处战地而趋战者劳：趋，奔赴，这里是仓促、猝然的意思。趋战，仓促应战。此句意为作战中后据战地仓促应战，则疲劳被动。

〔3〕致人而不致于人：致，招致、引来。《周礼・秋官・小司寇》：“掌外朝之政，以致万民而询焉。”致人，调动敌人。致于人，为敌人所调动。杜牧注云：“致，令敌来就我，我当蓄力待之，不就敌人，恐我劳也。”按：这句话的核心含义是争取把握作战中的主动权，系孙子作战指导思想的精髓。

〔4〕能使敌人自至者，利之也：利之，以利引诱。意为能使敌人自投罗网，

上门送死，乃是以利相引诱的缘故。

〔5〕能使敌人不得至者，害之也：害，妨碍、阻挠的意思。《书·旅獒》："不作无益害有益。"此言能使敌人不能到达战地，乃是牵制敌人的结果。

〔6〕敌佚能劳之：能，此处是乃、就的意思。劳，疲劳，使动用法，此句梅尧臣注为："挠之使不得休息"，甚是。

〔7〕饱能饥之：饥，饥饿、饥困，用作使动。此句王皙注："谓敌人足食，我能使之饥乏耳。"

〔8〕安能动之：言敌人若安固守御，就设法使它移动。曹操注："攻其所必爱，出其所必趋，则使敌不得不相救也。"

校 记

[1]"凡先处战地而待敌者佚"，汉简本此句作"先处战地而待战者失"，"失""佚"古通。《御览》卷二七〇引此"处"作"据"。

[2]"后处战地而趋战者劳"，《御览》卷二七〇引此"处"作"据"，且"趋"作"趣"，通。

[3]"能使敌人自至者"，汉简本作"能使适（敌）□至者"，"敌""至"二字间只空余一字。《通典》卷一五六引此亦无"人"字，唯"至"作"致"。

[4]"能使敌人不得至者，害之也"，《御览》卷三三四引此无"能"字，"害之也"作"险害之地"。

[5]"安能动之"，汉简本无此句。

译 文

孙子说：凡先占据战场等待敌人来进犯的就安逸主动，而后抵战场仓促应战的就疲惫被动。所以善于指挥作战的人，总是能够调动敌人而不为敌人所调动。能够使敌人自动进到我预定地域的，是用小利引诱的缘故；能够使敌人不能抵达其预定地域的，则是设置重重困难加以阻挠的缘故。因此敌人休整良好，就设法使他疲劳；敌人粮食充足，就设法使他饥饿；敌人驻扎安稳，就设法使他移动。

出其所不趋[1]，趋其所不意[2]。行千里而不劳者 [1]，行于无人之地也[3] [2]；攻而必取者，攻其所不守也[4]；守而必固者 [3]，守其所不攻也[5] [4]。故善攻者，敌不知其所守；善守者，敌不知其所攻[6] [5]。微乎微乎 [6]，至于无形[7] [7]！神乎神乎 [8]，至于无声[8] [9]！故能为敌之司命[9] [10]。

注释

〔1〕出其所不趋：意为出兵要指向敌人无法救援的地方，即击其空虚。不，此处当作“无法”“无从”之意解，与《孙膑兵法·威王问》：“必攻不守，兵之急者邪”之“不”义同。

〔2〕趋其所不意：指兵锋要指向敌人不曾预料之处。与上句同义重复，表示强调。

〔3〕行千里而不劳者，行于无人之地也：张预注：“掩其空虚，攻其无备，虽千里之征，人不疲劳。”无人之地，喻敌虚懈无备之处。

〔4〕攻而必取者，攻其所不守也：言我出击而必能取胜，乃由于出击的是敌人戒备虚懈、无从防守之处。李筌注：“无虞易取。”此处的“不守”，并非真的没有防守，而是指敌人有其心而无其力，想防守但却无法守得住。

〔5〕守而必固者，守其所不攻也：言我防守而必能稳固，乃由于所防守的是敌人无法攻取的地方。

〔6〕故善攻者，敌不知其所守；善守者，敌不知其所攻：梅尧臣注：“善攻者，机密不泄；善守者，周备不隙。”王皙注：“善攻者，待敌有可胜之隙，速而攻之，则使其不能守也。善守者，常为不可胜，则使其不能攻也。”皆为精审。

〔7〕微乎微乎，至于无形：微，微妙、高明。《荀子·议兵》：“诸侯有能微妙之以节。”杨倞注：“微妙，精尽也。”此句谓虚实运用微妙到极致，则无形可睹。

〔8〕神乎神乎，至于无声：神，神奇、神妙、不可思议。《易·系辞》：“阴阳不测之谓神。”此言虚实运用神奇之至，则无声息可闻。

〔9〕故能为敌之司命：司命，命运的主宰者。《管子·国蓄》：“五谷食米，民之司命也。”

校记

［1］“行千里而不劳者”，汉简本“不劳”作“不畏”，且无“者”字。

［2］“行于无人之地也”，汉简本无“于”字。

［3］“守而必固者”，汉简本无“者”字。

［4］“守其所不攻也”，汉简本作“守其所必（下缺）”，《御览》卷三一七引此作“守其所必攻”。按：守敌所不攻之地，故可守而必固，上下文意亦似通畅，然敌既不攻，则何须加强守备，且如此守备，何益于战胜攻取？故传本有疑。如作“必攻”，连接上句，其意即为：防御之所以牢不可破者，乃因防御力量皆配置于敌人必攻之地也。

［5］“故善攻者，敌不知其所守；善守者，敌不知其所攻”，汉简本“所守”“所攻”前皆无“其”字。

［6］“微乎微乎”，《通典》卷一六〇作“微乎微微”，误。

［7］“至于无形”，《御览》卷三一七引此句作“故能隐于常形”。

［8］“神乎神乎”，《通典》卷一六〇作“神乎神神”，误。

［9］“至于无声”，《御览》卷三一七无此句。

［10］“故能为敌之司命”，汉简本无“之”字，《御览》卷三一七引同。《通典》卷一六〇引作“为变化司命”。

译文

要出击敌人无法驰救之处，要奔袭敌人未曾预料之处。行军千里而不劳累，是因为行进的是敌人没有防备的地区；进攻而必定能够取胜，是因为进攻的是敌人无法防御的地点；防御而必能稳固，是因为扼守的是敌人攻打不动的地方。所以善于进攻的，能使敌人不知道该如何防守；善于防御的，能使敌人不知道该怎么进攻。微妙啊！微妙到看不出任何形迹。神奇呀！神奇到听不见丝毫声息。所以能够成为敌人命运的主宰。

进而不可御者［1］，冲其虚也〔1〕；退而不可追者［2］，速而不可及也〔2〕［3］。故我欲战，敌虽高垒深沟，不得不与我战者，攻其所必救〔3〕也［4］；我不欲战，画地而守之〔4〕［5］，敌不得与我战者，乖其所之也〔5〕［6］。

注释

〔1〕进而不可御者，冲其虚也：御，抵御。《易·蒙卦》："上九，击蒙，不利为寇，利御寇。"冲，攻击、袭击。《战国策·齐策一》："使轻车锐骑冲雁门。"虚，虚懈薄弱之处。

〔2〕退而不可追者，速而不可及也：速，迅速、神速。及，赶上、追上。《说文》："及，逮也。"何氏注："兵退则利速，我能制敌而敌不能制我也。"

〔3〕必救：必定救援之处，喻指利害攸关之地。张预注："敌人虽有金城汤池之固，不得守其险而必来与我战者，在攻其所顾爱之地，使之相救援也。"亦即《九地篇》"先夺其所爱"之意。

〔4〕画地而守之：画，界限，指画出界限。《论语·雍也》："力不足者，中道而废，今女画。"通常对此句的解释为：在地上随便画出一条界线即可防守而不必筑垒设防，比喻防守非常容易。但李零认为画地本为一种画地为方，不假城池，禁鬼魅虎狼的防身巫术，后来兵家用来指营垒的规划，孙子在此指划定范围，不用沟垒，喻其至易。李说颇有新意，可资参考。

〔5〕乖其所之也：意为调动敌人，将其引往他处。曹操注："乖，戾也。戾其道，示以利害，使敌疑也。"乖，违、背离、相反。《论衡·薄葬》："各有所恃，故乖不合。"此处是改变、调动的意思。之，往、去。

校记

［1］"进而不可御者"，汉简本"进而不可御"作"进不可迎"。《通典》卷一五八、《御览》卷三一七引此"进"下无"而"字。

［2］"退而不可追者"，汉简本此句作"……不可止者"，"不"前残缺处或

为“退”字。

[3]“速而不可及也”，汉简本“速”作“远”。《御览》卷三一七引此亦作“远”。

[4]“敌虽高垒深沟，不得不与我战者，攻其所必救也”，汉简本于“敌”字下即接“不得不与我战”，无“虽高垒深沟”五字。平津馆本“攻”上有“而”字。

[5]“画地而守之”，平津馆本“画”前有“虽”字。

[6]“乖其所之也”，汉简本“乖”作“胶”。按：“胶”有戾义。《汉书·楚元王传附刘向传》“胶戾乖剌”，即言背戾违谬，故“胶”与“谬”通，义同“乖”。

译文

前进而使敌人无法抵御的，是由于袭击敌人懈怠空虚的地方；撤退而使敌人不能追击的，是因为行动迅速而使敌人追赶不及。所以我军要交战时，敌人即使高垒深沟，也不得不出来与我交锋，这是因为我们攻击了敌人所必救的地方；我军不想交战时，即使是画地防守，敌人也无法同我交锋，这是因为我们诱使敌人改变了进攻方向。

故形人而我无形〔1〕[1]，则我专而敌分〔2〕[2]。我专为一，敌分为十[3]，是以十攻其一也〔3〕[4]，则我众而敌寡。能以众击寡者[5]，则吾之所与战者约矣〔4〕[6]。吾所与战之地不可知〔5〕[7]，不可知，则敌所备者多，敌所备者多，则吾所与战者寡矣〔6〕。故备前则后寡，备后则前寡，备左则右寡，备右则左寡[8]。无所不备，则无所不寡〔7〕[9]。寡者，备人者也〔8〕；众者，使人备己者也〔9〕。

注释

〔1〕故形人而我无形：形人，使敌人显现形迹，“形”在此处为动词，显露

的意思。我无形，即我方无形迹，“形”在此处为名词。此句意为使敌人显露实情而我方却能隐蔽实情。

〔2〕我专而敌分：杜佑注：“我专一而敌分散。”专，专一、集中，此处指集中兵力。分，分散兵力。

〔3〕是以十攻其一也：言我在局部上对敌拥有以十击一的绝对优势。《百战奇法·众战》：“以众击寡，无有不胜。”

〔4〕吾之所与战者约矣：梅尧臣注：“以专击分，则我所敌少也。”约，少、寡。杜牧注：“约，犹少也。”一说约为约束、束缚，引申为“困穷”的意思，此处是指与我对垒之敌很容易被打败。亦通。

〔5〕吾所与战之地不可知：言我准备与敌作战之战场地点敌人无从知晓。所与战之地，指所准备与敌交战的地点。

〔6〕不可知，则敌所备者多，敌所备者多，则吾所与战者寡矣：意为我欲战之地敌人既无从知晓，则不得不多方防备，如此，则敌之兵力势必分散；敌兵力既已分散，则与我局部交战之敌就寡弱有限，较为容易被战胜了。《直解》：“无形，故不知我车果何出，骑果何来，则敌分兵以备我者多。敌既分兵以备我者多，则吾所与接战者寡矣。”

〔7〕无所不备，则无所不寡：此句言倘若不分主次平均使用力量，处处设防，必然导致处处兵力寡弱，陷入被动。

〔8〕寡者，备人者也：敌方兵力之所以相对薄弱，在于分兵备敌。张预注：“所以寡者，为分兵而广备于人也。”

〔9〕众者，使人备己者也：我方兵力之所以占有相对优势，是因为迫使敌人分兵备战。张预注：“所以众者，为势专而使人备己也。”

校记

[1]“故形人而我无形”，此句汉简本作“故善将者，形人而无形”。

[2]“则我专而敌分”，汉简本“专”作“槫”。道藏本“分”作“忿”，误。孙校本注曰：“原本作‘忿’，今从《通典》改正”。

[3]“我专为一，敌分为十”，汉简本“我专”与“敌分”之下均有“而”字。

[4]“是以十攻其一也”，汉简本作“以十击壹”，义同。而孙校本则依《通典》《御览》改“攻”为“共”，并谓作“攻”为误。

[5]“则我众而敌寡，能以众击寡者”，平津馆本无“而”字。武经本无“而”与“者”字。《通典》卷一五八引此“敌寡”下误增“者”字。《通典》卷一五八、《御览》卷三一三引此“击”作“敌”，文字虽稍有异，然均言“我众”“敌寡”“以众敌寡”。樱田本同。

[6]“则吾之所与战者约矣”，平津馆本及《通典》卷一五八、《御览》卷三一三引此“吾”下无“之”字。

[7]“吾所与战之地不可知”，《御览》卷三一三引此“知”下有“也”字。“吾所与战之地不可知……则吾所与战者，寡矣”诸句，汉简本作“……地不可知，则适（敌）之所备者多；所备者多，则所战者寡矣”。

[8]“故备前则后寡，备后则前寡，备左则右寡，备右则左寡”，此句汉简本只存“备前……者右寡”，句前无“故”字，且“前”“者”二字之间空字不多，只有五字左右。故简文或只作“备前者后寡备左者右寡”，而无“备后则前寡”与“备右则左寡”两句。

[9]“无所不备，则无所不寡”，汉简本作“无不备者无不寡”。《通典》卷一五八与《御览》卷三一三引此与汉简本同。

译文

要使敌人暴露实情而我军不露痕迹，这样，我军兵力就可以集中而敌人兵力却不得不分散。我们的兵力集中在一起，敌人的兵力分散在十处，这样，我们就能以十倍于敌的兵力去进攻敌人了，从而造成我众而敌寡的有利态势。能做到集中优势兵力攻击劣势的敌人，那么同我军正面交战的敌人也就有限了。我们所要进攻的地方敌人无从知道，既无从知道，那么他所需防备的地方就多了；敌人防备的地方愈多，那么我们所要进攻的敌人力量就愈单薄。因此，防备了前面，后面的兵力就薄弱；防备了后面，前面的兵力就薄弱；防备了左侧，右侧的兵力就薄弱；防备了右侧，左侧的兵力就薄弱。处处加以防备，就处处兵力薄弱。兵力之所以薄弱，是因为处处分兵防备；兵力之所以充足，是因为迫使敌人处处分兵防备。

故知战之地，知战之日，则可千里而会战[1] [1]。不知战地，不知战日 [2]，则左不能救右，右不能救左，前不能救后，后不能救前 [3]，而况远者数十里，近者数里乎[2] [4]？以吾度之[3] [5]，越人之兵虽多[4]，亦奚益于胜败哉[5] [6]？故曰：胜可为也[6] [7]，敌虽众，可使无斗[7]。

注释

〔1〕故知战之地，知战之日，则可千里而会战：如能预先了解掌握战场的地形条件与交战时间，则可以奔赴千里与敌交战。

〔2〕不知战地……近者数里乎：张预注："不知敌人何地会兵，何日接战，则所备者不专，所守者不固。忽遇劲敌，则仓遽而与之战，左右前后犹不相接，又况首尾相去之辽乎？"所言甚是。

〔3〕以吾度之：度，估计、推测。《诗经·小雅·巧言》："他人有心，予忖度之。"成语有"审时度势"。

〔4〕越人之兵虽多：越人之兵，越国的军队。春秋时期，晋、楚长期争霸，晋拉拢吴以牵制楚国，楚则如法炮制，利用越来抗衡吴国，吴、越之间多年征战不已，两国遂为世仇。孙子为吴王论兵法，自然要以越国为吴国的主要假想作战对象。

〔5〕亦奚益于胜败哉：奚，何、岂、哪能够。益，帮助、补益。于，对于。

〔6〕胜可为也：为，造成、创造、争取。胜可为，言胜利可以积极造就。《形篇》言"胜可知而不可为"，是就客观规律性立论，指胜利可以预见，但却不可凭主观愿望强求，而必须具备一定的客观物质基础。此处言"胜可为"，乃是就主观能动性立论，即是说当具备一定客观条件时，只要将帅充分发挥主观能动性，就能创造胜利。二者之间并无矛盾。

〔7〕敌虽众，可使无斗：敌人虽多，但只要创造条件，就能够使它无法同我较量。

校记

[1]“故知战之地，知战之日，则可千里而会战”，汉简本作“知战之日，知战之地，千里而战”。《通典》卷一五八、《御览》卷三一三引此“则”下皆无“可”字。

[2]“不知战地，不知战日”，此两句汉简本以“日”“地”为序，且于二字上并有“之”字，作“不□□□日，不知战之地”。

[3]“则左不能救右，右不能救左，前不能救后，后不能救前”，此四句，汉简本以“前”“后”“左”“右”为序。

[4]“而况远者数十里，近者数里乎”，汉简本无“而”字，“况”作“皇”字，音近而通假。“数十里”，曹允儒《孙子·握机纬》(以下简称“《握机纬》”)作“数千里”，樱田本同。按：上文“千里而战”，言赴战所经路途之遥远，故可言“千里”，而此句则言战阵间兵力之部署分配，亦即所谓“前”“后”“左”“右”之大体方圆，故不可言“千里”。

[5]“以吾度之”，武经本“吾”作“吴”，赵注本同，且谓作“吾”非是，张预注亦云：“‘吾’字作‘吴’，字之误也。”

[6]“亦奚益于胜败哉”，汉简本作“……□□胜（哉)”，无“败”字，武经本、樱田本、平津馆本及赵注本等亦皆无。

[7]“胜可为也”，汉简本作“胜可擅也”。《御览》卷三二二作“胜可知而不可为也”。孙校本谓此乃因《形篇》之语致误，或如是。

译文

所以，如能预知交战的地点，预知交战的时间，那么即使跋涉千里也可以去同敌人会战。不能预知在什么地方打，不能预知在什么时间打，那么就会导致左翼救不了右翼、右翼救不了左翼、前面不能救后面、后面不能救前面的情况，何况想要在远达数十里、近在数里的范围内做到应付自如呢？依我分析，越国的军队虽多，但对于取得战争的胜利又有什么补益呢？所以说，胜利是可以造就的，敌军虽多，可以使它无法同我较量。

故策之而知得失之计〔1〕[1]，作之而知动静之理〔2〕[2]，形之而知死生之地〔3〕，角之而知有余不足之处〔4〕。故形兵之极，至于无形〔5〕[3]。无形，则深间不能窥[4]，智者不能谋〔6〕[5]。因形而错胜于众〔7〕[6]，众不能知。人皆知我所以胜之形〔8〕，而莫知吾所以制胜之形〔9〕。故其战胜不复〔10〕，而应形于无穷〔11〕[7]。

注释

〔1〕策之而知得失之计：策，筹算、策度、用筹策计算。《老子》第二十七章："善数，不用筹策。"得失之计，敌计之优劣得失。此句张预注："筹策敌情，知其计之得失。"甚是。

〔2〕作之而知动静之理：作，兴起，这里是挑动的意思。动静之理，指敌人的活动规律。此言我挑动敌人借以了解其活动的一般规律。

〔3〕形之而知死生之地：形之，以伪形示敌。死生之地，指敌人之优势所在或薄弱致命环节。地，同下句"处"，均非实指战地。言以示形于敌的手段，来了解敌方的优劣环节。

〔4〕角之而知有余不足之处：角，较、量、校量。曹操注："角，量也。"又，王皙注："角，谓相角也。角彼我之力，则知有余不足之处。"有余，指实（强）之处。不足，指虚（弱）之处。张预注："有余强也，不足弱也。角量敌形，知彼强弱之所。"

〔5〕故形兵之极，至于无形：形兵，指部署过程中的伪装佯动。此句意为我示形佯动臻于完善，则形迹俱无。《兵罍》卷一《声》："有声者，有声声者。声者，可知；声声者，不可得而知也。敌将狃于声，而盲于所以声，则是我之所攻者，乃敌人所不守也。"

〔6〕深间不能窥，智者不能谋：间，间谍。深间，指隐藏极深的间谍。窥，刺探、窥视。《说文》："窥，小视也。"示形佯动达到最高境界，则敌之深间也无从摸测底细，聪明的敌人也束手无策。

〔7〕因形而错胜于众：因，由、通过、依靠。因形，根据敌情而灵活应变。

错，同“措”，放置、安置的意思。

〔8〕人皆知我所以胜之形：此言人们只见到我克敌制胜的情况。形，形状、形态，此处指作战的方式方法。

〔9〕而莫知吾所以制胜之形：言众人无从得知如何克敌制胜的内在奥妙与规律。制胜之形，取胜的奥妙、规律。张预注：“立胜之迹人皆知之，但莫测吾因敌形而制此胜也。”甚是。

〔10〕故其战胜不复：复，重复。取胜的方法不重复，指作战方法随机制宜，灵活机动，不拘一格。《司马法·严位》有云：“无复先术。”义同。

〔11〕应形于无穷：应，适应。形，形状、形态，此处特指敌情。此句杜牧注：“敌每有形，我则始能随而应之以取胜。”《直解》：“故其战胜之谋不复更用，而随敌之形出奇应之，而至于无穷也。”

校记

[1]“故策之而知得失之计”，此句汉简本作“计之□□得失之□□”，且在“死生之地”之下。

[2]“作之而知动静之理”，此句汉简本作“绩之而知动□……”。《长短经·料敌》、《通典》卷一五〇、《御览》卷二九〇、郑友贤《孙子遗说》引此“作”并为“候”；李筌、贾林注亦解“候”。因此古本或有作“候”者。

[3]“故形兵之极，至于无形”，汉简本无“故”字。《御览》卷三二二“形兵”二字误倒。

[4]“无形，则深间不能窥”，赵注本“无形”二字不重。《御览》卷三二二“间”作“渊”，且句末有“也”字。汉简本“不”作“弗”，“窥”借作“规”，句末亦有“也”字。

[5]“智者不能谋”，汉简本“智”作“知”，“不”作“弗”，句末有“也”字。

[6]“因形而错胜于众”，“错”，武经本、平津馆本等作“措”。《长短经·变通》“错胜”作“作胜”。孙校本谓：“《御览》‘错胜’作‘作胜’，非。”

[7]“故其战胜不复，而应形于无穷”，《御览》卷三二二“其”作“兵”，且“形”下无“于”字。

译文

所以，要通过认真的筹算，来分析敌人作战计划的优劣；要通过挑动敌人，来了解敌人的活动规律；要通过佯动示形，来试探敌人生死命脉的所在；要通过小规模交锋，来了解敌人兵力的虚实强弱。所以佯动示形进入最高的境界，就再也看不出什么形迹。看不出形迹，那么即使是深藏的间谍也窥视不了底细，老谋深算的敌人也想不出对策。根据敌情变化而灵活运用战术，即便把胜利摆放在众人面前，众人仍然不能看出其中的奥妙。人们只能知道我用来战胜敌人的办法，但却无从知道我是怎样动用这些办法出奇制胜的。所以每一次取胜，都不是简单的重复，而是适应各种不同的情况，变化无穷。

夫兵形象水〔1〕[1]，水之形[2]，避高而趋下〔2〕[3]；兵之形，避实而击虚〔3〕[4]。水因地而制流[5]，兵因敌而制胜〔4〕[6]。故兵无常势，水无常形〔5〕[7]。能因敌变化而取胜者，谓之神〔6〕[8]。故五行无常胜〔7〕[9]，四时无常位〔8〕[10]，日有短长，月有死生〔9〕[11]。

注释

〔1〕兵形象水：言用兵的规律如同水的运动规律一样。兵形，用兵打仗的方式方法，也可以理解为用兵的一般规律。

〔2〕水之形，避高而趋下：水之形，水的活动形态。此句言水的活动趋向是避开高处流向低洼之地。俗语有云“水往低处流，人往高处走”。

〔3〕兵之形，避实而击虚：言用兵的原则是避开敌人坚实之处，攻击其空虚薄弱且又关键重要的地方。

〔4〕水因地而制流，兵因敌而制胜：制，制约、决定。制胜，制服敌人以取胜。此句意为水之流向受地形高低不同的制约，作战中的取胜方法则依据敌情不同来决定。

〔5〕兵无常势，水无常形：此句言用兵打仗无固定刻板的态势或模式，犹

如流水一样并无一成不变的形态。势，态势，《周易·坤卦·象辞》："地势坤，君子以厚德载物。"常势，固定永恒的态势。形，一成不变的形态。

〔6〕能因敌变化而取胜者，谓之神：意为若能依据敌情变化而灵活处置以取胜，则可视之为用兵如神。张预注曰："兵势已定，能因敌变动应而胜之，其妙如神。"神，《易系辞》："阴阳莫测之谓神。"事理微妙莫测、幽暗难知的意思，也可以理解为非常高明，进入炉火纯青、出神入化的境界。

〔7〕五行无常胜：意为金、木、水、火、土五行相生相克无定数。按：古人将金、木、水、火、土视为组成一切物质的最基本要素。始有"相生说"，即五行之间相互促进："木生火，火生土，土生金，金生水，水生木"。而后有"相胜说"，即"五行"之间相互排斥、迭次相克："水胜火，火胜金，金胜木，木胜土，土胜水"。不论"相生"抑或"相胜"，五行间的关系是固定的。另外，当时还有"五行毋常胜"说，乃墨家后学的观点。《墨子·经下》云："五行毋常胜，说在宜。"其含义是五行相遇固不免相胜，但并非一定不移。因种种机遇，且能生出变化来，大概是多方可以胜少。《墨子·经说下》："五：合水土火。火离然，火烁金，火多也。金靡炭，金多也。"就是无"常胜"之意。《孙子兵法》云"五行无常胜"，意近墨家兵学"毋常胜"之说。这或许表明《孙子兵法》一书有后人增附的现象。(墨家后学"五行毋常胜"说所反映的是战国中期以后的思想。)

〔8〕四时无常位：此言春、夏、秋、冬四季推移变换永无止息。四时，指春、夏、秋、冬四季。常位，固定不变的位置。

〔9〕日有短长，月有死生：意为白昼因季节变化而有长有短，月亮因循环往复而有盈亏晦望。日，白昼。死生，月亮循环往复之"生霸"和"死霸"，指月亮运转时盈亏晦明之变化。"晦，月尽也"，"朔，初也"。"霸"亦作"魄"，是月之光明。生霸指月生光明，死霸指月亮由明转晦。古人将每个月之月相变化，顺次称作初吉，既生霸，既望，既死霸，详可见王国维《生霸死霸考》(载《王静安先生遗书》，又，俞樾亦作《生霸死霸考》)。此处《孙子兵法》言五行、四时及日月变化，含义均如曹操注所云："兵无常势，盈缩随敌。"

按：本篇文字至"能因敌变化而取胜者，谓之神"处，文义已尽。之后"五行无常胜"等句，实无必要，纯属画蛇添足，节外生枝。我认为这很可能是孙子之后学在释读此篇时所作之注，用来阐释因敌变化谓之“神”的道理，后人在辗转传抄的过程中，不慎混入正文之中，即余嘉锡先生所说的“笺注标识，混入正文”的现象。结果只是徒添困扰，治丝益棼。

校记

[1]“夫兵形象水”，《通典》卷一五八“兵”下有“之”字。

[2]“水之形”，汉简本作“水行”，《治要》卷三三、《通典》卷一五八、《御览》卷二七〇引此并作“水之行”。孙校本谓作“形”为误。按：《孙膑兵法（下编）·奇正》有云：“行水得其理，漂石折舟”，因此兵家以水喻兵多言“行”。且“避高而趋下”乃言水之性也，而非言其形也，故以作“行”于义为长。

[3]“避高而趋下”，汉简本无“而”字，“趋”作“走”。《御览》“趋”作“就”，《通典》同，且“行”下又有“也”字。

[4]“兵之形，避实而击虚”，汉简本作“兵胜辟（避）实击虚”。

[5]“水因地而制流”，“制流”汉简本作“制行”，《文选》之《求自试表》《西征赋》《张景阳杂诗》《赵充国颂》《褚渊碑文》等篇注文引亦皆作“行”，《治要》卷三三与《书钞》卷一一三并同。而《通典》卷一五六与卷一六一引此均作“形”，《御览》卷二七〇亦作“形”。因此《孙子兵法》故书本作“行”，至唐宋而有“形”“流”之异。又，汉简本与《通典》《书钞》句前并有“故”字。《书钞》“制”作“判”，讹。

[6]“兵因敌而制胜”，《书钞》卷一一三注引此作“兵因敌而料胜”。

[7]“故兵无常势，水无常形”，汉简本无“水”字，作“兵无成（势），无恒刑（形）”。

[8]“能因敌变化而取胜者，谓之神”，此句汉简本作“能与敌化之胃神”，《文选·求自试表》注引同。《通典》卷一六一“因”作“随”，《治要》卷三三与《御览》卷二七〇引并同汉简本作“与”。《通典》卷一五八引此“神”下又有“势”字。

[9]“故五行无常胜”，汉简本无“故”字，“常”作“恒”。汉简本有“恒形”“恒胜”等说法，而不见“常形”“常胜”等字眼，不避汉文帝刘恒的名讳，说明

汉简本的抄写时间，是在汉文帝之前。《御览》卷二七〇“五行”作“五常”。

[10]“四时无常位”，汉简本“位”作“立”，二字古通。武经本中“常”作“恒”。

[11]“月有死生”，《通典》卷一六一“死生”作“生死”，非是。又汉简本“死生”下又有“神要”二字，各本皆无。

译文

用兵的规律就像流水，流水的属性，是避开高处而流向低处；作战的规律，是避开敌人的坚实之处而攻击敌人的弱点。水因地形的高低而制约其流向，作战则根据不同的敌情而制定取胜的方略。所以，用兵打仗没有固定刻板的模式，正如水的流动不曾有一成不变的形态一样。能够根据敌情变化而灵活机动取胜的，就叫作用兵如神。因此五行相生相克没有固定的常胜，四季轮流更替也没有不变的位置，白天有短有长，月亮也有缺有圆。

解读

《孙子兵法》十三篇，篇篇围绕作战指导这个核心问题而立论，而《虚实篇》则是其中最为精彩的一篇。唐太宗李世民的意见可以作证，他说：“观诸兵书，无出孙武；孙武十三篇，无出《虚实》。夫用兵识虚实之势，则无不胜焉。”（《唐太宗李卫公问对》卷上）《虚实篇》对军事活动中“虚”“实”对立统一关系做了精辟分析，认为虚中有实，实中有虚；虚则实之，实则虚之。在这个基础上，全面论述了作战指挥中如何认识虚实，掌握虚实，运用虚实，转化虚实，从而争取主动权的基本原则和重要方法，在《孙子兵法》全书中占有极其重要的地位。

李世民是何等人物，作为雄才大略、用兵如神的旷世大帝，能有几个古人入他的法眼。可在孙子面前，他变得相当虚心，说了大实话，给《虚实篇》以一个崇高但又准确的定位。而细读本篇，我们可以发现它也的确当得起李世民的称颂。孙子对“虚”“实”之间辩证关系的认识和把握，毫无疑义已进入了出神入化的境界。既讲清楚了“虚实”的核心，又说明白了运用“虚实”的手段，还解释透了转化“虚实”的条件，可谓包举无遗，剔精抉微。

所谓“虚实”，是一个重要的兵学范畴。它的含义十分广泛，一般而言，无者为虚，有者为实；空者为虚，坚者为实；被动、不利为虚，主动、有利为实。“虚”指的是兵力分散而薄弱，“实”指的是兵力集中而强大。表现在具体军情上，大凡怯、饥、乱、劳、寡、不虞、羸弱为“虚”，勇、饱、治、逸、众、有备、强盛为“实”。总之，凡是构成一支军队战斗力的各种因素，譬如兵力的大小、优劣、众寡、强弱、分合，部队的劳逸、饥饱、治乱、懈备，部署上的疏密、坚瑕，兵势上的锐钝，士气上的高低，心理上的勇怯，行迹上的真伪，处境上的安危，地形上的险易，等等，统统属于“虚实”的范畴。掌握得是否得当，运用得是否高明，转化得是否成功，直接关系着战争的胜负。显而易见，避实击虚是作战指导取得成功的关键所在，无怪乎孙子对它如此重视，要用专篇来阐发这个问题。

“虚实”的核心宗旨，就是积极夺取作战的主动权，创造条件，争取优势，主动灵活地打击敌人。众所周知，主动权乃是军队行动的自由权。在战场上，谁失去行动自由，让对手束缚住了手脚，进退不得，攻守无措，谁就是“孔夫子搬家——尽是书（输）”。可见，主动权即军队命脉之所系。孙子对这层道理早有深刻的领会，并用一句简洁深刻的话，概括揭示了牢牢掌握主动权的不朽命题：“致人而不致于人”，即善于调动敌人而不为敌人所调动。孙子强调，这既是理解“虚实”关系的钥匙，也是正确运用“虚实”、转化“虚实”所要达到的目的。这一原则是孙子制胜之道的灵魂，无怪乎《唐太宗李卫公问对》要这么说古代兵法：“千章万句，不出乎致人而不致于人而已。”

知道“虚实”，是为了转化和运用“虚实”，而转化和运用“虚实”，在于找到走得通的途径，拥有管用的手段。孙子认为，这手段说复杂也复杂，说简单也简单，万变不离其宗，一句话，即“避实而击虚”。要打赢仗，窍门是让自己处于“实”而让对手据于“虚”。正如《管子·兵法》所讲的，善于指挥打仗的统帅，总能让对手处于无可奈何的尴尬境地，就像双脚踩在虚空当中，全身上下使不出一点劲；就像同影子搏斗，忙活半天全是白费力气。“善者之为兵也，使敌若据虚，若搏影，无设无形焉，无不可以成也。无形无为焉，无不可以化也。此之谓道矣。”然而构成“虚实”的因素不是一成不变的，它需要指挥者去发现，去创造，去把握。而实现这一步骤的有效途径，则是在军事行动中努力做到避实击虚，完成敌我虚实态势的转变。如此，“致人而不致于人”的意图便得到了具体落实，克敌制胜就有了充分保证。

《管子》有言：“攻坚则韧，乘瑕则神。攻坚则瑕者坚，乘瑕则坚者瑕。”（《管子·制分》）“释实以攻虚，释坚以攻脆，释难以攻易。”（《管子·霸言》）所谓避实击虚，主要指在用兵打仗时，要避开敌人的强点，攻击敌人虚弱却又性命攸关的部位，牵一发而动全身。使得敌人欲守不得，欲战不能，进退失据，在劫难逃。这一点很重要，即“虚”不是单纯的虚弱，如果只是单纯的虚弱，而与战略全局不发生关系，那么即便攻击成功，也不能对敌人真正有所伤害，对战略全局产生不了实际的影响，只有打击敌人虚弱但又是要害的地方，方才是打蛇打七寸，真正置敌人于死地。就像乌巢之粮草，袁绍军队的守御并不严密，使曹军有机可乘，这是袁绍方面军情上的虚弱之点；然而，军无粮，兵自乱，袁绍一旦丧失了这个后勤资源，全军便会陷于彻底的被动，只有失败的前景在等着他，所以乌巢之粮草对袁绍来说又具有至关重要的意义。既是弱点所在又是要害所在，曹操出其不意一把大火烧了乌巢粮草，就完全掌控了战局，为赢得官渡之战奠定了基础。这才是避实击虚原则的高明理解和巧妙运用。

可见，孙子所说的通过避实击虚来争取作战主动权，重点表现为对攻击目标、攻击方向的选择上，力求从根本上调动对手，制服敌人。所以他说：“出其所不趋，趋其所不意。行千里而不劳者，行于无人之地也；攻而必取者，攻其所不守也；守而必固者，守其所不攻也”；又说：“进而不可御者，冲其虚也”。在他看来，只要在作战目标以及方向选择上贯彻了避实击虚的方针，那么就等于有了主动权，就可以达到“善攻者，敌不知其所守；善守者，敌不知其所攻”的目的了。

孙子避实击虚以争取主动的原则，还表现为对攻击时机的把握上。其基本的指导思想是，避免同正处于士气高涨、斗志旺盛阶段的敌人作正面的交锋，而要通过各种手段瓦解敌人的士气，消磨敌人的斗志，使其失去锐气，显现虚弱之象，尔后乘虚蹈隙，实施突然而凌厉的打击，夺取战争的胜利，即所谓“善用兵者，避其锐气，击其惰归”。

“知战之地”，“知战之日”，即察知战场地利，了解战场天候，并采取“策”

“作”“形”“角”等手段，全面掌握敌情。孙子认为，要贯彻“避实击虚”作战方针，争取“致人而不致于人”，就需要掌握各种情况，从中分析利弊，制定正确的对策，这样就可以“千里而战”，保存自己，消灭敌人了。

孙子指出，军事指挥者所应了解和掌握的情况概略言之有两大类：一是天时地利，即“知战之地，知战之日”；二是敌情。一般情况下，第二类情况比较难以了解。为此，孙子着重论述了了解和掌握敌情的方法，“策之而知得失之计，作之而知动静之理，形之而知死生之地，角之而知有余不足之处”。应该说，这是非常具体而又行之有效的方法，它能够保证我方及时、全面掌握敌人的作战计划、活动规律、作战部署、强弱环节，为我方定下作战决心、制定作战计划、避实击虚提供客观根据，从而保障我方在作战中牢牢掌握主动权，“致人而不致于人”。

《管子·幼官》言：“无方，胜之机。”孙子也强调指出：“兵无常势，水无常形，能因敌变化而取胜者，谓之神。”意思是说，高明的作战指挥者在对敌作战过程中，要切忌僵化保守，拘泥成法，而必须根据敌情的变化，随时调整兵力部署，改变作战方式，始终保持主动，“水因地而制流，兵因敌而制胜”。在孙子的观念中，唯有“因敌而制胜”，方可排除干扰，顺利实施“避实而击虚”的作战指导，真正做到“致人而不致于人”，驾驭“虚实”，运用“虚实”，转化“虚实”，由用兵的“必然王国”进入用兵的“自由王国”。

要避实击虚，集中优势兵力，在全局或局部上造成“以镒称铢”的有利态势，各个歼灭敌人，乃是不可忽略的环节。

俗话说“双拳不敌四手”，在体力、功夫等其他条件相差无几的情况下，一个壮汉同时与两三个甚至更多的壮汉开打，往往要吃亏，不免头破血流、鼻青脸肿，这是一般的常识。

用兵打仗的道理当然要比拳脚相加的打斗深奥复杂得多，不过在有些方面二者之间却有一定的相通之处。“人多练众”，作战双方谁拥有优势的战场地位，谁就能拥有军队行动的主动权，这是古今中外战争中的一条重要规律。大体而言，两军对阵交锋，凡兵力薄弱、指挥笨拙的一方，一般情况下，总是比较被动，总是玩不过人家。所以，古往今来的军事家们很自然地提出了“众寡分合”的著名命题。所谓“众寡”，就是兵力的对比问题；所谓“分合”，就是兵力的部署使用问题。二者的核心所在，就是要集中兵力，在全局或局部上造成优势，分一为二，避实击虚，各个击破敌人。

孙子是中国历史上第一个重视并系统阐述“众寡分合”作战原则的兵学大师。在《谋攻篇》中，他明确强调“识众寡之用者胜”，把这看成“知胜有五”的一项重要因素。这里的“众寡”，当然是指兵力的多少，而“用”则是指兵力的运用，也即《军争篇》中所说的“分合为变”。孙子认为，要确保掌握主动权，使胜利的天平朝着自己一方倾斜，就必须按照避实击虚的原则，在战场交锋时集中优势兵力，给敌人以毁灭性的打击。为此，他在本篇中反复阐发了集中兵力对于达到避实击虚效果的重要性，此外还在其他篇章中一再提出怎样集中优势兵力的种种主张：“并力”，“我专为一”，从而达到“以众击寡”的目的。

兵力的大小与兵力的集中分散，并不是同一回事情。总体来说，兵力对比虽然占优势，但是在具体作战过程中也极有可能因兵力部署的分散而丧失优势；反之，尽管兵力总体上占劣势，但也有希望通过相对集中而形成局部上的优势。这说明，集中兵力是有一定条件的，从主观上说，敌我双方谁也不傻，都力求集中兵力，千方百计追求战场上的优势。然而能不能实现这个初衷，则取决于指挥者主观能动性能否得到充分的发挥，这叫作“贤者识其大，不贤者识其小”。换言之，必须通过高明的指挥，使我方兵力集中而使敌人兵力分散，这才是集中兵力的关键所在。

孙子不愧为杰出的军事理论家，在众寡之用问题上，他既肯定集中兵力的意义，提倡“以十击一”；又积极探讨如何在战争活动中，通过对“分合为变”等手段的运用，来达到集中兵力、掌握主动的目的。

孙子认为集中兵力的关键，在于最大限度地发挥主观能动作用，善于创造条件，捕捉战机。从战术上讲，就是要做到“形人而我无形”，使敌人暴露实情而我军不露任何痕迹，即敌人在明处作靶子，我方在暗处施算计。他进而论说道，这样一来，我军兵力就可以集中而敌人兵力却不得不分散。通过调动敌人，使我方的兵力集中在一处，而让敌人的兵力分散在十处。于是，集中兵力的意图即得以实现，我方便能以十倍于敌的兵力去进攻敌人了，从而造成我众而敌寡的有利态势。而能做到集中优势兵力攻击劣势之敌，“则吾之所与战者约矣”，出现“吾所与战者寡”的局面，使得敌人原先的“四手”变成“双拳”，使得自己原先的“双拳”变成“四手”。基于这样的想法，孙子非常乐观地表示了必胜的信心，“胜可为也，敌虽众，可使无斗”，“越人之兵虽多，亦奚益于胜败哉！”

举一反三、触类旁通是孙子思维方式的显著特征，所以，他在肯定集中兵力重要性的同时，也深刻揭示了分散兵力的危害性，给所有的战争指挥者敲了警钟。他认为，在兵力部署上如果不分主次，平均使用力量，单纯企求“无所不备”，那到头来势必形成“无所不寡”，不能实现“我专而敌分”的意图，也就失去了避实击虚主动地位的物质基础。据此，孙子一再语重心长地提醒战争指挥者要避免犯“以一击十”“以少合众”这一类分散兵力的错误，因为那样做是彻头彻尾的“败之道”，到头来一定会覆军杀将，自取其辱，想哭都来不及了！

“前孙子者，孙子不遗；后孙子者，不能遗孙子。”[①] 孙子集中兵力、以镒称铢的作战指导思想对后世兵家的影响是十分明显的。一方面，他们充分肯定集中兵力的军事学术价值，如《淮南子》的作者就曾用形象的比喻来说明这层道理：五个手指头轮番敲打，不如握紧拳头狠命一击；一万个人逐个轮番冲锋，不如一百个人一拥而上。[②] 而《百战奇法·众战》则更明确指出“以众击寡，无有不胜”。另一方面，他们也高度重视运用“分合为变”的手段，来达到避实击虚、集中兵力的目的，“设虚形以分其势”，造成“敌势既分，其兵必寡；我专为一，其卒自众”的有利态势，牢牢掌控住作战的主动权。

通观西方代表性的军事学著作，集中兵力，将决定性的力量投入决定性的地点，也是西方军事学家的普遍共识。克劳塞维茨就一再强调集中兵力为“最普遍的制胜因素”：“数量上的优势不论在战术上还是在战略上都是最普遍的制胜因素。”[③] “人们必须承认，数量上的优势是决定一次战斗结果的最重要的因素，只不过这种优势必须足以抵消其他同时起作用的条件。从这里得出一个直接的结论：必须在决定性的地点把尽可能多的军队投入战斗。”[④] “我们认为，

---

① 茅元仪：《武备志·兵诀评·序》。

② 参见《淮南子·兵略训》。

③ 克劳塞维茨：《战争论》，第1卷，204页，中国人民解放军军事科学院译，北京：商务印书馆，1978。

④ 克劳塞维茨：《战争论》，第1卷，205页，中国人民解放军军事科学院译，北京：商务印书馆，1978。

决定性地点上的兵力优势，在我们欧洲的这种情况下以及一切类似的情况下，是十分重要的，即使在一般情况下，无疑也是一个最重要的条件。在决定性地点上能够集中多大的兵力，这取决于军队的绝对数量和使用军队的艺术。”[①] 他的观点也为其他军事学家所普遍认同，如若米尼指出：“腓特烈大帝的作战报告已开始使我发现他在莱顿（利萨）大获全胜的秘密。我认为这个秘密实在很简单，就是集中他的主力去攻击敌人的一翼而已。”[②] 当然，“众寡分合”这个命题本身是辩证的。中西军事学家都认为，在特定的情况下，也不能一味地强调集中兵力，而有必要进行积极的分散兵力，以策机动。换言之，兵力集中与分散，乃是有机统一的，正如古人所言，“聚不聚，为縻军；分不分，为孤旅”（《唐太宗李卫公问对》卷下。

现代战争中，随着信息化、智能化程度的不断提升，随着武器杀伤力的日益增大，分散兵力与集中兵力的关系，更值得战争指挥者更辩证地加以认识与把握。像美军 2019 年的一次军事演练，就是一个很好的典范。据《美国国家利益》双月刊网站 2019 年 4 月 24 日报道：“美国空军在 4 月 22 日进行了将战机分散至太平洋地区各地的演练，目的是使中国军队更难攻击它们。事实上，官方给出的主要理由是为了应对恶劣天气作准备，但是，这次分散演习也是正在逐步成形的五角大楼对中国发动高科技战争计划的一部分。美国的军队会分散行动以躲避中国的攻击，然后再集中起来发动攻击……美国太平洋空军司令部战略规划与项目负责人迈克尔·温克勒准将说：‘作战环境与全球威胁迅速变化，我们必须确保所有部署在前沿的部队都做好应对可能突发的紧急情况的准备，并确保我们能够在战区内更加灵活地移动，以便在任何环境下夺取、保持和利用主动权。’”该文的作者进而指出：“不管是空军将战机分散至密克罗尼西亚各地，还是海军陆战队将火箭连或隐形战机部署到岛链和军舰上，其基本原理都是一样的。分散兵力使它们更难成为目标。一旦爆发战争，这一理念可能会被证明是决定性的。”[③]

---

① 克劳塞维茨：《战争论》，第 1 卷，206－207 页，中国人民解放军军事科学院译，北京：商务印书馆，1978。

② 若米尼：《战争艺术概论》，17 页，刘聪、袁坚译，北京：解放军出版社，1986。

③ 《美空军在太平洋演练“化整为零”》，《参考消息》2019 年 4 月 27 日第 5 版。

这个报道中美军的所作所为，其实也充分印证了《何博士备论·霍去病论》中所强调的军事原理学习与运用上的一条普遍规律："不以法为守，而以法为用。常能缘法而生法，若夫离法而会法。"

在中国古代战争史上，战争指挥者遵循孙子"众寡之用"的原则，善于集中兵力、以镒称铢、避实击虚、化弱为强而打胜仗的情况不胜枚举。后金开创者努尔哈赤勇破明军的萨尔浒之战，就是其中非常典型的一例。

明朝后期，女真人在白山黑水之间悄悄兴起，他们在自己杰出的领袖努尔哈赤的统率下，初建政权，发展实力，渐渐成了气候，开始对明王朝构成一定的威胁。明王朝意识到了这种危险，就想通过武力手段将后金这个地方政权扼杀于摇篮之中，于是纠集部队，把战争提上议事日程。

明神宗万历四十七年（1619 年）二月，明辽东经略杨镐指挥二十万大军（明军人数有多种说法，这仅是较为通行的一种），兵分四路，浩浩荡荡、气势汹汹地向后金政权的都城——赫图阿拉（今辽宁新宾老城）合围而来，企图一举荡平后金势力。当时努尔哈赤麾下的后金八旗兵马才区区六万之众，与明军相比，众寡悬殊自不待言，处境危急一目了然。然而，努尔哈赤却临危不惧，从容镇定，掷地有声地说出一句名言："凭尔几路来，我只一路去。"决心用高度集中兵力的策略，避实击虚，快速机动，各个击破明军。

三月初一，努尔哈赤设伏于萨尔浒山谷，首先一举歼灭了突出冒进的杜松所率明主力西路军。接着，连夜转移兵力，于第二天早晨将进抵萨尔浒山西北的明北路马林军分割包围，痛加聚歼。尔后，努尔哈赤迅速移兵南下，采取诱敌轻进、设伏伺击的打法，对推进至北距赫图阿拉五十里处的明南路刘綎军给予毁灭性打击，并逼降了协同明南路军作战的朝鲜李氏王朝的部队。明军总指挥杨镐眼睁睁看着西、北、南三路丧师折将，顿足捶胸，欲哭无泪，哀叹大势尽去，赶紧下令行动迟缓的明西南路军李如柏部掉转马头，火速撤退，这才幸免于全军覆没。这场关系到辽东地区归属和后金政权生死存亡的大战就这样画上了句号：努尔哈赤赢得可圈可点，明朝军队输得无话可说。

后金八旗劲旅之所以取得萨尔浒之战的辉煌胜利，关键就在于其统帅努尔哈赤领会了孙子"众寡""分合"思想的精髓，坚定不移地贯彻了"我只一路去"的原则，高度集中兵力，神速机动，各个聚歼。这一史例，从一个侧面显示了孙子集中兵力、避实击虚、以镒称铢作战指导原则的强大生命力。

“避实而击虚”、集中优势兵力破敌等等，都是实现“致人而不致于人”、争取作战主动权的具体手段。所以它们不仅适用于古、近代战争，而且也同样适用于现代战争，甚至未来战争。因为主动权始终是决定两军相争中生死存亡、胜负成败的关键。正如毛泽东在《论持久战》中所指出的那样，主动权“是军队行动的自由权，是用以区别于被迫处于不自由状态的。行动自由是军队的命脉，失去了这种自由，军队就接近于被打败或被消灭”[①]。以 20 世纪爆发的美越战争和海湾战争做比较，我们更可以清楚地认识到“致人而不致于人”的重要性。

美国曾是世界上武装到牙齿的超级大国，美军不是电影中所宣传的那样，只知道喝可口可乐、吃生煎牛排的“少爷兵”，而是世界上高科技程度高、实力强大的现代化军队，越南和伊拉克无论在哪个方面都无法与其相比。但是，美军在这两次战争中的结局却是大相径庭。在越南战争中，美军不谙虚实便开赴越南本土，长期“致于人”，陷入了人民战争的重重包围之中，前后多年陷身于泥潭而不能自拔，内外交困，难以为继，最终不得不灰头土脸从越南撤离，以窝窝囊囊的败局收场。而在 20 世纪 90 年代初的海湾战争当中，以美国为首的多国部队，牢记并汲取越战的教训，千方百计地避免在伊拉克本土“致于人”，而主要是依靠高科技手段在伊拉克本土之外“致人”，用“战斧”巡航导弹、精确制导炸弹、高性能作战飞机等先进武器实施远程打击，一直到伊拉克的抵抗能力被摧毁殆尽的情况下才实施“沙漠军刀”作业，发起多头齐进、势如破竹的地面攻势，因而始终掌握着主动权，很快就取得了这场战争的胜利。美军这正反两方面的例子，完全能够说明孙子“致人而不致于人”、把握战争主动权的思想，在现代高科技战争的条件下，依然有大显身手、尽情表现的广阔空间。

孙子“致人而不致于人”的原则也是深刻的哲学启示录，它的文化精神是超越单纯军事领域的，在其他社会领域一样具有广泛而重要的应用价值，它可以运用于人类实践活动的一切方面，理由非常简单，这就是从事任何人类活动，都有一个创造条件、把握主动权的问题。譬如，一个政府，如果既清廉公正又

① 《论持久战》，载《毛泽东选集》，2 版，第 2 卷，487－488 页，北京：人民出版社，1991。

高效实干，能够取信于民，那么它在政治上就会有充分的主动与自由，能够经受住各种风险，战胜各种困难。一个国家，要想有一个良好的国际环境，为本国的发展化解有形无形的障碍，就必须广交朋友，推行多边主义，伸张正义，维护和平，这样才能争取到外交上的主动地位，否则，就会像海湾战争中的伊拉克那样，授人以柄，陷入极端的被动和孤立。一个民族，要想繁荣富强，自立于世界民族之林，首先必须发展自己的经济和文化，办好自己的事情，去掉民族劣根性，从而争得与其他民族平等交往的主动权，这叫作“人必自助，然后天助之”！一个企业，要想顺利发展，出人头地，就必须确保效益的提高、经营战略抉择的正确，这样才能在激烈的市场竞争中获得生存与壮大的自由、主动。总而言之，万事万物都离不开一个“致人而不致于人”的道理，人们从事任何活动，争取主动永远是一个必不可少的前提。值得注意的是，西方军事学家同样将夺取和掌握主动权问题视为致胜的关键，其相关论述与中国古代的兵家并无差异。这在博福尔《战略入门》中被称之为“行动自由”而获得的“主动”：“选择最好的手段，也许就是战略的最重要任务。这种选择的范围非常广泛，从心理的暗示起，到物质的毁灭止。战略使人能应付困难的局面，并且常能使力量薄弱的一方转为胜利者。在这种选择中，以及在尔后的作战指导中，其“试金石”都是行动自由。战略的实质就是对行动自由的争夺。所以战略的基础就是确保自己的行动自由（通过奇袭或主动进攻）。”① “在这个对抗行动中，问题并不仅是抵挡敌人的攻击，必须一方面阻止敌人获得主动，另一方面尽量发挥自己的主动性，一直到决定已经达成时为止。”②

应该特别强调的是，在争取主动权的过程中，至少要树立三个基本意识：

一是要树立忧患意识。企业做得好，个人事业成功，国家发展，社会和谐，似乎主动权已在自己手中，“万物皆备于我”了。这时候千万不能放松警惕。因为我们这个世界始终处于激烈的政治、军事、经济、文化竞争的环境之中，主动权是很容易旁落易手的，竞争带来巨大压力迫使每个国家、每个企业、每个

---

① 安德列·博福尔：《战略入门》，138页，军事科学院外国军事研究部译，北京：军事科学出版社，1989。

② 安德列·博福尔：《战略入门》，139页，军事科学院外国军事研究部译，北京：军事科学出版社，1989。

个人不得不随时变革、不断进步，才能适应新的情况，才能求得生存。忧患意识提醒我们，在顺利的时候要头脑冷静，切忌忘乎所以；拥有主动权的时候要记住“靡不有初，鲜克有终”（《诗经·大雅·荡》）这层道理，从而“战战兢兢，如履薄冰”。孟子说得好：“生于忧患而死于安乐”，“无敌国外患者，国恒亡”（《孟子·告子下》）。我们能否成功，实际上取决于我们是否怀有强烈的忧患意识。不管主动权是否到手，不管竞争顺利与否，树立忧患意识始终是第一位的。

二是要树立参与意识。这就是不能出局，不能让自己被边缘化。即使你很不满意人家制定的规则也要先参与进去，等到你自己实力强大时再去修改或改变游戏规则。比如，不能因 WTO 或者世界经济全球化过程中的许多规则不利于发展中国家特别是不利于中国，我们就义愤填膺，拒不参与。对个人来说，也不能因企业单位的某些规定、单位的人际关系、体制系统不利于你等原因而放弃竞争、超然物外。隔岸观火、怨天尤人是永远不会有机会的，想争取主动，咸鱼翻身，首先得要参与进去。

美国学者麦克尼尔曾从系统论的角度论证说，系统的封闭性经常导致孤立系统的死亡，没有外部的刺激和冲突，失去了竞争的动力和环境，就不可能有内部的回应，不回应就面临着系统的老化，就会失去活力，失去效率。他把这一原理比喻成微生物的寄生现象。他还举例指出，15 世纪末 16 世纪初，葡萄牙人第一次到日本时，日本正处于诸侯争霸兼并的“战国”时期。当时日本掌握火器，研制武器的水平要超过英国、法国、西班牙和荷兰。可是在明治维新前夕，美国用军舰大炮打开日本国门时，发现日本全国上下对枪械大炮很不熟悉，日本人普遍使用的是笨重的冷兵器。这是因为自国家政治统一后，日本统治者不再参与大的战争，枪械研制自然停止，枪械在社会上自然消失，不参与世界军事角逐，军事技术发展的刺激机制不存在了，落伍当然难以避免。[①]

中国的历史也证明了这一点。春秋战国时期，秦国、楚国始终参与中原霸权的争夺，所以发展就很快。而齐国的情况就不同，它地处东部沿海，土地富饶，民众生活比较安逸，认为秦国威胁不大，旁边是鲁、宋等小国，没有参加

---

① 麦克尼尔：《竞逐富强》，1 页，上海：学林出版社，1996。

大的军事行动，有时只是象征性的出兵，没有正经当过领导者，所以一旦五国灭亡，齐国就没有抵抗秦国进攻的能力而被秦国占领。总而言之，不参与竞争就失去了竞争的前提，失去了竞争的跳板，主动权的争取和掌握更是不必再谈。汉朝大思想家董仲舒讲“与其临渊羡鱼，不如退而结网”，要进行竞争，要把握主动，一定要树立参与意识，去和别人“分一杯羹”，争一日之长。

三是要树立全局意识。所谓全局意识，就是指战略意识。美国战略学家柯林斯说，大战略是在各种情况下运用国家力量的一门艺术和科学，如果单凭武力那将是十分愚蠢的，只有政治、经济、文化、外交、心理、社会全方位地配合起来，有机结合，才能赢得战争的胜利。孙子的高明是不光讲军事，他讲的是道、天、地、将、法综合因素，是综合能力的一种凝聚与归纳。参与竞争、争取主动权不能纠缠于枝节、局部问题，不能局囿于鸡毛蒜皮的事情，只看一点不计其余有可能一时成功，但是有无后患、能否长期保持主动则要打上大大的问号。古代兵法上说：“不谋全局者，不足以谋一域；不谋万代者，不足以谋一时。”（陈澹然：《寤言二·迁都建藩议》）因为全局才能决定局部的成败与得失，而局部的成败与得失在很大程度上并不能对全局起决定性的影响。所以，争取主动权应该有宏阔的视野，不为枝节问题所干扰，不为表面现象所迷惑，换句话说，就是必须用全局的观点来参与现代社会的竞争。

全局意识实际上也包含了前瞻眼光。古人说，人无远虑，必有近忧，所以在争取主动优势地位的过程中，应该走一步看三步，宜未雨而绸缪，毋临渴而掘井，用深远的战略眼光参与竞争，掌控主动，“致人而不致于人”。

军争篇

题解

“兵法千章万句，不出乎致人而不致于人。”但《虚实篇》一篇的体量毕竟还比较小，孙子可能觉得有关主动权的论述，还是意犹未尽，需要有所补充、有所扩容。于是他紧接着《虚实篇》，又作《军争篇》与《九变篇》这对“姐妹篇”，来进一步阐释其夺取战争主动权的思想。当然这两篇关注问题的侧重点是有区别的，《军争篇》讨论的重心，是在常态情况之下，争取主动权的基本要领，而《九变篇》论说的宗旨，是在非常态状况之下，夺取和掌握主动权的方法与能力。就《军争篇》的主要内容而言，是论述在一般情况下夺取制胜条件的基本规律，其中心思想是如何趋利避害，保证军队在开进和接敌行动过程之中争取先机之利，力争掌握战场的主动权，立于不败之地。孙子十分重视对有利作战地位的争取，并从辩证思维的高度，论证了“军争”的有利面和不利面，主张要善于做到“以迂为直，以患为利”。强调做好对军争充分的了解和准备，即察知“诸侯之谋”，得“山林、险阻、沮泽之利”与重“用乡导”。在争夺主动权的过程中，孙子要求指挥者坚持和运用“兵以诈立，以利动，以分合为变”的原则，做到“悬权而动”。孙子还充分重视统一号令的意义，提倡军队进退攻守必须具备明确的标识和要求。为了确保对战争主动权的掌握，孙子主张在军队行动过程中，贯彻“四治”的具体要求，其中“避其锐气，击其惰归”的主张，已成为著名的军事原则，为后人所重视和广泛运用。本篇结尾处，孙子归纳总结了八条“用兵之法”。这些原则，虽然带有一定的阶级、时代的局限性，但从总体来看，大都经受住了历史的检验，成为我国优秀军事文化传统中的重要精神内核。

军争，指两军争利争胜，即敌我双方争夺取胜的有利条件——有利的战地和战机。曹操注曰：“两军争胜。”李筌注曰：“争者，趋利也。虚实定，乃可与人争利。”王皙注曰：“争者，争利。得利则胜。”张预注曰：“以军争为名者，谓两军相对而争利也。先知彼我之虚实，然后能与人争胜，故次《虚实》。”以上各家注均符合孙子的本旨。汉简篇题木牍上《军□》列在《实虚》之前，当非《孙子兵法》一书本来次序。又，樱田本篇题作《争》。按：篇内多处言及“军争”，且张预注亦云“军争”，故篇题当有“军”字，樱田本未可从。

孙子曰：凡用兵之法，将受命于君，合军聚众〔1〕，交和而舍〔2〕[1]，莫难于军争〔3〕。军争之难者，以迂为直，以患为利〔4〕。故迂其途而诱之以利〔5〕，后人发，先人至〔6〕[2]，此知迂直之计者也〔7〕[3]。

注释

〔1〕合军聚众：合，聚集、集结，《诗·大雅·民劳》郑玄笺："合，聚也。"此句意为征集民众，组织军队。梅尧臣注："聚国之众，合以为军。"按："合军聚众"，恰好从一个侧面说明《孙子兵法》为春秋后期著述的属性。当时兵农合一，民众平时为民，战时临时动员征发，组成军队，非一般意义上的常规军。越王勾践伐吴前夕的国中动员做法，可为史证。

〔2〕交和而舍：意为两军剑拔弩张对垒而处。交，接、接触。《周易·泰卦》："天地交而万物通也。"和，和门，即军门。曹操注："军门为和门。"交和，曹操注："两军相对为交和。"《战国策·齐策一》："与秦交和而舍。"舍，止、止宿。

〔3〕莫难于军争：于，比。军争，两军争夺制胜条件，即有利的态势和先机之利。

〔4〕以迂为直，以患为利：迂，曲折、迂远。《史记·河渠书》："北渡迂兮浚流难。"直，近便的直路。《诗·小雅·大东》："周道如砥，其直如矢。"此句张预注："变迂曲为近直，转患害为便利。"甚是。

〔5〕故迂其途而诱之以利："其""之"均指敌人。迂，此处用作使动。前句就我而言，此句则就敌而言。军争时既要使己"以迂为直，以患为利"，也要善于使敌以直为迂，以利为患。要达到这一目的，在于以利引诱敌人，使其行迂趋患，陷入困境。

〔6〕后人发，先人至：比敌人后出动，却先抵达目的地。《荀子·议兵》："上得天时，下得地利，观敌之变动，后之发，先之至，此用兵之要术也。"

〔7〕此知迂直之计者也：知，这里是掌握的意思。计，这里是方法、手段的意思。

校 记

[1] “凡用兵之法，将受命于君，合军聚众，交和而舍”，《御览》卷三〇六“和”误作“利”。《通典》卷一五四引此无“将受命于君，合军聚众，交和而舍”三句。

[2] “后人发，先人至”，汉简本“至”下有“者”字。

[3] “此知迂直之计者也”，汉简本无“此”字，“迂”借作“汙”。《通典》卷一五四“知”上又有“先”字。

译 文

孙子说：大凡用兵的法则，将帅接受国君命令，从征集民众、组织军队直到同敌人对阵，在这中间没有比争夺制胜条件更为困难的。而争夺制胜条件最困难的地方在于，要把迂回的弯路变为直路，要把不利转化为有利。同时，要使敌人的近直之利变为迂远之患，并用小利引诱敌人，这样就能比敌人后出动而先抵达必争的战略要地，这就是掌握了以迂为直的方法。

故军争为利，军争为危〔1〕[1]。举军而争利则不及〔2〕[2]，委军而争利则辎重捐〔3〕[3]。是故卷甲而趋〔4〕[4]，日夜不处〔5〕[5]，倍道兼行〔6〕，百里而争利，则擒三将军〔7〕[6]，劲者先，疲者后[7]，其法十一而至〔8〕[8]；五十里而争利，则蹶上将军〔9〕[9]，其法半至〔10〕[10]；三十里而争利，则三分之二至〔11〕[11]。是故军无辎重则亡，无粮食则亡，无委积则亡〔12〕[12]。

注 释

〔1〕军争为利，军争为危：为，这里作是、有解。《孟子·滕文公上》：“将为君子焉，将为野人焉。”赵岐注：“为，有也。”此句言军争既有有利的一面，

也有不利的一面。梅尧臣注："军争之事，有利也，有危也。"按：孙子对军争的"利"与"危"、得与失，都讲到了，可见他是注重矛盾的两点论的。但是，他在这里更多站在矛盾的重点论立场发论。军争之利，人所皆知，可以不必赘述，但军争之危，却总是为常人所忽略，生活中，"齐人攫金"的现象乃是常态，屡见不鲜。总之，灯蛾扑火、汲汲趣利者多有之，而审慎持重、避害去险者实为罕见。故孙子就合乎逻辑地将重点放置在阐释"军争为危"之上。所谓"则擒三将军""则蹶上将军"云云，皆是"军争为危"的表现，孙子因此特别提醒要注意防范出现这类现象。

〔2〕举军而争利则不及：举军，带着所有装备辎重行动。此言若仅看到军争有利的一面而携带全部装备辎重去争夺，则必为装备辎重所累，行动迟缓，不能及时赶到预定地点。梅尧臣注："举军中所有而行，则迟缓。"

〔3〕委军而争利则辎重捐：梅尧臣注："委军中所有而行，则辎重弃。"意为如果丢下装备辎重轻兵捷进，则装备辎重将会受到损失。委，舍弃、丢弃。辎重，包括军用器械、营具、粮秣、服装等。捐，弃、损失。按："委军而争利"，有利有弊，不可一概而论。曹操当年"委军争利"，倍道兼行，在当阳长坂坡追及刘备，杀得刘备的军队大败亏输，溃不成军。但同样是"委军争利"，庞涓则是让孙膑给摆了一道，遭受算计，在马陵道进入齐军预设的埋伏圈，"智穷力竭"，破军杀身，一败涂地。正所谓"法有定论"，而"兵无常势"，并没有一定的规则。

〔4〕卷甲而趋：卷，收、藏的意思。《论语·卫灵公》："邦有道，则仕；邦无道，则可卷而怀之。"刘宝楠《论语正义》："卷，收也。"

〔5〕日夜不处：处，可解作"止""息"，见《说文》。此句言夜以继日，不得休息。

〔6〕倍道兼行：倍道，行程加倍。兼行，日夜不停地进军。

〔7〕则擒三将军：擒，俘虏、擒获。三将军，指上、中、下三军的主帅。此句意为若奔赴百里，一意争利，则三军的将领会成为敌之俘虏。如秦晋崤之战，秦军惨败，"匹马只轮无反"。孟明视等三军主将皆沦为晋军的俘虏。春秋时期，大国一般有上、中、下（或左、中、右）三个军。

〔8〕劲者先，疲者后，其法十一而至：十一，即什一、十分之一。意为士

卒强壮者先到，疲弱者掉队，这种做法的结果，只有十分之一的兵力能够到位。

〔9〕五十里而争利，则蹶上将军：言奔赴五十里而争利，则前军将领会受挫折。蹶，失败、折损。上将军，指前军、先头部队的统帅，贾林注："上犹先也。"

〔10〕其法半至：通常的结果是部队只能有半数到位。

〔11〕三十里而争利，则三分之二至：此言奔赴三十里以争利，则士卒仅能有三分之二到位。

〔12〕军无辎重则亡，无粮食则亡，无委积则亡：此句张预注曰："无辎重则器用不供，无粮食则军饷不足，无委积则财货不充，皆亡覆之道。"甚是。委积，泛指物资储备。《周礼·地官·遗人》："掌邦之委积，以待施惠。"郑玄注："少曰委，多曰积。"

校 记

[1]"军争为危"，武经本、平津馆本作"众争为危"。郑友贤《遗说》与赵注本、樱田本亦作"众争"，《通典》卷一五四引文并同。梅尧臣注下有云："一本作'军争为利，众争为危'。"

[2]"举军而争利则不及"，孙校本云："原本'举'作'故'，误，今据《通典》改正。"

[3]"委军而争利则辎重捐"，《通典》卷一五四引文无此句。

[4]"卷甲而趋"，汉简本"卷"作"絭"，古通。《通典》卷一五四引此"趋"下有"利"字。《文选》沈休文《齐故安陆昭王碑文》注引《孙子兵法》文"趋"下亦有"利"字。

[5]"日夜不处"，《通典》卷一五四引此"日"上有"则"字。

[6]"则擒三将军"，各本皆作"三将军"，唯《菁华录》谓此乃传写之误，应作"三军将"。

[7]"劲者先，疲者后"，孙校本据杜佑注有"罢，音疲"，谓"罢"乃初所用字，故改为"罢"。

[8]"其法十一而至"，《通典》卷一五四引此作"十而一至"，汉简本作"十一以至"。

[9]“则蹶上将军”，“上将军”，《菁华录》谓应作“上军将”。汉简本无“军”字，作“厥（蹶）上将”，张预注：“蹶上将，谓前军先行也。”《史记·孙子吴起列传》：“孙子谓田忌曰：‘……兵法，百里而趋利者蹶上将”，所引亦称“上将”，而无“军”字。

[10]“其法半至”，汉简本作“法以半至”，《通典》卷一五四引此“半”上亦有“以”字。

[11]“三十里而争利，则三分之二至”，《通典》卷一五四引此句末又有“以是知军争之难”七字，当系误增。

[12]“是故军无辎重则亡，无粮食则亡，无委积则亡”，汉简本“辎重”前之“无”作“毋”，“委积”前之“无”则仍作“无”，且“积”作“责”。徐乃昌校《孙子武帝注》（以下简称“徐校本”）无“无粮食则亡”五字。《通典》卷一六〇、《御览》卷三三四引此“是故”皆作“是以”。

译文

军争既有有利的一面，同时也有危险的一面。假如全军携带所有辎重去争利，就无法按时抵达预定地域；如果放下辎重装备去争利，辎重装备就会损失。因此，卷甲疾进，日夜兼程，走上百里路去争利，那么三军的将领就可能为敌所俘，健壮的士卒先到，羸弱的士卒掉队，其结果是只会有十分之一的兵力到位。走上五十里路去争利，就会折损前军的主将，只有一半的兵力能够到位。走上三十里路去争利，也仍然只有三分之二的兵力能赶到。由此可知，军队没有辎重就不能生存，没有粮食就不能生存，没有物资就不能生存。

故不知诸侯之谋者，不能豫交[1]；不知山林、险阻、沮泽[2]之形者，不能行军；不用乡导[3]者［1］，不能得地利［2］。故兵以诈立[4]，以利动[5]，以分合为变[6]者也。故其疾如风[7]［3］，其徐如林[8]［4］，侵掠如火[9]，不动如山[10]，难知如阴[11]［5］，动如雷震[12]［6］。掠乡分众[13]［7］，廓地分利[14]，悬权而动[15]［8］。先知迂直之计者胜[16]，此军争之法也［9］。

注释

〔1〕不知诸侯之谋者，不能豫交：谋，图谋、谋划。豫，通“与”，参与。《左传·隐公元年》：“豫凶事，非礼也。”豫交，即结交诸侯。一说“豫”作“预”，《广雅·释言》：“豫，早也。”亦通。此句言如不知诸侯列国的谋划、意图，则不宜与其结交。按：此句深层次的意思是，战略分析与评估，当有前瞻性，“宜未雨而绸缪，毋临渴而掘井”。

〔2〕沮泽：指水草丛生的沼泽地带。《礼记·王制》：“居民山川沮泽。”孔颖达疏引何胤云：“沮泽，下湿地也。”

〔3〕乡导：即向导，熟悉当地情况的带路者。以上三句，重见于《九地篇》，这并非错简，或衍文、重复。凡重要的用兵原则，孙子通常会反复强调，分见于不同的篇章，如“知彼知己”，又如“合于利而动，不合于利而止”，等等。

〔4〕兵以诈立：立，成立，此处指成功、取胜，《论语·为政》：“三十而立。”此句言用兵打仗当以诡诈多变取胜。《韩非子·难一》：“繁礼君子，不厌忠信；战阵之间，不厌诈伪。”

〔5〕以利动：言用兵打仗以利益大小为行动准则。《左传·僖公二十二年》：“三军以利用也。”

〔6〕以分合为变：分，分散兵力；合，集中兵力。此句言用兵打仗应视不同情况而灵活处置兵力，或分散，或集中。张预注：“或分散其形，或合聚其势，皆因敌动静而为变化也。”《唐太宗李卫公问对》卷下：“分不分，为縻军；聚不聚，为孤旅。”集中与分散，当视情况而定，随机变化，灵活自如，不可一味执着于集中兵力的迷思。淝水之战中苻坚之败，重要原因之一，就是“势重不分而趋一道，首尾相失，无他奇变”。道理很简单，“盖众而恶分，则与寡同”，因此，正确的做法应该是遵循这样的原则：“盖兵有众寡，势有分合。以寡而遇众，其势宜合；以众而遇众，其势宜分。”（见《何博士备论·苻坚论上》）

〔7〕其疾如风：意为行动迅捷，如飘风之疾。张预注：“其来疾暴，所向皆靡。”

〔8〕其徐如林：此言部队从容推进，行列整肃，犹似森然不乱之林木。此乃形容军容盛大壮观，气势磅礴，如同泰山压顶，足以令对手丧魂落魄。徐，舒缓，《左传·昭公二十年》："清浊大小，短长疾徐。"

〔9〕侵掠如火：攻击敌军恰似烈火之燎原，不可向迩，不可抵御。侵，越境进犯。掠，掠夺物资。侵掠，这里意为攻击敌军。

〔10〕不动如山：言屯兵防守似山岳之不可撼动。杜牧注："闭壁屹然不可摇动也。"甚是。毛泽东《西江月·井冈山》："敌军围困万千重，我自岿然不动。"语境近此。

〔11〕难知如阴：言隐蔽真形，使敌莫测，有如阴云蔽日不辨辰象。李筌注："其势不测如阴，不能睹万象。"

〔12〕动如雷震：张预注："如迅雷忽击，不知所避。"

〔13〕掠乡分众：言分兵数路以掳掠敌国乡邑。陈皞注："夫乡邑村落，因非一处，察其无备，分兵掠之。"掠，一说当作"指"。按："掠于饶野""掠乡分众"云云，足见在孙子那里，赢是最大的硬道理，所有一切都以克敌制胜为最高宗旨，而不会被虚情假意的仁义道德说教捆缚住自己的手脚。

〔14〕廓地分利：此言开土拓境，分兵占领扼守有利之地形。张预注："开廓平易之地，必分兵守利，不使敌人得之。"廓，开拓、扩展。《尔雅·释诂》："廓，大也。"《方言》："张小使大谓之廓。"《荀子·修身》："狭隘褊小，则廓之以广大。"

〔15〕悬权而动：言权衡利弊得失而后采取行动。曹操注："量敌而动。"即所谓"合于利而动，不合于利而止"。权，原义为秤锤，这里指衡量、权衡利害关系。《礼记·王制》郑玄注："权，平也。"

〔16〕先知迂直之计者胜：张预注："凡与人争利，必先量道路之迂直，审察而后动，则无劳顿寒馁之患，而且进退迟速，不失其机，故胜也。"

校记

[1]"不用乡导者"，《长短经·地形》"导"下无"者"字。樱田本"导"作"道"。

[2]“不能得地利”，《通典》卷一五七引此无“能”字，《御览》卷三〇二同。

[3]“其疾如风”，《书钞》卷一一六、《御览》卷二七〇引此“其”皆作“兵”。

[4]“其徐如林”，叶大庄《退学录》谓“徐”本当作“聚”，以二字音近，并因与上“疾”字对文，故改为“徐”耳。

[5]“不动如山，难知如阴”，唯刘寅《直解》引张贲说，谓“不动”与“难知”两句应互易，以使此四句两两相对，即以“侵掠”与“难知”相对，“不动”与“动”相对。

[6]“动如雷震”，《通典》卷一六二与《御览》卷三一三引此皆作“雷霆”，徐校本、樱田本同。孙校本云：“原本作‘雷震’。”按：《鹖冠子》曰：“动如雷霆，本此，从《通典》《御览》改正。”

[7]“掠乡分众”，“掠”，《通典》卷一六二与《御览》卷三一三作“指”。各家注亦“掠”“指”互异。陈皞注下又云：“‘掠乡’一作‘指向’。”

[8]“悬权而动”，汉简本“悬”作“县”，乃其本字。

[9]“先知迂直之计者胜，此军争之法也”，赵注本谓此句“与上文不相蒙，当在‘无邀正正之旗，勿击堂堂之陈，此治变者也’之下，为一篇之结语”。汉简本“计”作“道”。

译文

所以，不了解诸侯列国的战略意图，不能与其结交；不熟悉山林、险阻、沼泽的地形，不能行军；不重用向导，便不能得到地利。所以用兵打仗必须依靠诡诈多变来争取成功，依据是否有利来决定自己的行动，按照分散或集中兵力的方式来变换战术。所以，军队行动迅速时就像疾风骤起，行动舒缓时就像林木森然不乱，攻击敌人时像烈火炽焚，实施防御时像山岳耸峙，隐蔽时如同阴天，冲锋时如同雷霆。分遣兵众，掳掠敌方的乡邑，分兵扼守要地，扩展自己的领土，权衡利害关系，然后相机行动。懂得以迂为直的将帅就能取得胜利，这是争夺制胜条件的原则。

《军政》〔1〕[1] 曰："言不相闻，故为金鼓〔2〕[2]；视不相见，故为旌旗〔3〕[3]。"夫金鼓、旌旗者，所以一人之耳目也〔4〕[4]。人既专一〔5〕[5]，则勇者不得独进，怯者不得独退，此用众之法也〔6〕。故夜战多火鼓，昼战多旌旗，所以变人之耳目也〔7〕[6]。

注释

〔1〕《军政》：上古兵书，已失传。王皙注："古军书。"梅尧臣注："军之旧典。"按：此为"古代王者司马兵法"之一种。孙子之前，学在官府，所有军事类文献图书，都可以统称为"司马兵法"。除《军政》外，《左传》所引用的《军志》等，亦皆类此。

〔2〕言不相闻，故为金鼓：为，设、置。金鼓，古代用来指挥军队进退的号令器具，擂鼓进兵，鸣金收兵。

〔3〕旌旗：泛指旗帜。这也是古代军队实施战场指挥的基本工具。《周礼·春官·司常》："凡军事，建旌旗。"

〔4〕所以一人之耳目也：意为金鼓旌旗之类，是用来统一部卒的视听、统一军队的行动的。人，指士卒、军队。一，统一、齐一。《韩非子·五蠹》："法莫如一而固。"古籍中多有以金鼓统一军队行动的记载，如《左传·成公二年》："师之耳目，在吾旗鼓。"

〔5〕人既专一：专一，一致、同一，谓士卒皆听遵号令服从指挥。

〔6〕此用众之法也：用众，动用、驱使众人，也即指挥人数众多的军队。法，法则、方法。

〔7〕夜战多火鼓，昼战多旌旗，所以变人之耳目也：变，适应。此句意为根据白天和黑夜的不同情况来变换指挥信号，以适应士卒的视听需要。按：自"故夜战多火鼓"至"所以变人之耳目也"，很显然也是孙子的门生弟子在《孙子兵法》原文后的附益，是对所谓"用众之法"的具体阐释。袭抄日久，遂混入正文之中。

校记

[1]“《军政》”，汉简本“军”前有“是故”二字，《御览》卷三三八引同。

[2]“故为金鼓”，汉简本“金鼓”作“鼓金”。《通典》卷一四九、《御览》卷三三八与《书钞》卷一二〇并作“鼓铎”，孙校本从之，《长短经·教战》引同。因此古本或即作“鼓金”。又，《直解》、赵注本与樱田本“为”下并有“之”字。

[3]“故为旌旗”，《直解》、赵注本与樱田本“为”下亦有“之”字。

[4]“所以一人之耳目也”，汉简本“一”作“壹”，义同。“人”作“民”。又，“人”孙校本亦依《御览》改为“民”，孙校本改动正确。

[5]“人既专一”，汉简本作“民暨已抟”，“暨”即“既”，“抟”即“专”。

[6]“夜战多火鼓，昼战多旌旗，所以变人之耳目也”，武经本“火鼓”作“金鼓”，汉简本作“鼓金”，且无“所以变人之耳目也”八字。

译文

《军政》里说道：“语言指挥不能听到，所以设置金鼓；动作指挥不能看见，所以设置旌旗。”这些金鼓、旌旗，是用来统一部队上下的视听的。全军上下既然一致，那么，勇敢的士兵不能单独冒进，怯懦的士兵也不敢单独后退，这就是指挥大部队作战的方法。所以夜间作战多用火光、锣鼓，白昼作战多用旌旗，这都是出于适应士卒耳目视听上的需要。

故三军可夺气[1][1]，将军可夺心[2][2]。是故朝气锐，昼气惰，暮气归[3]。故善用兵者，避其锐气[3]，击其惰归[4]，此治气者也[5][4]。以治待乱[6]，以静待哗[7]，此治心者也[8]。以近待远，以佚待劳，以饱待饥，此治力者也[9]。无邀正正之旗[10][5]，勿击堂堂之陈[11]，此治变者也[12]。

注释

〔1〕故三军可夺气：夺，此处作“失”解，《荀子·富国》：“罕兴力役，无夺农时，如是则国富矣。”气，指旺盛勇锐之士气。此句意为三军旺盛勇锐之气可以挫伤使之衰竭。按：《论语》中有“三军可夺帅也，匹夫不可夺志也”。从文字表述风格看，可知《论语》《孙子兵法》的成书年代相近，孔子、孙子可以视为同时代的人物。可以从文字、修辞方式的异同来帮助判定古书著述的时代。

〔2〕将军可夺心：指将帅的意志和决心可以设法使之动摇。张预注：“心者，将之所主也。夫治乱勇怯，皆主于心。故善制敌者，挠之而使乱，激之而使惑，迫之而使惧，故彼之心谋可以夺也。”《左传·昭公二十一年》引《军志》：“先人有夺人之心，后人有待其衰。”

〔3〕朝气锐，昼气惰，暮气归：归，止息。《尔雅·释训》：“鬼之为言归也。”《广雅》：“归，止息也。”这里指士气衰竭。此句言士气变化的一般规律：始时锐不可当，继而渐趋懈怠，最终完全衰竭。梅尧臣注：“朝，言其始也；昼，言其中也；暮，言其终也。”《左传·庄公十年》：“夫战，勇气也。一鼓作气，再而衰，三而竭。彼竭我盈，故克之。”

〔4〕避其锐气，击其惰归：张预注：“善用兵者，当其锐盛则坚守以避之，待其惰归则出兵以击之。”

〔5〕此治气者也：意为此乃掌握运用士气变化的通常规律。张预注：“善治己之气，以夺人之气。”

〔6〕以治待乱：以严整有序之己对付混乱不整之敌。贾林注：“以我之整治待敌之挠乱。”治，整治。待，对待、对付。《左传·宣公十二年》：“内官序当其夜，以待不虞。”

〔7〕以静待哗：言以沉着镇静之己对付轻躁喧动之敌。贾林注：“以我之清净，待敌之喧哗。”哗，鼓噪喧哗，指骚动不安。《尚书·费誓》：“公曰：‘嗟，人无哗，听命。’”

〔8〕此治心者也：此乃掌握利用将帅心理的通常法则。张预注：“善治己之心以夺人之心。”

〔9〕此治力者也：此乃掌握运用军队战斗力的基本方法。张预注：“近以待

远，佚以待劳，饱以待饥，诱以待来，重以待轻，此所谓善治己之力，以困人之力者也。”

〔10〕无邀正正之旗：邀，遮留、阻截、截击。《三国志·魏书·刘放传》：“帝欲邀讨之，朝议多以为不可。”正正，严整的样子。曹操注：“正正，齐也。”张预注：“谓形名齐整也。”此言勿发兵截击旗帜齐正、队伍整治之敌。

〔11〕勿击堂堂之陈：陈，同“阵”。堂堂，壮大。曹操注：“堂堂，大也。”张预注：“行阵广大。”言不要去攻击阵容壮大、实力雄厚的敌人。

〔12〕此治变者也：言此乃掌握机动应变的一般方法。

校记

[1]“故三军可夺气”，武经本、平津馆本句前无“故”字，樱田本同。《文选》陆士衡《汉高祖功臣颂》注引作“则彼三军可夺气”。

[2]“将军可夺心”，《御览》卷二七〇引此“军”下有“不”字，误。

[3]“故善用兵者，避其锐气”，汉简本“避”作“辟”，“锐”作“兑”。平津馆本、《通典》卷一五五引此“善用兵”上无“故”字。

[4]“此治气者也”，《通典》卷一五五“治”作“理”，当系避唐高宗（李治）讳。以下“治心”“治力”“治变”之“治”皆作“理”，同。《御览》卷二七〇引此无“气”字。

[5]“无邀正正之旗”，汉简本“无”作“毋”，“邀”作“要”。孙校本谓当作“要”。《书钞》卷一一二、《御览》卷三四〇引此“邀”作“要”。“邀”“要”二字古通。又，汉简本“正正”作“䌛䌛”，似从“系”“瘽”声。

译文

对于敌人的军队，可以挫伤其士气；对于敌军的将帅，可以扰乱其心志。因此军队刚投入战斗时士气饱满，过了一段时间，士气就逐渐懈怠，到了最后，士气就完全衰竭了。所以善于用兵的人，总是先避开敌人初来时的锐气，而等到敌人士气懈怠衰竭时再去打击它，这就是掌握运用军队士气的方法。用自己的严整来对付敌人的混乱，用自己的镇静来对付敌人的轻躁，这就是掌握将帅心理的手段。用自己部队的接近战场来对付远道而来的敌人，用自己部队的安逸休整来对付疲于奔命的敌人，用自己部队的粮饷充足来对付饥饿不堪的敌人，这就是把握军队战斗力的秘诀。不要去拦击旗帜整齐的敌人，不要去进攻阵容堂皇的敌人，这就是掌握灵活机变的原则。

故用兵之法：高陵勿向〔1〕，背丘勿逆〔2〕［1］，佯北勿从〔3〕［2］，锐卒勿攻〔4〕［3］，饵兵勿食〔5〕［4］，归师勿遏〔6〕，围师必阙〔7〕［5］，穷寇勿迫〔8〕［6］。此用兵之法也［7］。

注释

〔1〕高陵勿向：敌人如果占据了高地，我军就不要进攻。梅尧臣注："敌处其高，不可仰击。"向，指仰攻，杜牧注："向者，仰也。言敌在高处，不可仰攻。"

〔2〕背丘勿逆：敌人如果背倚丘陵险阻，我们就不要去正面进攻。背，倚托的意思，杜牧注："背者，倚也。"逆，迎击。

〔3〕佯北勿从：敌人若是伪装败退，我军就不要去追击。张预注："敌人奔北，必审真伪。"佯，伪装、假装。《荀子·非十二子》："利心无足，而佯无欲者也。"北，败逃、败走。《说文·匕部》："北，乖也。从二人相背。"后由乖违义引申为部队战败溃逃，彼此不相照应。从，跟踪追击。

〔4〕锐卒勿攻：杜牧注："避实也。"意为敌人的精锐部队，我军不要去攻击。

〔5〕饵兵勿食：敌人若以小利作饵引诱我们，则不要去理睬它。饵，诱饵，以利相诱。《汉书·贾谊传赞》："施五饵三表以系单于。"

〔6〕归师勿遏：对于正在退还本国的敌军，不要去正面阻截它。孟氏注："人怀归心，必能死战，则不可止而击也。"遏，拦阻、阻截、截击。

〔7〕围师必阙：对敌进行包围作战，当留有缺口，避免使敌做困兽之斗。张预注："围其三面，开其一角，示以生路，使不坚战。"阙，同"缺"，缺口。

〔8〕穷寇勿迫：对陷入绝境之敌，不要加以逼迫，以免其做垂死挣扎，以至于狗急跳墙，鱼死网破，增加不必要的伤亡。穷，困厄。按：从更深的层次考量，“穷寇勿迫”，也是维系或营造健康正常的政治、军事生态之所需。政治生态学的一个基本原则就是“除恶”不可“务尽”，留有对手，乃是自己生存和发展的重要前提，水涨方可船高，一个人，一个团体，一支军队，一个国家，不怕有对手，反而该害怕自己“打遍天下无敌手”，落得个白茫茫大地真干净。因为到了那个时候，自己很有可能会骄傲膨胀，趾高气扬，忘乎所以，得意忘形，让胜利冲昏头脑，最终导致自己在阴沟里翻船，恰如孟子所言：“无敌国外患者，国恒亡!”

校记

［1］“背丘勿逆”，汉简本作“倍丘勿迎”。《御览》卷二七〇“丘”误作“兵”（鲍刻本作“倍丘勿迎”），且于此句之下又有“丘阪勿迎”四字。《通典》卷一五六、《御览》卷三〇六引此“逆”皆作“迎”，且句末有“也”字。“倍”“背”古通，“逆”“迎”古通。

［2］“佯北勿从”，汉简本“佯”作“详”，二字通。

［3］“锐卒勿攻”，《通典》卷一五五引此于本句下又有“强而避之”四字。按：此殆系杜佑所引《计篇》之文，而非此句下之文。

［4］“饵兵勿食”，此句汉简本无。《通典》卷一五六“食”作“贪”。

［5］“归师勿遏，围师必阙”，汉简本“归师”与“围师”两句互倒，且“遏”借作“谒”，“必阙”作“遗阙”。樱田本“必阙”作“勿周”，义同。

［6］“穷寇勿迫”，汉简本无此句。四库本与《武备志》“勿迫”作“勿追”，《孙子遗说》同。《百家类纂》《诸子品节》皆作“追”。樱田本又作“勿逼”。

［7］此节自“故用兵之法”至“此用兵之法也”诸句，十一家注本与武经本皆在本篇之末，唯刘寅《直解》引张贲说，谓此乃下篇《九变篇》篇首之文而错简于此。因本篇所言乃常法，下篇所言为变法，而此数句皆言变而不言常故也。赵注本从其说。樱田本亦以“此治变者也”作结，而无上述诸句。今存其说，以资参考。

译文

所以用兵的法则是，敌人占领山地就不要去仰攻，敌人背靠高地就不要正面去迎击，敌人假装败退就不要跟踪追击，敌人的精锐不要去攻击，敌人的诱兵不要予以理睬，对正在撤往本国途中的敌军不要拦截，包围敌人一定要虚留缺口，对于陷入绝境的敌人不要过分地逼迫。这些都是用兵的法则。

解读

本篇主要论述在通常情况下夺取制胜条件的基本规律，中心思想是如何趋利避害，保证军队在开进和接敌运动过程中争取先机之利，立于不败之地。

与《九变篇》主要论述作战“变法”问题有所不同的是，《军争篇》集中讨论了军事行动中的“常法”问题。如军事后勤保障上的“常法”：“军无辎重则亡，无粮食则亡，无委积则亡。”作战指导上的常法：“兵以诈立，以利动，以分合为变者也。”发挥军队战斗力的常法：著名的“治气”“治心”“治力”“治变”等“四治”理论。统一号令和严格战场纪律的“常法”：“夫金鼓、旌旗者，所以一人之耳目也。人既专一，则勇者不得独进，怯者不得独退，此用众之法也。”以及用兵制胜的一般性“常法”，所谓的用兵八戒等。由此可见，本篇所有文字都是围绕作战“常法”问题而层层递进、依次展开的，是探讨争夺先机之利的精彩篇章，在《孙子兵法》全书中占有突出的地位。以下我们就本篇一些重要军事观点作具体的分析：

1. 关于争夺先机之利问题的辩证认识

孙子高度重视对有利作战地位的争取，认为这是掌握主动权，赢得战争胜利的重要条件，同时他又从辩证思维的角度，充分论证了“军争”的有利和不利，主张在军队开进过程中，要善于做到“以迂为直，以患为利”，考虑各种客观因素，通晓利弊关系，调动敌人，“后人发，先人至”，先敌占取有利战机。指出这样才算是“知迂直之计者”。为了确保军争的顺利成功，孙子强调作好各方面的充分准备，即了解“诸侯之谋”，察知“山林、险阻、沮泽”等地形条件，任用“乡导”，以及搞好“辎重”“粮食”“委积”等后勤保障等。

对普通人来说，了解“军争”的有利面并非太困难的事情，然而能懂得“军争”的不利处，却为数寥寥。所以孙子在篇中着重指出了争夺先机不当而可能引起的后果，分别列举了“百里而争利”“五十里而争利”“三十里而争利”以及一味蛮干的危害。这表明孙子的论述，既照顾了全面，又突出了重点，他是真正把握用兵精髓的思想巨人。

战国时期赵国名将赵奢率军大破秦师的阏与之战，可谓历史上成功运用孙子“迂直之计”的光辉典范。在这次作战中，赵奢“以迂为直，以患为利”，避开强秦的兵锋，越过险阻，轻装急进，神速地抢先占据了有利阵地北山，取得了战争的主动权，夺得胜利，使秦国蒙受了一次战国以来少有的严重挫折。所以，此战后来也被作为“示缓而先据要地”取胜的成功战例，对孙子的“军争”理论作出了实战诠释。

即使是在现代战争条件下，孙子的“迂直之计”仍具有强大的生命力。例如在 20 世纪 70 年代初的印巴战争中，印军成功运用“以迂为直”的战术，纵深迂回，分割、包围巴军，攻占达卡，赢得这场战争的胜利。这是在当代对孙子“军争”思想的高明借鉴和运用。

2. 关于“兵以诈立，以利动，以分合为变”的作战指导原则

为了夺取先机之利，孙子要求作战指挥者在军队接敌运动过程中，自始至终坚持和贯彻“兵以诈立，以利动，以分合为变”的指导原则，达到这样的理想境界：有利可夺时，军队行动“其疾如风”；无利可夺时，军队行动“其徐如林”。一旦进攻，要像烈火燎原，无坚不摧；一旦防御，要像山岳耸峙，岿然不动。需要隐蔽时，要做到如同阴云蔽天，使敌人无从筹措；需要冲锋时，要做到如同雷霆突鸣，使敌猝不及防。一切“悬权而动”，唯求所向无敌，战胜强敌。孙子这一作战指导原则，文字不多，但内容精辟，它不但回答了夺取先机之利的条件和主要手段，而且也概括包举了孙子制胜之道的主要内涵和基本特征：

所谓“兵以诈立”，是说用兵的根本特征在于诡诈奇谲。不诡诈无以成功，宋襄公式的“仁义”只会导致“覆军杀将”，贻笑天下。短短四字，将军事斗争的属性揭示无遗，真是高屋建瓴，振聋发聩。

所谓“以利动”，说的是从事战争当以利害关系为最高标准。有利则打，无利则止，一切以利益的大小为转移，这实际上反映了孙子的战争宗旨，是其新兴阶级功利主义立场在军事斗争原则上的具体体现。

所谓“以分合为变”，指的是孙子制胜之道的重要手段。中心含义是灵活用兵，巧妙自如地变换战术，或分或合，“悬权而动”，掌握战场主动权。它是“兵以诈立”的必然要求，体现了孙子兵学注重灵活变化、讲求出奇制胜的精神风貌。

孙子这一思想，具有重要的时代意义。这就是它从根本上划清了同以《司马法》为代表的旧“军礼”的界限，正确揭示了军事斗争的基本规律。在中国古代兵学理论发展史上，《孙子兵法》是一次革命性的变革，这种变革的核心，其实便是观念更新。其基本特色就是对西周以来旧的军礼传统的彻底否定，全书上下贯穿着理论创新、与时俱进的基本精神，具体表现为它揭去了温情脉脉的“礼乐”面纱，毫不掩饰地把“兵以诈立，以利动，以分合为变”的原则公之于世，不讳言“功利”是用兵打仗的出发点，从而放开手脚，理直气壮地在军事行动中进行算计，进行欺骗。[①] 对于这一点，不少后人是洞若观火的。南宋郑友贤《孙子遗说》中的一段话就是典型的例子。他说：“《司马法》以仁为本，孙武以诈立；《司马法》以义治之，孙武以利动；《司马法》以正，正不获意则权，孙武以分合为变。”最为贴切地区分了二者不同的特色。从这个意义上说，孙子兵学不愧为迎合“出奇设伏，变诈之兵并作”（《汉书·艺文志》）时代要求的杰出代表。

在春秋中期之前，西周社会的古典礼乐文明，表现在军事领域中，就是以一整套“军礼”来指导、制约具体的军事行动。尽管进入春秋之后，这种军礼的外在形式和内在宗旨已经多少受到冲击，但是对大多数人来说，他们还是愿意遵从“军礼”的一般原则的。这种“军礼”的总纲，便是《司马法》所说的“以礼为固，以仁为胜”。它确定的战争宗旨是“征伐以讨其不然”，开展军事行动要堂堂正正，不许用奸使诈，“不加丧，不因凶”，人家新死了国君，或者粮食歉收、经济困难，你都不能去打；一旦战场交锋，必须双方摆好阵势后再开打，别老想着偷鸡摸狗占人家的便宜，“成列而鼓”（《司马法·仁本》），“偏，

① 黄朴民：《孙子的制胜之道综说》，载《军事历史研究》，1995（2）。

一面也，结日定地，各居一面，鸣鼓而战，不相诈”（何休：《春秋公羊传解诂·桓公十年》）。战争善后要“服而舍之”，即打了胜仗，不能灭人家的国家，不能绝人家的社稷，而要“举贤立明，正复厥职”，立一个新的统治者来恢复秩序，安定国家。对此，汉朝人班固在《汉书·艺文志·兵书略》中有很准确的概括：“下及汤武受命，以师克乱而济百姓，动之以仁义，行之以礼让，司马法是其遗事也。”殊不知这恰恰是当时战争遵循温和“军礼”原则的具体表现，是“以礼为固，以仁为胜”战争观念反映到战争实践的必有之义。用《国语·周语》中所引郤至的话说，就是“见其君必下而趋，礼也；能获郑伯而赦之，仁也”。

然而，到了春秋中后期，整个时代条件发生了根本性的变化。这时，名义上“天下共主”的周天子的权威早已丧失殆尽，新兴阶级势力的勃兴，使得战争的面貌有了完全的改观，其中最大的特色是军事行动逐渐摆脱了“军礼”的束缚，诡诈战法开始普遍流行起来。

为什么会发生这样巨大的变化？一是因为军队的成分发生了改变，以前士兵的素质可以说比较高，当时周朝定下的规矩是国人当兵，野人不当兵。这些国人都接受过六艺的教育，驾车、射箭都是他们的必修课，都懂得贵族的礼节。到了后来，战争的规模扩大，军队的数量也如同发了酵的面包似的一个劲地扩大，当时只要是有胳膊有腿的健康人，几乎都被拉进去了，都可以当兵。这些人绝大部分是目不识丁的“野人”，根本没受过贵族化的教育，没学过什么六艺，对他们来说，贵族那一套文质彬彬的东西与自己毫不相干，“军礼”嘛，最好还是撇到一边去。总之，军队中的贵族少了，小人却大大增多了，为贵族而设置的“军礼”自然要被冷落，甚至抛弃。

二是因为战争的宗旨变了，战争的目的变了。过去从事战争是为了争霸，并不是为了消灭对手。只要能建立起霸权，让别人表示顺从听话，其他的问题都可以商量，完全不必拼个你死我活。所以温文尔雅是可以的，鞠躬如仪是正常的。可是从春秋晚期起，争霸不再时髦了，兼并才是领导时代发展的新潮流，原先是图个虚名的争霸战争，现在变成了争夺土地、劫掠财富和人力资源的兼并战争，各种卑鄙下流、阴险毒辣的手段都要使用出来。“月黑杀人夜，风高放火天”，军礼是越少越好，坏人是越来越多，好人想要自己做好人也做不成了，一个是别人不允许，大家都是乌鸦，凭什么让你当白鹤，要黑大家一起黑，谁也别冒尖出风头；另一个是自己的心理也不会平衡，与其做好人受冻挨饿遭白眼，浑不如“杀人放火受招安”。

三是因为武器装备和作战方式变了。以前打仗的方式是车战，车战必须先摆阵势，不摆好阵就不能打，这是密集大方阵传统战法，机动性很差，适合于大家客客气气交手过招。现在步兵重新崛起，又成为军队的主力兵种，它比较灵活，机动性要强得多，可以不必像车兵那样先排阵后开打。后来出现的骑兵更是雷厉风行，更讲究出其不意，攻其无备。兵种变了，作战方式也要随之变化，作战方式变了，则作战观念也得跟着变，这是多米诺骨牌效应。另外，地形也发生了很大的变化，以前主要是在黄河中下游平原打，大平原地势平坦，打堂堂之阵、正正之旗的车战最合适不过，可现在到了丘陵地带、江河湖泽地带，就根本不能再用以前那种排兵布阵的方式了，“徒不趋，车不驰”全成了过气的招法，“军礼”当然要退出历史舞台。最最要命的是，车战在这时遇到了一个最大的克星，这就是强弩的出现，驾车的马匹、车上的甲士全成了飞蝗般的箭镞的活靶子，贵族再有涵养，也经不得这么大的杀伤，只好不情愿地与“军礼”说“拜拜”了。①

四是因为战争地域的扩大。在春秋前期，打来打去，就是这么有限的一块战场，就是齐国、晋国、秦国、楚国还有郑国、宋国、鲁国等。可是到了后来，吴国、越国、中山国都先后冒出来了，战场开始由黄河流域向长江、淮河流域伸展。这些战场上的新角色仿佛没爹没娘教养的孩子，风里来雨里去，摸爬滚打终于长大成人，没有背上周礼那么沉重的包袱。这样一来，战争中就不再有那么多的君子之风，诡诈之道越来越风行，而主张保持贵族的尊严，提倡打堂堂正正之仗的宋襄公成了不合时宜的丑角，只配给自诩高明的人嘲笑、讥讽了。这就是班固所概括的时代兵学风气：“自春秋至于战国，出奇设伏，变诈之兵并作！”（《汉书·艺文志》）

新的时代，就有新的战法，在新的战法面前，旧“军礼”的老调子便弹不下去了，正如《淮南子·汜论训》所说的那样：“古之伐国，不杀黄口，不获二

---

① 黄朴民：《早期兵学的发展脉络及其文化特点》，载《大学演讲录》第2辑，311页，北京：新世界出版社，2003。

毛，于古为义，于今为笑。古之所以为荣者，今之所以为辱也。”这时便需要有新的兵学理论来指导，即所谓“千门万户曈曈日，总把新桃换旧符”。这叫作“与时俱进”。而《孙子兵法》的诞生，正是这种时代氛围之下的必然产物。

孙子战争观的诡道原则，应该说是对战争本质属性的深刻反映。战争的艺术魅力在于，战争双方斗智斗勇，隐形藏真，欺敌误敌，变化莫测，先立于不败之地，而不放过任何可以击败对手的机会。所有这些，都表明了战争是一种多变、灵活、无固定模式、不讲究繁文缛节的特殊社会活动，诡诈奇谲是战争的本质特征。而孙子“兵以诈立”的思想，其核心乃是强调以灵活的战术、快速的机动、巧妙的伪装来造就优势主动的地位，在复杂、激烈的军事斗争中成为胜利的主宰，“故其疾如风，其徐如林，侵掠如火，不动如山，难知如阴，动如雷震”。它的提出，无疑是对业已过时的“军礼”传统的彻底否定，是战争观念的一个重大突破，本身就是一次创新，一次革命。换句话说，孙子的诡道论，深刻揭示了战争活动的本质属性，是中国古典兵学思想发展上的一次质的飞跃，也是《孙子兵法》区别于“宗仁本礼”古司马兵法，而成为划时代兵学经典的重要标志。

当然，在充分肯定孙子兵学的功利观与诡道论之价值的同时，也大可不必将孙子理论神圣化。的确，春秋战国乃至整个古代历史演变进程，已经证明了孙子兵学实用理性的胜利和宋襄公标榜“仁义礼乐”的失败。然而，这并不等于孙子的观点完美无瑕，宋襄公的看法一无可取。正如俗语所说的那样，不可单凭成败论英雄。宋襄公虽然败得很惨，很没面子，但是这并不说明道德对战争的制约作用可以弃若敝屣，恰恰相反，在绝对的功利之上还有一个绝对的道德。事实也正是如此，儒家提倡义战，墨家主张非攻，都是古“军礼”原则在新历史条件下的曲折反映。而随着人类社会的日益进化，道德因素对战争行动的规范意义正显得越来越突出，绝对战争也逐渐在向可控性战争过渡。这其实是对宋襄公“君子不重伤，不禽二毛”“不鼓不成列”做法的否定之否定。

孙子的兵学理论固然是时代精神的产物，也符合军事斗争的一般规律，但是他汲汲倡导“兵以诈立”，一切都以利益的大小或有无为定夺，将“兵不厌诈”奉行为指导作战的最高原则，其客观效果，往往是在取得战争胜利的同时，也促使战争手段变得越来越残酷，战争破坏程度越来越骇人。所谓“争地以战，杀人盈野；争城以战，杀人盈城”。白起杀性一起，长平坑赵军降卒四十万；项羽血气一来，新安杀秦军俘虏二十万，在某种意义上，这些正是孙子那种只求目的不择手段的战争效益观的逻辑结果。这个责任固然不应该由孙子本人来承担，可是君子之风日去，小人之气竞长，乃是不争的事实。孙子若地下有知，也会感到不安。

所以，后世的兵家为了发扬宋襄公和孙武思想的各自长处，同时克服两人思想的各自不足，遂积极提倡兵儒合流。这就是既强调仁义道德对军事活动的规范意义，又肯定“兵以诈立”、出奇制胜对战争成败的保证决定作用，从而使中国传统军事文化能够沿着比较正确的方向不断进步和成熟。①

从这层意义上讲，将宋襄公不分青红皂白地骂倒骂臭，将孙武不加保留地吹捧歌颂，都犯了简单武断的毛病，都不是客观的态度。

3. 关于“治气”“治心”“治力”“治变”的基本主张

为了夺取有利的作战地位，掌握战争的主动权，孙子进而主张在军队行动过程中，贯彻“四治”的具体要求，即搞好全军上下“治气”“治心”“治力”“治变”的各个环节，树立必胜的信念，激励士气，统一号令，灵活应变，捕捉战机，去夺取胜利。

所谓“治气”，就是“避其锐气，击其惰归”，其核心就是后发制人，实施积极防御，即以防御为手段，以反攻为目的的攻势防御。所谓“治心”，就是“以治待乱，以静待哗”，即以己之严整对付敌之混乱，以己之镇静对付敌之轻躁，其实质是要求沉着冷静，从容对敌。所谓“治力”，就是“以近待远，以佚待劳，以饱待饥”，其核心即是要求“先为不可胜”，以强大的军事实力为后盾，为争取先机之利创造条件。所谓“治变”，就是指“无邀正正之旗，勿击堂堂之陈”，其中心意思即不打无把握之仗，不同敌人拼消耗，而要同敌人斗智斗谋，以灵活机动取胜。孙子的“四治”理论，是对战争实践的理性总结，符合作战行动的内在规律，因此为后人所重视和广泛运用，其中“避其锐气，击其惰归”等主张，业已成为经典性的军事原则，在硝烟弥漫的战场上大显身手，屡试不爽。

---

① 黄朴民：《宋襄公与孙武子》，载《光明日报》2002年1月15日。

在本篇的结尾处，孙子还归纳总结了八条"用兵之法"，即有名的"用兵八戒"。这些原则，是以丰富的战争实践活动为基础的，它们中的某些提法在今天已显得陈腐过时，但在当时却不乏重要价值，反映了当年孙子在探索真理时所能达到的高度，值得肯定。

最后，我们必须强调指出的是，在非军事领域，孙子"兵以诈立"的思想是不能随便借鉴和应用的。我们知道，近些年来，《孙子兵法》由于种种机遇（如海湾战争和伊拉克战争）而声名大噪，走红变俏。好像《孙子兵法》是包医百病的灵药，什么都跟它拉扯在一起，用一个通俗的比喻，就是"《孙子兵法》像个筐，只要是个东西便往里面装"。而人们在借鉴与运用孙子思想的过程中，又对他的"诡道"论情有独钟，推崇备至。

的确，孙子所揭示的不少军事原则和规律，具有超越时空的普遍真理性，"诡道"思想同样如此，它们是能够对军事领域以外的工作提供宝贵的借鉴和启迪的。人们在这方面已经取得了相当可观的成果，也积累了非常有益的经验。如日本的大桥武夫，他认真学习和研究《孙子兵法》，深刻领会其精神实质，从中寻找到企业经营发展的秘诀，用以指导经济活动，结果取得了惊人的效益。更令人佩服的是，他将自己借鉴运用《孙子兵法》谋略的种种心得，付诸文字，写就了一部《兵法经营学全书》，让人们共享他的经验。其书一出版面世，马上风靡了日本列岛，并迅速反馈到孙子的故乡——中国，让我们大家开了一回眼界，原来兵书还可以这么读、这么用！

但是，我们也应该看到，《孙子兵法》的本质属性是兵法，是敌我双方进行生死较量的军事艺术。从这一意义出发，它又同人类社会的其他活动有着本质的区别，不能搞拉郎配，不能简单地对号入座。因此，《孙子兵法》中许多"诡道"原则是不可以生搬硬套，随意移用于企业经营或体育竞赛等公共领域的。道理很简单，"诡诈"是用来对付敌人的，不是用来对付朋友或合作伙伴的，即使是对付商业竞争对手，也完全不道德。追求利益是应该的，也是允许的，但是不择手段、搞下三烂，则违背公道人心，迟早会自食其果，所谓"君子爱财，取之有道"便是这层道理。众所周知，商业经济活动追求的是"双赢""多赢"，玩的是"非零和"游戏，这叫作"多一个朋友多一条路，多一份市场多一种选择"。可用兵打仗的情况却完全不同，它追求的"单胜""独赢"，就像《唐太宗李卫公问对》说的："攻守一法，敌与我分为二事。若我事得，则敌事败；敌事得，则我事败。"总归要分出一个高下，决出一个雌雄，一决生死。为了达到"独赢"的目的，做做小人也是不得已的选择。这种本质属性上的区别，决定了《孙子兵法》基本原理借鉴上的有限性，否则必然会走火入魔，既当不成"君子"，也做不好"小人"。

游戏应该有规则，道德必须有底线，读《孙子兵法》，用《孙子兵法》，首先要明白的，就是这个道理。

九变篇

题解

本篇是《孙子兵法》的第八篇，与前篇《军争篇》为“姐妹篇”，论述如何在非常态状况下“致人而不致于人”，夺取战争主动权的问题。其文字篇幅在全书中虽然属最短小的一篇，但思想十分深邃，文辞隽永优美，富有深刻的哲理，对于人们从事任何社会活动都富有重要的启示价值。其中心命题，是阐述了怎样保持战略上的柔性，避免拘泥偏执，从而在作战过程中根据特殊的情况，灵活变换战术以赢得战争的胜利，集中体现了孙子随机应变、灵活机动的作战指挥思想。孙子主张将帅应该根据五种不同的地理条件实施灵活的指挥，并明确提出以“五不”为中心内容的随机应变处置军事问题的基本原则。要求将帅必须做到全面、辩证地看问题，见利思害，见害思利，从而趋利避害，防患于未然。孙子还深刻地阐述了有备无患的备战观点，指出不能寄希望于敌人“不来”“不攻”，而应该立足于自己做好充分的准备，具备坚强的实力。为了真正贯彻“九变”的灵活作战指导原则，孙子特别重视将帅队伍的建设，所以在本篇的结尾处，孙子语重心长地叮嘱身为将帅的人：要防止自己性格上“必死”“必生”“忿速”“廉洁”“爱民”等五种缺陷，避免导致“覆军杀将”。

“九变”既是篇名，又是全篇中心思想的集中反映。九，多的意思。清代学者汪中《述学·释三九上》云：“古人之措辞，凡一二之所不能尽者，则约之三，以见其多；三之所不能尽者，则约之九，以见其极多。”又云：“三者，数之成也；积而至十，则复归于一；十不可以为数，故九者，数之终也。”可见古人以九为数之极。变，改易、机变。《周易·系辞上》：“一阖一辟谓之变。”孔颖达《周易正义》云：“一阖一辟谓之变者，开闭相循，阴阳递至。”篇题九、变连用，这里指的是军事行动中灵活机动、应变自如。王皙注：“九者数之极；用兵之法，当极其变耳。”张预注：“变者，不拘常法，临事适变，从宜而行之之谓也。”以上各家注均符合孙子原旨。

此篇篇题十一家注本、武经本皆作《九变》。但是，曹操注下有校语云：“九变，一云五变。”贾林注有“五利五变”语。《御览》卷二七二引文亦作“五变”，故古本或有作《五变》者。清代王皙《孙子集注》因袭陈说，并进而谓“九变”乃“五变”之误，其据未足以证其说。邓廷罗《集注》改《九变》为《军变》。按：曹操、王晳、张预等家注此篇题时，皆释“九”字，故今仍依十一家注本与武经本。本篇篇次，张预注：“凡与人争利，必知九地之变，故次《军争》。”从之。

孙子曰：凡用兵之法，将受命于君〔1〕[1]，合军聚众，圮地无舍〔2〕[2]，衢地交合〔3〕[3]，绝地无留〔4〕，围地则谋〔5〕，死地则战〔6〕。涂有所不由〔7〕[4]，军有所不击〔8〕，城有所不攻〔9〕，地有所不争〔10〕，君命有所不受〔11〕[5]。故将通于九变之地利者[6]，知用兵矣〔12〕[7]。将不通于九变之利者[8]，虽知地形，不能得地之利矣〔13〕[9]。治兵不知九变之术〔14〕[10]，虽知五利〔15〕[11]，不能得人之用矣〔16〕。

注释

〔1〕将受命于君：将帅从君主那里接受出征作战的命令。受命，接受命令，《左传·闵公二年》：“帅师者，受命于庙，受脤于社，有常服矣。”《左传·襄公二十七年》：“石恶将会宋之盟，受命而出。”

〔2〕圮地无舍：圮，毁坏、倒塌之意，《说文》：“圮，毁也。”《尔雅·释诂》：“圮，毁也。”圮地，指难于通行的地区。《九地篇》：“行山林、险阻、沮泽，凡难行之道者，为圮地。”舍，止，此处指宿营。梅尧臣注：“山林、险阻、沮泽之地，不可舍止，无所依也。”

〔3〕衢地交合：衢地，指四通八达之地。《说文》：“四达谓之衢。”《九地篇》：“四达者，衢地也。”交合，指结交邻国以为后援。张预注：“四通之地，旁有邻国，先往结之，以为交援。”

〔4〕绝地无留：绝地，指交通困难，又无水草粮食，部队难以生存之地。李筌注：“地无泉井、畜牧、采樵之处。”此句意为遇上绝地，不要停留。

〔5〕围地则谋：围地，指四面险阻、进退困难、易被包围之地。《九地篇》："所由入者隘，所从归者迂，彼寡可以击吾之众者，为围地。"谋，曹操注："发奇谋也。"即设奇计以摆脱困境。

〔6〕死地则战：死地，指走投无路的绝地，非力战难以求生。《九地篇》："疾战则存，不疾战则亡者，为死地。"又曰："无所往者，死地也。"

〔7〕涂有所不由：言有的道路不要通过。汉简《四变》此句下有释文为："徐（途）之所不由者，曰浅入则前事不信，深入则后利不接。动则不利，立则囚，如此者，弗由也。"贾林注："途且不利，虽近不从。"甚是。涂，即"途"，道路。由，从、通过。《论语·雍也》："谁能出不由户，何莫由斯道也。"

〔8〕军有所不击：指有的敌军不宜攻击。汉简《四变》此句下释文曰："军之所不击者，曰两军交和而舍，计吾力足以破其军，獾其将。远计之，有奇势巧权于它……如此者，军唯（虽）可击，弗击也。"

〔9〕城有所不攻：意为有的城邑不应攻取。汉简《四变》此句释文曰："城之所不攻者，曰计吾力足以拔之，拔之而不及利于前，得之而后弗能守，若力□之，城必不取。及于前，利得而城自降，利不得而不为害于后。若此者，城唯（虽）可攻，弗攻也。"张预注："拔之而不能守，委之而不为患，则不须攻也。又若深沟高垒，卒不能下，亦不可攻。"

〔10〕地有所不争：意为有些地方可以不去争夺。汉简《四变》释文曰："地之所不争者，曰山谷水□无能生者……如此者，弗争也。"张预注："得之不便于战，失之无害于己，则不须争也。又若辽远之地，虽得之，终非己有，亦不可争。"战国中期，秦统治者不从张仪先行攻韩之策，而采纳司马错的建议，攻取巴、蜀之地而暂时放过韩、魏，就是这方面经典的例子。

〔11〕君命有所不受：意为君主之命令可以不接受。君命不受之前提，即汉简《四变》所谓"君令有反此四变（指上述'涂有所不由'等四种情况）者，则弗行也"。曹操注："苟便于事，不拘于君命也。"《直解》："盖途必由，军必击，城必攻，地必争，君命必受者，常法也。今曰途有所不由，军有所不击，城有所不攻，地有所不争，君命有所不受者，亦变法耳。"有研究者认为：以上"四变"加上"圮地无舍"等"五地"，恰好为"九"种情况。故"君命有所不

受”的意思是，凡不合乎上述“九变”的，即便是君命，也可以拒不执行。① 可备一说。但这么说，还是太拘泥于具体数字了。“九”乃是虚数，形容极多而已。

按：拿破仑也有类似的主张：“总司令不能借口大臣或国王的命令来掩饰自己的罪过，因为大臣或国王都远离战场，他们很少知道或完全不知道当时的战争局势。（1）任何一个总司令，如果明明知道计划不好，而且有致命的危险，却仍然着手执行这个计划，那么，这个总司令就是罪犯。他应当向上级报告，要求修改计划，最后宁可辞职不干，也不能成为毁灭自己部队的祸首。（2）任何一个总司令，如果确信战争不能致胜，而仍旧遵照上级命令作战，那这个总司令也是罪犯。”②

〔12〕故将通于九变之地利者，知用兵矣：通，通晓、精通。《周易·系辞上》：“曲成万物而不遗，通乎昼夜之道而知。”此句意为将帅如果能通晓九种地形的利弊及其处置，就懂得如何用兵作战的奥妙了。

〔13〕将不通于九变之利者，虽知地形，不能得地之利矣：意为将帅如果不通晓九变的利弊，即使了解地形，也不能从中获得帮助。梅尧臣注：“知地不知变，安得地之利！”

〔14〕治兵不知九变之术：术，手段、方法。《孟子·告子下》：“教亦多术矣。”九变之术，指九变的利弊得失及其处置方法。

〔15〕五利：指“涂有所不由”至“君命有所不受”等五事之利。

〔16〕不能得人之用矣：指不能够充分发挥军队的战斗力。王皙注：“虽知五地之利，不通其变，如胶柱鼓瑟耳。”

校记

[1]“将受命于君”，《艺文类聚》卷五九引此“命”作“令”。

[2]“圮地无舍”，《御览》卷二七三引此作“氾地”。该地又于《九地篇》数见，汉简本并作“泛地”。

[3]“衢地交合”，武经本作“合交”，孙校本依《书钞》改为“合交”。

---

① 《中国军事史》编写组：《武经七书注译》，北京：解放军出版社，1986。

② 拿破仑：《拿破仑文选》，上册，351 页，陈太先译，胡平校，北京：商务印书馆，1980。

[4]“涂有所不由”，《通典》卷一五九引此“涂”上有“是以”二字。赵注本云：“‘涂’上疑脱一‘故’字，言为将者当知上文九变之道而进退之。”

[5]“君命有所不受”，此句前《通典》卷一五一引此有“将在军”三字，孙校本谓此乃诸葛武侯语，杜佑因之而致误也。按：《史记》本传与《三国志·魏书·王基传》《吴越春秋》《长短经·出军》引此，皆有此三字。

[6]“故将通于九变之地利者”，孙校本云：“原本‘利’上有‘地’字”，郑氏《遗说》同。按：《艺文类聚》《书钞》《御览》皆无“地”字，武经本亦无，樱田本同。

[7]“知用兵矣”，《御览》二七二卷引此“知”上有“则”字。《书钞》卷一一五引此无“矣”字，增“之法也”三字。

[8]“将不通于九变之利者”，武经本无“于”“者”二字，赵注本同。

[9]“不能得地之利矣”，樱田本“地”下无“之”字。

[10]“治兵不知九变之术”，《御览》卷二七二引此“兵”作“人”，“九”作“五”，且无“之术”二字。又，樱田本“术”下有“者”字。

[11]“虽知五利”，赵注本云：“‘五’字当作‘地’字。上文言不知变者，虽知之地形，无以得地之利，亦无以得人之用也。”于鬯《香草续校书》则谓“五利”应作“九利”，言“九变”之利固需知之，然只知“九变”之利而不知“九变”之术，则亦不能得人之用。

译文

孙子说：大凡用兵的法则是，将帅接受国君的命令，征集民众组织军队，出征时在“圮地”上不可驻扎，在“衢地”上应结交邻国，在“绝地”上不要停留，遇上“围地”要巧设奇谋，陷入“死地”要殊死战斗。有的道路不要通行，有的敌军不要攻打，有的城邑不要攻取，有的地方不要争夺，国君有的命令不必执行。所以将帅如果能够精通各种机变的利弊，就是懂得用兵了。将帅如果不能精通各种机变的利弊，那么，即使了解地形，也不能得到地形之利。指挥军队而不知道各种机变的方法，那么即便知道“五利”，也是不能充分发挥军队的战斗力的。

是故智者之虑〔1〕，必杂于利害〔2〕。杂于利而务可信也〔3〕[1]，杂于害而患可解也〔4〕[2]。

注释

〔1〕智者之虑：聪明的将帅思考问题。虑，思虑、思考。《古文尚书·太甲》："弗虑胡获，弗为胡成。"

〔2〕必杂于利害：必须充分考虑和兼顾有利与弊害两个方面。曹操注："在利思害，在害思利。"杂，《说文·衣部》："杂，五彩相会。从衣集声。"引申为掺杂、混合。《国语·郑语》："先王以土与金、木、水、火杂，以成百物。"韦昭注："杂，合也。"后又引申为兼顾。《何博士备论·晋论下》："盖为祸之形，常隐于福；为福之形，常隐于祸。人见其为今日之祸福而已，不就其所隐而逆窥之。是以于其未发，皆莫睹其昭然之形。此其为祸至于不可胜救之也。"

〔3〕杂于利而务可信也：意为如果考虑到事情有利的一面，则可实现战略目标。王皙注："曲尽其利，则可胜矣。"务，任务、事务。《广韵·遇韵》："务，事务也。"又，《周易·系辞》："夫《易》开物成务。"此处指"争胜于天下"的大事。信，通"伸"，舒展、伸张。《周易·系辞》："尺蠖之屈，以求信也。"

〔4〕杂于害而患可解也：意为在有利情况下考虑到不利的因素，祸患便可顺利消除。解，化解、消除。《荀子·臣道》："遂以解国之大患，除国之大害。"

校记

[1]"杂于利而务可信也"，汉简本作"故务可信"。《长短经·利害》引此"信"作"伸"，"伸"下无"也"字。《御览》卷二七二引此"信"下亦无"也"字。

[2]"杂于害而患可解也"，汉简本作"故忧患可解"。《长短经·利害》、《御览》卷二七二引此"解"下无"也"字。

译文

所以，聪明的将帅考虑问题，必须充分兼顾利与害两个方面。在不利情况下要看到有利的条件，大事便可顺利进行；在顺利情况下要看到不利的因素，祸患就能预先排除。

是故屈诸侯者以害〔1〕，役诸侯者以业〔2〕，趋诸侯者以利〔3〕[1]。

注释

〔1〕屈诸侯者以害：指用敌国所厌恶的事情去伤害它从而使它屈服。屈，屈服、屈从，此处作动词用，制服之意。《诗·鲁颂·泮水》：“顺彼长道，屈此群丑。”诸侯，此处指敌方、敌国。

〔2〕役诸侯者以业：指用危险的事情去烦劳敌国使它疲于奔命。梅尧臣注：“挠之以事则劳。”役，使、驱使。《荀子·正名》：“夫是之谓以己为物役矣。”业，曹操注：“业，事也。”此处特指危险的事情，与《诗经·商颂·长发》中“有震且业”之“业”义近。

〔3〕趋诸侯者以利：指用小利引诱调动敌人，使之奔走无暇。张预注：“动之以小利，使之必趋。”一说以利打动敌人使之归附追随自己。趋，奔赴、奔走，此处用作使动。

校记

[1]“趋诸侯者以利”，《御览》卷二七二“趋”作“趣”，通。

译文

要用各国诸侯最厌恶的事情去伤害它，迫使它屈服；要用各国诸侯感到危险的事情去困扰它，迫使它听从我们的驱使；要用小利去引诱各国诸侯，迫使它被动奔走。

故用兵之法，无恃其不来，恃吾有以待也〔1〕［1］；无恃其不攻［2］，恃吾有所不可攻也〔2〕［3］。

注释

〔1〕无恃其不来，恃吾有以待也：意为不要寄希望于敌人不来，而要依靠自己做好了充分的准备。梅尧臣注："所恃者，不懈也。"孔子有云："有文事者，必有武备；有武事者，必有文备。"（《史记·孔子世家》）恃，依赖、倚仗的意思。《庄子·列御寇》："河上有家贫，恃纬萧而食者。"有以待，指已做好充分的准备。

〔2〕无恃其不攻，恃吾有所不可攻也：意为不可寄希望于敌人不来进攻，而要依靠自己具备强大实力，使得敌人不敢贸然发起进攻。

校记

［1］"恃吾有以待也"，《通典》卷一五五与《御览》卷三三〇引此作"有能以待之也"。

［2］"无恃其不攻"，《通典》卷一五五与《御览》卷三三〇引此"攻"下又有"吾也"二字。

［3］"恃吾有所不可攻也"，《通典》卷一五五与《御览》卷三三〇引此作"不可攻"。

译文

所以用兵的原则是，不要寄希望于敌人不来，而要依靠自己做好了充分的准备；不要寄希望于敌人不进攻，而要依靠自己拥有使敌人无法进攻的力量。

故将有五危：必死，可杀也〔1〕［1］；必生，可虏也〔2〕［2］；忿速，可侮也〔3〕；廉洁［3］，可辱也〔4〕；爱民，可烦也〔5〕［4］。凡此五者，将之过也，用兵之灾也［5］。覆军杀将〔6〕［6］，必以五危〔7〕，不可不察也。

注释

〔1〕必死，可杀也：指将帅如果轻生决死，固执硬拼，就会有被杀的危险。曹操注："勇而无虑，必欲死斗，不可曲挠，可以奇伏中之。"必，固执、坚持的意思，与《论语·子罕》"毋意、毋必、毋固、毋我"中的"必"字义同。

〔2〕必生，可虏也：谓将帅如果一味贪生怕死，临阵畏怯，就有被俘虏的危险。张预注："临阵畏怯，必欲生返，当鼓噪乘之，可以虏也。"

〔3〕忿速，可侮也：言将帅如果急躁易怒，遇敌轻进，就有中敌人轻侮之计的危险。忿，愤怒、愤懑。《古文尚书·君陈》："尔无忿疾于顽。"速，快捷、迅速，这里指急躁、偏激。

〔4〕廉洁，可辱也：意为将帅如果过于洁身清廉，自矜名节，那就很有可能因敌人所散布的流言蜚语而感情冲动，以致不顾利害得失，但求一战而雪耻，舍身而徇名，"慕虚名而处实祸"《三国志·魏书·武帝纪》，这样就走向了反面，酿成了悲剧，就有受辱的危险。曹操注："廉洁之人，可污辱致之也。"

〔5〕爱民，可烦也：意为将帅的"仁"，应该是一种"大仁"，即从大局出发，以夺取战争胜利为最大的"仁"，最大的爱民，为此不惜付出必要的牺牲作为代价，如果溺于"爱民"（即古人常说的"妇人之仁"），而不知从全局把握问题，就容易为敌所乘，导致顾此失彼，疲于奔命，很可能由于不忍心牺牲局部而危及整个战局，这样就有被烦劳的危险。这就是所谓的"古之求集大事者，常不忍于负人，而终为人之所负者，以其相伺之机，间不容发故也。"（《何博士备论·刘伯升论》）张预注："民虽可爱，当审利害。若无微不救，无远不援，则出其所必趋，使烦而困也。"烦，相烦、烦劳。《左传·僖公三十年》："若亡郑而有益于君，敢以烦执事。"

按：这种辩证思维，在其他诸子那里也同样拥有。如《礼记·经解》对《六经》不足之处的反思，就与孙子"将有五危"的认识在性质上相似："《诗》之失，愚。《书》之失，诬。《乐》之失，奢。《易》之失，贼。《礼》之失，烦。《春秋》之失，乱。"

〔6〕覆军杀将：言使军队覆灭、将帅被杀。覆，覆灭、倾覆。《左传·隐公十一年》："吾子孙其覆亡之不暇，而况能禋祀许乎？"覆、杀，此处均为使动用法。

〔7〕必以五危：必，一定、肯定。《诗·邶风·旄丘》："何其久也，必有以也。"以，由、因。五危，即上述"必死""必生"等五事。《直解》云："此盖言其庸常之将，守一而不知变者如此。若知变通之道，又安可杀之、虏之、侮之、辱之、烦之哉！"

校记

［1］"可杀也"，平津馆本、《御览》卷二七二引此"可杀"下无"也"字。

［2］"可虏也"，《长短经·将体》、《御览》卷二七三引此"虏"皆误作"虑"。

［3］"廉洁"，汉简本作"洁廉"。

［4］"爱民，可烦也"，《御览》卷二七二引此作"爱人而烦"，又卷二七三引此作"爱人可烦也"。武经本以上五句句末均无"也"字，樱田本同，赵注本亦谓有"也"。

［5］"将之过也，用兵之灾也"，《长短经·将体》引此"将"下有"军"字，"过"与"灾"下皆无"也"字。

［6］"覆军杀将"，《书钞》卷一一五引此"杀"作"煞"。《御览》卷二七一"杀"误作"救"。

译文

将帅有五种致命的弱点：只知道死拼蛮干，就可能被诱杀；只顾贪生活命，就可能被俘虏；急躁易怒，就可能中敌人轻侮的奸计；一味廉洁好名，就可能陷入敌人污辱的圈套；不分主次"爱民"，就可能导致烦劳而不得安宁。以上五点，都是将帅的过错，也是用兵的灾难。军队遭到覆灭，将帅被敌擒杀，都一定是由这五种危险引起的，这不可不予以高度的警惕。

解读

《九变篇》主要论述了在作战过程中如何根据特殊的情况，辩证分析利弊得失，灵活变换战术以赢得战争的胜利，集中体现了孙子随机应变、灵活机动的作战指挥思想。其重要军事观点主要有以下几点：

1. 以“涂有所不由”等“五不”措施为基本内容的作战原则

这是“九变”问题的主旨之所在。灵活机动，应变自如，这是军事活动所应遵循的根本原则，是战场上夺取主动权、杀敌制胜的重要保障。整部《孙子兵法》都贯穿着这一精神，而《九变篇》则集中阐述了这方面的具体要求以及方法。

孙子认为，将帅应该根据五种不同的地理条件实施灵活的指挥，并明确提出以“五不”为内容的随机应变处置军事行动的具体要求，即“涂有所不由，军有所不击，城有所不攻，地有所不争，君命有所不受”。强调只有精通各种机变的方法，方能充分发挥军队的战斗力，才算是真正懂得和掌握了用兵之道。

应该指出的是，贯穿于整个“五不”原则的红线，乃是朴素辩证法的精神。它的实质含义，是要求战争指挥者透过现象看本质，综合比较，深入分析，权衡利弊，唯利是动。假如权衡后得出的结论有碍于实现战略目标，损害到根本利益，那就必须舍弃眼前的小利，不汲汲于一城一地的得失，暂时放过某些敌人，留待日后时机成熟后再去解决。如果国君的命令不符合实际情况，不利于军事行动的展开，那么就应该本着“进不求名，退不避罪，唯民是保，而利合于主”（《地形篇》）的态度，拒绝执行。这样做表面上似乎是违背了常理，否定了成规，实际上相反，乃是更好地遵循了军事斗争的基本规律，有利于最大限度地争取主动，夺取战争的胜利，因此应充分加以肯定。历史上夫差强争中原酿覆亡，马援误择险道致兵败，岑彭长驱入蜀击公孙，李渊不攻河东入关中，岳飞君命不受进中原，就从正反两个方面对孙子“五不”为中心的机变思想作出了具有说服力的实战诠释，对今天的军事家来说，仍不无一定的启示意义。

2. 见利思害、见害思利的辩证思维方法

稍早于孙子的大哲学家老子曾讲过这么一句充满辩证哲理的话：“祸兮福之所倚，福兮祸之所伏。”意思是事物之间具有普遍联系的特征，即使是在同一事物的内部，也存在着不同倾向相互对立、互为渗透的属性，利与害互为依存，相互转化，任何事物都是矛盾的对立统一。

军事斗争的性质也没有例外。孙子作为清醒的朴素唯物论者，对此有着深刻的认识。在他眼里，胜利和失败仅仅一线之隔，胜利中往往隐藏着危机，而失败里也常常包含着制胜的因素。因此他要求战争指挥者要善于保持清醒的头脑，尽可能做到全面辩证地观察问题，正确地处理战争中的利害得失，趋利避害，防患于未然，制胜于久远。

孙子讲“杂于利害”，除辩证看待利害之外，还有一层重要的意思，这就是怎样正确处理眼前利益与长远利益的关系。利有大利，有小利，有眼前之利，有长远之利，这是根本与枝节、实质与表面的关系问题。作为一个有哲学头脑的成熟战争指挥者，不能见了利便热血偾张，直奔主题，而应该先分清它的主次本末，再作主张。总之，“捡了芝麻，丢了西瓜”是非常愚蠢的做法，只有设法加以避免，才算是取得了谈战略、论战法的进门资格。

孙子说：“百战百胜，非善之善者也；不战而屈人之兵，善之善者也。”这里讲的正是争取掌握长远之利、根本之利的问题。有的战争，从表面战果统计来衡量，算是打胜了，可是在胜利表象的背后，孕育着新的危机，留下了无穷的后患：“杀敌一千，自损八百”，师老民疲，祸不旋踵。所以孙子“杂于利害”的观点启迪所有战争指挥者：眼前利益和长远利益要统一起来。二者发生冲突时，必须以长远利益为归宿，枝节服从根本，短期服从长期，眼前服从长远，局部服从全局，战术服从战略。

春秋历史上晋楚争霸的鄢陵之战，就是这方面具有极强说服力的例子，晋国大臣范文子洞察入微，参悟长远战略利益与眼前战术得失之间的关系，更在中国军事学术发展史上写下了浓彩重墨的一笔。

众所周知，晋楚争霸是整个春秋历史的关键事件。而在晋楚争霸战争史上，城濮之战、邲之战、鄢陵之战又各具里程碑式的意义。城濮之战使得晋文公“取威定霸”，一跃而成为中原地区的霸主，“口含天宪”，号令诸侯，使楚国在很长时间里北进中原的势头受到遏制。而邲之战的结果是楚庄王“一鸣惊人”，兵进中原，陈师周疆，问鼎之轻重，俨然取代晋国而成为诸侯之伯。鄢陵之战则是晋楚这两个“超级大国”争霸战的第三次，也是两国军队最后一次主力大会战。是役晋胜楚败的结局标志着楚国对中原的争夺从此走向颓势，晋国卷土重来，再一次对老对手楚国形成明显的优势，其霸业发展到了鼎盛的阶段。

按常理说，范文子作为晋国统治集团核心成员之一，应该对自己国家的大获全胜感到由衷的欢欣鼓舞才对。的确，把多年的劲敌楚国杀得大败亏输、溃不成军，使郑、宋等中小诸侯国纷纷叛楚附晋，改换门庭，实在是一件扬眉吐气、极有面子的事情！然而，实际的情况完全不是这样，范文子从一开始就反对晋国从事这场战争，而战争的高奏凯歌，也同样不能激起他的兴奋和快感。

早在进行鄢陵之战战略决策之时，范文子就明确表示不赞成己方向楚国开战。他的主要理由是，晋国的忧患在内部而不在外部："我伪逃楚，可以纾忧……我若群臣辑睦以事君，多矣。"（《左传·成公十六年》）指出晋国现在之所以还能保持内部团结，上下齐心，就是因为有强敌楚国的存在，既然如此，那么还不如保留楚国这个外患来为晋国造福，"唯圣人能外内无患。自非圣人，外宁必有内忧。盍释楚以为外惧乎！"（《左传·成公十六年》）反之，一旦打败了楚国，大家觉得去了外患就会高枕无忧，内部迟早会争权夺利闹分裂。所以，他一再主张避免和楚军进行正面交锋。应该说，他的这个认识与后来孟子"无敌国外患者，国恒亡"的见解相一致，也与晋国当时的社会政治生态局面相符合。遗憾的是，晋国当时的执政者（领导核心）、中军主帅栾书却是战略目光短视而又自我感觉良好、自以为是的庸人，他只看到表面上对晋军有利的作战形势，认为同楚军打仗有胜出的把握，坚决主张早打，大打，一仗决出雌雄。战略意识同样平庸的晋厉公采纳了栾书的意见，于是大举兴师，与楚军在鄢陵地区摆开阵势，杀个昏天黑地，日月无光。

从表面上看，鄢陵之战如栾书之流所料是晋军打赢了。这当然使得晋国上下雀跃欢腾，载歌载舞，把酒庆祝，论功行赏。然而头脑异常冷静的范文子并不为这种胜利的表象所迷惑，仍然坚持自己的初衷，面对着晋军自鄢陵凯旋的热闹场面，他不但没有感到丝毫高兴，反而更加忧心忡忡、寝食不安，认为内乱就要爆发，大祸就要临头，甚至希望自己快点离开这个人世，以躲避这场劫难。他说："君骄侈而克敌，是天益其疾也。难将作矣！爱我者唯祝我，使我速死，无及于难，范氏之福也。"（《左传·成公十七年》）

形势的发展果真证实了范文子的战略远见。晋国的霸业达到辉煌顶点之时，也正是晋国衰落的命运萌芽之始。晋厉公取得鄢陵之战大捷后，认为已没有外患对自己构成威胁，于是就掉转矛头，集中精力对付国内的强卿大宗，"晋厉公侈，多外嬖，反自鄢陵，欲尽去群大夫，而立其左右"（《左传·成公十七年》），诛杀"三郤"，剥夺栾氏、中行氏的权力。由于这些举措严重触犯了强卿大宗的既得利益，于是晋国内部各种矛盾迅速激化，政治动乱随之爆发，晋厉公的亲信胥童等人丧命刀下，厉公本人也最终走上人生不归路，呜呼哀哉！这场残酷血腥的内部动乱，使得晋国在鄢陵之战后所取得的相对战略优势很快化为乌有，也导致晋国的政局长期处于动荡不安之中。日后虽然也曾短暂出现过“晋悼公复霸”的历史场面，但毕竟是强弩之末，回光返照了。从某种意义上说，后来齐、晋盟国关系破裂，晋室一蹶不振，乃至最终导致“三家分晋”格局的形成，都可以从鄢陵之战看出端倪。由此可见，范文子有关鄢陵之战的认识，的确是极其宝贵的战略远见，所谓“知彼知己，胜乃不殆；知天知地，胜乃不穷”（《地形篇》），可惜的是，他的战略远见未能为战略决策者所重视，枉费了他的一番良苦用心。否则，整个春秋战国的历史或许可以重写。

这里，范文子看到的是长远利益，其观察问题的角度是“杂于利害”；而晋厉公和中军主帅栾书看到的是眼前利益，思维方式是单向、直观的，结果让暂时的表面的利益遮蒙了自己的理智，做出了极其错误的战略抉择，损害了根本的战略利益。由此可见，脱离长远的利益去追求一时的成功，是多么的危险，是何等的愚蠢！

“杂于利害”，还要求战略决策者妥善处理道德与功利的关系，即做到义与利的高度统一。我们知道，中国古代文化的核心是儒家文化，而儒家是非常讨厌谈论功利的，“耻于言利”。孟子见梁惠王，第一句话便是“王何必曰利，亦有仁义而已矣”（《孟子·梁惠王上》）。他的前辈孔老夫子也说：“君子喻于义，小人喻于利。”（《论语·里仁》）宋朝那些理学家，像程颢、程颐、朱熹等辈，更进一步，开口闭口“存天理，灭人欲”，“饿死事小，失节事大”。而兵家是不信这一套鬼话的，不但不信，还要奚落、挖苦。兵家把追求功利放在第一位，兵“以利动”，这当然是对的，不像儒家那样“迂远而阔于事情”（《史记·孟子荀卿列传》），但是，这并不意味着义与利应该完全对立，水火不容，而是应该有机统一起来，见利思义，见义思利，这也是“杂于利害”的应有之义。否则打破了道德的最后底线，必然是为非作歹，百无禁忌，所有的掩饰都不要，所有的招牌都打碎，人欲横流，利令智昏，其实只会对赢得真正的利益造成障碍，到头来因小而失大，得不偿失。法家的沉沦就是典型。法家是最讲功利的，按其观点，人与人之间都是钩心斗角、彼此利用的势利关系，“臣尽死力以与君市，君垂爵禄以与臣市”（《韩非子·难一》），可是以势利相交，必定是利尽而交随之中绝。然而恰恰是这种“算计之心”“自为之心”的张扬，使得人与人之间的关系极端紧张，冲突迭起，连法家内部也不得安生，师生反目，同门相残，韩非子被同窗好友李斯活活整死，便是证明。过于言“利”，结果不是别的，就是法家在后世学统不彰，声势消沉。可见“杂于利害”考虑问题，“利”与“义”就应该协调、统一，可以分出轩轾，区别主次，但不可以一笔抹杀其中任何一个。像儒家那样做谦谦君子固然大可不必，但是“义”作为一种补充，一种价值观，也不可以彻底拒绝。

其实，即便是儒家，也不是不讲利，而是强调必须以仁义为统帅，利应服从于义，所反对的只是唯利是图，孔子说：“放于利而行，多怨”（《论语·里仁》），问题不是“利”，而是“放”，过了度、超了限就不行。董仲舒讲：“修其理不急其功”，“功”是可以求的，关键是不要太热衷、太急切，即“不急”而已。由此可见，孙子的“杂于利害”观念与儒家的思想方式是可以沟通的，优势互补是它们共同作用于中华文化发展的最佳选择。

真正有成就的军事思想家，都是具有深刻的辩证法思想的，也就是说，在认识事物、驾驭战争时都能“杂于利害”。中国如此，外国也一样。譬如近代普鲁士军事理论家克劳塞维茨，他在军事学术上的最大贡献，就在于他深深受到古典哲学大师黑格尔辩证法的影响，自觉地将联系、辩证的思想方法运用于对战争现象的研究，从而科学地揭示了战争的运动规律及其发展变化的内在动因。克劳塞维茨关于进攻与防御相互关系的阐发，最集中地体现了这一特征。他这么讲：“如果两个概念真正构成了逻辑上的对立，也就是说其中的一个概念是另一个的补充，那么，实际上从一个概念就可以得出另一个概念来。”①

这就是克劳塞维茨研究进攻与防御关系时所遵循的哲学思维。他不是把进攻与防御对立起来，割裂开来，而是在进攻中看到了防御，在防御中看到了进攻。进攻与防御既相互渗透，又相互转化，二者不是什么绝对的东西：“每一种防御手段都会引起一种进攻手段”，“一种进攻手段是随着一种防御手段的出现而自然出现的”。换句话说，防御“决不是绝对的等待和抵御……因而多少带有

① 克劳塞维茨：《战争论》，第3卷，773页，中国人民解放军军事科学院译，北京：商务印书馆，1978。

一些进攻因素”；同样，“进攻也不是单一的整体，而是不断同防御交错着的”。[①] 克劳塞维茨进而分析比较了进攻与防御这两种作战形式的优缺点，认为它们都是利弊共存：进攻是较弱的形式，但具有积极的目的；而防御则是较强的形式，但具有消极的目的。[②] 因而在战争中，“谁认为自己的力量相当强大，足以采取进攻这种较弱的作战形式，谁就可以追求较大的目的；谁要给自己提出较小的目的，谁就可以利用防御这种较强的作战形式的利益”[③]。

显而易见，克劳塞维茨关于进攻与防御关系的辩证思维，其进攻与防御互为包容，互有利弊的观念，在精神实质上，与孙子“杂于利害”的理性认识有着相通一致的地方。这充分说明，古今中外的军事学说，只有形式或表述上的不同，而没有精神实质上的对立。

孙子“杂于利害”的主张，乃是一个带普遍性的指导原则，也是其“五不”为内涵的机变制胜理论的哲学基础。它的精义在于辩证对待利害关系，知于未萌，预作准备，顺利时能做到冷静沉着，找到差距，从而保持优势，防止意外；遭到挫折时能做到不丧失信心，正视现实，坚持不懈，从而摆脱被动，走向胜利。从这层意义上看，孙子“杂于利害”的思想，又是超越单纯军事领域的，而具有方法论的普遍意义。对于我们从事任何工作，都有着深刻的启示作用。

3. 有备无患的战争准备思想

在本篇中，孙子还深刻地阐述了有备无患的备战思想，强调不能寄希望于敌人“不来”“不攻”，而要立足于自己做好充分的准备，拥有强大的实力，震慑住敌人，使其不敢轻举妄动。孙子认为夺取战争的胜利，必须具备主客观条件，二者缺一不可。活用“九变”，机动灵活，属于发挥主观能动性的范畴，它是制胜的重要途径，但是要使它真正发挥作用，还应该有强大的军事实力作后盾，而强大的实力则来自认真的备战。从这个意义上说，“恃吾有以待也”“恃吾有所不可攻也”，可谓“九变”方法实施的必要条件。

---

① 克劳塞维茨：《战争论》，第3卷，774页，中国人民解放军军事科学院译，北京：商务印书馆，1978。

② 克劳塞维茨：《战争论》，第1卷，14页，中国人民解放军军事科学院译，北京：商务印书馆，1978。

③ 克劳塞维茨：《战争论》，第2卷，479页，中国人民解放军军事科学院译，北京：商务印书馆，1978。

需要指出的是，孙子有备无患的思想还具有更深刻的内涵，它揭示了国防建设的一般规律。“备者，国之重”（《墨子·七患》），在阶级社会里，战争是不可避免的社会现象。历史上，总有少数战争狂人，出于满足称霸等私欲，乞灵于战争，穷兵黩武，将战争强加在人们的头上。乞求这些人发慈悲偃旗息鼓是幼稚而不现实的。正确的对策是，既反对战争，又不惧怕战争，以战止战，争取和平。

要做到“有以待”“有所不可攻”，就必须修明政治，动员民众，发展经济，加强军队建设。这样广大民众才会积极投身于国防建设事业，国家才有足够的经济力量支持反侵略战争，军队才能有强大的战斗力粉碎敌对势力的进攻，这些都是确保国家安全的基本条件，也是孙子有备无患思想应有的逻辑意义。

4. 重视将帅个人的性格修养，防止“覆军杀将”悲剧的发生

在孙子的心目中，将帅是国家的辅木、军队的主宰，他的才能、品德在很大程度上关系着战争的胜负。同样的道理，能否实施随机应变、灵活机动的作战指挥，也依赖于将帅个人的主观条件。基于这样的认识，孙子强调，为了真正贯彻“九变”的灵活作战指导原则，必须高度重视将帅队伍的建设。为此，他在本篇结尾处语重心长地叮嘱那些身为将帅的人，要注意努力克服自己性格上“必死”“必生”“忿速”“廉洁”“爱民”等五种缺陷，以避免“覆军杀将”这一类悲剧的发生。

孙子的这番论述，是他关于“九变”原则实施的条件保障，也是他朴素军事辩证法思想的集中体现。众所周知，春秋时期朴素辩证法思想的重要属性之一，是事物转化观点上“节”与“度”概念的提出。当时一些著名思想家，如孔子、老子等人已对事物转化的临界点——“度”有了较为深刻的认识，认为要保持事物的稳定性，既不可不及，又不能太过，“过犹不及”。孙子“将有五危”论述就是这种社会思潮理性精神在军事领域的反映。其实勇于牺牲、善于保全、同仇敌忾、廉洁自律、爱民善卒等等，本来都是将帅应有的优良品德，然而一旦过了度，也就是说假如发展到“必”这一程度的话，那么性质就起了变化，走向了反面，而成为“覆军杀将”的诱因了。“杂于利害”，归根结底，像以“节”控“势”的情况一样，也是一个把握“度”的问题，它是用兵打仗上的“中庸之道”，提倡的是掌控事物变化的临界点，既不要做过头，也不要做不到，顺境之中不忘乎所以，逆境之中不灰心丧气。用兵讲求变化，变化越多越好，越神鬼莫测越高明巧妙。所以要“九变”，“不拘常法，临事适变，从宜而行之之谓也”。然而，这种灵活机动、随机应变、屈伸自如不是毫无规律、杂乱无章、随心所欲的“变化多端”，而是有分寸感，有大局观，恰到好处的“权宜机变”。看上去眼花缭乱，应接不暇，实质上丝丝入扣、斐然成章。所以它才是中国古典哲学中最佳的境界：极高明而道中庸。事实正是如此，不高明就没有辉煌灿烂的兵学文化，不中庸则不可能使这种兵学文化长期稳定而守恒。《孙子兵法》仅仅凭“杂以利害”这一条原则，就足以垂万古而不朽了！

由此可见，因敌变化、辩证分析正是本篇主旨所在。

行军篇

题解

在战争指导相关规律性、原则性问题得以充分揭示与阐发的基础上，孙子从本篇开始，进入具体战术要领的说明。大军行动的第一步骤，就是军队的部署与展开，观察敌情，准备战斗。这样，就合乎逻辑地进入“行军”的节奏。故本篇的主要内涵，是论述军队在不同的地理条件下如何行军作战、如何驻扎安营以及怎样根据不同情况，透过具体表象看本质，观察、分析、判断敌情，从而作出正确应对之策等一系列问题。孙子认为，“处军相敌”是作战指挥中的重要问题，事关战争大局，强调在行军作战中，首先要将军队处置好，而“处军”的重要内容，便是要善于利用有利的地形，避开不利的地形。为此他列举了山地、江河、沼泽、平原等四种地形的不同处军原则，并进而将利用地形的基本特点归纳为“凡军好高而恶下，贵阳而贱阴，养生而处实”。这是孙子对前人和当时利用地形经验的科学总结。在“处军”得宜的前提下，孙子强调“相敌”的重要性，即主张充分了解敌情，正确分析判断敌情。他从实战经验中概括出三十余种侦察判断敌情的方法。这些概括的特点就是透过现象看本质，体现了孙子军事思想中的朴素辩证法色彩。孙子在本篇中还提出了一个重要的作战指导思想，即认为打仗并非兵力愈多愈好，关键在于能否集中兵力（并力），准确判断敌情（料敌），争取人心（取人）。反对少谋无虑、轻敌冒进。同时，孙子还扼要论述了治军的基本原则：“令之以文，齐之以武”，主张教罚并用，宽严结合，以求得“与众相得”，夺取战争的胜利。

行军，这里不同于现代军语中的“行军”概念，是指如何部署、动用军队。“行”指军队的行军布阵，“军”指军队的屯驻、驻扎或展开。“行”，音“杭”，行列、阵势。《周礼・夏官》：“行司马。”郑玄注：“行，谓军行列。”《老子》第六十九章：“是谓行无行。”王弼注：“行，谓行陈也。”“军”，屯、驻扎。《国语・晋语》：“军于庐柳。”韦昭注：“犹屯也。”《史记・项羽本纪》：“沛公军霸上。”“军”即军队的驻扎、屯驻。本篇题意，曹操注：“择便利而行也。”王皙注：“行军当据地，便察敌情也。”张预注：“知九地之变，然后可以择利而行军，故次《九变》。”诸家之注，均言有所得。

孙子曰：凡处军〔1〕、相敌〔2〕：绝山依谷〔3〕，视生处高〔4〕，战隆无登〔5〕[1]，此处山之军也[2]。绝水必远水〔6〕[3]，客〔7〕绝水而来，勿迎之于水内[4]，令半济而击之〔8〕[5]，利，欲战者，无附于水而迎客〔9〕[6]，视生处高，无迎水流〔10〕，此处水上之军也[7]。绝斥泽〔11〕[8]，惟亟去无留〔12〕[9]，若交军于斥泽之中〔13〕[10]，必依水草而背众树〔14〕[11]，此处斥泽之军也。平陆处易而右背高〔15〕[12]，前死后生〔16〕，此处平陆之军也。凡此四军之利〔17〕[13]，黄帝之所以胜四帝也〔18〕[14]。

注释

〔1〕处军：指行军舍营、处置军队，即在不同地形条件下，军队行军、作战、驻扎诸方面的处置方法。《武经七书汇解》："必于便利之地安置我军也。"处，处置、部署的意思。

〔2〕相敌：意为观察、判断敌情。相，视、看、观察的意思。《左传·隐公十一年》："量力而行之，相时而动。"

〔3〕绝山依谷：指通过山地要傍依溪谷行进。张预注："凡行军越过山险，必依附溪谷而居。一则利水草，一则负险固。"绝，越度、穿越。《汉书·成帝纪》："不敢绝驰道。"颜师古注："绝，横度也。"依，傍依、靠近。王皙注："依，谓附近耳。"

〔4〕视生处高：视，看、审察，这里是面向的意思。生，生处、生地，此处指向阳地带。曹操注："生者，阳也。"李筌注："向阳曰生。"高，高地。处高，即居高的意思，即依托高地。视生处高，指的是军队驻扎，要面南朝阳，居隆高之地，即居高向阳，《孙膑兵法·八阵》有云："居生击死。"杜牧注："言须处高而面南也。"

〔5〕战隆无登：指在隆高之地同敌人作战，不宜自下而上进行仰攻。战，战斗。隆，高地。登，登攀、仰攻。曹操注："无迎高也。"张预注："敌处隆高之地，不可登迎与战。"

〔6〕绝水必远水：意为横渡江河，一定要在离江河稍远处驻扎。张预注：

“凡行军过水，欲舍止者，必去水稍远。一则引敌使渡，一则进退无碍。”绝，横渡也。《荀子·劝学》：“假舟楫者，非能水也，而绝江河。”远，此处形容词作动词用，远离之意。

〔7〕客：指敌军，进攻之敌。下同。《礼记·月令》注：“为客不利。”疏引《正义》曰：“起兵伐人者谓之客。”主客，古代兵法重要范畴之一。就作战双方而言，主指己方，客指敌方；就作战形式而言，主指防御一方，客指进攻一方；就作战态势而言，主指主动一方，客指被动一方。

〔8〕令半济而击之：让敌军渡河渡到一半时发动攻击。此时敌军首尾不接，行列混乱，攻之容易取胜。济，渡河。半济，指渡过一半。

〔9〕无附于水而迎客：不要在挨近江河之处同敌人作战。无，勿、毋。附，毗近的意思。迎，迎击。

〔10〕无迎水流：意为勿居下游，此指不要把军队驻扎在江河下流处，以防敌人决水、投毒。贾林注：“水流之地，可以溉吾军，可以流毒药。迎，逆也。”

〔11〕绝斥泽：通过盐碱沼泽地带。斥，盐碱地。《尚书·禹贡》：“厥土白坟，海滨广斥”，郑玄注云：“斥谓地咸卤。”通常“斥卤”合称，如《吕氏春秋·乐成》：“终古斥卤，生之稻粱。”

〔12〕惟亟去无留：惟，宜、应该。亟，急、迅速。去，离开。意为遇盐碱沼泽地带，应当迅速离开，切莫停留驻军。

〔13〕若交军于斥泽之中：言在盐碱沼泽地带与敌作战。交军，两军相交，指同敌军对峙交战。

〔14〕必依水草而背众树：指一定要依近水草并背靠树林。依，依近、靠近。背，背靠、倚托。张预注：“不得已而会兵于此地，必依近水草以便樵汲，背倚林木以为险阻。”

〔15〕平陆处易而右背高：指遇到开阔地带，也应选择平坦之处安营，并把军队的侧翼部署在高地之前，以高地为依托。平陆，开阔的平原地带。易，平坦之地。右，指军队的主要侧翼。右背高，指军队侧翼要后背高地以为依托。一说，右，上的意思；右背高，即以背靠高地为上。

〔16〕前死后生：前低后高。生、死此处指地势的高、低。《淮南子·地形训》：“高者为生，下者为死。”《淮南子·兵略训》：“所谓地利者，后生而前死。”本句意为在平原地带作战，也要做到背靠山险而面向平易。

〔17〕凡此四军之利：四军，指上述山地丘陵、江河、盐碱沼泽地、平原四种地形条件下的处军原则。

〔18〕黄帝之所以胜四帝也：这就是黄帝之所以能战胜四方部族首领的缘由。曹操注："黄帝始立，四方诸侯无不称帝，以此四地胜之也。"《直解》亦曰："黄帝即轩辕，以其土德王天下，故曰黄帝，兵家之法所由始也。"又汉简本《黄帝伐赤帝》云："（南伐赤帝）……东伐（青）帝……北逐黑帝……西伐白帝……已胜四帝，大有天下。"黄帝是传说中的中华民族祖先，部族联盟首领，号轩辕氏，居有熊。传说他曾败炎帝于阪泉，诛蚩尤于涿鹿，北逐獯鬻（荤粥），合符釜山，统一了黄河流域。事见《竹书纪年》与《史记·五帝本纪》。四帝，四方之帝，即周边部族联盟的首领，一般泛指炎帝、蚩尤等人。

校记

［1］"战隆无登"，汉简本作"战降毋登"，《通典》卷一五六与《御览》卷三〇六引此同。并且杜佑注云："降，下也……，战于山下，敌引之上山，无登逐也。"杜牧注亦云："一作'战降无登'。"张预注亦云："一本作'战降无登'。"因此《孙子兵法》故书或本作"降"字，至唐宋而有"隆""降"之异。

［2］"此处山之军也"，《通典》卷一五六与《御览》卷二〇六引此，"山"下又有"谷"字。

［3］"绝水必远水"，《通典》卷一六〇"绝"前又有"敌若"二字。孙校本云："按绝水必远水者，谓我过水而处军，则必远于水也。下文客绝水而来，始就敌人言之。……杜佑沿袭其文而不察，所以致误也。"孙说是。

［4］"勿迎之于水内"，《长短经·水火》引此作"迎之于水内"，无"勿"字。

［5］"令半济而击之"，《御览》卷三〇六"令"下有"之"字。平津馆本"半济"作"半渡"，《通典》卷一六〇与《御览》卷三〇六同。《长短经·水火》引此"令"下有"敌"字。

［6］"欲战者，无附于水而迎客"，《长短经·水火》引此作"欲战，无附于水而迎客也"。《通典》卷一六〇引此同，然"客"下无"也"字。《御览》卷三〇六引此作"欲战，无附水而迎于客也"。

［7］"此处水上之军也"，《长短经·水火》引此作"谓处水上之军"。《御

览》卷三〇六引此无“此”字。

［8］“绝斥泽”，汉简本“斥”作“沂”，简文“沂”疑为“泝”之形误。“泝”可读为“斥”。

［9］“无留”，樱田本“无”作“莫”，《直解》与赵注本作“勿”。《御览》卷三〇六“留”作“流”，误，而卷三二五引此不误。

［10］“若交军于斥泽之中”，《通典》卷一五七引此“若”作“为”，《御览》卷三〇六引此无“若”字。

［11］“必依水草而背众树”，汉简本“依”上无“必”字。“众树”，杜佑注：“一本作众木。”

［12］“而右背高”，武经本与樱田本皆无“而”字，《御览》卷三〇六“而”作“左”，误；又同卷“背”作“倍”。

［13］“凡此四军之利”，汉简本无“此”字，樱田本同。《御览》卷三〇六引此亦无“此”字。

［14］“黄帝之所以胜四帝也”，《御览》卷三〇六引此无“之”字，《直解》、赵注本同。《御览》“也”上又有“者”字。梅尧臣与王皙注皆谓“四帝”乃“四军”之误。赵注本又云：“或曰：……‘帝’字即‘方’字之误。”于鬯《香草续校书》又疑“四帝”乃“炎帝”之误。

译文

孙子说：凡是处置部署军队和观察判断敌情，都应该注意：通过山地，要靠近有水草的山谷，驻扎在居高向阳的地方，不要去仰攻敌人占领了的高地，这是在山地部署机动军队的原则。横渡江河，必须在远离江河处驻扎，敌人渡水来战，不要在江河中予以迎击，而要等其渡过一半时再进行攻击，这样才有利，如果要同敌人决战，不要紧挨水边布兵列阵，在江河地带驻扎也应当居高向阳，不可面迎水流，这是在江河地带部署机动军队的原则。通过盐碱沼泽地带，应该迅速离开，不要停留，倘若同敌人相遇于盐碱沼泽地带，那就一定要靠近水草并背靠树林，这是在盐碱沼泽地带部署机动军队的原则。在平原地带，要占领平坦开阔地域，而侧翼则应倚托高地，做到前低后高，这是在平原地带部署机动军队的原则。以上四种军队部署原则运用带来的好处，正是黄帝之所以能战胜其他“四帝”的原因。

凡军好高而恶下〔1〕[1]，贵阳而贱阴〔2〕，养生而处实〔3〕[2]，军无百疾，是谓必胜〔4〕[3]。丘陵堤防，必处其阳而右背之〔5〕[4]。此兵之利，地之助也〔6〕[5]。上雨，水沫至，欲涉者，待其定也〔7〕[6]。凡地有绝涧〔8〕、天井〔9〕、天牢〔10〕[7]、天罗〔11〕[8]、天陷〔12〕[9]、天隙〔13〕[10]，必亟去之[11]，勿近也。吾远之，敌近之；吾迎之，敌背之〔14〕。军行有险阻〔15〕[12]、潢井〔16〕、葭苇〔17〕[13]、山林、蘙荟〔18〕[14]者，必谨覆索之〔19〕[15]，此伏奸之所处也〔20〕[16]。

注释

〔1〕好高而恶下：好，喜爱、乐意。恶，厌恶、讨厌。张预注："居高则便于观望，利于驰逐；处下则难以为固，易以生疾。"

〔2〕贵阳而贱阴：指看重向阳之处而不喜欢阴湿地带。梅尧臣注："处阳则明顺，处阴则晦逆。"

〔3〕养生而处实：指军队要选择水草和粮食充足、物资供给方便的地域驻扎。养生，指水草丰盛，粮食充足，便于军队生活。曹操注："养生，向水草，可放牧养畜乘。"处实，指军需物资供应便利。梅尧臣注："处实，利粮道。"

〔4〕军无百疾，是谓必胜：张预注："居高面阳，养生处厚，可以必胜；地气干熯，故疾疠不作。"

〔5〕必处其阳而右背之：指置军于向阳之地并使其主要侧翼背靠高地。

〔6〕地之助：意为得自地形条件的辅助。梅尧臣注："兵所利者，得形势以为助。"

〔7〕上雨，水沫至，欲涉者，待其定也：沫，张预注："沫，谓水上泡沤。"涉，原义为步行渡水，这里泛指渡水。定，指水势平稳。

〔8〕绝涧：指溪谷深峻、水流其间的险恶地形。曹操注："山深水大者为绝涧。"

〔9〕天井：指四周高峻、中间低洼的地形。曹操注："四方高、中央下者为天井。"

〔10〕天牢：牢，牢狱。天牢即是对高山环绕、烟雾弥漫、易进难出的地形之形象描述。王皙注："牢，谓如狱牢。"张预注："山险环绕，所入者隘，为天牢。"

〔11〕天罗：罗，罗网。指草深林密，荆棘丛生，军队进入后行动困难，有如深陷罗网无法摆脱的地形。曹操注："可以罗绝人者为天罗。"

〔12〕天陷：陷，陷阱。指地势低洼、道路泥泞、车马易陷的地带。曹操注："地形陷者为天陷。"张预注："陂池泥泞，渐车凝骑。"

〔13〕天隙：隙，狭隙，指两山相向、沟坑交错、涧道狭窄险恶、难以通过的地形。曹操注："山涧道迫狭，地形深数尺、长数丈者为天隙。"

〔14〕吾远之，敌近之；吾迎之，敌背之：意为对于上述"绝涧"等"六害"地形，我们要远离它、正对它，而让敌军去接近它、背靠它。梅尧臣注："言六害，当使我远而敌附，我向而敌倚，则我利敌凶。"之，指"绝涧"等六种不利地形。

〔15〕军行有险阻：险阻，《康熙字典》引《释名》："山巇曰险，水隔曰阻。"曹操注："险者，一高一下之地；阻者，多水也。"

〔16〕潢井：指积水低洼之地。《汉书·龚遂传》颜师古注："积水曰潢。"又曹操注："潢者，池也；井者，下也。"

〔17〕葭苇：芦苇，这里泛指水草丛聚之地。曹操注："葭苇者，众草所聚。"

〔18〕山林、蘙荟：指山林森然，草木繁茂。曹操注："山林者，众木所居也；蘙荟者，可屏蔽之处也。"

〔19〕必谨覆索之：一定要仔细、反复地进行搜索。谨，谨慎。覆，反复。索，搜索、寻找。

〔20〕此伏奸之所处也：指"险阻""潢井"等处往往是敌人伏兵或奸细的藏身之处。张预注："恐兵伏其中，又虑奸细潜隐，觇我虚实，听我号令。伏、奸，当为两事。"

校记

[1]"凡军好高而恶下"，孙校本依《通典》卷一五八、《御览》卷三〇六引

文改“好”为“喜”。《御览》卷三〇六注：“喜一作好。”

［2］“养生而处实”，武经本与樱田本均无“而”字，赵注本同。

［3］“军无百疾，是谓必胜”，汉简本无“是谓必胜”，疑脱，《通典》卷一五六、《御览》卷三〇六两句互倒，且“谓”作“为”，作“是为必胜，军无百疾”。

［4］“处其阳而右背之”，《通典》卷一五六与《御览》卷三〇六引此“阳”上有“高”字。《御览》“背之”又作“背也”。

［5］“地之助也”，《通典》卷一五六与《御览》卷三〇六引此“地”上有“而”字。

［6］“上雨，水沫至，欲涉者，待其定也”，“水沫至”，汉简本作“水流至”。“欲涉者”，汉简本作“止涉”。

［7］“天牢”，汉简本有“天窖”，当即“天牢”。“牢”“窖”义通。

［8］“天罗”，汉简本有“天离”，当即“天罗”。“罗”“离”音近义通。

［9］“天陷”，汉简本有“天䧟”，或即“天陷”。

［10］“天隙”，汉简本有“天郄”，《通典》卷一五九、《御览》卷三〇六引皆同，当即“天隙”。“隙”“郄”音同义通。

［11］“必亟去之”，《御览》卷一五九于此句之上有“大害”二字。

［12］“军行有险阻”，孙校本依《通典》卷一五〇、《御览》卷二九一和卷三〇六改作“军旁”。武经本也作“军旁”，樱田本同。

［13］“葭苇”，武经本作“蒹葭”，樱田本同。查汉简本作“□苇”，因此□处亦当作“葭”。又《御览》卷三九一、三〇六皆作“并葭苇”。孙校本据《通典》《御览》增“生”字，作“并生葭苇”。

［14］“山林、蘙荟”，武经本“山林”作“林木”，樱田本同。汉简本作“小林”，《御览》卷二九一与卷三〇六两引并同。而《通典》卷一五〇引却作“山林”。汉简本“蘙荟”作“翳浍”，下又有“可伏匿者”四字。

［15］“必谨覆索之”，汉简本无“必”字。

［16］“此伏奸之所处也”，汉简本作“奸之所处也”。武经本作“此伏奸之所”，樱田本同。孙校本据《通典》《御览》改作“此伏奸之所藏处”。

译文

一般情况下，驻军总是喜欢干燥的高地，厌恶潮湿的洼地，重视向阳之处，轻视阴湿之地，靠近水草多的地区，军需供应充足，将士百病不生，这样，克敌制胜就有了保证。在丘陵堤防地域，必须占领朝南向阳的一面，而把主要侧翼背靠着它。这些对于用兵有利的处置，是利用地形作为辅助条件的。上游下雨涨水，洪水骤至，想要涉水过河的，得等待水流平稳后再过。凡是遇上绝涧、天井、天牢、天罗、天陷、天隙这六种地形，必须迅速离开，不要靠近。我军远远离开它们，而让敌人去接近它们；我军应面向它们，而让敌人去背靠它们。行军过程中如遇到险峻的隘路、湖沼、水网、芦苇、森林和草木茂盛的地方，一定要谨慎地反复搜索，这些都是敌人可能设下伏兵和隐藏奸细的地方。

敌近而静者，恃其险也；远而挑战者［1］，欲人之进也；其所居易者，利也〔1〕［2］。众树动者〔2〕，来也；众草多障者，疑也〔3〕；鸟起者，伏也〔4〕；兽骇者［3］，覆也〔5〕。尘高而锐者，车来也〔6〕；卑而广者，徒来也〔7〕；散而条达者，樵采也〔8〕［4］；少而往来者，营军也〔9〕。辞卑而益备者［5］，进也〔10〕；辞强而进驱者［6］，退也〔11〕；轻车先出居其侧者［7］，陈也〔12〕；无约而请和者，谋也〔13〕；奔走而陈兵车者，期也〔14〕［8］；半进半退者［9］，诱也〔15〕。杖而立者，饥也〔16〕［10］；汲而先饮者［11］，渴也〔17〕；见利而不进者，劳也〔18〕［12］；鸟集者，虚也〔19〕；夜呼者［13］，恐也〔20〕；军扰者［14］，将不重也〔21〕；旌旗动者［15］，乱也〔22〕；吏怒者，倦也〔23〕；粟马肉食〔24〕，军无悬缻〔25〕［16］，不返其舍者〔26〕，穷寇也。谆谆翕翕〔27〕［17］，徐与人言［18］者〔28〕，失众也［19］；数赏者，窘也〔29〕［20］；数罚者，困也〔30〕；先暴而后畏其众者〔31〕，不精之至也〔32〕。来委谢者〔33〕，欲休息也〔34〕。兵怒而相迎［21］，久而不合〔35〕［22］，又不相去［23］，必谨察之［24］。

注释

〔1〕其所居易者，利也：敌军在平地上驻扎，一定是有利可图才这么做的。杜牧注："敌不居险阻而居平易，必有以便利于事也。"易，平易，指平地。利，有利，有好处。又张预注："或曰敌欲人之进，故处于平易以示利，而诱我也。"

〔2〕众树动者：众树，许多树木；动，摇曳摆动。曹操注："斩伐树木，除道进来，故动。"

〔3〕众草多障者，疑也：在杂草丛生之处设下许多障碍，是企图使我方迷惑。曹操注："结草为障，欲使我疑。"疑，使动用法，使迷惑、使困疑之意。

〔4〕鸟起者，伏也：鸟雀惊飞，是因为其下埋伏着敌军。曹操注："鸟起其上，下有伏兵。"伏，埋伏、伏兵。

〔5〕兽骇者，覆也：野兽受惊奔跑，这是敌军大举来袭。曹操注："敌广陈张翼，来覆我也。"骇，惊骇、受惊。覆，倾覆、覆没，引申为铺天盖地，蜂拥而至。一说，"覆"亦为伏兵。《左传·隐公九年》："君为三覆以待之。"杜预注："覆，伏兵也。"

〔6〕尘高而锐者，车来也：尘土高扬笔直上升，这是敌人的兵车驰来。杜牧注："车马行疾，仍须鱼贯，故尘高而尖。"锐，锐直、笔直。车，兵车。

〔7〕卑而广者，徒来也：意为尘土低而宽广，这是敌人的步兵开来。张预注："徒步行缓而迹轻，又行列疏远，故尘低而来。"卑，低下。广，宽广。徒，步卒、步兵。

〔8〕散而条达者，樵采也：尘土散漫而细长，时断时续，这是敌人在砍薪伐柴。杜牧注："樵采者，各随所向，故尘埃散衍。"条达，王晳注："纤微断续之貌。"

〔9〕少而往来者，营军也：尘土稀少，此起彼落，这是敌人在安营驻军。梅尧臣注："轻兵定营，往来尘少。"

〔10〕辞卑而益备者，进也：敌人措辞谦卑恭顺，同时又加强战备，这表明敌人准备进犯。梅尧臣注："欲进者，外则卑辞，内则益备。"卑，卑谦、恭敬。益，增加、更加。

〔11〕辞强而进驱者，退也：敌人措辞强硬，在行动上又示以驰驱进逼之姿

态，这是其准备后撤。

〔12〕轻车先出居其侧者，陈也：张预注："轻车，战车也。出军其旁，陈兵欲战也。"陈，同"阵"，布列阵势。

〔13〕无约而请和者，谋也：指敌人还没有陷入困境却主动前来请和，这中间一定怀有不可告人的目的。约，困屈、受制的意思。《说文》："约，缠束也。"《集韵》："约，屈也。"

〔14〕奔走而陈兵车者，期也：意思是敌人急速行动、摆开兵车，布好阵势，是期求与我方进行作战。期，期求。《韩非子·五蠹》："圣人不期修古，不法常可。"此处是"期会"（按期会合进行决战）的意思。

〔15〕半进半退者，诱也：敌人似进不进，似退不退，这是为了诱我方入其圈套。

〔16〕杖而立者，饥也：倚着兵器而站立，这是饥饿的表现。王皙注："倚仗者，困馁之相。"杖，同"仗"，扶、倚仗的意思。

〔17〕汲而先饮者，渴也：取水的人自己先饮用，这是干渴的标志。张预注："汲者未及归营而先饮水，是三军渴也。"汲，汲水、打水。

〔18〕见利而不进者，劳也：明明有利可图而军队却不前进，说明敌军已疲劳不堪。杜佑注："敌人来，见我利而不能击进者，疲劳也。"

〔19〕鸟集者，虚也：鸟雀群集敌营，表明敌营空虚无人。梅尧臣注："敌人既去，营垒空虚，鸟乌无猜，来集其上。"《左传·襄公十八年》："叔向告晋侯曰：'城上有乌，齐师其遁。'"虚，空虚无人的意思。

〔20〕夜呼者，恐也：军卒夜间惊呼，这是敌人惊恐不安的象征。杜牧注："恐惧不安，故夜呼以自壮也。"

〔21〕军扰者，将不重也：张预注："军中多惊扰者，将不持重也。"

〔22〕旌旗动者，乱也：敌军旗帜不停地摇动，表明敌人已经处于混乱之中。杜佑注："旌旗谬动，抵东触西倾倚者，乱也。"

〔23〕吏怒者，倦也：厌倦，这里指有厌战的情绪。梅尧臣注："吏士倦烦，怒不畏避。"

〔24〕粟马肉食：拿粮食喂马，杀牲口吃肉。粟，粮谷，此处名词用作动词，指用粮食喂马。

〔25〕军无悬缻："缻"同"缶"，汲水用的罐子，泛指炊具。此句是说敌军收拾起了炊具。

〔26〕不返其舍者：舍，营幕。此言军不归幕，暴露野宿。

〔27〕谆谆翕翕：低声下气、恳切温和的样子。谆，恳切叮咛的意思。《说文》："谆，告晓之孰也。"这里有絮絮不休的意思。翕，通"习"，《诗·邶风·谷风》："习习谷风"，毛传："习习，和舒貌。"

〔28〕徐与人言者：意为语调和缓地同士卒商谈。徐，缓缓温和的样子。人，此处指士卒。

〔29〕数赏者，窘也：敌军一再犒赏士卒，说明其处境困难。梅尧臣注："势穷忧叛离，屡赏以悦众。"数，多次、反复。窘，窘迫、困窘。

〔30〕数罚者，困也：敌军一再处罚士卒，表明其已陷入困境。梅尧臣注："人弊不堪命，屡罚以立威。"

〔31〕先暴而后畏其众者：指将帅开始对士卒粗暴，继而又惧怕士卒者。李筌注："先轻后畏，是勇而无刚。"

〔32〕不精之至也：意为将帅不精明到了极点。

〔33〕来委谢者：委，委质、遗礼。谢，道歉、谢罪。委谢，指委质赔礼。古人相见，多执贽以为礼，故称"委质"或"委贽"。

〔34〕欲休息也：敌人希望休兵息战。

〔35〕久而不合：久久没有展开交锋的意思。合，指交战。古代敌对双方交战曰"合"。

校记

[1]"远而挑战者"，汉简本"远"上有"敌"字。《通典》卷一五〇与《御览》卷二九一引此并作"敌远而挑人者"，《长短经·料敌》引同。

[2]"其所居易者，利也"，此句《通典》卷一五〇与《御览》卷二九一并作"其所处者，居易利也"。孙校本据以改为"其所居者，易利也"。

[3]"兽骇者"，《长短经·料敌》引此"兽"作"禽"。《说文》："禽，走兽总名。"

[4]"樵采也"，李筌注云："烟尘之候，晋师伐齐，曳柴从之。齐人登山，

望而畏其众，乃夜遁。薪来即其义也，此筌以‘樵采’二字为‘薪来’字。”《长短经·料敌》引此“樵采”作“薪来”，与李筌校语同。《通典》卷一五〇与《御览》卷二九一引此并作“薪采来”。

[5]“辞卑而益备者”，汉简本“卑”作“庳”。

[6]“辞强而进驱者”，《通典》卷一五〇作“辞诡而强进驱者”。孙校本谓当从曹操注与《通典》加“诡”字。

[7]“轻车先出居其侧者”，《通典》卷一五〇引此无“出”字，而《御览》卷二九一引此却有。赵注本谓有“居”字，非是，其说不确。汉简本作“居厕(侧)”，有“居”字，杜牧注亦明言“轻车先出，居其侧”。

[8]“奔走而陈兵车者，期也”，武经本“兵”下无“车”字。赵注本谓有“车”，非是。查汉简本作“奔走陈兵者”，无“车”字，樱田本与汉简本同，《通典》《御览》亦无，各家注亦不注“车”字。因此《孙子兵法》故书本无“车”字。又，汉简本并无“而”字。

[9]“半进半退者”，汉简本作“半进者”。

[10]“杖而立者，饥也”，樱田本作“杖而后立”。孙校本又据《通典》《御览》与梅尧臣、张预注改为“倚仗而立”。

[11]“汲而先饮者”，汉简本作“汲役先饮”。《通典》卷一五〇、《御览》卷二九一引此同汉简本。施子美《讲义》引张昭《应机决战篇》亦言“汲役先饮”，云：“役夫汲井而先饮，军必渴也。”

[12]“见利而不进者，劳也”，《通典》卷一五〇、《御览》卷二九一句前又有“向人”二字。汉简本“劳”下又有“拳”字，盖“倦”之假。《长短经·料敌》引此“利”下无“而”字。

[13]“夜呼者”，汉简本“呼”作“嘑”，古通。《通典》卷一五〇“呼”上又有“喧”字。

[14]“军扰者”，汉简本“扰”借作“犹”。

[15]“旌旗动者”，《长短经·料敌》、《通典》卷一五〇、《御览》卷二九一引此均无“旌”字。

[16]“军无悬瓿”，武经本作“军无悬缶”。

[17]“谆谆翕翕”，汉简本作“□□閒閒”。“閒閒”当为“翕翕”之借字；

其前二字空处或即“谆谆”。

[18]“徐与人言”，汉简本作“□言人”，“人”或为“入”之误。《通典》卷一五〇引此作“徐言人入”，“人”或为“入”之讹。《长短经·料敌》、《御览》卷二九一引此作“徐言入入”。孙校本从之。黄巩《集注》、曹家达《菁华录》皆作“徐言入入”。

[19]“失众也”，汉简本作“失其众者也”，《通典》卷一五〇与《长短经·料敌》引此亦有“其”字。

[20]“数赏者，窘也”，《长短经·料敌》引此“窘”误为“害”。

[21]“兵怒而相迎”，《长短经·料敌》“相迎”作“相近”。

[22]“久而不合”，《御览》卷二九五引此“久”误作“交”。

[23]“又不相去”，《武备志》“相”作“解”，樱田本同。

[24]“必谨察之”，汉简本“之”作“此”。

译文

敌人逼近而保持安静的，是倚仗它占领着险要有利的地形；敌人离我很远而前来挑战的，是想引诱我军入其圈套；敌人之所以驻扎在平坦地带，是因为它这样做有利可图。许多树木摇曳摆动，这是敌人隐蔽前来；草丛中有许多遮障物，这是敌人故布疑阵；鸟雀惊飞，这是下面有着伏兵；野兽骇奔，这是敌人大举突袭。尘土又高又尖，这是敌人的战车驰来；尘土低而宽广，这是敌人的步兵开来；尘土四散飞扬，这是敌人在拖曳柴薪；尘土稀薄而又时起时落，这是敌人正在结寨扎营。敌人使者措辞谦卑却又在加紧备战的，这是想要进攻；敌人使者措辞强硬而军队又做出前进姿态的，这是准备撤退；敌人战车先出动，部署在侧翼的，这是在布列阵势；敌人尚未受挫而主动前来讲和的，必定是另有阴谋；敌人急速奔跑并摆开兵车列阵的，是期待同我军决战；敌人半进半退的，是企图引诱我军上当。敌兵倚着兵器站立，这是饥饿的表现；敌兵打水的人自己先喝，这是干渴缺水的表现；敌人明见有利而不进兵争夺，这是疲劳的表现；敌军营寨上方飞鸟集结，表明是座空营；敌人夜间惊慌叫喊，这是其恐惧的表现；敌营惊扰纷乱，这是敌将没有威严；敌阵旗帜摇动不整齐，这是敌人队伍已经混乱；敌人军官易怒烦躁，表明全军已经疲倦；敌人拿粮食喂马，杀牲口吃肉，收拾起炊具，部队不返回营寨的，这是打算拼死突围的穷寇。敌将低声下气同部下讲话，这表明敌将失去人心；接连不断地犒赏士卒，这表明敌人已无计可施；反反复复地处罚部属，这表明敌军处境困难；敌方将领先是暴躁继而又害怕部下的，说明他实在是最不精明的统帅。敌人派遣使者前来送礼言好，这是敌人希冀休兵息战；敌人逞怒同我军对阵，可是久不交锋而又不撤退，这时就必须审慎地观察它的意图。

兵非益多也〔1〕[1]，惟无武进〔2〕[2]，足以并力、料敌、取人而已〔3〕。夫惟无虑而易敌〔4〕者[3]，必擒于人。

注释

〔1〕兵非益多也：意为兵员并不是越多越好。这反映了孙子的精兵建军思想。益多，即以多为益。王皙注："不以多为益。"这反映了孙子其实已经关注到"精兵制胜"的问题。军队强大，固然需要有一定的数量规模，但是，更为重要的是，需要具备优异的质量。

〔2〕惟无武进：意为只是不要恃武冒进。王皙注："不可但恃武也。"惟，独、但、只是。武进，刚武轻进，犹言迷信武力、肆意冒进。

〔3〕足以并力、料敌、取人而已：指能做到集中兵力、正确判断敌情、争取人心则足矣。张预注："并兵合力，察敌而取胜。"并力，集中兵力。料敌，观察判断敌情。取人，争取人心，善于用人。

〔4〕无虑而易敌：没有深谋远虑而妄自尊大蔑视敌手。易，轻视、蔑视。《左传·僖公二十二年》："国无小，不可易也。"即言国无大小，均不可轻视。何去非指出前秦军在淝水之战中惨败的原因之一，是苻坚"骄其盛强足以必胜，弃其大军，易敌轻进"。结论是："以易言之者，有所不将，而将必败也。以易用之者，有所不战，而战必溃也。"(《何博士备论·苻坚论上》)

校记

[1]“兵非益多也”，此句汉简本作“兵非多益”。武经本作“兵非贵益多也”，樱田本同。曹操注下有校语云：“一云‘兵非贵益多’。”

[2]“惟无武进”，平津馆本“惟”作“虽”，樱田本同。赵注本亦谓应作“虽”，而刘寅《直解》则谓应作“惟”。按：“惟”“虽”古通。

[3]“夫惟无虑而易敌者”，《通典》卷一五〇“易”下有“于”字，《直解》同。

译文

用兵打仗，并不重在兵力的众多，只要不轻敌冒进，而能做到集中兵力，判明敌情，取得部下的信任和支持，也就足够了。那种既无深谋远虑而又狂妄轻敌的人，一定会被敌人俘虏。

卒未亲附而罚之 [1]，则不服〔1〕，不服则难用也；卒已亲附而罚不行，则不可用也 [2]。故令之以文，齐之以武〔2〕 [3]，是谓必取〔3〕。令素行以教其民〔4〕，则民服 [4]；令不素行以教其民，则民不服 [5]。令素行者 [6]，与众相得也〔5〕。

注释

〔1〕卒未亲附而罚之，则不服：在士卒还未亲近依附之前就施用刑罚，士卒就会怨愤不服。杜牧注：“恩信未洽，不可以刑罚齐之。”亲附，亲近归附。《淮南子·主术训》：“群臣亲，百姓附。”

〔2〕故令之以文，齐之以武：令，教育。文，指政治、道义。齐，整饬、规范。武，指军纪军法。曹操注：“文，仁也；武，法也。”此句的意思是，用政治、道义来教育士卒，用军纪军法来约束、整饬部队。这是孙子治军思想的核心原则。《吴子·论将》：“总文武者，军之将也；兼刚柔者，兵之事

也。”又《尉缭子·攻权》：“不爱悦其心者，不我用也；不严畏其心者，不我举也。”

〔3〕是谓必取：指用兵打仗一定能取胜。

〔4〕令素行以教其民：令，法令规章。素，平常、平时。行，实行、执行。民，这里主要是指士卒、军队。此句梅尧臣注曰：“素，旧也。威令旧立，教乃听服。”

〔5〕令素行者，与众相得也：意为军纪军令平素能够顺利执行的，是因为军队统帅同兵卒之间相处融洽。张预注：“上以信使民，民以信服上，是上下相得也。”得，亲和。相得，投合，相互信赖，指军队内部上下和睦，关系融洽。《武经七书直解》：“论行军而篇末以恩威言之者，盖恩以附之，威以齐之，刚柔兼得，恩威并著，然后行军而能制胜矣。”

校记

[1]“卒未亲附而罚之”，汉简本“亲附”作“抟亲”，《御览》卷二九六与《长短经·禁令》引此作“专亲”，《治要》卷三三与《通典》卷一四九又作“附亲”。

[2]“则不可用也”，汉简本作“则不用”。

[3]“令之以文，齐之以武”，汉简本作“合之以交，济之以……”，《书钞》卷一一三与《御览》卷二九六引此并作“合之以文，齐之以武”。

[4]“令素行以教其民，则民服”，此句《通典》卷一四九作“令素行以教其人者也，令素行则人服”，《御览》卷二九六引同，唯无“者”字。《治要》卷三三作“令素行，则人服”。汉简本“则”作“者”。

[5]“令不素行以教其民，则民不服”，此句汉简本无“令”字，《通典》卷一四九作“令素不行，则人不服”，《御览》卷二九六同。

[6]“令素行者”，《通典》卷一四九、《御览》卷二九六引此，并作“令素信著者”。孙校本“令素行者”作“令素信著者”，其校云：“按《注》意，则故书当为‘信著者’，从《通典》《御览》改正。”

译文

士卒还没有亲近依附就施行惩罚，他们就会不服，不服就难以使用；士卒已经亲近依附，而军纪军法仍得不到执行，那就无法指挥他们去作战。所以要用怀柔宽仁的手段去教育他们，用军纪军法去约束管制他们，这样就必定会取得部下的敬畏和拥戴。平素能严格贯彻命令，管教士卒，士卒就会养成服从的习惯；平素不能严格贯彻命令，管教士卒，士卒就会养成不服从的习惯。平时命令能够得到贯彻执行，这表明将帅同士卒之间关系相处融洽。

解读

孙子不但是伟大的战略学家，而且也是一位了不起的战术大师。《行军篇》从战术的层次说明了孙子用兵布阵的杰出才能。在本篇中，孙子系统论述了军队在不同的地理条件下安营扎寨、行军布阵的方法，以及军事指挥者去伪存真、由表及里判断敌情的窍门。

1. 关于“处军”之法

自古至今，凡是兴师作战，止则为营，行则为阵，行军、立营同布阵打仗就像一根藤上的两只瓜，关系实在太密切了，所以历来受到军事家们的重视，《司马法·严位》就说“舍谨甲兵，行慎行列，战谨进止”。行军混乱一片，驻扎随便凑合，布阵毫无章法，那么这仗没打，便先输了一大半。孙子懂得其中的奥妙，所以他重视“处军”（即在不同地形条件下行军、驻扎、布阵的具体对策），成为中国历史上系统论述“处军”原则的第一人。

孙子认为，“处军”从表面上看起来是婆婆妈妈的琐碎事情，其实平凡之中蕴含高明，是一点也不能马虎的。它事关主动权的把握，事关战争胜负的大局，所以是作战指挥中需要重点解决的问题，只有优先把部队安排妥当，才有可能进一步讨论战术、研究打法，否则，一切便无从谈起，就傻乎乎在那里等敌人来收拾自己吧。

当然，单纯有“处军”得宜的善良愿望是不够的，必须有正确的方法、途径才能达到妥善“处军”的目的。孙子把注意力完全放置在“处军”正确措施的归纳和总结上。他认为，“处军”的重点内容和基本要求，便是要善于做到根据不同的情况，灵活机变地贯彻有针对性的方法和措施，利用有利的地形，避开不利的地形。为此，他一一列举了军队在山地丘陵、江河湖泊、沼泽泥潭以及开阔平原等四种不同地形条件下行军、驻扎、布阵的原则和要领，并且将利用地形而“处军”的基本特点给归纳了出来，这就是：安营扎寨也好，行军布阵亦罢，都要抢占干燥的高地，躲开潮湿的洼地；据有向阳的地方，放弃不见光的环境；驻扎在靠近水草的地区，军需供应充足，将士百病不生，从而保证军队能够克敌制胜。他强调指出，这才是掌握主动、立于不败之地的前提条件，“此兵之利，地之助也”，所以不可不加以充分的重视、巧妙的掌握。

孙子的这些看法，由于讲得正确，讲得到位，合乎军队行动的一般规律，因此受到后人的普遍重视，“一犬吠影，百犬吠声”，好多兵学家在他们的著作里也和孙子保持同一论调。如《武经总要·前集·制度》的作者就说：“顿舍必就薪水，畜牧必依刍草。一事不备，则自投于死，安能获寇哉？”

值得注意的是，外国不少有名的军事学家同样重视安营扎寨、行军布阵的重要性。比如若米尼在他的名著《战争艺术概论》一书的“军队行军宿营和冬季宿营”章节中，就论述了类似孙子“处军”的命题。在战争期间，不论是在行军时，或是在执行监视任务时，或是在待机恢复进攻时，军队都需要在所占领的战略位置上保持集中舍营。这种位置的选择，要求军队主帅要善于计算，能够判断出敌人可能造成的威胁。军队必须占领足够广大的空间，以便获得充足的给养，但同时又必须保持战斗力，以便能迎击敌人可能发动的攻势。① 这位若米尼（有些地方译为约米尼）先生的言论，听起来很拗口，很别扭，但意思还是清楚的。关于军队该怎样部署和展开，他同孙子的话不同而理相似，可见古今中外对于重视地形以部署展开军队的看法是一致的。

孙子的“处军”原则，也被历史上众多的战争实践证明是行之有效的作战要领，绝非浪得虚名。譬如江河湖泊地带的处军作战之法，“客绝水而来，勿迎之于水内，令半济而击之”云云，就很有实际的价值。所谓“半济而击”，即趁着敌人正在渡河的时候，冷不防地发起攻击，来争取主动，赢得胜利。春秋时

① 若米尼：《战争艺术概论》，271页，刘聪、袁坚译，北京：解放军出版社，1986。

期宋楚泓水之战中，贵族风度十足的宋襄公拒绝大臣子鱼的意见，不肯玩落井下石的把戏，没有乘楚军横渡泓水之时击鼓进攻，结果吃了大亏，败得一塌糊涂，这种迂腐而又自负的表现，从反面证明了"半济而击"原则的正确性。而在吴楚柏举之战中，吴军在取得第一场会战的胜利后，对楚军实施战略追击，终于在清发水一带赶上了撤退逃跑中的楚军。这时，吴王阖闾接受了他的兄弟夫概"半渡而后可击"的建议，再次大破楚军，扩大了战果，为进入楚国都城郢都扫清了障碍。这个例子，又从正面证明了"半济而击"原则的重要价值。

当然，对孙子我们也大可不必迷信，他提出的一系列处军之法，只是一般的作战原则罢了，要真正充分发挥它们的作用，完全有待于军事指挥者根据战场的情势来灵活掌握运用。譬如楚汉战争时期，汉军统帅韩信在破赵之役中背靠绵蔓水布列阵势的做法，单单从表面上看起来，人们会觉得这根本不合通常的处军之法。因为一般的部署军队的原则是要求做到"右倍山陵，前左水泽"（《史记·淮阴侯列传》），而眼下韩信却反其道而行之，变成"右倍"水泽了。可是实际的战争进程出乎所有人的意料：韩信通过自己天才的指挥，杀得二十万赵军片甲不留，只用了一个早上的时间，就灭掉了赵国。这个事实表明，"处军"上的种种原则，如同孙子的其他作战方法一样，是真理而不是教条，绝对不应该死守拘泥。否则就会像那位空头理论家马谡一样，落得个"画虎不成反类犬""赔了夫人又折兵"的下场。当年，马谡奉诸葛亮之令，统率蜀军精锐进驻街亭，与魏军周旋。在驻扎部队时，马谡弃战略要道于不顾，将部队驻扎在街亭周围的一座土山上。这样做，似乎是同孙子的处军之法原则相吻合的，"视生处高"嘛，所谓"好高而恶下，贵阳而贱阴"。马谡自己也踌躇满志、豪情万丈："以高击下，势如破竹！"可结果呢，张郃统帅的曹军一到，切断蜀军水源，将整座小山团团包围起来，马谡便完全没招了，一仗下来，不但没能"以高击下"，创造奇迹，反而输得惨不忍睹，使诸葛亮第一次出祁山、北伐中原的军事行动不得不窝窝囊囊地收场。马谡这个祸闯得真不小，在战后受到军法的严厉制裁，丢掉了自己的脑袋，这的确也是活该！这件事也让我们悟出这么一个道理：仅仅知道兵法的条文，即便到了滚瓜烂熟、倒背如流的程度，也不算什么了不得的事情，如果不懂得如何高明理解它，灵活运用它，那么，有时候真的还不如什么都不知道来得好。

2. 关于相敌之法

“相敌”，顾名思义，指的是观察、了解各种征候、情况，并在此基础之上，正确地分析和判断敌情。它的本质属性，是要透过令人眼花缭乱的表面现象，找出真正的原因、动态，以求对敌人一方的基本情况做出缜密的分析、正确的判断，从而掌握主动，为夺取战役战斗的胜利创造必要的条件。

实践出真知，战争活动在很大程度上是对以往战争经验与教训的借鉴和汲取，观察和判断敌情，离不开以往的战争经验作为参验、推论的坐标和参数。孙子的过人之处，是他把原先零散的经验、例证按照一定的体系归纳、总结在一起，形成了相对系统完整的“相敌”方法，这类方法孙子一共概括出三十多种，大多是经受过实战检验而证明是行之有效的。它们看起来很琐碎、很简陋，“卑之无甚高论”，其实完全适合冷兵器时代作战的需要，对于掌握敌情非常具有可操作性，从中可以看到孙子兵学求真务实的基本特点。

这三十多种侦察和判断敌情的方法，包括几大类型：一是通过对敌人言论行为的观察，来判断敌人的作战企图，比如“敌近而静者，恃其险也；远而挑战者，欲人之进也”；“辞卑而益备者，进也；辞强而进驱者，退也；轻车先出居其侧者，陈也；无约而请和者，谋也”等。用聪明的大脑，过滤种种蛛丝马迹，拨开层层迷雾，看清事情的本相，料定敌人想干什么，要干什么，然后预作防范，给敌人以迎头痛击。二是通过对鸟兽草木和尘埃土灰的观察，来判断敌人的行动意向，比如“众树动者，来也；众草多障者，疑也；鸟起者，伏也；兽骇者，覆也；尘高而锐者，车来也；卑而广者，徒来也；散而条达者，樵采也；少而往来者，营军也”等。“风乍起，吹皱一池春水”，“树欲静而风不止”，敌人想有所动作，不可能把一切捂得严严实实，总会在不经意中透露一二，这时便可以从种种自然物候现象中分析其动态，未雨绸缪，稳操胜券。三是通过对敌人举止动态、活动状况的观察，来判断敌人的虚实，看他们休整是否充分，士气是否高涨，补给是否跟上，如“杖而立者，饥也；汲而先饮者，渴也；见利而不进者，劳也”；“夜呼者，恐也；军扰者，将不重也；旌旗动者，乱也；吏怒者，倦也”；等等。就这样，寻找出敌人的弱点，把握住有利的战机，打蛇打七寸，一举置敌人于死地。

这些“相敌”的招数，基本上是实战经验的总结，战争史上不乏这方面的具体印证。如公元前615年，秦国起兵攻打晋国。晋国自然不敢怠慢，委派中军主帅赵盾统率晋军主力抗击来犯的秦军。双方军队遂于河曲（今山西永济一带）遭遇。针对秦军远离后方、越境征战、难以持久的军情特点，晋军统帅采取了“深垒固军”、待敌撤退而击之的方针，气闲神定，“老虎不出洞”，磨得秦军一点脾气也没有。无奈之下，秦军主帅做出了全师撤退的决定。为了掩饰这一意图，免得晋军趁火打劫、乱中取胜，秦军主帅派遣使者前往晋军大营，预约双方在第二天进行决战，这位使者果然好身手，在晋军诸多将领跟前，气焰嚣张，肆无忌惮，话讲得特冲也特强硬，一副鱼死网破的劲头。可他夸张的表现并不能瞒蒙任何人，晋军的一位副将就从秦军使者的眼神里、口气中察觉到其色厉内荏、外强中干的蹊跷，判断秦军已黔驴技穷，行将撤退。于是向赵盾提出建议，乘秦军开始后撤之时发起攻击，截断敌人的退路，一举加以歼灭。但遗憾的是，晋军统帅赵盾魄力太小，打仗瞻前顾后，患得患失，没有采纳这个正确建议，致使秦国军队得以趁着夜色的掩护安全撤退，摆脱了被动受歼的危险局面。[①] 秦军就是所谓“辞强而进驱者，退也”的典型例证。

又如公元621年爆发的虎牢之战中，李世民（当时还是秦王，不是太子）统率唐军，在战略要地汜水（今河南荥阳汜水镇）一带与劲敌窦建德相对峙。当时，窦建德的部队有十余万人，声势浩大，沿着汜水东岸布阵列势，北依大河，南连鹊山，正面宽达二十余里。可“人是铁，饭是钢”，窦军整整一个上午折腾下来（从辰时一直到午时），战斗力就在无形之中悄然流逝了，那些兵士饿着肚子，渴着嗓子，都横七竖八坐在地上，秩序混乱，根本不像打仗的样子。细心的李世民从远处观察到这些迹象后，便判断出窦建德部队的士气开始懈怠，唐军的取胜机会来了。

送上门来的东西，不要白不要，于是李世民便派遣宇文士及率领三百名骑兵前去掠阵，算是投石问路。他告诫宇文士及说，倘若窦军进退有节，严整不动，那么就不要强行突破，要马上领兵返回本阵；如果对方阵势经不得这么一冲，混乱松动，那么就引兵继续攻击，以扩大战果。宇文士及应命而去，猛攻至窦军阵前。接下来的事情恰如李世民所料，窦军果真是只纸老虎，败象立露，

① 参见《左传·文公十二年》。

整个阵势迅速开始动摇与瓦解。李世民见状，喜上眉梢，当即下达命令：全军出动，发起总攻，并身先士卒，亲自带领骑兵冲锋陷阵。唐军渡过汜水后，饿虎扑食一般杀向窦建德军的大营，迅速瘫痪了窦军的指挥中枢，杀得窦军上下人仰马翻，溃不成军，窦建德本人也身负重伤，倒栽葱似的从高高的马背上摔跌下来，被唐军士兵逮个正着，他手下的十万兵马就这样烟消云散了。虎牢之战便以唐军大获全胜而告结束，唐王朝取得了统一天下之战中的关键性胜利。而唐军之所以取胜，重要的前提是李世民善于“相敌”，从实战的角度验证了孙子下列“相敌”原则的正确性：“杖而立者，饥也；汲而先饮者，渴也”；“军扰者，将不重也”。

当然，在今天看来，孙子在本篇中所总结的三十二条“相敌”之法，是非常古老、简单、直观的东西，属于直观经验的判断和预测，原始、粗浅、简陋得很，同当今先进的军事侦察技术与手段相比，它的陈旧、落后真是不可以道里计，可谓一个天上、一个地下。其中绝大部分内容早已过时，根本不适用于现代高科技战争。有了侦察卫星，有了全球定位仪，有了名目繁多的通信监视，自然大可不必去看烟尘是什么样子，鸟儿与野兽在哪里出没，否则便是刻舟求剑，缘木求鱼，十足的胡闹！但是，在当时的历史条件下，孙子主张“相敌”，把它作为战争指挥者达到“知彼知己”“知天知地”目的的主要手段之一，是具有其特殊意义的，反映了孙子本人对作战规律孜孜探求的可贵努力，我们不能因为它今天的过时而否定它当时的实用。同时，我们也应该看到，孙子有关“相敌”方法的概括，虽然直观粗浅，但却包含着深厚的哲理价值。这就是，任何事物都是现象与本质的统一，作为高明的人，最大的课题是如何在实际生活中透过各种表象，去解释事物的本质属性，从而在社会实践活动中洞察先机，建功立业。这种朴素辩证的思想方法，永远不会过时，永远能给后人以启迪，《孙子兵法》的价值其实正体现在这个方面。

3. 孙子的精兵强军思想

春秋战国之际，战争越来越频繁，规模越来越扩大，杀伤程度越来越严重，“力功争强，胜者为右”（《战国策·书录》），在这种形势之下，各诸侯国无论是为了争霸，还是为了生存自保，都需要拥有一支规模庞大的军队，于是扩军备战便一波高过一波。像晋国，城濮之战时动用的兵车数为 700 乘，而到了春秋末年平丘之会时，它已能出动兵车 4 000 乘治兵邾南了，扩军速度令人惊讶。又如楚国，城濮之战时其兵力当在千乘左右，可到春秋末年，它已是具有近万乘兵力的超级大国了。[①] 这种呈几何级数增长的扩军趋势，是当时整个军事形势演变的特点之一。

孙子当然是主张顺应历史潮流的，提倡发展军队为从事争霸战争做筹码。所以“十万之师”是他用兵打仗所考虑的一个基数。然而，他比当时一般人高明的地方，是他提出了军队发展的正确方向：走精兵建设之路，“兵非益多也，惟无武进，足以并力、料敌、取人而已”。这既是对争取战争胜利基本条件的论述，也是对军队建设根本原则的揭示。

“兵非益多”称得上是军队建设思想发展史上的一个重要里程碑。众所周知，军队的数量固然是构成军队战斗力的重要因素，可是没有质量的军队人数再多，也无法很好地发挥战斗力，履行军队的职责。海湾战争前夕，伊拉克号称拥有百万之众，可是由于整体素质低下，加上武器装备比较落后（同美军相比而言），战法单调陈旧，所以经不得以美军为首的多国部队的穷追猛打，在短短的时间里便一溃千里，惨不忍睹。可见军队的数量与质量之间存在着对立统一的关系，建设军队的正确方向，应该是既注重保持一定的数量规模，又注意提高军队的质量性能，并且把重点放在后者上面。

道理非常浅显，如果军队数量过于庞大，那么就会给国家经济带来沉重的负担，不利于有效地进行教育训练，不利于改良武器装备（大量的人头费占用了军事技术所需投入的经费），也有碍于提高指挥的效能。春秋战国时期楚国军队人数最多，可它与晋国、秦国交锋，老是处于下风。北宋时期大量冗兵冗将的存在，导致整支军队战斗力的严重削弱，在和西夏、辽、金军队作战时吃尽败仗，都是明显的例证。由此可知，孙子的精兵理论的确击中了军队建设的关键，具有重大的军事学术价值，所以为后世兵家所普遍重视。例如，战国时期吴起主张“简募良材”，孙膑提倡“兵之胜，在于篡卒”，《尉缭子》作者鼓吹裁军强兵，就是对孙子“精兵”观点的继承与发展。

孙子的“兵非益多”思想，同时也是精兵决胜、多谋制敌作战指导原则的

---

① 黄朴民：《春秋军事史》，89－90页，北京：军事科学出版社，1998。

具体体现。孙子认为用兵打仗，绝非简单的兵力投入和使用，不像一加一等于二那么单纯，所以不能以兵力的多少来衡量和展望战争胜负的前景，关键要看作战指挥是不是高明卓越。具体地讲，就是要看能否做到集中优势兵力，准确判断敌情，内部团结一致，上下齐心协力这一点。与此相应，孙子坚决反对狂妄自大、寡谋无虑、刚愎自用、轻敌冒进，指出一旦出现这类情况，军队就会彻底陷入被动，难以逃脱失败的可悲命运，丧钟就要敲响，局面不可收拾，“夫惟无虑而易敌者，必擒于人”。

可以毫不夸张地说，孙子这一看法完全属于颠扑不破的真理。战国时期齐魏马陵之战中，魏军霉运当头，遭遇齐军伏击，十万精锐之师顷刻全军覆没，统帅太子申当了俘虏，主将庞涓智穷力竭一命呜呼。元末明初鄱阳湖大鏖战中，陈友谅主力悉数就歼，陈友谅本人日暮途穷，郁郁而终。这中间的主要原因便是庞涓、陈友谅等人的狂妄自大、率意冒进（“武进”），既没有动脑子、出高招（“无虑”），又轻敌自大、小觑对手（“易敌”），结果全面崩盘、徒呼奈何。相反，他们的对手孙膑、朱元璋等人，则老谋深算，棋高一着，非常巧妙地做到了“并力、料敌、取人”，从而一举取得成功，圆满实现了自己的战略意图。真可谓胜败得失，系于毫发；指挥若定，似合符契！

4. “令之以文，齐之以武”的治军原则

军队是国家政权机器的柱石，作为执行武装斗争任务的特殊团体，要确保其发挥强大的战斗力，关键之一是要搞好内部的治理，即所谓“以治为胜”。而要治理好军队，使它在关键时刻顶得上去，用得顺手，就必须遵循一定的原则，因为只有在正确原则的指导之下，再配合以具体的方法和手段（比如严格军纪、信赏必罚、强化训练等），才能使全军上下进退有节，团结一致，令行而禁止，无往而不胜。

同先秦时期其他著名兵书，如《司马法》《吴子》《尉缭子》《六韬》等相比，对治军问题的论述，在《孙子兵法》一书中并不占据突出的位置。但是，这并不等于孙子本人不重视治军，相反，孙子对这个问题还是有自己独到的看法的，他曾就如何治军经武提出过许多精辟的原则。

这些原则的根本精神，就是刚柔相济，恩威并施：“故令之以文，齐之以武，是谓必取”，文武两手都要硬，双管齐下，互补协调，共同作用于治理军队的实践。这里所谓的“文”，指的是精神教育、物质奖励，是“胡萝卜”；这里所谓的“武”，是军纪军法，重刑严罚，是“大棒”。孙子指出，在军队管理上，如果没有教化，一味讲求军纪军法，动不动打人屁股，砍人脑袋，使大家整天生活于恐怖之中，那么必然导致将士思想不统一，精神不振奋，离心离德，矛盾激化，“上有政策，下有对策”，极大地影响军队战斗力的正常发挥，“卒未亲附而罚之，则不服，不服则难用也”。但是如果不严肃军纪军法，单纯宽厚溺爱，行“姑息之政”，也势必会导致将士斗志涣散，各行其是，整支军队如同一盘散沙，“卒已亲附而罚不行，则不可用也”，这同样不利于军队的行动，同样是军队建设上的灾难。所以，在孙子看来，只有真正做到教罚并用，宽严结合，胡萝卜与大棒一样不缺，方可“与众相得”，才能有效地控御全军上下，驱使广大官兵在沙场上视死如归，英勇杀敌，从而赢得战争。

孙子不但是这么说的，而且也是这么做的。他初见吴王阖闾，便大刀阔斧把自己“令文齐武”的治军原则实地表演了一番：吴宫教战，他在三令五申训诫参与演习的宫女无效的情况下，不顾吴王阖闾本人的求情，毅然决然动用军法，将担任左右队长的吴王宠姬砍了脑壳。当斧钺高高举起又沉沉落下，吴王那两位千娇百媚的宠姬连哼都来不及哼一声便身首异处、香消玉殒之时，所有人都明白了，孙子“令之以文，齐之以武”的治军戒律的确不是虚文，而是实实在在的纲纪。这正是孙子能在短短几年之内，将吴国军队训练成一支严守纪律、骁勇善战的雄师劲旅的缘由所在。司马迁盛赞孙子的功绩，说是“西破强楚，入郢，北威齐晋，显名诸侯，孙子与有力焉”[①]。看来这绝不是信口雌黄，而是确凿无疑的事实。

---

① 《史记》卷六五《孙子吴起列传》。

地形篇

题解

本篇的主旨是阐述利用地形条件克敌制胜的基本原则以及军队在各种地形条件下实施作战的一般方法。它是中国历史上最早系统论述有关军事地形学的精辟专文，与本书中专门阐述兵要地理（战略地理）的《九地篇》一起，构成了兵圣孙武军事地理学思想的主要内容，弥足珍贵，价值永恒。

孙子在本篇中扼要地揭示了巧妙利用地形的重要性，“料敌制胜，计险厄远近，上将之道也”，“地形者，兵之助也”，列举了战术地形的主要类型和不同特点，提出了在不同的地形条件下军队行军作战的若干基本原则，辩证地分析了判断敌情与利用地形之间的相互关系。在此基础上，孙子进而探讨了军队作战失利的六种主要原因，指出造成“六败”局面的责任应该由将帅来承担，“非天之灾，将之过也”。并阐述了将帅的道德行为准则，“进不求名，退不避罪，唯人是保，而利合于主”。孙子论述了若干治军的一般原则，主张将领既要爱护士兵，“视卒如婴儿”，“视卒如爱子”；又要严肃治军的纪律，反对过分地厚爱士卒，做到“爱”与“严”相结合。全篇讲“地”，更讲“人”；讲“助”，更讲“主”；讲地形，又高于地形。总之，本篇是反映《孙子兵法》唯物与辩证统一、客观与主观统一原则精神的佳作。

汉简篇题木牍有《□刑（形）》一题，位置在《九地》之前，似即本篇篇题，但汉简中未曾发现此篇的简文。本篇篇题，曹操注曰：“欲战，审地形以立胜也。”张预注称：“行师越境，审地形而立胜。故次《行军》。”都扼要概括了全篇的主旨。

孙子曰：地形有通者[1] [1]，有挂者[2] [2]，有支者[3]，有隘者[4]，有险者[5]，有远者[6]。我可以往，彼可以来，曰通。通形者 [3]，先居高阳[7] [4]，利粮道[8]，以战则利[9]。可以往，难以返，曰挂 [5]。挂形者 [6]，敌无备，出而胜之；敌若有备 [7]，出而不胜，难以返，不利[10]。我出而不利；彼出而不利[11] [8]，曰支。支形者 [9]，敌虽利我[12] [10]，我无出也；引而去之[13] [11]，令敌半出而击之[14]，利。隘形者 [12]，我先居之，必盈之以待敌[15] [13]；若敌先居之 [14]，盈而勿从，不盈而从之[16]。

险形者［15］，我先居之，必居高阳以待敌[17]；若敌先居之，引而去之，勿从也[18]［16］。远形者[19]［17］，势均[20]，难以挑战[21]，战而不利。凡此六者，地之道也[22]，将之至任[23]［18］，不可不察也［19］。

注释

〔1〕地形有通者：地形，地理形状、山川形势。《商君书·农战》："人君不能服强敌破大国也，则修守备，便地形，抟民力，以待外事。"通，通达，指广阔平坦、四通八达的地区。梅尧臣注："道路交达。"

〔2〕挂者：挂，悬挂、牵碍。《仪礼·少牢·馈食礼》郑玄注："挂，悬也。"此处指前平后险、易入难出的地区。赵本学曰："往则顺而下，返则逆而上，前低后高，如物挂者然也。"

〔3〕支者：支，支持、支撑。《左传·定公元年》："天之所坏，不可支也。"杜预注："支，持也。"这里指敌我均可据险对峙、不易于发动进攻的地区。梅尧臣注："相持之地。"

〔4〕隘者：狭隘险要之地。这里特指两山之间的峡谷地带。梅尧臣注："两山通谷之间。"

〔5〕险者：险，险恶、险要，指行动不便的险峻地带。

〔6〕远者：指路途迂回曲折、敌我双方相距甚远的地区。

〔7〕先居高阳：意为抢先占据地势高隆且向阳之处，以争取主动。杜牧注："通者，四战之地，须先据高阳之处，勿使敌人先得而我后至也。"

〔8〕利粮道：指保持粮道的畅通无阻。"利"，此处用作动词。杜牧注："利粮道者，每于津厄或敌人要冲，则筑垒或作甬道以护之。"杜佑注："无使敌绝己粮道也。"

〔9〕以战则利：以，为的意思。《玉篇》："以，为也。"

〔10〕"挂形者"至"难以返，不利"句：意为在"挂"形地带，敌方如无防备，可以主动出击夺取胜利；如果敌人已有戒备，出击不能取胜，军队想要归返就困难了。故梅尧臣注："出其不意，往则获利；若其有备，往必受制。"

〔11〕彼出而不利：敌人出击也同样不利。而，此处作“亦”“也”解。

〔12〕敌虽利我：利，利诱，指敌人以利相诱。张预注均曰：“佯背我去。”

〔13〕引而去之：引，引导、带领的意思。《史记·魏公子列传》：“公子引侯生坐上座。”去，离去、离开。引而去之，指率领部队伪装退去。

〔14〕令敌半出而击之：令，使。此句张预注曰：“敌若来追，伺其半出，行列未定，锐卒攻之，必获利焉。”

〔15〕必盈之以待敌：一定要动用充足的兵力堵塞隘口，来对付来犯的敌军。杜佑注云：“以兵陈满隘形，欲使敌不得进退也。”盈，满、充实，这里是指配置充足兵力的意思。

〔16〕盈而勿从，不盈而从之：此言在“隘”形地域，敌人如果已先我占领，并用重兵把守住了隘口，我方就不可顺随敌意去攻打；如果敌人还未用重兵扼守隘口，我军就应该全力进攻，去争夺险阻之利。从，顺从、随从，这里指发起进攻。

〔17〕险形者，我先居之，必居高阳以待敌：意为在险阻之地，我军应当抢先占据地高向阳的要害之处以待敌军，争取主动。张预注：“平陆之地，尚宜先居，况险厄之所，岂可以致于人？故先处高阳，以佚待劳，则胜矣。”

〔18〕若敌先居之，引而去之，勿从也：张预注曰：“若敌已居此地，宜速引退，不可与战。”甚是。

〔19〕远形者：这里特指敌我营垒距离甚远。陈皞注曰：“与敌营垒相远。”

〔20〕势均：孟氏注、张预注皆谓“兵势”相均，杜佑注则谓“地势”相均。于文义都讲得通，但由于此篇是就“地形”立论，所以杜说似乎更为在理。即敌我双方所处地理条件均等。

〔21〕难以挑战：此言由于地远势均，近敌挑战则劳师疲军，所以称之为“难”。挑战，挑动敌人出战。

〔22〕地之道也：意为上述六者是将帅指挥作战时利用地形的基本原则。道，原则、规律。

〔23〕将之至任：指将帅所应担负的重大责任。至，最、极的意思。《论语·雍也》：“中庸之为德也，其至矣乎！”

校记

［1］“地形有通者”，《长短经·地形》、《通典》卷一五九引此皆无“者”字，以下五种地形亦同此。

［2］“有挂者”，武经本、樱田本、《兵诀评》诸本均作“掛”。孙校本云：“《通典》作‘掛’，非。”

［3］“通形者”，《长短经·地形》、《通典》卷一五九引此作“居通地”。

［4］“先居高阳”，《长短经·地形》引此作“先处其高阳”。《通典》卷一五九引此作“先据其地，居高阳”。

［5］“可以往，难以返，曰挂”，孙星衍兖州观察署本脱“可”字。《总要》“难”字下衍“可”字。《兵诀评》“返”作“往”，误。《通典》卷一五九引“曰挂”作“曰挂地”，衍“地”字。

［6］“挂形者”，《长短经·地形》、《通典》卷一五九引此皆作“挂形曰”。

［7］“敌若有备”，《长短经·地形》、《通典》卷一五九引此无“若”字。

［8］“我出而不利；彼出而不利”，孙星衍兖州观察署本与孙校本全部漏刻。“我出而不利”，《总要》作“我出而利”，误。

［9］“支形者”，《长短经·地形》、《通典》卷一五九引此皆作“支形曰”。

［10］“敌虽利我”，《总要》与明唐顺之《武编》皆作“敌虽邀我”。

［11］“引而去之”，孙校本脱“之”字。

［12］“隘形者”，《长短经·地形》、《通典》卷一五九引此“者”字皆作“曰”，误。

［13］“必盈之以待敌”，《长短经·地形》引此“以”作“而”字。

［14］“若敌先居之”，《长短经·地形》引此“居”下无“之”字。

［15］“险形者”，《长短经·地形》、《通典》卷一五九引此“者”字作“曰”，误。

［16］“若敌先居之，引而去之，勿从也”，《长短经·地形》、《通典》卷一五九引此“居”下无“之”字，“去”下亦无“之”字，赵注本“从”下无“也”字。

［17］“远形者”，《通典》卷一五九引此作“夫远形”。

[18]“将之至任”，《长短经·地形》引此“将”上有“皆”字。

[19]“不可不察也”，《长短经·地形》引此“察”下无“也”字。

译文

孙子说：地形有“通”“挂”“支”“隘”“险”“远”六种。凡是我们可以去，敌人也可以来的地域，叫作“通”。在“通”形地域上，应抢先占领开阔向阳的高地，保持粮草补给线的畅通，这样对敌作战就有利。凡是可以前进，难以返回的地域，称作“挂”。在“挂”形地域上，假如敌人没有防备，我们可以突然出击战胜他们；倘若敌人已有防备，我们出击就不能取胜，而且难以回师，这就不利被动了。凡是我军前出不利，敌人前出也不利的地域，叫作“支”。在“支”形地域上，敌人虽然以利相诱，我们也不要出击，而应该率军假装退却，诱使敌人前出一半时再回师反击，这样就有利主动。在“隘”形地域上，我们应该先敌占领，并用重兵封锁隘口，以等待敌人的进犯；如果敌人已先占据了隘口，并用重兵把守，我们就不要去攻击，如果敌人没有用重兵据守隘口，那么就可以进攻。在“险”形地域上，如果我军先敌占领，就必须控制开阔向阳的高地，以等待敌人来犯；如果敌人先我占领，就应该率军撤离，不要去攻打它。在“远”形地域上，敌我双方势均力敌，就不宜去挑战，勉强求战，就非常不利被动。以上六点，是利用地形的原则，是将帅的重大责任所在，不可不认真考察研究。

故兵有走者〔1〕，有弛者，有陷者，有崩者，有乱者，有北者。凡此六者，非天之灾〔2〕[1]，将之过也。夫势均，以一击十，曰走〔3〕；卒强吏弱，曰弛〔4〕[2]；吏强卒弱，曰陷〔5〕；大吏怒而不服〔6〕，遇敌怼而自战〔7〕，将不知其能，曰崩〔8〕；将弱不严〔9〕[3]，教道不明〔10〕，吏卒无常〔11〕，陈兵纵横〔12〕，曰乱〔13〕；将不能料敌〔14〕[4]，以少合〔15〕众，以弱击强，兵无选锋〔16〕，曰北〔17〕。凡此六者，败之道也〔18〕[5]，将之至任，不可不察也。

注释

〔1〕兵有走者：兵，这里指败军。“走”，与以下“弛”“陷”“崩”“乱”“北”，共为“六败”之名，贾林注：“皆败坏大小变易之名也。”

〔2〕非天之灾：意为导致用兵“六败”的原因，不在于天然的灾难。

〔3〕走：跑、奔，这里指军队败逃。

〔4〕弛：涣散、松懈的意思。这里指将吏软弱无能，队伍涣散难制。张预注：“士卒豪悍，将吏懦弱，不能统辖约束，故军政弛坏。”

〔5〕陷：陷没。此言将吏虽勇强，但士卒没有战斗力，遇敌，将吏不得不孤身奋战，力不能支，最终陷于败没。王皙注：“为下所陷。”

〔6〕大吏怒而不服：曹操注：“大吏，小将也。”此句意为偏裨将佐恚怒，不肯服从主将的命令。

〔7〕遇敌怼而自战：意为恚怒愤懑的“大吏”，遇敌心怀怨愤，擅自出阵作战。怼，《尔雅》：“怨也。”

〔8〕崩：土崩瓦解，形容全军溃败。明刘寅《武经七书直解》：“如山之崩坠。”公元前597年，晋、楚邲之战过程中，晋中军帅荀林父对属下未能加以驾驭与控制，导致整个决战的失败，其教训就极其深刻。

〔9〕将弱不严：指将帅懦弱无能，毫无威严可以制下。

〔10〕教道不明：指治军缺乏法度，军队管理不善。张预注：“教道不明，谓教阅无古法也。”教道，指训练、教育之法度。

〔11〕吏卒无常：无常，指没有法纪、常规，军中上下关系处于失常无序状态。

〔12〕陈兵纵横：指布兵列阵杂乱无章。杜牧注：“引兵出陈，或纵或横，皆自乱之也。”“陈”，古“阵”字。

〔13〕乱：队伍混乱。

〔14〕料敌：指分析（研究）敌情。

〔15〕合：指两军交战。

〔16〕选锋：由勇敢善战的士卒精选组织而成的先锋部队。《尉缭子·战威》：“武士不选，则众不强。”战国期间，齐国的技击，魏国的武卒，秦国的锐

士，都是当时各国的选锋部队。《直解》：“凡战必用精锐为先锋，一则壮吾志，一则挫敌威。”

〔17〕北：败北。《荀子·议兵》：“遇敌处战则必北”，杨倞注：“以败走为北也。”

〔18〕凡此六者，败之道也：陈皞注：“一曰不量寡众，二曰本乏刑德，三曰失于训练，四曰非理兴怒，五曰法令不行，六曰不择骁果，此名六败也。”

校记

[1]“非天之灾”，平津馆本、武经本、樱田本、《兵诀评》作“非天地之灾”。赵注本疑“天”字乃衍文。

[2]“卒强吏弱，曰弛”，《长短经·练士》引此“吏”作“将”。

[3]“将弱不严”，《御览》卷二七二引此作“将弱而严”，显误。

[4]“将不能料敌”，《御览》卷二七二引此作“将能料敌”，脱“不”字。

[5]“败之道也”，《御览》卷二七二作“胜败之道”，衍“胜”字。

译文

军队打败仗有“走”“弛”“陷”“崩”“乱”“北”六种情况。这六种情况的发生，不是由于天地自然的灾害，而是将帅自身的过错。在势均力敌的情况下，以一击十而导致失败的，叫作“走”。士卒强悍，将吏懦弱而造成败北的，叫作“弛”。将帅强悍，士卒懦弱而溃败的，叫作“陷”。偏将怨怼而不服从命令，遇到敌人愤然擅自出战，主将又不了解他们的能力，因而失败的，叫作“崩”。将帅懦弱缺乏威严，训练教育没有章法，官兵关系混乱紧张，列兵布阵杂乱无常，因此而致败的，叫作“乱”。将帅不能正确判断敌情，以少击众，以弱击强，作战又没有精锐的先锋突击部队，因而落败的，叫作“北”。以上六种情况，均是导致作战失败的原因，是将帅的重大责任之所在，不可不认真加以考察研究。

夫地形者，兵之助也[1] [1]。料敌制胜[2] [2]，计险厄 [3] 远近[3]，上将[4]之道也。知此而用战者必胜[5]，不知此而用战者必败 [4]。故战道必胜[6]，主[7]曰无战，必战可也[8] [5]；战道不胜，主曰必战，无战可也[9] [6]。故进不求名，退不避罪，唯人是保[10] [7]，而利合于主[11] [8]，国之宝也[12]。

注释

〔1〕地形者，兵之助也：指地形的审用，是用兵作战的重要辅助条件。按：这是孙子军事地理思想的根本原则。助，辅助、辅佐。

〔2〕料敌制胜：指正确地分析判断敌人的虚实强弱情况以夺取胜利。

〔3〕计险厄远近：指考察地形的险厄，计算道路的远近。

〔4〕上将：贤能、高明之将。《吕氏春秋·简选》："令能将将之。"高诱注："能将，上将。"陈奇猷《校释》："上将，犹言上乘之将，亦即贤能之将。"

〔5〕知此而用战者必胜：知此，指懂得上述道理。用，为、由、以的意思。用战，指挥作战。张预注："既知敌情，又知地利，以战则胜。"

〔6〕战道必胜：战道，作战具备的各种条件，引申为战争的一般指导规律。战道必胜，是根据战争规律分析，具备了必胜的把握。

〔7〕主：指君主、国君。杜牧注："主者，君也。"

〔8〕必战可也：言可自行决断与敌开战，无须听从君命。

〔9〕无战可也：犹言拒绝君命，不同敌人交战。

〔10〕唯人是保：人，百姓、民众。保，保全。此句意为对个人的进退处置、荣辱得失在所不计，只求保全民众。

〔11〕利合于主：指符合、满足国君的利益。合，此处为适合、符合的意思。

〔12〕国之宝也：犹言国家的宝贵财富。杜牧注："进不求战胜之名，退不避违命之罪，如此之将，国家之珍宝，言其少得也。"

校记

［1］“兵之助也”，杜牧注：“‘助’一作‘易’”，未可从。

［2］“料敌制胜”，《通典》卷一五〇、《御览》卷二九〇引此句前有“夫”字。

［3］“计险厄”，《通典》卷一五〇、《御览》卷二九〇引此作“计极险易利害”。

［4］“不知此而用战者必败”，叶适《习学记言》引此“必败”作“不胜”。

［5］“必战可也”，《治要》卷三三脱“可也”二字。

［6］“无战可也”，《治要》卷三三脱“可也”二字。

［7］“唯人是保”，武经本、孙校本、樱田本、《兵诀评》均作“唯民是保”。

［8］“利合于主”，平津馆本、武经本无“合”字。《治要》“合”作“全”。

译文

地形是用兵打仗的辅助条件。正确判断敌情，积极掌握主动，考察地形险厄，计算道路远近，这些都是贤能的将领必须掌握的方法。懂得这些道理去指挥作战的，必定能够胜利；不了解这些道理去指挥作战的，必定失败。所以，根据战争规律进行分析，有着必胜把握的，即使国君主张不打，坚持去打也是可以的；根据战争规律进行分析，没有必胜把握的，即使国君主张一定要打，不打也是可以的。进不谋求战胜的名声，退不回避违命的罪责，只求保全民众，而有利于国君的大业，这样的将帅，乃是国家的宝贵财富。

视〔1〕卒如婴儿，故可与之赴深溪〔2〕［1］；视卒如爱子，故可与之俱死［2］。厚而不能使，爱而不能令〔3〕［3］，乱而不能治〔4〕［4］，譬若骄子［5］，不可用也〔5〕。

注释

〔1〕视：看待、对待的意思。《左传·成公三年》：“贾人如晋，荀罃善视之。”

〔2〕深溪：溪，山涧河沟。深溪，极深的溪涧，这里喻危险地带。

〔3〕厚而不能使，爱而不能令：指只知厚待而不能使用，只知溺爱而不重教育。厚，厚养、厚待。令，这里是教育的意思。梅尧臣注："爱宠而不教。"

〔4〕乱而不能治：指士卒放纵不羁而不能加以约束惩治。治，治理，这里有惩处的意思。《史记·李斯列传》："赵高治斯，榜掠千余。"

〔5〕譬若骄子，不可用也：张预注："恩不可以专用，罚不可以独行，专用恩则卒如骄子而不能使。"甚是。

校记

[1]"故可与之赴深溪"，《通典》卷一五二引此"可"上无"故"字。

[2]"故可与之俱死"，《长短经·禁令》引此"俱死"作"居死地"。《通典》卷一五二引此"可"上无"故"字。

[3]"厚而不能使，爱而不能令"，平津馆本、武经本、赵注本、《兵诀评》、樱田本"厚"与"爱"二字皆互乙。

[4]"乱而不能治"，《长短经·禁令》引此作"乱而不知理"。《御览》卷二八〇、二九六引此"治"作"理"。

[5]"譬若骄子"，《通典》卷一四九引此"若"作"如"。

译文

对待士卒就像对待婴儿一样，那么士卒就可以同他共赴患难；对待士卒就像对待爱子一样，那么士卒就可以跟他同生共死。如果对士卒厚待而不能使用，溺爱而不能教育，违法而不能惩治，那就如同娇惯的子女一样，是不可以用来同敌作战的。

知吾卒之可以击[1]，而不知敌之不可击，胜之半也〔1〕；知敌之可击[2]，而不知吾卒之不可以击[3]，胜之半也[4]；知敌之可击[5]，知吾卒之可以击[6]，而不知地形之不可以战[7]，胜之半也〔2〕[8]。故知兵者〔3〕[9]，动而不迷〔4〕，举而不穷〔5〕[10]。故曰：知彼知己，胜乃不殆；知天知地[11]，胜乃不穷〔6〕[12]。

注释

〔1〕胜之半也：意为胜利或失败的可能性各占一半，即没有必胜的把握。曹操、李筌等均注："未可知也。"

〔2〕而不知地形之不可以战，胜之半也：此言如果不知道地形不适宜于作战，得不到地形之助，则能否取胜同样也无把握。梅尧臣注："知彼知己而不知地形，亦或不胜。"

〔3〕知兵者：通晓用兵打仗之道的人。

〔4〕动而不迷：行动起来从不迷惑，含有不盲动的意思。迷，迷惑、困惑。

〔5〕举而不穷：举，行动。穷，困窘、困厄。《论语·卫灵公》："君子亦有穷乎？"此句意为所采取的作战措施因敌制宜，变化无穷。梅尧臣注："无所不知，则动不迷暗，举不困穷也。"

〔6〕胜乃不穷：指胜利永远不会有穷尽。此句，武经本作"胜乃可全"。"不穷"，乃是就时间角度立论，胜利能够始终持续下去，不断地从胜利走向新的胜利，永无穷尽。"可全"，则是就空间范围切入，即胜利能全面而圆满，万全稳妥。

校记

[1]"知吾卒之可以击"，《御览》卷二九〇引此"知"作"敌"，误。《通典》卷一五〇、《御览》卷二九〇引此"可以击"误为"可用以击之"。

[2]"知敌之可击"，《通典》卷一五〇、《御览》卷二九〇引此"可击"作"可以击"。

[3]"而不知吾卒之不可以击"，《通典》卷一五〇、《御览》卷二九〇引此"不可以击"作"不可用以击"。

[4]"胜之半也"，《总要》"半"下脱"也"字。

[5]"知敌之可击"，《总要》"之"误作"与"。《通典》卷一五〇、《御览》卷二九〇引此"可击"作"可以击"。

[6]"知吾卒之可以击"，《通典》卷一五〇引此"可以击"作"可用以击"。

［7］“而不知地形之不可以战”，《总要》“战”下有“者”字。《兵诀评》“之”下脱“不”字。

［8］“胜之半也”，《总要》“半”下无“也”字。

［9］“故知兵者”，《通典》卷一五〇、《御览》卷二九〇引此作“故曰知兵之将”。

［10］“举而不穷”，《通典》卷一五〇、《御览》卷二九〇引此“穷”皆作“顿”。

［11］“知天知地”，《长短经·天时》、《御览》卷三二二引此“天”“地”二字皆互乙，孙校本同。

［12］“胜乃不穷”，《御览》卷三二二引此作“胜乃可全”，孙校本从《御览》和杜佑注改“不穷”为“可全”。平津馆本、武经本、樱田本、《兵诀评》诸本均作“胜乃可全”。

译文

只了解自己的部队可以打，而不了解敌人不可以打，取胜的可能只有一半；只了解敌人可以打，而不了解自己的部队不可以打，取胜的可能只有一半；既知道敌人可以打，也知道自己的部队能够打，但是不了解地形不利于作战，取胜的可能仍然只有一半。所以，懂得用兵的人，一旦行动起来就不会迷惑，作战方法变化无穷而不致困窘。所以说，了解对方，了解自己，争取胜利也就不会有危险；既懂得天时，又懂得地利，克敌制胜就会永无穷尽。

解读

用兵打仗，需要有一个平台，这个平台，就是时间和空间。换句话说，战争总是在一定的时间和空间范围内进行的。这里，时间体现为战争过程的速决或是持久，空间体现为战争规模（主要指战场覆盖面）的广阔或是狭小。在古代冷兵器作战时代，没有飞机，没有导弹，也没有潜艇，所以，战争当然只是在陆地或水面的范围内展开，这决定了战争不能不受一定的地形条件的影响和制约。

众所周知，战争与地理有密切关系，于是乎，对于影响军队行动的战场地形地貌，就不能不详细研究，全盘掌握；而为了在整个战略布局上取得有利主动的地位，就不能不对兵要地理形势的作用做缜密的考察。前者属于“军事地形学”的范畴，而后者则属于“军事地理学”的概念。[①] 当然，在中国古代，对二者的区分并不严格，人们通常是对它们作通盘的研究和阐述的，就像人们不曾严格规范战略、战役、战术、战法、战斗的基本含义的情况一样。孙子尽管很伟大，但在这些方面也不可能超越时代，有所例外。

在冷兵器作战时代，掌握和利用地形地理，对于决定战争的胜负关系似乎尤为重大。如在戈壁荒漠地区，如果后勤补给跟不上，那么不用打仗，光饥饿与干渴便能置人于死地。又如在荆棘丛生的羊肠小道、崎岖不平的崇山峻岭地带，你就是骑了“的卢”“赤兔”一类的宝马名驹，也无法信缰驰骋，更不必说去和敌人挥戟搏杀了。因此，早在孙子之前，就有人探讨军事与地理条件之间的关系了，并且留下了一些足资启迪的军事地理理论的雏形。例如，《周易·师卦·六四》有云：“师，左次，无咎。”它的意思是说，军队在作战行动中只要占领了有利的地形，就等于掌握了主动，不再会有任何危险。又如《周易·同人》也说：“伏戎于莽，升其高陵，三岁不兴。”意为如果能充分利用草木茂盛、地势起伏的特殊地形条件，巧妙隐蔽军队，并抢先占领有利的制高点，就能够顺利打败敌人，并使敌人元气大伤，在好多年之内都无法得到恢复。这些只言片语的论述，在很大程度上成为孙子构筑其军事地理思想的历史文化渊源。

然而，在孙子之前，关于军事活动中运用地理条件相应原则的阐述，还远远不够火候。这表现为：一是只言片语，零碎散漫，东一榔头西一锤子，不见系统，缺乏深度；二是光谈地形，不谈地域，没有涉及军事地理中最核心的兵要地理问题，缺乏广度。只有到了孙子那里，利用地理条件来达成克敌制胜的目的，才成为兵学理论中的重要组成部分，所谓的军事地理学才基本具备规模。这就是说，孙子称得上是中国古代历史上第一位系统探讨地形、地理条件与军事斗争成败之相互关系的兵学大师，“沧海横流，方显英雄本色”，孙子真是不世出的人物，筚路蓝缕，又给后人开辟了军事学的新空间——军事地理学。

---

① 姜春良主编：《军事地理学》，140、157页，北京：军事科学出版社，1995。

孙子的军事地理学思想主要包括两个方面。一是对兵要地理（现今时髦的叫法是“战略地理”）的论述。他撰写《九地篇》，对这一问题集中进行了探讨，提出了军队在九种不同的战略地理环境当中展开行动的指导原则。二是对战术地理的论述，主要内容见于本篇以及前面的《行军篇》中。概括地说，孙子本篇的中心思想是集中揭示了巧妙利用地形的重要性，列举了战术地形的主要类型和不同特点，提出了在不同地形条件下军队行军作战的若干要领，辩证地分析了判断敌情与利用地形之间的关系等。作为中国历史上最早的军事地形学的系统化、规范化理论，它的学术价值是怎么评估也不为过的。

“知彼知己，胜乃不殆；知天知地，胜乃不穷”（平津馆本、武经本、樱田本等作“胜乃可全”，意思相差并不太多），这是孙子认识战争、指导战争的思想基础。它要求战争指挥者尽可能全面了解和掌握各种情况，在这个基础上筹划战略全局，实施战役指导，活用战法战术，赢得生死搏杀，即所谓“动而不迷，举而不穷”。关注地形，了解地形，分析地形，利用地形，就属于“知天知地”的范围，这正是孙子苦心孤诣打造其军事地形学理论体系的出发点。

孙子非常重视战场地形条件对作战行动展开的具体影响，提出了“地形者，兵之助也”这一精辟的论断，强调作战指挥者要注重对地形的观察和利用。原因很简单，因为在孙子看来，能不能根据地形条件制定适宜的战法战术，直接关系到战争的胜负、军队的存亡。所以要想成为一位真正有所成就的将帅，不让同代人指着脊梁骨咒骂，不教后世人点着历史书嘲笑，条件之一便是了解和熟悉地形，认真研究、巧妙利用地形，即在判断和掌握敌情的同时，准确地计算地理形势上的险要或平坦、遥远或邻近、广阔或狭窄，以便对军队的开进速度、机动方式、部署主次，以及阵地的选择、伪装和使用等，做出明确正确的抉择。孙子对此的重视程度是无可比拟的，是从战略的层面来认识的，他强调这是高明指挥者所不可或缺的素质，是夺取军事斗争胜利的基本保证：“料敌制胜，计险厄远近，上将之道也。”如此这般，孙子就将地形学首次引入了军事斗争的领域，使得敌情分析和地形利用得到了有机的结合，这在中国古代军事学术发展史上具有相当深远的意义。

从“地形者，兵之助也”这一基本见解出发，孙子根据当时实战的具体要求，系统地探讨了战术地形的基本类型和主要特征。他具体列举了军队在作战行动中极有可能遇到的六种基本地形：四通八达的“通形”，能进难退的“挂形”，双方行动都不便的“支形”，狭隘重阻、易守难攻的“隘形”，险峻陡峭、不便展开的“险形”以及距离遥远、双方机遇相等的“远形”。指出了这六种基本地形的各自特点所在，并且就这六种不同的地形条件，提出了详尽而又有针对性的作战指挥要领。例如，在敌我双方都可以自由来去、四通八达的“通形”地域上，作战指挥者应该抢先占领开阔向阳的高地，确保粮草后勤补给线的畅通无阻，从而牢牢把握主动。又如，在“支形”地域上，先要做到戒除贪多务得的人性弱点，不受敌方诱兵的迷惑，持重待机，然后“以其人之道，还治其人之身”，统率部队假装退却，诱使敌人前出一半时再突然回师反击，大杀回马枪，玩对手于股掌之中。

当然，按孙子的理解，地形条件是客观的存在，它固然重要，但毕竟仅仅是用兵打仗的重要辅助条件，如何巧妙利用地形，确立战场优势，关键还在于发挥将帅的主观能动性，实施卓越的作战指导。因此，孙子进而论述了军队由于将帅战术呆板、指挥失当而导致失败的六种情况，即“六败”：“走、弛、陷、崩、乱、北”，细致剖析了产生“六败”的具体原因和主要表现，并且强调指出造成作战失败的责任应该由将帅来承担，不能归咎于自然条件，像项羽那样说什么“此天亡我也，非战之罪也”，这是怨天尤人的看法，此乃“非天之灾，将之过也”。由此可见，孙子的军事地形学思想是相当系统和辩证的，真正做到了主客观条件的有机结合，即通过对“地有六形”的具体阐发，揭示了地形条件与战争活动之间的内在关系；又通过对“兵有六败”的深刻论述，说明了主观指挥失误必然会造成作战行动的失败。这里，“地有六形”讲的是自然的客观因素，“兵有六败”讲的是人为的主观因素。这一点，明代刘寅就有充分的认识：“此篇言地形而中又以胜败言者，盖恐后世泥胜负之理于地形，而不尽人事之当为也，故于地形则曰‘兵之助’，料敌制胜则曰‘上将之道’也。孙武之意深也。”（《武经七书直解》）由此可见，孙子军事地形学思想的高明，在于恰如其分地评价地形在军事上重要作用的同时，正确地强调了发挥人的主观能动性的意义。认为只有将战场地形等有利的客观因素与战争指挥者的主观能动性相结合，才能达到趋利避害、稳操胜券、心想事成的目的。

需要指出的是，孙子的军事地形学思想在后世受到众多兵家的一致推崇，

《百战奇法·地战》强调："凡与敌战，三军必要得其地利"；《草庐经略·地形》指出："两军交战，地不两利；我先得之，敌为我制。虽可利人，实由人择；固分险易，还务通权"等，都可以看作孙子的异代知音，都属于对孙子战术地理思想的继承和发挥。

西方近代军事学家重视战场上重要地形的战略价值，也是十分普遍的现象，甚至把其视为国力要素的重要组成部分。如美国学者科宁·格雷提出，国力要素包括人和文化因素、领土面积、地形、经济资源、政治实体间的距离等，并认为自然地理很大程度上决定经济地理，经济地理决定人文地理，人文地理对政治的发展又产生重大影响。[①] 又如约翰·柯林斯把国力要素归纳为十个基本方面，其中属于自然地理的有空间关系、主要的陆地形态、气候、天然植被，而属于经济和人文地理的有资源、工业、人口的数量和分布、重要部门的分布、交通网和通信网，并指出这些因素"构成了加强国家力量的地理成分。它影响到政治力量、军事力量和其他各种形式的力量如何使用的问题"[②]。

若米尼在《战争艺术概论》一书中更是多次就地形在军事活动中的地位与作用进行阐述，指出那些位居要冲的、具有重要战略价值的要地，例如交通中心、重要军事基地、要塞所在地、在山地唯一可通过的隘道、在河川地域能控制几个流域的会合点等，都是永久地理性的战略点。一个国家的边境上，具有良好的障碍物体系，如高山、大河或人为的要塞，这个国界本身就可当作永久性防线；任何相当宽度的河川、任何山脊和隘道，只要有了临时工事的保护，就可当作暂时性防线，它可阻止敌人前进达一个相当长的时期，或强迫敌人改变进攻方向，这些利益是纯战略性的。[③]

同时，若米尼也辩证地看到单纯注重地形条件的局限性，认为利用地形说到底是军事指挥者发挥主观能动性的结果，一个天然形势十分险要的地方，敌人固然难以进攻，可自己的军队也一样不容易攻击。敌人可以用少数兵力封锁各口，而我军则会困在里面，无法自由行动。由此可见，若米尼重视地形条件

---

① 科宁·格雷：《超级大国的地缘政治》，43-44页，列克星顿：美国肯塔基大学出版社，1988。

② 约翰·柯林斯：《大战略》，297-298页，中国人民解放军军事科学院译，北京：中国人民解放军战士出版社，1978。

③ 若米尼：《战争艺术概论》，104、115页，刘聪、袁坚译，北京：解放军出版社，1986。

以及辩证对待其利弊得失的做法，实与孙子既重视战场地形等客观因素，又强调发挥人的主观能动性的思维逻辑如出一辙，异曲同工。

孙子的军事地形学思想不是书斋里冥思苦想的产物，而是对众多战争实践活动进行总结的结晶，因而在指导后世战争方面也不乏大手笔，产生过深远的影响。公元263年爆发的魏灭蜀汉之战就是这方面颇具说服力的史证。

公元249年，司马懿发动高平陵政变，夺取了曹魏政权的实际军政大权。他在继续血腥剪除曹氏势力的同时，笼络士族，协调内部关系，注意发展生产，扩充军力，收到了重大的政治、经济、军事效益。到了其次子司马昭执政时，魏国的综合实力相对于其他两个独立政权——蜀汉、东吴来讲，已经占有了绝对的优势，三分归一统，不过是个时间问题罢了。

建都成都的蜀汉政权是三国之中疆土最小、人口最少、实力最弱的国家。前期在诸葛亮的治理下，政治上还比较稳定，经济和军事上也有一定的实力，要想开疆拓土虽力有不逮，但若拥兵自保尚不困难。诸葛亮病死五丈原后，蒋琬和费祎相继辅政，他们在内政上遵循诸葛亮的成规，没有新的变革和建树；外交上维持联吴抗魏的国策；军事上由主动进攻转变为防御自固；因而暂时还能保持国内的稳定和防御曹魏的能力。公元253年，费祎去世，大将军姜维主持蜀汉军政，采取西连羌人，夺取陇右，相机进图关中的战略，在十年中，先后六次向陇右出击。结果不但没有达到目的，反而使得蜀汉兵疲民困，内部矛盾加剧。而蜀汉后主刘禅庸弱无能，重用宦官黄皓，政治腐败，导致蜀汉政权日益处于风雨飘摇之中。而姜维率蜀军主力远驻沓中（今甘肃岷县南）屯田，躲避黄皓的迫害，更使得战略要地汉中正面防御薄弱，为魏军的大举进兵提供了虚隙。

景元三年（262年）冬，司马昭根据蜀汉内政不修，边境无备，士气低落等情况，定下了灭蜀的计划，并积极从事具体的战争准备。半年后（263年）一切就绪，便正式颁下诏书，起兵近20万，大举攻蜀。其具体作战部署是：征西将军邓艾统兵3万向甘松（今甘肃迭部东南）、沓中开进，牵制姜维；雍州刺史诸葛绪率兵3万切断姜维向东、南方向退兵的归路；镇西将军钟会率主力12万人分别从斜谷、骆谷、子午谷直趋汉中。公元263年秋，魏军主力自洛阳出发，开始了灭蜀行动。

汉中地处秦岭和米仓山之间，是巴蜀的屏障，益州的咽喉，战略地位十分重要，蜀汉方面历来重视对它的防御。诸葛亮、蒋琬、费祎等人都曾亲率大军驻守，并修建了汉（今陕西勉县东）、乐（今陕西城固东）二城以屯兵，同时依山阻险，重叠交错地部署戍卒扼守各个重要关口。这些措施在对魏作战中曾收到了很好的效果，使魏军的多次进犯都无功而返。但是自从姜维把蜀汉主力部队调往沓中后，汉中的蜀军人数不到三万，兵力薄弱。姜维还改变了汉中历来的防御方针及设施，采取了收缩兵力，防守要城，诱敌深入，然后乘敌疲惫而出击的方针。这一作战方针从理论上说固然没有错，但是在当时魏极强而蜀极弱的条件下，这么做无异于开门揖盗，自取败亡。

姜维在探知到“钟会治兵关中，欲窥进取”的消息后，仍没能当机立断变更作战部署，立即将沓中的蜀军主力转移到汉中，扼守诸险隘，以抗击魏军的进攻，而仅仅是上表刘禅，建议派遣左、右车骑将军张翼、廖化率军守卫阳安关口和阴平桥头。但这一建议也受黄皓的阻挠而未得实施，蜀汉方面再次错过了据守险厄以抗魏军的机会。

魏军主力出发一个月后，三路大军即按预定计划，同时向汉中、沓中、武街与桥头发起进攻。魏军主力在钟会统率下，迅速突入汉中要地，袭占阳安关，杀死蜀军阳安关守将傅佥。然后分兵进围汉、乐两城。钟会本人则自率主力“长驱而前”，企图一举夺取剑阁（今四川剑阁北），进逼成都。

与此同时，姜维率领沓中的蜀军主力向汉中方向移动。在东移过程中，蜀军遭遇到邓艾部队的追击骚扰，损失很大，但谢天谢地，靠撤退迅速，蜀军终于摆脱了邓艾的追兵。数日之后，姜维大军进抵阴平一带。

在这个节骨眼上，魏军庸将诸葛绪犯了一个重大的错误。当时他已经占领了武街和阴平桥头，姜维的归路实际已被切断。姜维见状不妙，遂走了一步险棋，故意北出孔函谷（今甘肃武都西南），向诸葛绪侧后迂回。诸葛绪果然中计，把军队后撤三十里驰救，让出了要道。姜维见奇谋奏效，立即回军通过桥头隘道，会合廖化、张翼、董厥诸部退守剑阁。剑阁地势险峻，易守难攻，是“蜀境之巨防”，汉中通往成都的咽喉。姜维凭借剑阁之险，设防固守，钟会大军久攻不克。因粮道险远，军食匮乏，钟会计无所出，不得不考虑引兵回国。由此可见，魏军对阴平桥头战略要地的得而复失，是己方攻势受挫、蜀方形势暂时稳定的关键。

驻守在阴平一线的邓艾见钟会有撤兵之意，急忙向钟会提出出奇制胜、偷渡阴平的袭击方案。邓艾是这样分析形势并提出对策的：蜀军已遭到沉重打击，现在应乘机进攻。如果从阴平出发，由小道经德阳亭（今四川江油东北）出剑阁以西百里，去成都仅三百余里，以奇兵出击蜀汉之腹心。如果姜维放弃剑阁而救援涪城，您就率兵长驱直进，如果姜维老鼠不挪窝，仍龟缩剑阁，涪城的守兵一定很少，我便统兵直取成都。不管怎么样，灭亡蜀汉乃是瓮中捉鳖，手到擒来。钟会采纳了这一建议。

于是邓艾挑选精兵一万人，于十月中旬从阴平出发，沿白水河谷（景谷）东行，登上摩天岭，行经荒无人烟的山陵地带七百余里，凿山开道，架设便桥。山高谷深，军粮又逐渐不继，处境相当危险。邓艾知道自己已无退路，便鼓励部下说：快速进入平地，就有粮食，否则就只有被饿死在这里，成为野狼的美餐。至马阁山时，路不能通。邓艾身先士卒，用毛毡裹着身体，从山上一滚而下。兵士也都手攀树木，沿着悬崖，一个接一个地越过深涧。就这样，邓艾军很快抵达江油（今四川江油），蜀汉江油守将马邈毫无准备，猝不及防，乖乖地向魏军投降。魏军得到给养补充，士气大振，邓艾遂率军迅速向涪县（今四川绵阳东）挺进。

江油失守后，刘禅派遣诸葛亮之子、官拜军师将军的诸葛瞻率军迎击邓艾。诸葛瞻抵达涪县后，屯兵休整，部将黄崇再三建议："宜速行据险，无令敌得入平地。"① 但未为诸葛瞻所采纳。邓艾军因没有遇到任何抵抗，得以逾越险阻，径抵涪县，击败了诸葛瞻的前锋部队，诸葛瞻无计可施，被迫退守绵竹（今四川德阳）。邓艾命令其子邓忠和司马师分左、右两路猛烈夹击诸葛瞻军，大获全胜，击杀诸葛瞻及其子诸葛尚，攻克了绵竹。

绵竹失守，蜀国上下陷入一片混乱，大臣谯周等人极力主张投降。刘禅眼见邓艾大军兵临城下，成都难守，逃遁无路，遂于同年十一月自缚请降，邓艾大军趾高气扬开入成都，立国四十三年的蜀汉政权就此覆灭。

纵观魏灭蜀汉之战，双方对地形的认识、利用的优劣高下，对战争的进程

---

① 《三国志》卷四三《蜀书·黄权传附黄崇传》。

产生了决定性的影响。蜀军对险形地域、隘形地域的汉中地区，疏于戒备，违背了孙子所说的“隘形者，我先居之，必盈之以待敌”“险形者，我先居之，必居高阳以待敌”等原则，而让主力远驻沓中，等于是洞开门户，给魏军的大举开进提供了极大的便利。当占据剑阁险要成功，一度遏制住魏军的凶猛攻势之后，又未能及时考虑到对手从阴平小道偷渡奇袭的可能性，以至腹背受敌，完全陷入被动。而蜀汉唯一一支战略机动部队——诸葛瞻军未能及时进兵据守要地，则使得冒险偷渡阴平成功的邓艾军更加牢固地掌握了作战的主动权，终于导致蜀汉军队弃甲、社稷覆亡。

魏军方面则充分认识到了利用地形、避实击虚的重要性，尤其是邓艾出奇制胜，翻越天险，神速挺进，袭取成都，堪称“敌无备，出而胜之”的杰出典范。而魏军在此役中曾经一度兵顿剑阁之下，几乎功败垂成、徒劳而返，其主要原因也在于西线魏将诸葛绪没有坚守住阴平桥头这一险阻，而让姜维大军从容退守剑阁造成的严重失策。魏军在这场战役中的作战指导得失成败两方面的经验教训，都证明了在军事活动中遵循孙子军事地形学基本原理，巧妙运用地形条件以出奇制胜的必要性。

当然，孙子的军事地形学思想作为冷兵器作战时代的产物，随着岁月的流逝，其中不少内容已明显陈旧过时，成了明日黄花。譬如像“半济而击”，“以主力扼守隘塞险阻”等战法也许早已进了历史博物馆，没有哪一个指挥者会在战争中再加效仿，除非他头脑不正常，神经出毛病。新的时代，自有新的战法，也自有新的利用地形条件的做法，这是事物发展的内在规律。现代战争是全方位、多维空间范围内的高技术较量，它对地形的利用提出了新的更高的要求。然而需要充分肯定的是，孙子重视利用地形的思维方式及其基本精神却是永远不会失去魅力的。

然而，只要战争是在一定的空间范围内展开的，地形条件对战争活动具有制约意义这一根本属性就永远不会被改变，熟悉地形、利用地形就始终是战争指挥者驾驭战争、赢得胜利的一个不可或缺的环节。现代战争是全方位、多维空间范围内的高技术较量，智能化、信息化、数字化正成为战争运作的主宰，这样，就对地形的认识和利用提出了新的更高的要求。但是，这并不意味着地形条件的重要性有了本质的改变，地形环境、气候因素对于高技术兵器效能的发挥依然有着重要的影响，这是不以人们的主观意志为转移的。

例如在北约空袭南联盟之战中，以美、英为首的北约空军战机投下了无数的炸弹，其中精确制导炸弹的数量占有相当大的比例，这个比例要远远超过海湾战争时期多国联军投掷的同类型炸弹。可是战场评估显示，它的杀伤效果却比较有限，至少要比海湾战争时差上许多，南联盟军队的主力并没有因此而遭到摧毁性的打击。重要原因之一是，南联盟境内多为高山丘陵地带，地势高低起伏，植被严实茂盛，其军队的机动、武器的配置均可以凭借这些特殊地形进行巧妙的伪装、隐蔽，从而使得北约的高技术兵器的能量释放受到一定的限制，不像美军统帅部所吹嘘的那样神乎其神，不可一世。这就是现代高科技战争条件下，地形继续影响或制约军事活动的一个典型例子。至于孙子重视利用地形的思维方法及其基本精神，则更是永远不会失去其魅力的。

不过，南联盟尽管顽强抗争，利用包括地形条件在内的各种有利因素，同北约这个强大的对手死缠硬磨，整整坚持了七十多天，但最终还是挂出白旗，向北约投降了，失去了对科索沃地区的控制，南联盟解体，领导人被押送上海牙战争法庭。这个结局说明，地形条件虽然对军事行动有影响，但其影响不是决定性的，所以夸大它的作用也是不正确的。

本篇除论述军事地形学理论外，还讨论了由于将帅指挥失当而导致军队作战失败的六种情况——“六败”：“兵有走者，有弛者，有陷者，有崩者，有乱者，有北者”，具体说明了“六败”各自的外在表现。而“六败”的原因，完全缘于人事，而非天意，主要责任应由军事指挥者来承担。所以孙子对将帅提出了严格的道德要求，这就是要做到：“进不求名，退不避罪，唯人是保，而利合于主”，这一卓越的见识，是那个时代那些唯主上之命是从的庸人们所无法望其项背的。在本篇中，孙子还阐述了官兵关系的基本准则，主张将领既要关心爱护士卒，使其感恩戴德，又要严格治军纪律，使其敬畏权威，做到“爱”“严”结合，奖惩适宜。这一治军理论，在当时具有一定的进步性，对后人也不乏启迪。

九地篇

题解

本篇约一千二百字，几占今书总篇幅的五分之一。它内容丰富，思想精辟，说理透彻，文采斐然，富有极其深刻的战争哲理，虽然列于下卷，但在《孙子兵法》全书中的重要性并不亚于《计篇》《谋攻篇》《虚实篇》等。

本篇篇题，曹操注："欲战之地有九。"王晳注："用兵之地，利害有九也。"张预注："用兵之地，其势有九。"这些旧注，均向我们提示了这么一个信息，就是孙子在本篇中，是围绕地理形势与作战之间的关系，来展开对作战指导规律的探讨的。这一点是我们把握全篇中心思想，认识孙子兵学原则精义奥妙的一把钥匙。

所谓"九地"，是指散地、轻地、争地、交地、衢地、重地、圮地、围地、死地等九种不同的战略地理。通观全篇，可知孙子立足于战略地理学的高度，放眼战争全局，围绕当时诸侯争霸兼并战争的新的特点和需要，深刻地论述了军队在九种不同战略地理条件下进行作战的基本指导原则，特别强调了要根据不同作战地区官兵的不同心理状态，来制定切合实际、行之有效的战略战术，确保赢得战争的胜利。其中对战略进攻中如何实施突然袭击问题的论述，是全篇的精华所在。

首先，孙子从战略态势上，概括了九种不同兵要地理的特点及其对官兵心理状态所产生的影响，并进而提出具体灵活的应变措施，以充分发挥军队的战斗力。其次，孙子提倡深入敌境进行作战，认为这样做具有使士兵听从指挥、努力作战、就地解决军队的给养问题、士兵无所畏惧等多种优点。最后，孙子进一步强调了贯穿于他的整个思想体系的一些重要作战原则，如做到隐蔽突然，快速灵活，迅猛机动，善于寻找敌人弱点，争取主动，避实击虚，迅速行动，集中兵力等等，并把它们同地理条件的特点结合起来。在本篇中，孙子还提出了某些具有一定进步意义的治军主张，如强调带兵要做到法令严明，禁止迷信和谣言，重视保持军队的团结和战斗力，为克敌制胜创造充分的条件。但是，我们也应该看到，本篇也大量地反映了孙子落后的"愚兵"思想，如提倡"愚士卒之耳目，使之无知"，视士卒为"群羊"，为驱使士卒卖命，而鼓吹欺骗之术，"犯之以利，勿告以害"。这些都是必须剔除的糟粕。

九地，指散地、轻地、争地、交地、衢地、重地、圮地、围地、死地等九种不同的战略地理环境。赵注本云："上篇《地形》之地，排兵布阵之地也，以宽狭险易言之。《九地》之地，侵伐所至之地也，以浅深轻重言之。兵之所至，其地有九等，其法不同，大要皆本于人情。善用兵者，深达人情之理，驭之以术，发之以机，则人可用而地不困。"赵本学看出《地形篇》之"地"为单纯地形，与《九地篇》之"地"不同，差别在于"人情"。按：其所谓"人情"二字，当是指士卒心态、诸侯态势、敌我形势等具有战略影响的因素，故其释近孙子本旨。

孙子曰：用兵之法［1］，有散地，有轻地，有争地，有交地，有衢地〔1〕［2］，有重地，有圮地［3］，有围地，有死地。诸侯自战之地，为散地〔2〕［4］。入人之地而不深者，为轻地〔3〕。我得则利［5］，彼得亦利者，为争地〔4〕。我可以往，彼可以来者，为交地〔5〕。诸侯之地三属〔6〕，先至而得天下之众者，为衢地〔7〕。入人之地深，背城邑多者［6］，为重地〔8〕［7］。行山林、险阻、沮泽［8］，凡难行之道者，为圮地〔9〕。所由入者隘，所从归者迂，彼寡可以击吾之众者［9］，为围地〔10〕［10］。疾战则存，不疾战则亡者［11］，为死地〔11〕。是故散地则无战〔12〕［12］，轻地则无止〔13〕，争地则无攻〔14〕，交地则无绝〔15〕［13］，衢地则合交〔16〕，重地则掠〔17〕，圮地则行〔18〕，围地则谋〔19〕，死地则战〔20〕。

注释

〔1〕有衢地：衢，四通八达的道路。《尔雅·释宫》："四达谓之衢。"

〔2〕诸侯自战之地，为散地：指在本土作战，士卒近家，危急时容易逃散的地区。曹操注："士卒恋土，道近易散。"李筌注："卒恃土怀妻子，急则散，是为散地也。"散，离散。

〔3〕入人之地而不深者，为轻地：指军队在进入敌境不深的地区作战，士卒

离本土不远，情况危急时易于轻返，是谓“轻地”。张预注：“始入敌境，士卒思还，是轻返之地也。”

〔4〕我得则利，彼得亦利者，为争地：争地，指我军占领有利，敌军占领也有利的地区。杜佑注：“谓山水厄口，有险固之利，两敌所争。”梅尧臣注：“无我无彼，先得则利。”

〔5〕我可以往，彼可以来者，为交地：交地，指道路纵横、地势平坦、交通便利的地区。交，纵横交叉。陈皞注：“交错是也。言其道路交横，彼我可以来往。”

〔6〕诸侯之地三属：三，泛指众多。属，连接、毗邻。三属，多方毗连，盖指敌我与多方诸侯国相毗邻。

〔7〕先至而得天下之众者，为衢地：谁先到达就可以得到四周诸侯的援助，这样的地方叫作“衢地”。杜牧注：“我须先至其衢，据其形势，结其旁国。”

〔8〕入人之地深，背城邑多者，为重地：进入敌境已远，隔着很多敌国城邑的地区，叫作“重地”。梅尧臣注：“过城已多，津要绝塞，故曰重难之地。”

〔9〕行山林、险阻、沮泽，凡难行之道者，为圮地：凡是山林、险要隘路、水网湖沼这类难以通行的地区，叫作“圮地”。圮，《说文》：“圮，毁也。”

〔10〕围地：入口狭隘、归路迂远、敌人能够以少兵胜我多众的地区，叫作“围地”。何延锡注：“围地，入则险隘，归则迂回，进退无从，虽众何用。”

〔11〕疾战则存，不疾战则亡者，为死地：地势险恶，只有奋勇作战才能生存，不迅速力战就难免覆灭的地区，叫作“死地”。张预注：“山川险隘，进退不能，粮绝于中，敌临于外，当此之际，励士决战而不可缓也。”

〔12〕散地则无战：在散地上不宜作战。梅尧臣注：“我兵在国，安土怀生，陈则不坚，斗则不胜，是不可以战也。”

〔13〕轻地则无止：止，停留、逗留。意为军队在轻地上不宜停留。梅尧臣注：“始入敌境，未背险阻，士心不专，无以战为。勿近名城，勿由通路，以速进为利。”

〔14〕争地则无攻：遇到争地，我方应该先行占据；如果敌人已先期占领，则不要去强攻争夺。梅尧臣注：“形胜之地，先据乎利。敌若已得其处，则不可攻。”

〔15〕交地则无绝：绝，隔绝、断绝。此句意为在交地要做到军队部署上能够首尾连贯，互相策应。曹操注：“相及属也。”杜牧注：“川广地平，四面交

战，须车骑部伍首尾联属，不可使之断绝，恐敌人因而乘我。”

〔16〕衢地则合交：合交，结交。曹操注：“结诸侯也。”意为在衢地上要加强外交活动，结交诸侯盟友，以为己援。王皙注：“四通之境，非交援不强。”

〔17〕重地则掠：指深入敌方腹地，后方接济困难，要“因粮于敌”，就地解决部队的补给问题。梅尧臣注：“去国既远，多背城邑，粮道必绝，则掠畜积以继食。”掠，掠取、抢掠。

〔18〕圮地则行：军队行进中遇到圮地，必须设法迅速通过。张预注：“难行之地，则不可稽留也。”

〔19〕围地则谋：此言军队如陷入围地，就必须善用计谋来摆脱困境。曹操注：“发奇谋也。”

〔20〕死地则战：言军队如进入死地，就必须奋勇力战，以求脱险。曹操注：“殊死战也。”

校记

[1]“用兵之法”，《通典》卷一五九“用”字前有“故”，无“之法”二字。

[2]“衢地”，汉简本“衢”字皆作“瞿”或“瞿”，音近古通。凡“衢”字，汉简皆如此，下不再校注。

[3]“圮地”，汉简本作“泛地”。《长短经·地形》作“汜地”，下注云：“汜地，侵洳之地。”

[4]“诸侯自战之地，为散地”，武经本、二十子本、樱田本“地”字下有“者”字。《通典》卷一五九“诸”字上有“凡”字。汉简本无“自”字。

[5]“我得则利”，平津馆本、武经本、二十子本、邓廷罗《集注》、樱田本“则”字作“亦”。

[6]“背城邑多者”，汉简本、《通典》卷一五六“背”作“倍”，《通典》“多”字下有“难以返”三字。

[7]“为重地”，汉简本无“地”字。

[8]“行山林、险阻、沮泽”，武经本、二十子本、邓廷罗《集注》、樱田本“山”字前皆无“行”字。又，汉简本无“险阻”二字。

[9]“彼寡可以击吾之众者”，汉简本无“之”字。

[10] “为围地”，汉简本“围”字下无“地”字。按：汉简本于“九地”各名称下皆无“地”字。

[11] “疾战则存，不疾战则亡者”，汉简本无二“战”字，《长短经·地形》、《通典》卷一五九所引与汉简本同。

[12] “是故散地则无战”，孙校本“无”下有“以”字。

[13] “交地则无绝”，汉简本“无”字作“毋”。孙校本云：“《通典》作‘无相绝’。”黄巩《集注》据下文“谨其守”句，梅尧臣注文“断其信道”之意，谓“无”字为衍文。

译文

孙子说：根据用兵的原理，兵要地理可以区分为散地、轻地、争地、交地、衢地、重地、圮地、围地、死地九类。诸侯在本国境内作战的地区，叫作散地。在敌国浅近纵深作战的地区，叫作轻地。我方得到有利主动，敌人得到也有利主动的地区，叫作争地。我军可以前往，敌军也可以前来的地区，叫作交地。同几个诸侯国相毗邻，先期到达就可以获得诸侯列国援助的地区，叫作衢地。深入敌国腹地，背靠敌人众多城邑的地区，叫作重地。行进于山林险阻、水网沼泽这一类难于通行的地区，叫作圮地。进军的道路狭窄，退兵的道路迂远，敌人可以用少量兵力攻击我方众多兵力的地区，叫作围地。迅速奋战就能生存，不迅速奋战就会全军覆没的地区，叫作死地。因此，处于散地就不宜作战，处于轻地就不宜停留，遇上争地就不要勉强强攻，遇上交地就不要断绝联络，进入衢地就该结交诸侯，深入重地就要掠取粮草，碰到圮地就必须迅速通过，陷入围地就要设谋脱险，处于死地就要力战求生。

所谓古之善用兵者[1]，能使敌人前后不相及〔1〕[2]，众寡不相恃〔2〕[3]，贵贱不相救〔3〕[4]，上下不相收〔4〕[5]，卒离而不集〔5〕，兵合而不齐〔6〕。合于利而动，不合于利而止〔7〕[6]。敢问：“敌众整而将来[7]，待之若何[8]?”曰：“先夺其所爱，则听矣〔8〕[9]。”兵之情主速〔9〕[10]，乘人之不及〔10〕[11]，由不虞之道〔11〕，攻其所不戒也〔12〕。

注释

〔1〕前后不相及：前军与后卫不能相互策应配合。及，策应。

〔2〕众寡不相恃：众，指大部队。寡，指小分队。恃，依靠。此句言大部队与小部队之间不能相互依靠和协同。

〔3〕贵贱不相救：贵，军官。贱，士卒。救，救应、救援。指军官和士卒之间不能相互救应。

〔4〕上下不相收：收，《说文·攴部》："收，捕也。从攴丩声。"引申为收集、聚齐义，指收拢、聚集。谓部队建制被打乱，上下之间失去联络，无法聚合。《武经七书直解》："不相收者，隔绝不相保也。"

〔5〕卒离而不集：离，离散。集，集结。言使敌军士卒离散而无法集结起来。

〔6〕兵合而不齐：虽能使士卒集合在一起，但无法让军队整齐统一，形成充分的战斗力。

〔7〕合于利而动，不合于利而止：合，符合。动，作战。止，不战。此句重见于《火攻篇》。按：两篇的文字相同，但侧重点是有差异的，此处侧重于战术层面，而《火攻篇》中此语乃是就战略层面而言，立足于战争进行与否的高度。

〔8〕先夺其所爱，则听矣：爱，珍爱，引申为要害、关键。听，听从、顺从。此句的意思是：首先攻取敌人的要害之处，敌人就会不得不听从我方的摆布了。《白毫子兵䇲·先》："兵家惟其先人，故能有夺人之心……是故治气则先，治心则先，治力则先，治变则先。隘则先居之，险则先去之，爱则先夺之。盖先胜而后战，非先战而后胜也。"

〔9〕兵之情主速：情，情理，引申为关键。主，重在、要在。速，迅速、疾速。此句言用兵的关键在于迅速，出敌不意。王皙注："兵上神速，夺爱尤当然也。"

〔10〕乘人之不及：人，敌人。不及，措手不及。意为要乘敌人措手不及时采取行动。

〔11〕由不虞之道：由，经过、通过。不虞，不曾料想、意料到。此句言出

兵要走（通过）敌人预料不到的路径。张预注：“出兵于不虞之径。”

〔12〕攻其所不戒也：戒，防备、戒备、警戒的意思。《说文》：“戒，警也。”此句意为：攻击敌人所没有戒备的地方。

校记

[1]“所谓古之善用兵者”，武经本、二十子本、樱田本皆无“所谓”二字。汉简本“古”字下无“之”字，“用兵”二字作“战”字。

[2]“前后不相及”，汉简本“及”字下有“也”字。

[3]“众寡不相恃”，《通典》卷一五三、《御览》卷二九四“恃”作“待”。

[4]“贵贱不相救”，《御览》卷二九四“救”作“求”。

[5]“上下不相收”，《通典》卷一五三、《御览》卷二九四“收”作“扶”。

[6]“合于利而动，不合于利而止”，此句重见于《火攻篇》。曹操注：“暴之使离，乱之使不齐，动兵而战。”在《火攻篇》中又注云：“不以己之喜怒用兵。”于两处有不同之注，则曹所见本已然。

[7]“敌众整而将来”，汉简本作“敌众以整，将来。”

[8]“待之若何”，汉简本“待”作“侍”。

[9]“先夺其所爱，则听矣”，汉简本无“先”字。樱田本、《品节》“听”作“得”。

[10]“兵之情主速”，汉简本“情”作“请”，“速”作“数”，皆通假。

[11]“乘人之不及”，汉简本“及”作“给”，音近假借。又，“给”字下有“也”字。

译文

从前善于指挥作战的人，能够使敌人前后部队不能相互策应，主力和小部队无法相互依靠，官兵之间不能相互救援，上下之间无法聚集合拢，士卒离散难以集中，遇上交战，阵形也不整齐。至于我军，则是见对我有利就打，对我无利就停止行动。试问：“敌人兵员众多且又阵势严整向我发起进攻，那该用什么办法对付他呢?”回答是：“先夺取敌人最关键的有利条件，这样他就不得不听从我们的摆布了。”用兵之理，贵在神速，要乘敌人猝不及防的时机，走敌人预料不到的路径，攻击敌人没有戒备的地方。

凡为客之道〔1〕，深入则专〔2〕，主人不克〔3〕。掠于饶野〔4〕，三军足食。谨养而勿劳〔5〕，并气积力〔6〕，运兵计谋［1］，为不可测〔7〕［2］。投之无所往〔8〕，死且不北；死焉不得〔9〕，士人尽力［3］。兵士甚陷则不惧〔10〕，无所往则固〔11〕，深入则拘〔12〕［4］，不得已则斗〔13〕［5］。是故其兵不修而戒〔14〕［6］，不求而得，不约而亲〔15〕，不令而信〔16〕。禁祥去疑〔17〕，至死无所之〔18〕。吾士无余财，非恶货也；无余命［7］，非恶寿也〔19〕。令发之日，士卒坐者涕沾襟〔20〕［8］，偃卧者涕交颐〔21〕［9］。投之无所往者［10］，诸、刿之勇也〔22〕［11］。

注释

〔1〕为客之道：客，客军，指离开本土进入敌境作战的军队。这句的意思是，离开本国进入敌国作战的规律。道，规律、原则。

〔2〕深入则专：专，齐心、专心。《广雅·释言》：“专，齐也。”此言军队深入敌境作战，就会齐心协力、意志专一。杜牧注：“若深入敌人之境，士卒有必死之志，其心专一。”

〔3〕主人不克：主人，处于防御地位的一方，此处指在本土作战的军队。克，战胜。此句的意思是，在自己本土作战的敌军不能够战胜我军。梅尧臣注：“主人不能克我。”

〔4〕掠于饶野：掠取敌方富饶田野上的庄稼。王皙注：“饶野多稼穑。”

〔5〕谨养而勿劳：谨，注意、注重。养，休整。此句的意思是，认真地搞好部队的休整，不要使将士过于疲劳。王皙注：“谨养，谓抚循饮食，周谨之也。”

〔6〕并气积力：并，合，引申为集中、保持的意思。积，积蓄。意为保持士气，积蓄战斗力量。王晳注："并锐气，积余力。"

〔7〕为不可测：使敌人无从判断。杜牧注："动用变化，使敌人不能测我也。"测，推测、判断。

〔8〕投之无所往：投，投放、投置。意为把军队投置于无路可走的绝境。张预注："置之危地，左右前后皆无所往。"

〔9〕死焉不得：焉，疑问代词，何、什么的意思。此句意为士卒死尚且不惧，那还有什么做不到的呢？

〔10〕兵士甚陷则不惧：士卒们深陷危险境地就不再恐惧。张预注："陷在危亡之地，人持必死之志，岂复畏敌也？"甚，很、非常的意思。

〔11〕无所往则固：无路可走的情况下军心就会稳固。张预注："动无所之，人心坚固。"固，坚固、牢固、稳固的意思。

〔12〕深入则拘：拘，拘束、束缚。曹操注："拘，缚也。"这里引申为人心专一不会涣散。此句言军队进入敌境已深，则军心凝聚。梅尧臣注："入深则自然志专也。"

〔13〕不得已则斗：迫不得已就会殊死战斗。曹操注："人穷则死战也。"

〔14〕是故其兵不修而戒：修，修治、修明法令。戒，戒备、警戒。指士卒不待整治督促，就知道加强戒备。杜牧注："兵在死地，上下同志，不待修整而自戒惧。"

〔15〕不约而亲：指不待约束就能做到内部的亲近团结。约，约束。亲，团结。

〔16〕不令而信：指不待申令就能做到信任服从。张预注："不号令而信命。"信，服从、信从。

〔17〕禁祥去疑：禁止占卜之类的迷信，消除谣言，以避免士卒产生疑惑。曹操注："禁妖祥之言，去疑惑之计。"祥，吉凶的预兆，这里指占卜之类的迷信活动。疑，疑惑、疑虑。

〔18〕至死无所之：即便到死也不会逃避（动摇）。杜牧注："士卒至死无有异志也。"之，往。

〔19〕吾士无余财，非恶货也；无余命，非恶寿也：我军士卒没有多余的钱

财，这并不是他们厌恶财宝；没有第二条命（却去拼死作战），这也并不是他们不想长寿。张预注："货与寿，人之所爱也。所以烧掷财宝、割弃性命者，非憎恶之也，不得已也。"余，多余。恶，厌恶、讨厌。货，财宝、财物。寿，长寿、寿考。

〔20〕士卒坐者涕沾襟：坐着的士卒热泪沾满衣襟。张预注："感激之，故涕泣也。"涕，眼泪。襟，衣襟。

〔21〕偃卧者涕交颐：躺着的士卒则泪流面颊。偃，仰倒。颐，面颊。

〔22〕诸、刿之勇也：像专诸和曹刿那样英勇无畏。梅尧臣注："既令以必死，则所往皆有专诸、曹刿之勇。"诸，专诸，春秋时吴国的勇士。公元前515年，专诸在吴公子光（即阖闾）招待吴王僚的宴席上，用藏于鱼腹的剑刺死吴王僚，自己也当场被杀。刿，曹刿，又名曹沫，春秋时期鲁国武士。在齐鲁柯地（今山东东阿）会盟上，他持剑劫持齐桓公，迫使齐同鲁订立盟约，收回为齐所侵的鲁国土地。在历史上他们遂成为勇士的代称。按：《武经七书直解》作者刘寅认为，曹刿与曹沫是两人，孙子所言之曹刿，当为曹沫之误，"若曹刿乃智士，非勇士也。"其实，这是刘寅不识春秋之前，"士"皆为"武士"的性质（可参阅顾颉刚《浪口村随笔》"春秋之前'士'皆为武士"条），而臆说"曹沫"与"曹刿"为两人。

校记

[1]"运兵计谋"，《菁华录》"计"作"奇"，系臆改。

[2]"为不可测"，汉简本"测"作"贼"，同在职部，可假借。

[3]"死焉不得，士人尽力"，赵注本谓："死焉不得之'死'当为衍文。"

[4]"深入则拘"，汉简本作"入深则拘"，武经本、二十子本、樱田本同此。

[5]"不得已则斗"，汉简本作"……所往则斗"。

[6]"是故其兵不修而戒"，汉简本无"其兵"二字。又，"修"字汉简本作"调"。

[7]"无余命"，汉简本"命"作"死"。

[8]"士卒坐者涕沾襟"，汉简本、《直解》、《文选·东方朔非有先生论》注

所引皆无“卒”字。

[9]“偃卧者涕交颐”，汉简本无“偃”字。《文选·东方朔非有先生论》注引此“卧”作“寝”。

[10]“投之无所往者”，武经本、樱田本无“者”字。二十子本“者”作“则”。

[11]“诸、刿之勇也”，樱田本“诸”作“曹”。

译文

在敌国境内作战，其一般规律是：深入敌国的腹地，我军的军心就会坚固，敌人就不能战胜我们。在敌国丰饶的田野上掠取粮草，全军上下的给养就有了足够的保障。要注意休整部队，不要使其过于疲劳，保持士气，积蓄力量，部署兵力，巧设计谋，使敌人无法判断我军的意图。将部队置于无路可走的绝境，士卒就会宁死不退；士卒既能宁死不退，那么，他们怎么会不殊死作战呢？士卒深陷危险的境地，心里就不再存有恐惧；无路可走，军心自然就会稳固；进入敌国的纵深地区，军队就不会离散；遇到迫不得已的情况，军队就会殊死奋战。因此，这样的军队不须整饬就能注意戒备，不用强求就能完成任务，无须约束就能亲附团结，不待申令就会遵守纪律。禁止占卜迷信，消除士卒的疑惑，他们就至死也不会逃避。我军士卒没有多余的钱财，这并不是他们厌恶钱财；我军士卒置生死于度外，这也不是他们厌恶长寿。当作战命令颁布之时，坐着的士卒泪沾衣襟，躺着的士卒泪流满面。把士卒投置到无路可走的绝境，他们就都会像专诸、曹刿一样勇敢了。

故善用兵者[1]，譬如率然[1][2]。率然者，常山[2][3]之蛇也。击其首则尾至，击其尾则首至，击其中则首尾俱至[4]。敢问：“兵可使如率然乎[5]?”曰：“可[6]。”夫吴人与越人相恶也[7]，当其同舟而济，遇风[3][8]，其相救也如左右手。是故方马埋轮[9]，未足恃也[4][10]；齐勇若一[11]，政之道也[5]；刚柔皆得，地之理也[6]。故善用兵者，携手若使一人[7][12]，不得已也。

注释

〔1〕譬如率然：率然，古代传说中的一种蛇。《神异经·西荒经》："西方山中有蛇，头尾差大，有色五彩。人、物触之者，中头则尾至，中尾则头至，中腰则头尾并至，名曰率然。"

〔2〕常山：即恒山，是五岳中的北岳，位于今山西浑源南。西汉时为避汉文帝刘恒之讳，改称"常山"。北周武帝时，重新改称为"恒山"。

〔3〕当其同舟而济，遇风：指乘坐同一条船横渡江河，遇上大风。济，渡。

〔4〕方马埋轮，未足恃也：言将马并排地系缚在一起，将车轮掩埋固定起来，想以此来稳定部队，那是靠不住的。方，并、比的意思。《说文》："方，并船也。"曹操注："方马，缚马也。埋轮，示不动也。"

〔5〕齐勇若一，政之道也：使士卒齐心协力、英勇杀敌如同一人，这才是治理军队的正确方法。梅尧臣注："使人齐勇如一心而无怯者，得军政之道也。"齐，齐心协力。政，治理、管理的意思。

〔6〕刚柔皆得，地之理也：言使强者和弱者都能各尽其力，这在于恰当地利用地形。王皙注："刚柔，犹强弱也。言三军之士，强弱皆得其用者，地利使之然也。"

〔7〕携手若使一人：使全军携手作战就像一个人一样。携手，挽手、拉手。《诗经·邶风·北风》："惠而好我，携手同行。"《淮南子·兵略训》："千人同心，则得千人力；万人异心，则无一人之用。"

校记

[1]"故善用兵者"，汉简本"兵"作"军"。

[2]"譬如率然"，汉简本作"辟如衛然"，《御览》卷二七〇、卷三一三作"帅"。"衛"是"衛"之讹，"衛""率""帅"，先秦时音同通用。"辟""譬"古通，《通典》卷一五八引此，亦作"辟"。

[3]"常山"，汉简本作"恒山"。汉简本不避刘恒之讳，可推知其抄写时间在汉文帝之前。

［4］“击其中则首尾俱至”，汉简本“中”字下有“身”字，《艺文类聚》卷九六所引此亦有“身”字。《御览》卷三〇一引此作“击其腹”。樱田本“俱”作“共”。

［5］“兵可使如率然乎”，《长短经·蛇势》、平津馆本、二十子本、樱田本无“兵”字，汉简本“如”作“若”，下同。“率”作“衞”，“乎”作“虖”。

［6］“可”，樱田本“可”字下有“矣”字。

［7］“夫吴人与越人相恶也”，汉简本无“夫”字，“吴人”与“越人”互乙。

［8］“同舟而济，遇风”，汉简本“舟”借作“周”，“济”字下有“也”字。平津馆本、二十子本、樱田本“而”字在“济”字下。汉简本无“遇风”二字，《长短经·蛇势》同。

［9］“方马埋轮”，《长短经·蛇势》“方马”作“放马”。黄巩《集注》谓“埋”是“理”字之讹。

［10］“未足恃也”，樱田本无“也”字。

［11］“齐勇若一”，樱田本“若”作“如”。

［12］“携手若使一人”，樱田本“若”字在“携”字上。

译文

善于指挥作战的人，能使部队自我策应如同“率然”蛇一样。“率然”，是常山地方的一种蛇。打它的头部，尾巴就来救应；打它的尾巴，头就来救应；打它的腰身，它的头尾都来救应。试问：“那么可以使部队像‘率然’一样吗？”回答是：“可以。”吴国人和越国人是互相仇视的，但当他们同船渡河而遇上大风时，他们相互救援，配合默契就如同人的左右手一样。因此，想用把战马并缚在一起、深埋车轮这种显示死战决心的办法来稳定部队，那是靠不住的；要使部队能够齐心同力奋勇作战如同一人，关键在于对部队管理教育有方；要使优劣条件不同的士卒都能发挥作用，根本在于恰当地利用地形。所以善于用兵的人，能使全军上下携手团结如同一人，这是因为客观形势迫使部队不得不这样。

将军之事〔1〕，静以幽〔2〕，正以治〔3〕。能愚士卒之耳目，使之无知〔4〕[1]；易其事，革其谋，使人无识〔5〕[2]；易其居，迂其途[3]，使人不得虑〔6〕。帅与之期，如登高而去其梯〔7〕。帅与之深入诸侯之地，而发其机〔8〕，焚舟破釜〔9〕[4]。若驱群羊，驱而往，驱而来，莫知所之。聚三军之众，投之于险，此谓将军之事也〔10〕[5]。九地之变，屈伸之利〔11〕[6]，人情之理，不可不察[7]。

注释

〔1〕将军之事：将，此处作动词用，主持、指挥的意思。此句意为指挥军队打仗的事情。

〔2〕静以幽：静，沉着冷静。以，同“而”。幽，幽深莫测。张预注：“其谋事，则安静而幽深，人不能测。”

〔3〕正以治：谓严肃公正而治理得宜。正，严正、公正。治，治理、有条理。正，指人之品德。治，指人之能力。张预注：“其御下，则公正而整治，人不敢慢。”

〔4〕能愚士卒之耳目，使之无知：指能够蒙蔽士卒，使他们不能知觉。李筌注：“为谋未熟，不欲令士卒知之。可以乐成，不可与谋始，是以先愚其耳目，使无见知。”愚，蒙蔽、蒙骗。

〔5〕易其事，革其谋，使人无识：变更正在做的事情，改变计谋，使他人无法识破。张预注：“前所行之事，旧所发之谋，皆变易之，使人不可知也。”易，变更。革，改变、变置。

〔6〕易其居，迂其途，使人不得虑：变换驻防的地点，迂回行军的路线，使敌人无法图谋。梅尧臣注：“更其所安之居，迂其所趋之途，无使人能虑也。”虑，图谋。《尔雅·释诂》：“虑，谋也。”

〔7〕帅与之期，如登高而去其梯：将帅赋予军队作战任务的同时，要断绝其归路，迫使士卒们勇往直前。帅，将帅。期，约定时间。与之期，指与部队约定赴战，即向部下赋予战斗任务。

〔8〕帅与之深入诸侯之地，而发其机：言统帅军队深入敌国腹地，如击发弩机射出的箭镞一般笔直向前。王皙注："皆励决战之志也。机之发，无复回也。"而，如、如同。王引之《经传释词》卷一云："而，犹如也。"机，指弩机。

〔9〕焚舟破釜：指烧掉舟船，打碎炊具，以示决一死战之意。釜，锅。

〔10〕聚三军之众，投之于险，此谓将军之事也：集结全军，把他们投置到险恶的绝地，这就是指挥军队作战中的要事。

〔11〕九地之变，屈伸之利：指对不同地理条件的应变处置，使军队的进退攻守皆得其宜。屈，弯曲。伸，伸展。屈伸，指部队的前进或后退。张预注："九地之法，不可拘泥，须识变通。可屈则屈，可伸则伸，审所利而已。"

校记

[1]"使之无知"，汉简本作"使无之"三字，无"知"字。

[2]"使人无识"，汉简本"人"作"民"。

[3]"迂其途"，汉简本"迂"作"于"。

[4]"而发其机，焚舟破釜"，王念孙《校本》云："焚舟破釜四字类注文，一本无之，甚是。"赵注本云："一本'机'下有焚舟破釜四字，非是。"说皆精审。汉简本"发其几（机），若敺（驱）群……"二句在同一简上连文，并无"焚舟破釜"四字。又，平津馆本、武经本、樱田本、《品节》诸本亦无此四字。又，汉简本无"而"字。

[5]"此谓将军之事也"，平津馆本、二十子本、樱田本无"谓"字。

[6]"屈伸之利"，汉简本"屈伸"作"诎信"，古通用。

[7]"不可不察"，汉简本、平津馆本、二十子本、《品节》诸本"察"字下有"也"字。

译文

在指挥部队这件事情上，要做到考虑谋略沉着冷静而幽邃莫测，管理部队公正严明而有条不紊。要能蒙蔽士卒的视听，使他们对于军事行动懵懂无知；变更作战部署，改变原定计划，使人无法识破真相；不时变换驻地，故意迂回行进，使人无从推测我方的意图。将帅向部队赋予作战任务，要像使其登高而抽掉梯子一样，使得部队有进无退。将帅率领士卒深入诸侯国土，要像弩机发出的箭镞一样一往无前，要烧掉舟船，打碎锅子，以显示死战的决心。对待士卒，要如同驱赶羊群一样，赶过去又赶过来，使他们不知道要到哪里去。集结全军官兵，把他们投置于险恶的境地，这就是指挥军队作战的要务。九种地形的应变处置，攻防进退的利弊得失，全军上下的心理状态，这些都是身为将帅者所不可不认真研究和周密考察的。

凡为客之道，深则专，浅则散〔1〕。去国越境而师者，绝地也〔2〕；四达者，衢地也［1］；入深者，重地也；入浅者，轻地也；背固前隘者，围地也〔3〕［2］；无所往者，死地也。是故散地，吾将一其志〔4〕［3］；轻地，吾将使之属〔5〕［4］；争地，吾将趋其后〔6〕［5］；交地，吾将谨其守〔7〕［6］；衢地，吾将固其结〔8〕［7］；重地，吾将继其食〔9〕［8］；圮地，吾将进其涂〔10〕；围地，吾将塞其阙〔11〕；死地，吾将示之以不活〔12〕。故兵之情，围则御〔13〕［9］，不得已则斗，过则从〔14〕［10］。

注 释

〔1〕深则专，浅则散：指在敌国国土上作战，深入则士卒意志统一，斗志专一，浅入则士卒斗志不坚，容易离散。

〔2〕去国越境而师者，绝地也：离开本国，越过边界进行作战的地区，叫作绝地。张预注："去己国，越人境而用师者，危绝之地也。"

〔3〕背固前隘者，围地也：背后地势险要，前面道路狭隘，进退易受制于敌的地区，叫作围地。

〔4〕散地，吾将一其志：在散地作战，我们要做到统一全军的意志。一，统一。

〔5〕轻地，吾将使之属：在轻地作战，我们要使部队部署相互连接。梅尧臣注："行则队校相继，止则营垒联属。"属，连接、相连。

〔6〕争地，吾将趋其后：在争地作战，我们要使后续部队迅速跟进。杜佑

注："利地在前，当进其后。争地先据者胜，不得者负。"

〔7〕交地，吾将谨其守：遇到交地，我们将谨慎守卫。

〔8〕衢地，吾将固其结：遇上衢地，我们要巩固与诸侯国的结盟。张预注："财币以利之，盟誓以要之，坚固不渝，则必为我助。"

〔9〕重地，吾将继其食：在重地，我们要保障军粮供给。贾林注："使粮相继而不绝也。"继，继续，引申为保障、保持。

〔10〕圮地，吾将进其涂：遇上圮地，我们要迅速通过。张预注："遇圮毁之地，宜引兵速过。"

〔11〕围地，吾将塞其阙：陷入围地，我们要堵塞缺口，迫使士卒不得不拼死作战。曹操、李筌注："以一士心也。"阙，缺口。

〔12〕死地，吾将示之以不活：到了死地，我们要向敌人显示我方将士决一死战的决心。梅尧臣注："必死可生，人尽力也。"

〔13〕围则御：军队被包围就会奋起抵御。

〔14〕不得已则斗，过则从：迫不得已士卒就会奋起战斗，身陷绝境士卒就会听从指挥。过，甚，这里指深陷危境。从，听从、服从指挥。

校 记

[1]"四达者，衢地也"，汉简本"达"作"徶"，即今"徹（彻）"字。平津馆本、武经本、樱田本作"通"。

[2]"背固前隘者，围地也"，此处汉简本与通行各本出入较大，作"倍固前□（□□□□）倍固前适者，死地也；毋所往者，穷地也。""穷地"，为通行各本所无。

[3]"是故散地，吾将一其志"，汉简本作"□□□散地，吾将壹其志"，较通行各本似多一字。"一"，作"壹"。

[4]"轻地，吾将使之属"，汉简本"属"作"偻"。《通典》卷一五九"之"作"其"。

[5]"争地，吾将趋其后"，汉简本"趋其后"作"使不留"。《通典》卷一五九"趋"作"趣"。

[6]"交地，吾将谨其守"，汉简本作"交地也，吾将固其结"，"结"作

"结"。《长短经・地形》注引"交地吾将固其结"，《通典》卷一五九引此同。

[7]"衢地，吾将固其结"，汉简本"固其结"作"谨其恃"，《通典》卷一五九作"谨其市"，"恃"与"市"音近。

[8]"重地，吾将继其食"，汉简本作"□地也，吾将趣其后"。继其食，李筌注曰："继，一作掠。"

[9]"围则御"，汉简本"围"作"遝"。

[10]"过则从"，钱基博《孙子章句训义》谓"过"假借为"祸"；樱田本作"逼"。

译文

在敌国境内作战，其通常的规律是：进入敌国境内越深，军心就越是稳定巩固；进入敌国境内越浅，军心就越容易懈怠涣散。离开本土，越入敌境进行作战的地区，叫作绝地；四通八达的地区，叫作衢地；进入敌境深的地区，叫作重地；进入敌境浅的地区，叫作轻地；背有险阻面对隘路的地区，叫作围地；无路可走的地区，叫作死地。因此，处于散地，要统一部队的意志；处于轻地，要使营阵紧密相连；在争地上，要迅速出兵抄到敌人的侧后；在交地上，要谨慎防守；在衢地上，要巩固与诸侯列国的结盟；遇上重地，要保障军粮的供应；遇上圮地，必须迅速通过；陷入围地，要堵塞缺口；到了死地，要显示殊死奋战的决心。所以，士卒的心理状态是，陷入包围就会竭力抵抗，形势逼迫就会拼死战斗，身处绝境就会听从指挥。

是故不知诸侯之谋者，不能预交；不知山林、险阻、沮泽之形者，不能行军；不用乡导者，不能得地利〔1〕。四五者 [1]，不知一 [2]，非霸王之兵也〔2〕 [3]。夫霸王之兵 [4]，伐大国，则其众不得聚〔3〕 [5]；威加于敌 [6]，则其交不得合〔4〕。是故不争天下之交〔5〕 [7]，不养天下之权〔6〕 [8]，信己之私〔7〕 [9]，威加于敌，故其城可拔，其国可隳〔8〕 [10]。施无法之赏〔9〕 [11]，悬无政之令〔10〕 [12]，犯三军之众〔11〕，若使一人。犯之以事，勿告以言[12]；犯之以利，勿告以害[13]［13］。投之亡地然后存［14］，陷之死地然后生[14]。夫众陷于害，然后能为胜败[15]。故为兵之事，在于顺详敌之意[16]［15］，并敌一向[17]［16］，千里杀将，此谓巧能成事者也［17］。

注释

〔1〕“是故”至“不能得地利”句：已见于前《军争篇》，疑系衍文。

〔2〕四五者，不知一，非霸王之兵也：此言九地的利害关系，有一不知，就不能成为霸、王的军队。张预注：“九地之利害，有一不知，未能全胜。”“四五者”，曹操注为“谓九地之利害”。霸王，即霸主，春秋时期诸侯之伯长。有的版本作“三者不知其一，非霸王之兵也”。三者即上述之诸侯动态、地形、向导。故有学者认为“四五者”或为错讹，可备一说。

〔3〕则其众不得聚：指敌国军民来不及动员和集中。聚，聚集、集中。

〔4〕威加于敌，则其交不得合：指用强大的兵威施加到敌人的头上，那么它在外交上也就无法联合他国了。王皙注：“威之所加者大，则敌交不得合。”

〔5〕是故不争天下之交：指没有必要争着和其他的国家结交。杜牧注：“不结邻援”，甚是。

〔6〕不养天下之权：养，培养、培植。此句意为没有必要在其他的国家里培植自己的权势。一说“不”当为“必”，似有道理，惜未有证据。

〔7〕信己之私：信，伸、伸展。私，私志、意图。此句谓当伸张自己的战略意图。李筌注：“惟得伸己之私志。”

〔8〕威加于敌，故其城可拔，其国可隳：指兵威施加于敌，则敌国的城邑可以攻拔，敌人的国都可以摧毁。隳，音灰，毁坏、摧毁的意思。《吕氏春秋·顺说》：“隳人之城郭”，高诱注：“隳，坏也。”国，都城。春秋时的“国”，一般都是指大城邑或国都。

〔9〕施无法之赏：意为施行超出惯例的奖赏，即所谓的法外之赏。无法，

不合惯例、超出规定的意思。梅尧臣注："瞻功行赏，法不预设。"

〔10〕悬无政之令：谓颁布打破常规的命令。无政，即无正，指不合常规。悬，悬挂，引申为颁发、颁布。《武经七书直解》："施无法之赏者，谓不拘于常法，即所谓法外之赏也。悬无政之令者，谓不执于常政，即所谓政外之令也。郑友贤曰：'常法之赏不足以愚众，常政之令不足以惑人，赏有时而不拘，令有时而不执，此将军之权也。'"

〔11〕犯三军之众：犯，使用。曹操注："犯，用也。"一说为调动。都是指挥运用的意思。此句意为指挥三军上下行动。

〔12〕犯之以事，勿告以言：犯，用。之，指士卒。事，指作战。言，指谋虑、实情。意为驱使士卒参战，但不要说明任务的意图。张预注："任用之于战斗，勿谕之以权谋；人知谋则疑。"

〔13〕犯之以利，勿告以害：意为驱使士卒进行战斗时，只告诉其有利的条件，而不告诉其任务的危险性。梅尧臣注："用令知利，不令知害。"

〔14〕投之亡地然后存，陷之死地然后生：将军队置于危亡之地，然后可以保存；使军队陷入死绝之地，然后可以生存。梅尧臣注："地虽曰亡，力战不亡；地虽曰死，死战不死。故曰亡者存之基，死者生之本也。"

〔15〕夫众陷于害，然后能为胜败：谓只有把军队投置于险恶境地，才能取胜。张预注："士卒用命，则胜败之事在我所为。"害，害处，指恶劣处境。胜败，指取胜、胜利，这是偏正结构用法。

〔16〕在于顺详敌之意：顺，通"慎"，谨慎的意思（据杨丙安《孙子会笺》说）。详，当训"审"，详细考察。此句意为用兵作战要做到审慎地考察敌人的意图。一说是指假装顺从敌人的意图。亦通。

〔17〕并敌一向：指集中兵力攻向敌人的一点。曹操注："并兵向敌。"王晳注："并兵一力以向之。"皆是。

校记

[1]"四五者"，樱田本"四"字上有"此"字。《兵诀评》作"此三者"。

[2]"不知一"，汉简本、平津馆本、樱田本、二十子诸本皆作"一不知"。

［3］“霸王之兵也”，“霸王之兵”，汉简本作“王霸之兵”。

［4］“夫霸王之兵”，汉简本“夫”作“彼”。“彼”乃发语词，义同“夫”。“霸王”作“王霸”。

［5］“则其众不得聚”，《御览》卷三〇四引此“其”字下有“兵”字。

［6］“威加于敌”，《御览》卷三〇四“敌”字下有“家”字。王念孙《校本》中王懿荣眉批云：“苏洵《嘉祐集·权书·孙武篇》引‘敌’下亦有‘家’字，与《御览》同。”

［7］“不争天下之交”，《御览》卷三〇四“争”作“事”。

［8］“不养天下之权”，樱田本“养”作“夺”。

［9］“信己之私”，《御览》卷三〇四注引“信”作“伸”。杜牧注：“信，伸也。”

［10］“其城可拔，其国可隳”，汉简本作“……可拔也，城可隋也”，《御览》卷三〇四引此亦“国”字在前，“城”字在后。又，樱田本“隳”作“堕”。《御览》“拔”字下有“而”字，“隳”字下有“也”字。

［11］“施无法之赏”，汉简本无“施”字。

［12］“悬无政之令”，汉简本无“悬”字，《御览》卷三〇四“政”作“功”。

［13］“犯之以利，勿告以害”，汉简本作“……害，勿告以利”，其意思恰好与传世本相悖。

［14］“投之亡地然后存”，汉简本“投”作“芋”，“然”字下有“而”字。又《长短经·利害》引此作“陷之死地而后生，投之亡地而后存”。

［15］“在于顺详敌之意”，平津馆本、武经本、二十子本“在”下无“于”字。

［16］“并敌一向”，《兵诀评》、邓廷罗《集注》作“并力一向”。日本宝历甲申（清乾隆三十九年，公元1774年）冈白驹校刊《魏武帝注孙子》同，曹操注作“敌惰，则并力向而攻之”。

［17］“此谓巧能成事者也”，汉简本作“此胃（谓）巧事”。平津馆本、武经本、樱田本、二十子本“此”作“是”，又，无“者也”二字。

译文

因此，不了解诸侯列国的战略意图，就不能预先与之结交；不熟悉山林、险阻、沼泽等地形情况，就不能行军；不重用向导，就无从得到地利。这些情况，如有一样不了解，都不能成为称王争霸的军队。凡是称王争霸的军队，进攻敌对大国，能使敌国的军民来不及动员集中；兵威加在敌人头上，能够使敌方的盟军无法配合策应。因此，没有必要去争着同天下的诸侯结交，也用不着在各诸侯国里培植自己的势力，只要伸展自己的战略意图，把兵威施加在敌人头上，就可以拔取敌人的城邑，摧毁敌人的国都。施行超越惯例的奖赏，颁布不拘常规的号令，指挥全军就如同使用一个人一样。向部下布置作战任务，但不说明其中的意图；动用士卒，只说明有利的条件，而不指出危险的因素。将士卒投置于危地，才能转危为安；使士卒陷身于死地，才能起死回生。军队深陷于绝境，然后才能奋起拼杀赢得胜利。所以，指导战争这种事，在于谨慎地观察敌人的战略意图，集中兵力攻击敌人之一部，千里奔袭，擒杀敌将，这就是所谓巧妙用兵、克敌制胜的目标。

是故政举之日〔1〕[1]，夷关折符〔2〕[2]，无通其使〔3〕，厉于廊庙之上[3]，以诛其事〔4〕。敌人开阖〔5〕[4]，必亟入之。先其所爱〔6〕[5]，微与之期〔7〕。践墨随敌〔8〕[6]，以决战事〔9〕。是故始如处女，敌人开户〔10〕；后如脱兔，敌不及拒〔11〕[7]。

注释

〔1〕政举之日：政，指战争行动。举，指实施、决定。此句意为决定战争行动的时候。张预注："庙算已定，军谋已成。"

〔2〕夷关折符：意即封锁住关口，废除通行的凭证。梅尧臣注："灭塞关梁，断毁符节。"夷，削平，此处引申为封锁。折，折断，这里可以理解为废除。符，泛指通行凭证。古时以木、竹、铜等材料做成牌子，上书图文，分为

两半，用作传达命令、调兵遣将和通行关界的凭证。鄂君启节就是类似的实物旁证。

〔3〕无通其使：不同敌国的使节相往来。张预注云：“恐泄我事也。”使，使节。

〔4〕厉于廊庙之上，以诛其事：谓在庙堂上反复推敲计议，来决定战争行动事宜。厉，同“砺”，本义为磨刀石，《荀子·性恶》：“钝金必将待砻厉然后利。”杨倞注：“厉与砺同。”此处意为反复推敲、计议。廊庙，即庙堂，喻指最高决策机构。诛，曹操注：“诛，治也。”意为研究决定。

〔5〕敌人开阖：敌人敞开门户，指敌人有隙可乘之时。阖，门扇。《礼记·月令》：“耕者少舍，乃修阖扇。”郑玄注：“用木曰阖，用竹苇曰扇。”

〔6〕先其所爱：指首先攻取敌之关键要害处，以争取主动。杜牧注：“凡是敌人所爱惜，倚恃以为军者，则先夺之也。”爱，珍爱、宝贵，指要害。

〔7〕微与之期：不要事先与敌人约期交战。微，无、毋的意思。《经传释词》：“微，无也。”之，指敌人。期，约期。

〔8〕践墨随敌：指避免墨守成规，而要随着敌情的变化来决定作战行动。贾林注：“随敌计以决战事，惟胜是利，不可守以绳墨而为。”践，通“刬”，贾林注：“刬，除也。”避免的意思。墨，墨线，喻指陈规、教条。一说，既要按照原则来处置（“践墨”），又要适应敌情变化来应对（“随敌”）。①

〔9〕以决战事：以解决战争胜负问题，即求得战争的胜利。

〔10〕始如处女，敌人开户：军事行动开始之前，要做到如同处女一样沉静柔弱，诱使敌人放松戒备。张预注：“如处女之弱，令敌懈怠，是以启隙。”开户，开门，此处指松懈戒备。

〔11〕后如脱兔，敌不及拒：战斗一旦打响，就要像脱逃的兔子一样迅速，使得敌人来不及抗拒。张预注：“攻则犹脱兔之疾，乘敌仓卒，是以莫御。”

校记

[1]“政举之日”，汉简本“政举”作“正与”。

① 《中国军事史》编写组：《武经七书注译》，56 页，北京：解放军出版社，1986。

[2]"夷关折符"，樱田本眉批云："折，一本作'折'，作'析'。"《品节》作"拆"。又，樱田本"符"作"节"。

[3]"厉于廊庙之上"，汉简本无"庙""之"二字。二十子本"廊庙"二字互乙。

[4]"敌人开阖"，汉简本"阖"作"阓"。

[5]"先其所爱"，樱田本"其"字上有"夺"字，乃衍文。

[6]"践墨随敌"，十一家注本编者注曰："践墨，一作刬墨"。按："刬"字后起，春秋时代多以践、浅、残等字假借。"随敌"，《御览》卷二七〇"随"作"循"。

[7]"敌不及拒"，《御览》卷二七〇"拒"作"矩"，古通用。

译文

因此，在决定战争方略的时候，就要封锁关口，废除通行符证，不允许敌国使者往来，要在庙堂里反复秘密谋划，做出战略决策。敌人方面一旦暴露虚隙，就要迅速地乘机而入。首先要夺取敌人的战略要地，但不要轻易与敌约期决战。要灵活机动，因敌变化来决定自己的作战行动。因此，战斗打响之前，要像处女那样显得沉静柔弱，诱使敌人放松戒备，敞开门户；战斗展开之后，则要像脱逃的野兔一样行动迅速，使得敌人措手不及，无从抵抗。

解读

在不少人的印象里，美国立国时间短，文化积淀薄，美国人急功近利，崇尚有形的技术，忽略无形的思想，认为"美国人所代表的是一个急功近利的民族，缺乏远大眼光，常犯欲速则不达，见小利则大事不成的毛病"[①]。甚至一位我素来十分敬重的当代中国著名战略学家也曾断言："美国的战略文化缺少悠久的历史哲学传统。"[②] 但是，我不得不遗憾地说，这样的看法是值得商榷的。美

① 纽先钟：《现代战略思潮》，24页，台北：黎明文化事业公司，1989。

② 李际均：《军事战略思维》，254页，北京：军事科学出版社，1998。

国立国的历史虽然短暂，但它的思想文化之丰厚博大，一点也不逊色于其他国家，而且充满生机，与时进取，绝对有它的重大价值和鲜明特色。崇尚技术固是事实，重视思想更是真相，至少在军事理论领域是这样。你只需看看马汉的《海权论》、柯林斯的《大战略》，再看看海湾战争中的“鲍威尔战法”、伊拉克战争中的“拉姆斯菲尔德战法”，便可以发现，无论是战略思想，还是战法原则，在当代世界里，美国都是了不起的领先者之一。

在众多美国军事学家当中，柯林斯是非常杰出的一位，作为现代最著名的战略学家之一，柯林斯著有不朽的军事学名著——《大战略》。我们对它发生兴趣，不仅是因为其书本身的重大价值，而且因为它的许多观点与中国的古老兵书《孙子兵法》有异曲同工之处。庄子说“天下百虑而一致，殊途而同归”，东西方军事文化从本质上讲底蕴相同，血脉相通，那种把东西方军事文化的特点对立起来的做法，纯属浅薄无知。

在《大战略》一书中，柯林斯将主要的作战原则归纳为十二条，这就是：（1）目的；（2）主动权；（3）灵活性；（4）集中；（5）节约；（6）机动；（7）突然性；（8）扩张战果；（9）安全；（10）简明；（11）统一指挥；（12）士气。[①] 如果拿它们同《孙子兵法·九地篇》对照着解读，我们会欣喜地看到，这十二项作战原则之基本要素，在本篇中都已经或多或少地包含了，这说明孙子不愧为世界上深谙作战基本原理的第一人，《九地篇》也无疑是整个孙子兵学体系的重要构成部分。

《九地篇》有一千多字，在十三篇中篇幅最大，几乎占《孙子兵法》全书的五分之一。文字多意味着内容丰富，内容丰富则往往导致思想深刻。本篇的情况正是如此，它的兵学理论之全面、独到、精深是毋庸置疑的，这集中体现在三个方面。

第一，考察不同类型的兵要地理，根据具体的地理条件制定适宜可行的作战行动方案。

所谓“兵要地理”，其实就是军事战略地理，用现代术语表示，军事战略地理“是在军事领域内，从战略的高度研究与军事有关的地理环境，对军事战略

---

① 约翰·柯林斯：《大战略》，60页，中国人民解放军军事科学院译，北京：中国人民解放军战士出版社，1978。

的影响，为决策者进行安全环境分析，选择战略目标，拟制战略方针，制定武装部队建设规划和建立一个有利的战略态势服务”①。孙子本篇所谈到的“兵要地理”问题，其概念似乎没有这般拗口与复杂，但主要精神是相通的，特别是在“建立一个有利的战略态势”方面，古今战略地理学的出发点和努力方向可谓高度一致。所以“何妨古今一线牵”，我们可以用现代战略地理学的一些原理，来对照和认识孙子兵要地理说的价值与意义。

毫无疑义，对兵要地理在军事活动中的地位与作用，孙子是高度重视的，他曾从自然地理与人文地理相结合的角度，阐述了战略地理环境的不同类型及其主要特点。中国人素有数字崇拜的嗜好，尤其对“九”这个数字情有独钟，理由是它为阳之尊，数之极（所以皇帝称为“九五之尊”，凡事有一圆满归宿则叫作“九九归一”）。孙子是食人间烟火的，故亦不能免俗，下意识地把兵要地理区分为九个大类：散地、轻地、争地、交地、衢地、重地、圮地、围地、死地。其实它们可以概括地划分为两个类型，一是自己国土内的“散地”，一是敌人国土内的“重地”。

兵要地理既然如此复杂多样，战争指挥者就要善于根据不同的战略地理条件，采取正确适宜的作战方针，以掌握战争的主动权。孙子认为，在不同类型兵要地理上展开军事行动，有其一般规律可循，这个规律就是军队在不同环境之下，其心理状态与战斗潜能发挥的可能态势。为此，他系统地提出了针对各种兵要地理的作战要领，“良工授之以法，高手度人金针”，让人们窥知并掌握认识、运用兵要地理因素的窍门。例如，在散地上要统一部队的意志，稳定军心，同时尽可能避免作战；在争地上，不可贸然发起进攻，而要注意后续部队迅速跟进，以便相互策应；在四通八达的衢地之上，应该广泛结交诸侯，引为外援，至少也要让其保持中立，不来趟这潭浑水；等等。九类情况，九种解套的方法，孙子都替战争指挥者预先设想安排好了，用心可谓良苦。

孙子的兵要地理思想是对无数战争经验教训进行总结的产物，具有强烈的针对性和显著的成效性，也经受住了历史长河之水的洗礼，而被证明屡试不爽，俱有应验。作战的成败，大多可以从是否遵循这些原理寻找到内在的原因。比

---

① 雷杰：《战略地理学概论》，2页，北京：解放军出版社，1990。

如，北宋末年浙江的方腊，“食菜事魔”，啸聚山林，揭竿起事，曾先后攻陷多座城池，占据六州五十二县的地盘，人们争相附从，其众最盛时曾发展到百万人以上，几乎成就一番气候。可是好景不长，最后还是让朝廷大军赶回其“帮源洞”老巢，一一剿灭了。这其中原因虽然很多，但方腊本人在关键时刻不能驾驭全局，及时把战火烧向北宋王朝的统治腹心，反而退守“散地”，导致其部属信众怀土恋家，斗志涣散，战斗力下降，当是不可忽略的因素。又如明末农民军首领高迎祥、李自成（在朝廷的眼睛里，他们当然是不折不扣、罪无可逭的“流寇”）统率部队南征北战，谁知稍不注意，落进了官军的包围，在明军总督陈奇瑜的围攻下，不得不退入车厢峡，陷入围地。眼见覆灭在即，李自成“设计运谋”，献宝诈降，居然骗过了陈奇瑜，诱使官军网开一面，乘机突出围地，死灰复燃，卷土重来，从此一发而不可收。这可以说是与孙子“围地则谋”的指导思想不谋而合。

时至今天，在孙子本篇的兵要地理理论中，最富有现实意义的是关于“衢地”和“争地”的论述，特别是“衢地”，从战略地理的角度看，更能显示出其重要性。

关于“衢地”，孙子反复强调这是四通八达的要害地域，而且非本国所有，因此，他主张事先从外交上争取这一要地所在国的同情而加以控制利用。二战后各大国所从事的“衢地”争夺，在西太平洋地区，主要是控制日本。美国从自身的战略利益着眼，一直重视日本列岛这块战略要地，以抗衡苏联，以求在全球争霸斗争中赢得主动优势的地位。因为日本北海道的宗谷海峡和根室海峡，中部的津轻海峡，西南部的对马海峡，都是控制从日本海进入太平洋的通道，是名副其实的“衢地”，而苏联的远东地区海军基地符拉迪沃斯托克，正处于日本海的西岸。美国控制了日本，就等于把苏联的远东海军力量困死在日本海的彼岸，不能再有大的作为。正是出于这一考虑，二战后美国轻易放过对日本军国主义的清算，并舍得花大本钱在日本的身上，以求长久保持日本这一战略“衢地”。反观苏联，也通过占领南千岛群岛而控制了根室海峡，以它作为自己进入浩瀚太平洋的通道。即便是这些年来世界风云变幻，苏联解体，实力急剧下降，苏联的主体俄罗斯也不愿放弃南千岛群岛。这其中的主要原因，也在于俄罗斯充分认识到南千岛群岛对于控制战略“衢地”的重要意义，因此宁可放弃同日本签订和平协议的机会，不要经济援助也毫不让步。

从欧、亚、非三大洲的战略“衢地”看，地中海可以说是首屈一指的地区。地中海有三条通路，它们分别是西边为英国所控制的直布罗陀海峡，东边为埃及所控制的苏伊士运河，北边为土耳其所控制的达达尼尔海峡。地中海的周围，星罗棋布分布着数以十计的国家，属于世界上战略资源最为集中的地区之一，特别是中东地区的石油，北非地区的矿产，更直接关系着各国的经济、军事命脉。因此，地中海长期以来成为诸大国瞩目的焦点，而要控制地中海，从战略地理看，就必须首先控制出入地中海的三条通道。于是多年来，各大国始终在为实现“据其要津”的战略目标而努力。至于其手段，便是联络与国，订立同盟，寻求立足之点，扩大势力范围，“重币轻使，约和旁国，交亲结恩”①。可以这么说，自一战以来，地中海乃至整个欧洲的风风雨雨，都同大国为控制这一战略“衢地”而进行的斗争密不可分。

近些年来，国际战略格局又发生了重大的变化，然而，大国之间为争夺世界战略“衢地”的较量仍在延续，看不出有任何停止的迹象，这一现实表明，孙子有关兵要地理问题的论述，其价值依然存在，其启迪依然可贵。

第二，结合兵要地理用兵原则的具体要求，提出了一整套精辟深刻的战略突袭的理论及方法。

为了实现速战速决的战略意图，达到“兵不顿而利可全”的目的，孙子提倡采取突然袭击的方式来展开战略进攻行动，主张纵深突袭，似尖刀直插敌人的心脏，一举战胜敌人。

首先，战前秘密决策，隐蔽准备。为了确保突然袭击能出敌不意，攻敌无备，孙子主张在战前做出秘密决策，保证军事机密不致泄露，即所谓“厉于廊庙之上，以诛其事”。这一是要“夷关折符”，封锁关口，销毁通行凭证，防止敌方间谍潜入侦察。二是要“无通其使”，既不接受敌方新派使臣来访，以防其高明的间谍见微知著，察觉我方的战略意图，也不允许敌方留居人员离境，防范消息走漏。总之，巧妙地加以伪装，诱使敌人放松戒备，暴露弱点，“始如处女，敌人开户”。

---

① 《吴王孙武问对》，载杜佑：《通典》卷一五九。

其次，及时把握进攻的时机，正确选择主攻的方向。孙子强调，优秀的作战指挥者应该善于捕捉战机，一旦发现敌人呈示弱点，有机可乘，就不必同敌人客气，当以迅雷不及掩耳的速度发起攻击，“敌人开阖，必亟入之”，如神兵从天而降，打得敌人措手不及，找不着北，“后如脱兔，敌不及拒”。正如《何博士备论·宋武帝论》中所指出的那样：“盖机之为物，不可以期待，不能以巧致者也。卒然而会，迅忽眇微；以及去之，疾不容瞬。先机而起，于机为妄赴；后机而发，于机为失应。”而作为军事指挥者，则要在这个过程中，充分发挥主观能动性，通过“顺详敌之意”，“运兵计谋，为不可测”等方法，来催化有利进攻时机的形成，而不要站在一旁无所事事睁着眼干等待。关于选择主攻方向的问题，孙子反对采取撒胡椒粉、平均使用力量的打法，主张在实施战略突袭的时候，做到攥紧拳头，“并敌一向，千里杀将”，“兵之情主速，乘人之不及，由不虞之道，攻其所不戒也”，“先其所爱”，等等。即集中优势的兵力，以最快的速度，打击敌人既是要害而又虚弱的地方，大量杀伤敌人的有生力量，事半功倍地结束战斗。

再次，巧妙灵活地变换战术，刚柔兼济，因敌变化。一旦做出了战斗的决心，决定了进攻的时机，选定了主攻的方向，做好了打击的准备，那么，在战役战斗中，灵活用兵，巧妙指挥也就成为实现战略突袭目标的主要环节了。孙子对战略进攻中的战术运用问题进行了认真探索，提出了有关的原则和方法。其中心内容是“践墨随敌，以决战事”，即根据敌情的变化，灵活机动地决定自己的战术运用。诸如，隐蔽自己的作战企图，示形于敌，瞒天过海，调动对手，牵着敌人的鼻子走，“易其事，革其谋”，“易其居，迂其途”。布列阵势要如同常山之蛇一般，灵活自如，反应敏捷，善于策应，“击其首则尾至，击其尾则首至，击其中则首尾俱至”，等等。其宗旨就是强调灵活的指挥，多变的战术，反对墨守成规，避免贻误战机，陷入被动。西方军事学家同样高度重视作战指导上的灵活应变，创新发展，也反对抱残守缺，墨守成规，强调要随着军事技术的变化和发展，针对不同的作战对象，根据不同的作战条件与环境，不断地改变战法，灵活地运用战术。

在这方面，富勒在其《装甲战》一书中的许多观点是具有代表性的：其一，武器装备的进步，一定会带来作战方式的变革，“十五、十六世纪火药的出现，十九世纪蒸汽动力和化学科学的发展，均引起当时军队编制装备的改变；同样，在当今年代，油料、电力、高爆炸药、蒸汽动力和化学的发展，必然会引起战争的全面改变，以致建立新的军事体制”①。“新式武器的投入使用不能不引起条件的变化，而条件的每次变化又都会要求军事原则应用的变更。”②

其二，制胜的关键在于灵活应变、便宜从事：“除攻城战外，各种作战的成功秘诀不仅是作战方法，更重要的是机断行事。因此，指挥官的作战计划必须简明扼要，并具有灵活性。计划应留有充分余地，使下属指挥官能机断行事。”③“不能以一成不变的思想来制定计划，而必须用灵活机动的思想来制定计划，也就是说，计划必须包括若干个预备方案。”④中西方军事著作在语言体例、逻辑概念梳理、形象描述等方面固然存在着很大的差异，是两类军事文明的产物，但是，“百川异源，而皆归于海；百家殊业，而皆务于治”（《淮南子·氾论训》），万变不离其宗。

这里，孙子实际上触及了战术运用上的最深层次命题，即战术理论原则性与灵活性的统一问题，这用哲学范畴来表述，就是“常”与“变”的对立与统一。所谓“常”，是指事物的稳定性、永恒性，大经大法，在儒家那里便是“经”。所谓“变”，是指事物的变化性、适时性，通权达变，在儒家那里便是“权”。这二者既是对立的，“男女授受不亲”，又是统一的，“嫂溺，援之以手，权也”（《孟子·离娄上》）。不过，需要指出的是，儒家与兵家皆言“经权”与“常变”，这是其共性之处。但是，它们之间也有差异，这就是谈问题的侧重点有所不同。儒家的侧重点在“经”与“常”，所谓“道之大原出于天，天不变，道亦不变”（《汉书》卷五六《董仲舒传》）。而兵家的侧重点则在“权”与“变”，所谓“兵无常势，水无常形”，所谓“战胜不复，而应形于无穷”。

就兵学而言，“常”与“变”的统一尤为重要，因为战争本身就是必然性与盖然性的有机统一。成型的战术原则，是千百万人用鲜血和生命凝聚而成的，自然有它的合理性和通用性，自然应该对它予以最大的尊重，这一点孙子心里

① 富勒：《装甲战》，1页，周德等译，北京：解放军出版社，1987。
② 富勒：《装甲战》，74页，周德等译，北京：解放军出版社，1987。
③ 富勒：《装甲战》，7页，周德等译，北京：解放军出版社，1987。
④ 富勒：《装甲战》，40页，周德等译，北京：解放军出版社，1987。

非常清楚，他一再强调“高陵勿向，背丘勿逆”，坚决提倡“围师必阙，穷寇勿迫”，就充分说明他对既定的战术原则是何等的信赖，何等的推崇。

但是战争是最具有或然性的活动，随机性、变化性是它的根本特点，战术上的“常法”不可能适应千变万化的战场形势，如果一味拘泥以往的经验，迷恋于作战的成规，就等于胶柱而鼓瑟，非打败仗不可，即所谓“法有定论，而兵无常形。一日之内，一阵之间，离合取舍，其变无穷，一移踵瞬目，而兵形易矣。守一定之书，而应无穷之敌，则胜负之数戾矣”（《何博士备论·霍去病论》）。因此，用兵打仗，在尊重“常法”的同时，更要注重战术的灵活变化，随机创新，因为，后者才是真正的用兵艺术魅力之所在，才是兵学原则不断丰富、不断升华的不竭动力。正如何去非所说的那样：“不以法为守，而以法为用，常能缘法而生法，若夫离法而合法。”（《何博士备论·霍去病论》）从这个意义上说，孙子主张在战略进攻中，坚定不移地贯彻“践墨随敌”、因敌变化的战术原则，实在是切中了要害，识破了玄机。

最后，大胆坚决地深入重地，把战争指向敌人的腹心地区。战略纵深是敌人的腹心，对它的打击效果远远超过其他地区，往往能起到大伤元气、动摇根本的作用。所以，孙子主张以坚决果断的行动，迅速快捷地将重兵插入敌人的心脏地带，“帅与之深入诸侯之地，而发其机”，“信己之私，威加于敌”，来确保战略突袭行动取得成功。为达到这一目的，他要求在敌国浅近纵深的“轻地”要迅速通过，不做纠缠，即便是敌之战略前哨的“争地”，也要巧妙迂回，决不旁骛，“地有所不争，城有所不攻，军有所不击”，免得干扰和牵制自己的战略主攻行动。同时，要实行脱离后勤保障的无后方作战，依靠对敌国的劫掠来补充自己军队的粮草，“掠于饶野，三军足食”。

孙子这一深入重地、击敌腹心的作战指导原则，在美英联军攻打伊拉克之战中有非常精彩的印证：战争伊始，美英联军即迅速突入伊拉克境内，兵锋直指伊首都巴格达。为此，美英联军置卡尔巴拉、纳西里耶、纳杰夫等城市、要点于不顾，全速开进，在短短几天的时间里推进四五百公里，基本上形成了对巴格达的战略合围之势，并很快攻克了这座象征着萨达姆政权力量的城市，为这场战争画上一个句号。这种直插腹心、占敌重地的做法，是战略进攻的最佳选择，古今战争史上均无例外。

综上所述，孙子关于战略突袭的指导思想是：以优势的兵力，多变的战术，出敌不意的时间、方向，深入敌之重地，给敌以毁灭性的打击。在战术上，收到“使敌人前后不相及，众寡不相恃，贵贱不相救，上下不相收，卒离而不集，兵合而不齐”的效果；在战略上，达到“伐大国，则其众不得聚；威加于敌，则其交不得合”，“其城可拔，其国可隳”的目的。

孙子这一思想，深刻揭示了进攻突袭作战的普遍规律，曾在实践中得到广泛的运用，孙子亲自参与指挥的破楚入郢之战，可以说是这一原则的实战体现。

这次影响春秋晚期战略格局的重大战争，以吴军五战入郢、大获全胜而告终。而吴军之所以取胜，除其政治清明，具备一定的经济、军事实力，善于“伐交”争取与国之外，关键在于其作战指导的高明，而这种高明，集中体现为吴军正确遵循了孙子的战略突袭原则。一是“顺详敌之意”，采取疲楚误楚的正确策略，使楚军疲于奔命，并且松懈戒备。二是正确把握进攻时机，明智选择主攻方向，乘隙蹈虚，实施远距离的战略突袭，迫使楚军在十分被动的形势下仓促应战。三是把握有利的决战时机，先发制人，一举击败楚军主力。四是适时进行战略追击，不给楚军以重整旗鼓、进行反击的任何机会，真正做到了“伐大国，则其众不得聚”，顺利实现了“威加于敌”“故其城可拔，其国可隳”的战略目标。

第三，正确认识和运用军事心理学知识，激励士气，充分发挥部队的战斗力。

仗是靠人来打的，将军手下没有兵，便成了光杆司令，最好的武器没人去用，便成了一堆废铜烂铁，离开了人，什么仗都打不成。

然而人又是有血有肉有感情的，到了尸横遍野的战场，面对彼此杀红了眼的同类，是扑上去拼个你死我活，还是掉转头撒腿逃跑，往往是一念之差，不是让恐惧吓破肝胆，就是让勇敢战胜恐惧，这一切都取决于人的心理状态。这表明将士们精神面貌的好坏，参战意识的强弱，在很大程度上是决定战争胜负的筹码。因此，重视人的心理因素，激励官兵士气，发挥部队的战斗力，乃是战争指挥者在管理部队、指挥战争时必须优先解决的问题。换言之，战争取胜与否，不仅取决于物质条件，更在于精神因素，在于军心士气的调动与振奋。在西方军事学家的心目中，军事力量的最核心要素，同样不是物质层面的，而是精神层面的，一支军队战斗意志坚强与否，精神风貌是激扬高昂还是萎靡不振，直接关系到战斗力的高下，决定着战争的胜负归属。克劳塞维茨在这方面有大量的论述，他说："斗争是双方精神力量和物质力量通过物质力量进行的一种较量，不言而喻，在这里不能忽视精神力量，因为正是精神状态对军事力量具有决定性的影响。"① "物质的原因和结果不过是刀柄，精神的原因和结果才是贵重的金属，才是真正的锋利的刀刃。"② "任何战斗都是双方物质力量和精神力量以流血的方式和破坏的方式进行的较量。最后谁在这两方面剩下的力量最多，谁就是胜利者。在战斗的过程中，精神力量的损失是决定胜负的主要原因。……因此，使敌人精神力量遭受损失也是摧毁敌人物质力量从而获得利益的一种手段。"③ 博福尔在《战略入门》中也说："要想解决问题，必须首先创造、继而利用一种情况使敌人的精神大大崩溃，足以使它接受我们想要强加于它的条件。"④ 富勒在《装甲战》一书中一再强调，军事胜利的标志，乃是在精神上彻底击垮对手，而非其他："战略的目的是以武力而不是以文字来维护一种政治主张。这通常以作战来实现，其真正的目的不是摧毁物质力量，而是在精神上压倒敌人。"⑤

孙子是中国历史上第一位系统阐述军事心理学的兵学大师，军事心理思想是他兵学理论体系的重要组成部分。在本篇中，他对军事心理学做了最原始的考察，提出了在正确认识部队心理状态的基础上，激励士气，鼓舞斗志，夺取胜利的主要原则和具体方法。

常言道："世事洞明皆学问，人情练达即文章。"孙子对"人情"的体会也是如此，认为"人情之理，不可不察"。基于这样的观念，他对部队在不同情况下的心理反应进行了细致的分析。首先，他从作战区域的远近角度阐述了军心

---

① 克劳塞维茨：《战争论》，第 1 卷，101 页，中国人民解放军军事科学院译，北京：商务印书馆，1978。

② 克劳塞维茨：《战争论》，第 1 卷，188 页，中国人民解放军军事科学院译，北京：商务印书馆，1978。

③ 克劳塞维茨：《战争论》，第 1 卷，257 页，中国人民解放军军事科学院译，北京：商务印书馆，1978。

④ 安德烈·博福尔：《战略入门》，8 页，军事科学院外国军事研究部译，北京：军事科学出版社，1989。

⑤ 富勒：《装甲战》，34 页，周德等译，北京：解放军出版社，1987。

士气的凝聚或涣散问题，指出：凡是越境进攻作战，越是深入敌方的重地，就越是能使军心稳固，使士气振奋，牢牢立于不败之地："凡为客之道，深则专，浅则散"，"深入则专，主人不克"。接着，孙子探讨了导致出现这种奇怪现象的原因，认为这是由部队的心理状态所决定的：在本土作战，免不了想到家中的父母妻儿，惦记着那一亩三分地、两间破草屋，七思八想，斗志就涣散了，瞅准机会就开溜，这样的军队如何能有战斗力？反之，如果远离乡土，深入敌国的腹地，家里的事鞭长莫及，想也没用，自然开不了小差（到了陌生地方，不认得回家的路）。死亡的威胁始终包围着自己。在这样的情况下，只好排除各种杂念，鼓起全身勇气，去同敌人拼命，以求死里逃生，这叫作"深入则拘，不得已则斗"。

孙子进而论述了部队作战中更为普遍的心理活动规律，这就是"兵之情，围则御，不得已则斗，过则从"。指出要想让部队官兵卖命杀敌，最好的办法是把他们安置到无路可走的"绝境"上去，这样，全军上下就会在求生意识的驱使下，奋不顾身去战斗了。孙子强调，这是军队作战心理的一般共性："投之无所往，死且不北。死焉不得，士人尽力。兵士甚陷则不惧，无所往则固。"

了解军事心理是为了在战争中加以运用，为此，孙子系统提出了如何巧妙利用部队作战心理的具体方法，其宗旨是因势利导，处心积虑，使官兵们深陷危险窘迫的环境之中，诱逼其为生存而死战。具体地说，就是"塞其阙"，"示之以不活"，"投之亡地"，"陷之死地"，等等。

该如何来做到这一点呢？孙子也替大家想出了高招：推行"愚兵"之术，把士兵们当作懵懂无知的"羊群"来看待，该怎么折腾他们便怎么折腾，"能愚士卒之耳目，使之无知"，"若驱群羊，驱而往，驱而来，莫知所之"。让士卒成为一群没有头脑、任凭将帅驱使的战争工具。这样，将帅在利用部队心理"投之无所往"的时候，便可以轻松愉快、得心应手了，士卒们的战斗潜能也能够得到充分地发挥了（不管是自愿还是非自愿），便可以造成"携手若使一人"的"理想"局面，舒舒服服地圆自己的胜利之梦！

应该说，孙子的军事心理思想透露着冷酷残忍的血腥味儿，反映了古代上层统治者与普通士兵之间的阶级对立的本质属性。孙子虽说要"爱卒"，"视卒如婴儿""视卒如爱子"，其实内心深处是轻视普通士卒的，把他们视为可以随便付出的“代价”，当作一种“耗材”而已。这一点，其狐狸尾巴在本篇中，还是无法掩盖，暴露了出来，故他提倡“愚兵”，“能愚士卒之耳目”，把士卒当成牲口，即所谓“若驱群羊，驱而往，驱而来”。应该说，这也是古代社会统治者的通病，如《何博士备论·杨素论》亦毫不掩饰地鼓吹：“畏我者，不畏敌；畏敌者，不畏我。是以古之名将，十卒而杀其三者，威振于敌国；杀其一者，令行之于军。”显而易见，孙子的“道”，乃是让民众去服从君主的意志，“令民与上同意也”，而不是让统治者去迁就民众的利益，“令上与民同意也”。所以，他在谈到运用部队作战心理时，考虑的只是将帅的利益，而视士兵生命为草芥，在这样的立场之下，他的招数越高明，对士兵所造成的痛苦也就越深重。这一点我们在今天要有清醒的认识，切不可把孙子当作普济众生的“和平主义”者、“爱兵如子”的好好先生来看待。

然而，我们也应该看到，贪生怕死，乃人的本能，所谓“蝼蚁尚且惜命，而况人乎！”“夫农，民之所苦；而战，民之所危。”（《商君书·算地》）没有一些绝招是无法让人在战场上克服对死亡的恐惧，奋不顾身，殊死拼搏的。虽然不同的阶级在这方面所使用的手段不尽相同，但最终收到的效果却完全一致。从这个意义上讲，孙子掌握、运用军队心理的原则和方法虽然阴损，虽然可恶，但是却非常实用，非常有效，“凡是存在的，都是合理的”，我们大可不必装出一副大义凛然的样子，对它大加鞭挞。

历史上借鉴汲取孙子军事心理思想，用以指导战争实践的现象司空见惯，其中尤以秦汉之际韩信背水列阵大破赵军最为典型。在这次战役中，韩信根据己方兵力寡少、军心不固以及深入重地等实情，针对赵军主帅陈余本人“不用诈谋奇计”的迂腐性格，遵循孙子“投之亡地然后存，陷之死地然后生”的作战原则，“众陷于害”，背水列阵，激发起汉军将士人人死战、个个拼命的昂扬斗志，抑制住了赵军如潮般的攻势，同时出动奇兵袭占赵军大营，使赵军腹背受敌，阵脚大乱。韩信乘机发动反击，终于阵斩陈余，大获全胜，一举灭赵，实现了断楚之右臂的战略目的。

但是，“投之亡地然后存”的作战心理原则，如同孙子其他兵学原则一样，固然是制胜之法宝，却并非用兵之教条。换句话说，实践这一原则，要有一定的条件，如将帅足智多谋，敌将蠢笨如牛，及时出动奇兵策应，等等。总之，要灵活运用，因敌变化，而不能生搬硬套，死守拘泥。同样以韩信背水布阵大破赵军一事为例。如果当时赵军主帅陈余不那么刚愎自用，迂腐疏阔，而能听取部下李左车的意见，自己率主力深沟高垒，持重相峙，派奇兵摧毁汉军的辎重，切断汉军的粮道，那么，韩信再高明，也玩不成这场心理大战的游戏，而且还很有可能如李左车所估计的那样，沦为赵军的阶下囚。可见，是陈余的无能，造就了韩信的功名。历史上就有因死啃教条，不能灵活掌握这一原则而导致失败、贻笑天下的，如三国时期马谡不讲条件侈谈"陷之死地然后生"的原则，舍水上山，放弃要冲，最终惨遭失败，痛失街亭，就是这方面的明显例子。由此可见，要正确发挥孙子军事心理思想的巨大威力，必须辅之以具体的条件，实施高明的指导，用孙子自己的话说，就是"兵无常势，无常形，能因敌变化而取胜者，谓之神"(《虚实篇》)。

在军事科技迅猛发展的今天，人的因素在战争中的地位和作用并没有丝毫的减弱。因此，正确运用军事心理学理论管理部队、指导战争依然是一个重要的课题。美军是目前世界上武器装备最为先进的军队，可它却非常重视掌握、运用军事心理学理论，积极摸索利用人的心理因素以达到克敌制胜目的的途径。如它主张内部的团结，其SPAP心理训练计划中的一条重要原则即是"维护部队内部的团结"。又如它也十分注重对敌人从事心理战，在海湾战争、科索沃战争、阿富汗战争以及伊拉克战争中，通过散发传单、电台广播、寄送电子邮件等方法，开展铺天盖地、强大持续的政治、军事攻心，动摇对手的抵抗意志，瓦解对手的军心士气，收到了相当理想的效果，为夺取战争的胜利创造了有利的条件。美军成功的做法，也给我们很大的启示，即在现代高科技战争条件下，军事心理学活动的舞台不但不见萎缩，反而更加广阔，大有可为。《九地篇》所反映的军事心理思想，作为中国古代军事文化遗产的重要组成部分，仍然可以为我们从事军队建设，指导未来可能爆发的战争，提供有益的借鉴，发挥应有的作用。

火攻篇

题解

本篇是我们现在所能见到的中国古代最早系统总结火攻作战经验和特点的专门文字。主要论述了春秋以前火攻的种类、条件，实施火攻的方法以及火发后的相应应变措施等问题。孙子认为以火助攻，是提高军队战斗力、夺取作战胜利的重要作战样式。他把火攻归纳为五大类，即火人、火积、火辎、火库、火队，指出火攻必须具备“发火有时，起火有日”的气象条件和“行火必有因，烟火必素具”等物质条件。孙子主张火攻与兵攻相结合，明确提出“必因五火之变而应之”，即利用纵火所引起的敌情变化，及时地指挥军队发起攻击，以扩大战果。本篇的又一个重要内容，是孙子的慎战思想。他强调国君和将帅对战争要慎重从事，指出国君不可以凭个人喜怒而发动战争，将帅也不可以逞一时意气而轻率动武，无论是战是和，都必须以利益的大小或有无为依据：“合于利而动，不合于利而止”，认为这才是真正的“安国全军之道”。

火攻，指以火助攻，杀伤敌之有生力量，摧毁敌之战争资源，从而夺得战争的胜利。曹操注：“以火攻人，当择时日也。”王皙注：“助兵取胜，戒虚发也。”皆符合本篇主旨。其篇次，汉简篇题木牍《火攻》列在《用间》之后，与各传本相反。

孙子曰：凡火攻[1]有五〔1〕：一曰火人〔2〕，二曰火积〔3〕[2]，三曰火辎〔4〕，四曰火库〔5〕，五曰火队〔6〕[3]。行火必有因〔7〕，烟火必素具〔8〕[4]。发火有时，起火有日〔9〕[5]。时者，天之燥也〔10〕；日者，月在箕、壁、翼、轸〔11〕也[6]。凡此四宿者，风起之日也〔12〕[7]。

注释

〔1〕五：五类、五种。

〔2〕火人：焚烧敌军人马。火，此处作动词用，烧、焚烧的意思。以下“火积”等之“火”义同。

〔3〕火积：焚烧敌军的粮秣物资。积，积聚、积蓄，此处指粮草。梅尧臣注："焚其委积，以困刍粮。"

〔4〕火辎：焚烧敌军的辎重。张预注："焚其辎重，使器用不供。"

〔5〕火库：焚烧敌军的物资仓库。梅尧臣注："焚其库室，以空蓄聚。"库，仓库，《释名·释宫室》："库，舍也。物所在之舍也。故齐鲁谓库曰舍也。"

〔6〕火队：焚烧敌之军事交通和转运设施。贾林注："烧绝粮道及转运也。"队，通"隧"，道路。《左传·文公十六年》："楚子会师于临品，分为二队以伐庸。"《广雅·释宫》："队，道也。"《广雅疏证·释宫》："队，与隧同，谓分为二道以伐庸也。"一说火队即焚烧敌军队伍。如杜牧注："焚其行伍，因乱而击之。"

〔7〕行火必有因：指实施火攻必须具备一定的条件。李筌注："因奸人而内应也。"张预注："凡火攻，皆因天时燥旱，营舍茅竹，积刍聚粮，居近草莽，因风而焚之。"皆是对火攻条件的具体罗列。行，实施。因，原因，此处指进行火攻的必备条件。

〔8〕烟火必素具：烟火，指火攻的器具和燃料等物。曹操注："烟火，烧具也。"素，平素、经常。具，准备妥当。此句意为发火用的器材必须平常准备就绪。张预注："贮火之器，燃火之物，常须预备，伺便而发。"

〔9〕发火有时，起火有日：意为当根据天时条件而实施火攻。张预注："不可偶然，当伺时日。"

〔10〕时者，天之燥也：燥，气候干燥。言火攻应在气候干燥时进行。

〔11〕箕、壁、翼、轸：中国古代星宿的名称，是二十八宿中的四个。其中，箕属东方苍龙七宿，壁属北方玄武七宿，翼、轸属南方朱雀七宿。

〔12〕凡此四宿者，风起之日也：四宿，即箕、壁、翼、轸四个星宿。此言凡月亮行经这四个星宿时，正是起风便于火攻的时候。李筌注："天文志：月宿此者多风。"古人认为月亮运行到箕、壁、翼、轸这四个星宿位置时多风。《史记·天官书》："翼为羽翮，轸为车，主风。"张守节《正义》："箕主八风。"

校记

[1]"火攻"，汉简本作"攻火"。

〔2〕“火积”，汉简本作“火渍”。“积”“渍”皆责声，“积”假借为“渍”。

〔3〕“火队”，《通典》卷一六〇、《御卷》卷三二一引此作“火坠”，《通典》又注云：“一曰火道。”《长短经·水火》、《艺文类聚》卷八〇、《御览》卷八六九引此皆作“燧”。“队”“坠”“燧”三字义近，古通。

〔4〕“行火必有因，烟火必素具”，汉简本作“□火有因，因必素具”，“火”前所残一字，度为“行”字。

〔5〕“发火有时，起火有日”，《总要》“有”字上皆误增“必”字。

〔6〕“月在箕、壁、翼、轸也”，《长短经·水火》引此“月”作“宿”，“翼”作“参”。《通典》卷一六〇、《御览》卷三二一引此，作“宿在戊箕东壁翼轸也”，但《御览》“戊”误为“戍”。孙校本据《通典》《御览》改“月”为“宿”。

〔7〕“凡此四宿者，风起之日也”，汉简本此句前缺，作“……四者，风之起日也”。《通典》卷一六〇、《御览》卷三二一引此无“也”字。

译文

孙子说：火攻的形式共有五种，一是焚烧敌军人马，二是焚烧敌军粮草，三是焚烧敌军辎重，四是焚烧敌军仓库，五是焚烧敌军粮道。实施火攻必须具备条件，火攻器材必须平时即有准备。放火要看准天时，起火要选好日子。所谓天时，是指气候干燥；所谓日子，是指月亮行经“箕”“壁”“翼”“轸”星宿位置的时候。凡是月亮在这四个星宿的时候，就是起风的日子。

凡火攻，必因五火之变而应之〔1〕［1］。火发于内，则早应之于外〔2〕［2］。火发兵静者〔3〕，待而勿攻［3］，极其火力〔4〕［4］，可从而从之，不可从而止〔5〕［5］。火可发于外，无待于内〔6〕［6］，以时发之〔7〕［7］。火发上风，无攻下风〔8〕［8］。昼风久，夜风止〔9〕。凡军必知有五火之变［9］，以数守之〔10〕。

注释

〔1〕必因五火之变而应之：因，根据、利用。应，策应、接应、采取对策的意思。本句意为应当根据“火发于内”至“昼风久，夜风止”等五种不同情况而灵活处置。梅尧臣注：“因火为变，以兵应之。”注家多以“五火之变”为“火人”等五种火攻方式，不确。

〔2〕早应之于外：及早用兵在外面进行策应。张预注：“火才发于内，则兵急击于外；表里齐攻，敌易惊乱。”

〔3〕火发兵静者：兵，此处指敌军。静，安静、沉着、不慌乱。

〔4〕极其火力：让火势烧到最旺之时。极，尽、穷尽的意思。

〔5〕可从而从之，不可从而止：此句意如曹操所注：“见可而进，知难而退。”从，跟从，这里指用兵进攻。而，则、就。《易·系辞》：“君子见机而作，不俟终日。”王引之《经传释词》：“言见机则作也。”

〔6〕无待于内：意为不必等待内应。无，无须、不必。内，内应。

〔7〕以时发之：根据气候、月象的情况实施火攻。贾林注：“得时即应发，不可拘于常势也。”以，依据、根据。

〔8〕火发上风，无攻下风：上风，风向的上方；下风，风向的下方。梅尧臣注：“逆火势，非便也。”

〔9〕昼风久，夜风止：意为白天风刮久了，夜里风势就会止息。张预注：“昼起而夜息，数当然也。故老子曰：飘风不终朝。”一说，白天有风放火，军队可以跟进攻击；夜里顺风放火，军队不能随之发起攻击。《武经七书直解》引张贲说：“谓白昼遇风而发火，则当以兵从之；遇夜风而发火，则止而不从，恐彼有伏，反乘我也。”

〔10〕以数守之：数，星宿运行度数，此处引申为实施火攻的条件。守，等待、等候。此句意为等候具备火攻的条件。杜牧注：“须算星躔之数，守风起日，乃可发火，不可偶然而为之。”又，张预注：“不可止知以火攻人，亦当防人攻己。推四星之度数，知风起之日，则严备守之。”

校记

[1]“凡火攻，必因五火之变而应之”，汉简本上文“风之起日也”句紧接“火发”二字，且至下文“火发其兵静者勿攻”句之间位置，只能容纳八九个字，无从容纳此句，故疑汉简本无此句。

[2]“火发于内，则早应之于外”，汉简本仅存“火发”二字。《御览》卷三二一“早”作“军”字，孙校本校云：“《御览》‘早’作‘军’误。”其说是。

[3]“火发兵静者，待而勿攻”，此句汉简本作“火发其兵静者勿攻”。《通典》卷一六〇引此，作“火发而其兵静者，待而勿攻”。武经本、樱田本、孙校本、《武备志》此句与《通典》同。《总要》“勿攻”作“后攻”。

[4]“极其火力”，汉简本作“极其火央”。《菁华录》作“猛其火力”。

[5]“可从而从之，不可从而止”，汉简本“止”下有“之”字。徐乃昌校《孙子武帝注》、武经本、《直解》、平津馆本及《御览》卷三二一引此“而”作“则”。

[6]“无待于内”，汉简本作“毋寺于内”，“毋”借为“无”，“寺”借为“待”。《说文》曰：“待，从彳，寺声。”《菁华录》误“待”为“外”。

[7]“以时发之”，樱田本“之”下有“因变应之”四字。

[8]“火发上风，无攻下风”，汉简本仅存“火□上风，毋攻……”五字。《通典》卷一六〇引此，作“发于上风，勿攻下风”，似脱“火”字。《御览》卷三二一引此，作“火发于上风，勿攻于下风”。

[9]“凡军必知有五火之变”，汉简本存“之变”二字。徐乃昌校《孙子武帝注》、武经本及《通典》卷一六〇引此“知”下皆无“有”字。

译文

凡是火攻，必须根据以下五种因火攻所引起的变化来灵活地加以处置。在敌营内部放火，就要及时派兵从外面机动策应。火已烧起而敌军依然保持镇静，我方就应持重等待，不可立即发起进攻，且待火势旺盛后，再根据情况做出决定，可以进攻就进攻，不可以进攻就停止。火可以从外面燃放，这时就不必等待内应，只要适时放火就行了。要从上风口放火，不要面对下风口发起进攻。白天风刮得时间久了，夜晚风就容易停止。军队都必须掌握五种火攻方法的灵活运用，等待放火的时日条件具备时再进行火攻。

故以火佐攻者明〔1〕，以水佐攻者强。水可以绝〔2〕，不可以夺〔3〕[1]。

注释

〔1〕以火佐攻者明：佐，辅佐、辅助。明，明显，指效果显著。张预注："用火助攻，灼然可以取胜。"一说"明"即"强"，二字异文同义，《经传释词》引王念孙曰："明，犹强也。"又一说，"强"意为勉强，转义为稍、次，即言水攻稍次于火攻（参见华星白：《孙子稗疏》）。这也许是求之过深、治丝益棼了。

〔2〕绝：隔绝、断绝的意思。

〔3〕不可以夺：夺，夺取、剥夺，这里指焚毁敌人的物资器械。此句曹操注："不可以夺敌蓄积。"一说，此句当作"火可以夺"，"不"乃"火"字形近易误，且与"水可以绝"句相对称。《直解》引张预注云："水可以绝，火可以击。"又，《直解》："但'不'字为'火'字之误耳。"

校记

[1]"水可以绝，不可以夺"，《通典》卷一六〇、《御览》卷三二一引此"绝"下皆有"而"字。又，《御览》"可以"上脱"不"字。

译文

用火来辅助军队进攻，效果殊为显著；用水来辅助军队进攻，攻势必能加强。水可以把敌军分割隔绝，但却不能剥夺敌人的军需物资。

夫战胜攻取，而不修其功者，凶〔1〕[1]，命曰费留〔2〕[2]。故曰：明主虑之〔3〕，良将修之〔4〕[3]。非利不动〔5〕，非得不用〔6〕，非危不战〔7〕[4]。主不可以怒而兴师〔8〕[5]，将不可以愠〔9〕而致战[6]。合于利而动[7]，不合于利而止[8]。怒可以复〔10〕喜[9]，愠可以复悦[10]，亡国不可以复存，死者不可以复生〔11〕[11]。故明君慎之[12]，良将警之〔12〕，此安国全军之道也〔13〕[13]。

注释

〔1〕而不修其功者，凶：言如不能及时论功行赏以巩固胜利成果，则祸患至矣。功，《文选·魏都赋》注引《孙子兵法》文，“功”作“赏”。凶，祸患。另一说，“功”指胜利成果。

〔2〕命曰费留：命，命名的意思。费留，财货耗费而师老淹留的意思。张预注：“财竭师老而不得归，费留之谓也。”一说，打了胜仗而不及时论功行赏，会挫伤将士的积极性，最终增大耗费。李筌注：“赏不逾日，罚不逾时，若功立而不赏，有罪而不罚，则士卒疑惑，日有费也。”

〔3〕明主虑之：虑，谋虑、思考的意思。《说文》：“虑，谋思也。”张预注：“君当谋虑攻战之事。”

〔4〕良将修之：修，治、处理。张预注：“将当修举克捷之功。”按：“修”在此处含有“儆戒”的意思。如《国语·鲁语》：“吾冀而朝夕修我”，韦昭注：“儆也。”

〔5〕非利不动：没有利益就不行动。于鬯《香草续校书·孙子》云：“当指士卒言，谓非有所利，则不为我动也。”于氏之说似为误读。

〔6〕非得不用：不能取胜就不要用兵。得，取胜。用，用兵。

〔7〕非危不战：不到危急关头不轻易开战。张预注：“兵，凶器；战，危事。须防祸败，不可轻举，不得已而后用。”危，危急、紧迫。

〔8〕主不可以怒而兴师：主，指国君。以，因为、由于。

〔9〕愠：恼怒、怨愤、愤懑的意思。《直解》：“怒盛于愠，故以主言；愠小

于怒，故以将言。主可以言兴师，将止可以言战。”按：刘寅在这里很显然是按照君主专制集权的主导逻辑来任意发挥和阐释的，可见政治逻辑明显大于学术逻辑。

〔10〕复：重复、再度的意思。

〔11〕亡国不可以复存，死者不可以复生：梅尧臣注：“一时之怒，可返而喜也；一时之愠，可返而悦也。国亡，军死，不可复已！”《战国策》载吴起语曰：“国破不可复完，卒死不可复生。”可谓和孙子如出一辙。

〔12〕故明君慎之，良将警之：慎，慎重、谨慎。警，警惕、警戒。之，指用兵打仗。此句意为国君与将帅当以十分谨慎的态度对待战争。梅尧臣注：“主当慎重，将当警惧。”

〔13〕此安国全军之道也：这是安定国家保全军队的根本道理。安国，安邦定国。全，保全。此句张预注：“君常慎于用兵，则可以安国；将常戒于轻战，则可以全军。”

校记

[1]“而不修其功者，凶”，汉简本作“不隋其功者凶”，“修”作“隋”，其注云：“隋，疑当读为随。”《文选·魏都赋》注引《孙子兵法》曰：“战胜而不修其赏者凶”，“功”作“赏”。

[2]“命曰费留”，汉简本作“命之曰费留”。

[3]“故曰：明主虑之，良将修之”，汉简本“修”作“随”。

[4]“非利不动，非得不用，非危不战”，《治要》卷三三、《总要》卷一“动”作“赴”。《御览》卷二七二“动”作“起”。

[5]“主不可以怒而兴师”，汉简本作“主不可以怒兴军”。《治要》卷三三、《通典》卷一五六、《御览》卷二七二和卷三一一引此，“兴师”作“兴军”，与简文同。

[6]“将不可以愠而致战”，汉简本作“将不可以温战”，无“而致”二字，“愠”作“温”。愠、温皆读“昷”声，二字通假。《御览》卷二七二“致”作“合”。

[7]“合于利而动”，汉简本“于”作“乎”，“动”作“用”。《治要》卷三三、《通典》卷一五六、《御览》卷二七二和卷三一一引此，皆作“合于利而用”。

［8］“不合于利而止”，汉简本作“不合而止”。

［9］“怒可以复喜”，汉简本作“怒可复喜也”。《治要》卷三三引此与汉简本同。《御览》卷三一一引此作“怒而可以复喜”，卷二七二引此则作“怒不可以复喜”，显系误增“不”字。

［10］“愠可以复悦”，汉简本作“温可复……”，此句下残，然“可”下无“以”字已明。《治要》卷三三作“愠可复悦”，与汉简本同，无“以”字。《御览》卷三一一引此作“愠而可以复悦”，卷二七二引此则作“愠不可复悦”，误增“不”字。

［11］“亡国不可以复存，死者不可以复生”，此句汉简本残缺。《御览》卷二七二引此作“亡国不可复存，死者不可复生”，“可”下无“以”字。《通典》卷一五六引此“生”下有“也”字。

［12］“故明君慎之”，徐乃昌校《孙子武帝注》、武经本“明君”作“明主”。《直解》、赵注本“故”下有“曰”字。《通典》卷一五六、《御览》卷二七二引此作“故曰明主虑之”。

［13］“此安国全军之道也”，《通典》卷一五六、《御览》卷三一一引此作“此安危之道也”，“安国”作“安危”，无“全军”二字。《御览》卷二七二引此作“此安国之道也”，无“全军”二字。

译文

凡是打了胜仗，攻取了土地城邑，而不能巩固其战争胜利成果的，就必定会有祸患。这种情况叫作财耗师老的“费留”。所以说，明智的国君要慎重地考虑这个问题，贤良的将帅要严肃地对待这个问题。没有好处不要行动，没有取胜的把握不要用兵，不到危急关头不要开战。国君不可因一时的愤怒而发动战争，将帅不可因一时的愤懑而出阵求战。符合国家利益才用兵，不符合国家利益就停止。愤怒还可以重新转变为欢喜，愤懑也可以重新转变为高兴，但是国家灭亡了却不能复存，人死了也不能再生。所以，对待战争，明智的国君应该慎重，贤良的将帅应该警惕，这是安定国家、保全军队的基本原则。

解读

“赤壁楼船扫地空”，“烈火张天照云海”，这两行大气磅礴、音节铿锵、形象鲜明、叱咤风云的诗句，出自唐代伟大诗人、号称“诗仙”的李太白之《赤壁送别歌》。它同宋代大文豪苏东坡的千古绝唱《念奴娇·赤壁怀古》一样，为人们绘声绘色、惟妙惟肖地重现了公元208年发生的一幕，描绘了曹操、孙权、刘备三方赤壁大鏖战的生动而又惨烈的场景。这场决定魏、蜀、吴三国鼎立、逐鹿中原之命运大战的最基本特色，就是“火攻破敌”，“遥想公瑾当年，小乔初嫁了，雄姿英发，羽扇纶巾，谈笑间，樯橹（一作‘强虏’）灰飞烟灭”。处于战略弱势地位的孙、刘联军，运筹帷幄，指挥若定，巧妙地以火助攻，一把冲天大火烧得数十万曹操雄师鬼哭狼嚎，丢盔弃甲，溃不成军，狼狈北窜。曹孟德横槊赋诗、并吞寰宇的气概雄心，“周公吐哺，天下归心”的远大理想，就此付诸东流，抱恨终天！

在漫长的中国古代战争史上，除野战、城池攻守等常规战法之外，还有许许多多形式各异、惊心动魄的特殊战法，例如山地战、丛林战、荒漠戈壁战、河川湖泊战、夜战、雪战、水战、火攻等等。这中间尤以火攻为人们所广泛瞩目，历史上曾上演过一幕幕惊天地泣鬼神、气吞山河的战争场面。历史上不少脍炙人口的著名战例，往往与“火攻”相联系，仅就三国历史而论，几场关键性的战役——官渡之战、赤壁之战、彝陵之战，都是火攻制敌的典范。

所谓“火攻”，就是通过放火燃烧的途径，猛烈打击敌人，歼敌有生力量，毁敌战争资源，从而争取主动，克敌制胜。在古代冷兵器作战的条件下，火攻称得上是威力最为强大、效果至为明显的作战手段之一。火攻一旦奏效，便会使敌方的器械物资、城池营垒片刻之内化为乌有，三军人马瞬息之间毁伤殆尽，从而为纵火的一方主动进攻创造良好的作战态势。所以，明代杰出的军事家戚继光将军曾不无感慨地说：“夫五兵之中，唯火最烈；古今水陆之战，以火成功最多。”（《练兵实纪·杂集》卷二）

孙子所处的春秋晚期，属于典型的冷兵器时代，所使用的兵器，主要是戈、戟、矛、殳、弓箭、佩剑等，锋刀相接、弓矢交射的作战形式，主要靠的是力与力的直接对抗与较量，“杀人一千，自伤八百”，战胜敌人的一方，往往也要付出相当规模的代价，人员和物资的消耗相对较大，战争的效益相对较低。在这种条件之下，火攻作为一种投入较小而产出较大的重要进攻方式，自然要引起当时兵学家们的高度重视，孙子在这方面当然也不例外。为此，他合乎逻辑地要在《孙子兵法》一书中专门开辟一篇，来集中论述“火攻”的问题，其内容包括火攻的基本种类、实施火攻的条件和方法、兵攻与以火助攻的关系等等，从而对春秋时期火攻作战经验做出了全面的总结。

孙子是哲学家，而不是文学家。文学家是“跟着感觉走”，讲究的是激情与冲动，讲话写文章，只求优雅与艺术，随心之所欲；哲学家是“不见兔子不撒鹰”，讲究的是逻辑与理智，讲话写文章，只求严谨与科学，按常理之所规。因此，他对火攻问题的阐述同样具有严谨的逻辑性，换句话说，即有着清晰的层次性，极强的说理性，大致包括以下几个方面：

第一，充分肯定火攻战术在军事斗争中的地位与作用。孔子说：“名不正则言不顺，言不顺则事不成，事不成则礼乐不兴，礼乐不兴则刑罚不中，刑罚不中则民无所措手足。”（《论语·子路》）要谈火攻，首先要给火攻正名，所谓“必也正名乎”。所以孙子讨论火攻，第一个工作是要说明“火攻”的意义。在他看来，以火助攻，乃是提高军队战斗力、卓有成效打击和消灭敌人、夺取作战胜利的重要战术手段，“以火佐攻者强”。有了这样的认识，再讨论火攻的具体战术问题才具备了基础，这叫作“纲举而目张”。

第二，根据所要打击对象的不同，把火攻的方式具体区分归纳为五个大类。一是焚烧敌方的人马，它属于最主要的类型，如赤壁之战、彝陵之战的情况；二是焚烧掉敌军的粮草，让他们饿肚子全身虚脱，就像官渡之战中曹操采纳许攸的献计，一把火烧掉袁绍囤积在乌巢的军粮；三是焚烧敌军的辎重，“军无辎重则亡”，对手没有了装备，便只有挨打的份儿，没有还手之力；四是焚烧敌军的仓库，破坏对手的后方战略资源，因此仗自然便无法再打下去，就像隋统一南北之前，用高颎的计谋，潜入陈国后方，烧仓库搞破坏；五是焚烧敌方的交通线，补给道路一旦被切断，敌人虽“有心杀敌”，但实际情况则是“无力回天”，遭到失败不过是时间问题了。

以上五种火攻破敌的方式，实际上就是两大类：一是以敌人的有生力量为目标，直接打击和消灭敌人的肉体；二是以敌人的物资工具为目标，即摧毁敌人的后勤机器，剥夺敌人赖以支持战争的物质资源，使得敌人心有余而力不足，最终输掉整个战争。它们其实几乎囊括了古代作战所涉及的各个重要方面。

第三，论述实施火攻的具体条件，指出要避免火攻流于形式，使其发挥应有的作用，就必须正确选择火攻的时机。火攻的具体操作是有相当大的难度的，不是想这么做便能这么做的，所以，孙子强调指出，火攻的实施必须依赖于一定的条件。这种条件概括起来包含两个方面：一是气象条件，一是物质条件。

“万事俱备，只欠东风”，“东风不与周郎便，铜雀春深锁二乔”，这里的“东风”，就是气象条件。就这项条件而言，孙子认为应该是“发火有时，起火有日”，即要选择有利的时机，如气候干燥，月亮行经箕、壁、翼、轸等星宿位置（古人认为月亮在这些位置时天会刮大风）等。这在《三国演义》里，便是诸葛亮披上道袍、筑坛禳星借东风的表演。就物质条件而言，是“行火必有因，烟火必素具”，即火攻用的物资必须在平时预作准备，不要平时不烧香，急来抱佛脚。孙子认为，一旦具备了这些条件，那么就可以考虑在作战当中运用火攻这个手段了。

孙子这样看问题是有他自己的道理的。因为孙子这里所谈的“火攻”，同后世（火器时代）乃至当代（核武器时代）的火攻，是截然不同的事情。在当时的历史条件下，火攻主要是利用松脂、艾草等易燃物品，依靠风力的作用，四下纵火来给敌方造成伤亡和损失。它受到多种因素的制约，尤其是天气条件的限制（同耕田种稻靠天吃饭的情况一样），不可能随时随地使用，而只能是一种特殊的辅助性进攻手段，所以必须先讲求有关的气候及物质条件，否则便是望梅止渴，画饼充饥！

第四，火攻与兵攻的有机结合，相辅相成。火攻不是简单地用纵火的方法去惊扰敌人，而必须按照一定的火攻战术来运作。它的基本要领，就是不要让火攻成为一种单纯、孤立的进攻手段，而是要使它和兵攻有机地结合起来，以兵攻为主导，以火攻为辅助，从而发挥出最大的战斗能量。为此，孙子明确提出了“必因五火之变而应之”的战术原则，即利用纵火所引起的敌情变化，采取不同的火攻战术，并且及时与主力进行相应的配合策应，指挥部队发起凌厉的攻击，来扩大战果，一举奠定胜局。按孙子的观点，这才是火攻破敌的上乘境界。

孙子这样辩证分析问题，的确非常有必要。因为火攻固然威力强大，效果显著，但利与弊形影相随，有大利者必有大害，这乃是事物的一般规律，“风物长宜放眼量”，如果在火攻问题上不知道灵活掌握，随机处置，就不能使这种战法发挥应有的作用，更有甚者，有时反而会给自己带来灾难性的后果，这叫作“船夫常在水中死，将军不免阵上亡”。譬如南朝萧梁时期，侯景起兵反叛，攻打巴陵，他想“依样画葫芦”，用火攻的手段来攻克城池，谁知风向突变，大火转而烧到自己的兵马，损失惨重，终于大败，这就是“偷鸡不成蚀把米”的具体例子。所以，聪明的军事指挥者在实地火攻之时，一定要针对敌情的变化，灵活地加以处置，绝对不做“玩火自焚”的蠢事。孙子早在两千五百年之前便注意到这个问题，系统提出“必知有五火之变，以数守之”的方法，告诉大家要掌握“火发于内，则早应之于外”，“火发上风，无攻下风”等具体要领，足见他认识之深刻，视野之开阔，可谓语重心长，循循善诱！

东西数万里，上下几千年，运用火攻战术以克敌制胜的成功战例就像秋天晴朗夜空中的星星，多得数也数不清。其中比较著名的，有战国期间田单即墨城下大摆火牛阵击败燕军；东汉班超通西域过程中的破鄯善之战；三国时期孙、刘联军战胜曹军的赤壁之战；东吴陆逊火烧连营数百里，大破刘备的彝陵之战；北宋初年潘美火攻刘鋹，夺占广州平定南汉之战；曹彬火烧水寨，攻取金陵灭亡南唐之战；元末朱元璋鄱阳湖借助火攻，歼灭陈友谅主力之战；等等。这些战役的指挥者，之所以能巧妙运用火攻战法，取得超越常规的成功，归根结底，都是他们在作战指挥上自觉或不自觉地贯彻了孙子“火攻”理论的结果。

在诸多运用“火攻”战术而取得成功的战例之中，赤壁之战也许是最为人们所熟悉，也是最具典范意义的一个。

公元200年，曹操在官渡之战中打败袁绍，进而统一了北方地区，占据了幽、冀、青、并、兖、豫、徐和司隶（今河南洛阳一带）一共八个州的地盘，形成了独占中原的格局。曹操“固一世之雄也”，在争夺中原的战争过程中，实行了抑制豪强、选拔贤能、推行屯田等一系列高明措施，建立起一支很有战斗力的军队。在他的麾下，谋士成群，猛将如云，声势浩大，无人匹敌。在结束对乌桓的战争后，曹操的后方基本稳定，这使得他滋生了“百尺竿头，更进一步”的念头，企冀成为整个天下的统治者，于是便积极做向南方进军的准备，包括在邺城建玄武池，训练水军，并派人到凉州（今甘肃）授马腾为卫尉予以拉拢，以避免南下作战时侧后受到威胁。

当时，南方地区的主要割据势力有两支：一是东吴的孙权，他占据着扬州的吴、会稽、丹阳、庐江、豫章、九江等六郡。这些地方土地肥沃，物产丰富，在当时遭受战乱较少。而北方人的南迁，又给当地带来了先进的生产技术，因此，东吴的经济有了长足的进步，国力有所增强。在军事上，孙权拥有训练有素的精兵数万，又有周瑜、程普、黄盖等多位效忠于自己的名将，加上据有长江天险，因而便成了曹操吞并天下的主要绊脚石。

南方另一个主要割据势力是荆州的刘表。这位仁兄名列汉末“八俊”，名头很大，可实际的办事能力却不足称道，典型的“眼高手低”，加上此时已是年老多病，去日无多，算不得曹操的强劲对手。更为糟糕的是，他的两个儿子（刘琦和刘琮）又很不争气，为争夺继承权而闹得不可开交，从而使得曹操有机可乘。

至于那位以“皇叔”自居的刘备，当时还没有自己固定的地盘，他先后依附过公孙瓒、陶谦、吕布、曹操、袁绍，官渡之战后投奔刘表。刘表让他屯兵新野，为自己据守阻止曹军南下的门户。但刘备并非等闲之辈，他的雄心是“匡复汉室”，所以乘着这个机会积极扩充军队，网罗人才。当时他拥有诸葛亮、关羽、张飞、赵云等谋士、猛将，是曹操吞并天下的又一只拦路虎。

建安十三年（208年）七月，曹操亲率大军南下，他的第一个战略目标是荆州。因为荆州不仅物产丰富，而且地处长江中游，为南北交通的要道，占据了荆州，既能够控制今湖北、湖南地区，又可以顺江东下，从侧面打击东吴，向西进军则可以夺取富饶的益州（今四川及重庆市）。同年八月，刘表病死，其次子刘琮继任荆州牧。九月，曹操进抵新野，刘琮不战而奉表投降。

刘备在樊城获悉刘琮投降的消息后，急急忙忙统领所部向江陵（今湖北江陵）退却。江陵是荆州的军事重镇，是兵力和物资的重要补给基地。曹操担心它落入刘备的手中，便亲自率领轻骑五千，日夜兼程行军三百里，追赶行动迟缓的刘备军队，在当阳（今湖北当阳）的长坂坡击败刘备，占领了战略要地江陵。刘备仅仅同诸葛亮、张飞、赵云等数十骑突围，逃窜到夏口（今湖北汉口），在那里同关羽的一万多水军以及刘表的长子刘琦率领的一万多人马会合，然后退守长江南岸的樊口（今湖北鄂城西北）。

曹操占据江陵之后，企图乘胜顺流东下，占领整个长江以东地区。谋士贾诩认为这时应利用荆州的丰富资源，休养军民，巩固新占地盘，然后再以强大优势迫降孙权。可是当时曹操已被胜利冲昏了头脑，盲目乐观，轻敌自大，坚持继续向江东进军。

在曹操进兵荆州之前，东吴就曾有意夺占荆州与曹操对峙。刘表死后，东吴又派鲁肃以吊丧为名去侦察虚实。可鲁肃抵江陵时，刘琮已投降了曹操，刘备正向南撤退。鲁肃便在当阳的长坂坡会见刘备，表达了携手合作、共同抗曹的意向。刘备正是落魄之际，便借势顺坡下驴，欣然接受了这个建议，并派遣诸葛亮随同鲁肃前去会见孙权。诸葛亮向孙权分析了当时的形势，指出：刘备虽然刚打了大败仗，但是还拥有水陆二万余众的实力。曹操兵力虽多，但是长途跋涉，连续作战，已疲惫不堪，不可能有什么作为，所谓“强弩之末，势不能穿鲁缟”。更何况曹军多是北方大汉，不习水战，荆州又是新占之地，人心不服。在这种形势下，只要孙、刘两家结成同盟，齐心协力，就一定能让曹军有来无回，造成三分天下的局面。孙权赞同诸葛亮的分析，打消了对联合抗曹的思想顾忌。

但是，东吴内部反对抵抗、主张投降的声音也相当强烈。长史张昭等人被曹军的声势吓破了肝胆，认为曹操“挟天子而令诸侯”，兵多势众，又挟新定荆州之胜，势不可挡，双方实力相差悬殊，鸡蛋碰不过石头，还不如趁早打白旗投降。张昭是东吴文臣的领袖，他这样的态度，使得孙权左右为难，举棋不定。这时主战派的鲁肃私下向孙权建议，召回东吴军事主帅周瑜商讨对策。

周瑜奉召从鄱阳赶回柴桑（今江西九江西南）。他同鲁肃一样，也主张坚决抗御曹操，“宁为玉碎，不为瓦全”。他认为，曹操虽然统一了北方，但是后方的局势并不稳定，割据凉州的马超、韩遂，对曹操的侧后构成很大的威胁。曹军放弃北方军队善于骑马打仗的长处，而同吴军在水上进行较量，那是舍长而就短，笨到了极点。加上时值隆冬季节，马乏饲料，北方部队远来江南，水土不服，流行疾病在所难免。这些都是用兵的大忌。曹操贸然东下，失败乃是注定了的。接着，周瑜又向孙权分析了曹操的实有兵力，认为曹操的中原部队不过十五六万，业已疲惫不堪。荆州的降兵至多有七八万人，而且心存恐惧，没有斗志。这样的军队，人数虽多，却并不可怕，只要动用精兵五万，就足以让曹操吃不了兜着走。周瑜深入全面的分析，使孙权更加坚定了联刘抗曹的决心。于是，就调拨精兵锐卒三万人，任命周瑜、程普为左右都督，鲁肃为赞军校尉

（军事参谋长），率领部队与刘备会师，共同抗击曹操大军。

十一月（一说十月，一说十二月），周瑜率兵沿长江西上，到樊口与刘备会师。而后继续前进，在赤壁（今湖北蒲圻西）与曹军打了一个遭遇战，曹军初战不利，退回江北，屯军乌林（今湖北蒲圻境内），与孙、刘联军隔江对峙。

"福无双至，祸不单行"，这时曹军偏偏又受到流行病的打击，战斗力更打了一个折扣。由于曹军多是北方人，不习惯于水上的风浪颠簸，便用铁环把战船联结起来，以减轻船体的晃动。周瑜的部将黄盖针对敌强我弱，不宜持久，和曹军士气低落、战船联结等实际情况，建议实施火攻，奇袭曹军战船。周瑜欣然采纳了这一建议，秘密制定了"以火佐攻"、因乱而击之的作战方针。

周瑜利用曹操骄傲轻敌的弱点，先让黄盖写信向曹操诈降，并与曹操事先约好了投降的时间和方式。曹操踌躇满志，不知是计，以为真的有天上掉馅饼的好事，便兴冲冲表示接受黄盖的"归顺"。于是，黄盖率蒙冲（一作艨艟，一种用于快速突击的小船）、斗舰数十艘，满载干草，灌以油脂，并巧加伪装，插上旌旗，同时预备快船系挂在大船之后，以便放火后换乘，这一行动方案做得真是丝丝入扣，毫无破绽。

发起进攻那天，正刮着东南大风，战船航速节节加码，迅速向曹军阵地接近。曹军以为这是黄盖前来投降，皆伸长脖子围观守望，毫不戒备。黄盖在距离曹军阵地二里许，下令各船同时放火。一时间"火烈风猛，船往如箭"，径直向曹军冲去。曹军船只首尾相连，分散不开，移动不便，顿时成了一片火海。这时候，风还是一个劲地吹刮，火势熊熊，遂向岸上蔓延，一直烧到了岸上的曹军营寨。曹军上下被这场突如其来的大火烧得惊慌失措，哭爹喊娘，乱作一团，兵败如山倒，烧死、溺死者不计其数。在长江南岸的孙、刘联军主力船队乘机擂鼓前进，横渡长江，大败曹军，扩大战果。曹操被迫率军由陆路经华容向江陵方向撤退，行至云梦时曾一度迷失道路，又遇风雨，道路泥泞，以草垫路，才使骑兵得以通过。一路上，杯弓蛇影，一夕数惊，人马自相践踏，将士死伤累累。孙、刘联军乘胜水陆并进，一直追击到南郡（今湖北江陵境内）。曹操留下曹仁、徐晃驻守江陵，乐进驻守襄阳，自己率领残兵败将奔逃回北方。赤壁之战至此以孙、刘联军大获全胜而宣告结束。

赤壁之战，是中国历史上火攻的典型战例，充分体现了孙子"火攻"作战理论的精髓要义。在这场决定三国命运的战争中，弱小的孙、刘联军面对屡战屡胜、兵锋正锐的曹操大军，没有自乱方寸，不曾胆战心惊，而是在知彼知己、知天知地的基础上，针对曹操骄傲轻敌、舍长用短（“舍鞍马而就舟楫”）的特点，利用地理、天时方面的有利条件，果断采取“以火佐攻”的作战方针，乘敌之隙，一把火烧出一个三国鼎立的崭新局面。

在具体的作战过程中，孙、刘联军也认真贯彻了孙子“火攻”战法的基本原则。首先，他们充分做好了实施火攻的必要准备，即预先准备了充足的火攻器材——干草、油脂以及用于突击冲锋的火攻载体——蒙冲、斗舰，这就是所谓的“行火必有因，烟火必素具”。其次，他们也做到了“发火有时，起火有日”，即充分利用东南风大起劲吹的机会，及时地放火焚烧曹军的战船和大营。最后，正如孙子所说：“火发于内，则早应之于外”，他们使火攻与兵攻有机地结合起来。周瑜、刘备等人在实施火攻袭击方案顺利得手的情况之下，不失时机地统率主力船队横渡长江，乘着敌人惊慌失措、混乱不堪之机，奋勇攻击，大力聚歼，从而扩大了战果，赢得了完全的胜利。孙、刘联军在赤壁大鏖战中的突出表现，证明了它的统帅集团不愧为谙熟“以火佐攻”“凡军必知有五火之变，以数守之”这一火攻原则的卓越代表，反映了孙子“火攻”战术思想在冷兵器作战时代所具有的独到价值与深远影响。从这个意义上说，孙子的“火攻”战术原则及具体方法，业已经受住了历史的公正验证，而成了中华兵学宝库的璀璨瑰宝。

本篇的另一重要内容，是孙子的慎战思想。他强调国君和将帅对战争要谨慎从事，做到“非利不动，非得不用，非危不战”，对于那种缺乏政治目的和战略目标而轻启战端的愚妄行为，孙子持坚决反对的态度。他着重指出国君不可以凭个人喜怒而发动战争，将帅也不可以逞一时意气而随便动武。无论是战是和，都必须以利益大小或有无为依据：“合于利而动，不合于利而止。”认为这才是真正的“安国全军之道”。否则“战胜攻取，而不修其功者，凶”，到头来一定会受到现实的惩罚，丧师辱身，为天下笑。曹操在夺取荆州之后，忘乎所以，志得意满，不能认真“修其功”，没有把握住千载难逢的统一天下之良机，拒绝了贾诩关于先稳定新占地盘、再伺机攻打东吴的正确建议，轻敌冒进，率意开战，从而埋下了兵败赤壁的种子。在具体作战部署上，曹操又犯了联结战船等一系列错误，加上对孙、刘联军可能实施火攻的情况蒙昧无知，疏于戒备，轻信了黄盖的诈降欺骗，终于导致了惨重的失败，葬送了兵扫六合、统一全国的大好机会，其教训的确是非常深刻的。《礼记·曲礼上》讲："敖（傲）不可长，欲不可从，志不可满，乐不可极。"曹操不听先哲之言，吃亏自在眼前，这对于后人来说，实在具有永远警示的意义。

孙子的这一看法较之于儒、墨之流一味"非战""反战"立场无疑更接近于真理，而与《商君书》为代表的法家"主战"理论相比，也具有更大的合理性。[①]"合于利而动，不合于利而止"乃从事任何活动的根本依据，战争作为暴力的政治行为，更应该遵循这一宗旨。而要真正贯彻"兵以利动"的精神，国君和将帅乃是关键。古代国君是一国的主宰，他的一举一动都直接关系着国家的安危存亡，在战争问题上尤其如此。国君如果遇事不能沉着冷静，仅凭一腔热血而轻率发动战争，那后果就不堪设想。至于将帅，乃是一军的统帅，他指挥是否得当，与战争的胜负关系极大。遇事冷静，处乱不惊，不为利诱，不为辱怒，是将帅应有的优良素质，也是军队克敌制胜的重要保证。有鉴于此，孙子才一再告诫统治者"不可以怒而兴师"，奉劝将帅"不可以愠而致战"。

征之于史，这种"慎战"理论乃不刊之论，正如唐代杜牧在《注孙子序》中所说："将兵者有成者，有败者，勘其事迹，皆与武所著书一相抵当，犹印圈模刻，一不差跌。"像成皋之战中曹咎"以愠致战"终遭杀身，夷陵之战中刘备"以怒兴师"招致惨败，李自成不修其功断送天下，都是违背孙子谆谆教诲的必然结果。

孙子为什么在一篇专门讨论具体火攻战术的文字里，论述这类表面看上去并不相涉的内容，二者之间又有什么内在逻辑联系，这叫人百思不得其解，以至于有学者认为所谓"安国全军之道"云云，很有可能是错简。对此，众说纷纭，莫衷一是，留下了一个很大的谜团。其实，往深处去想，解开这个谜团还是有线索可寻的：烈火的破坏性、威胁性是最为巨大的，所谓"如火燎原，不可向迩"，战争的性质正与它相同，对战争的后果自应有高度的警惕，所以以火为喻，引申出"慎战"的道理，提倡"安国全军之道"也就是理有固宜了。孙子的机心精密，雅人深致，于此可见一斑。

---

① 黄朴民：《孙子兵法选评》，149页，上海：上海古籍出版社，2004。

用间篇

题解

本篇是《孙子兵法》全书的最后一篇，主要论述在战争活动中使用间谍以侦知、掌握敌情的重要性，以及间谍的种类划分、基本特点、使用方式等等。它是孙子从理论上对前人丰富的用间实践经验的系统总结，是中国古代用间思想体系基本形成的重要标志。孙子主张战争指挥者必须做到“知彼知己”，而要“知彼”，即“知敌之情者”，最为重要的手段之一，就是用间。孙子认为同战争的巨大耗费相比，用间实在是代价小而收效多的好办法，必须充分运用。反之，如果因为爱惜爵禄不使用间谍，盲目行动，导致战争的失败，那才是十足的罪人。接着，孙子充分论证了使用间谍的原则和方法，他把间谍划分为五大类，即因间、内间、反间、生间、死间，指出“五间”的不同特点和功用，主张“五间并用”，而以“反间”为主。并提出了“三军之事，莫亲于间，赏莫厚于间，事莫密于间”的用间三原则。同时孙子还指出了用间的必要条件：“非圣智不能用间，非仁义不能使间，非微妙不能得间之实。”把它们看作正确发挥“用间”威力的重要保证。最后，孙子列举历史上用间的成功经验，进一步肯定了用间的意义和作用。但他将战争的胜负主要归功于间谍的作用，这似乎是失之偏颇的。

间，间谍。《说文》：“间，隙也。”《尔雅·释言》：“间，伣也。”郭璞注：“《左传》谓之谍，今之细作也。”曹操、李筌注：“战者必用间谍，以知敌之情实也。”张预注：“欲素知敌情者，非间不可也。然用间之道，尤须微密，故次《火攻》也。”其说皆甚是。可知所谓用间就是“谍知敌情，而乘间隙入之也”。这正是自古以来军事侦察的目的之所在。

孙子曰：凡兴师十万，出征千里[1]，百姓之费〔1〕，公家之奉〔2〕[2]，日费千金[3]；内外骚动〔3〕，怠于道路〔4〕[4]，不得操事者〔5〕，七十万家〔6〕。相守数年〔7〕，以争一日之胜[5]，而爱爵禄百金〔8〕，不知敌之情者[6]，不仁之至也〔9〕，非人之将也[7]，非主之佐也，非胜之主也〔10〕。故明君贤将[8]，所以动而胜人〔11〕，成功出于众者，先知也〔12〕[9]。先知者[10]，不可取于鬼神〔13〕[11]，不可象于事〔14〕[12]，不可验于度〔15〕[13]，必取于人，知敌之情者也〔16〕[14]。

注释

〔1〕百姓之费：汉简本作“百生之费”，“生”为“姓”之古字。《尚书·舜典》孔颖达疏：“生，姓也。”

〔2〕公家之奉：公家，指国家（公室）。“奉”同“俸”，指军费开支。

〔3〕内外骚动：指举国上下混乱不安。内外，前方后方的通称。骚动，动乱不安。

〔4〕怠于道路：梅尧臣注：“输粮供用，公私烦役，疲于道路。”怠，《说文·心部》：“怠，慢也。”引申为疲惫、疲劳义。

〔5〕不得操事者：不得，不能够。操事，操作农事。此句梅尧臣注：“废于耒耜也。”

〔6〕七十万家：比喻战争对从事正常农业生产影响之大。曹操注：“古者八家为邻。一家从军，七家奉之。言十万之师举，不事耕稼者七十万家。”按：“七十万家”这样的说法，明显有夸张的成分，颇有战国纵横家之风，据此可以推测《孙子兵法》一书中掺杂了大量后人添加的内容。

〔7〕相守数年：意为相持多年。相守，相持、对峙的意思。《韩非子·喻老》：“天下无道，攻击不休，相守数年不已。”

〔8〕而爱爵禄百金：而，如果、倘若。王引之《经传释词》：“而，犹‘若’也。”爱，吝啬、吝惜。《老子》第四十四章：“甚爱必大费，多藏必厚亡。”爵，爵位。禄，俸禄。百金，泛指金钱财宝。此句李筌注曰：“惜爵赏不与间谍。”

〔9〕不仁之至也：不仁慈、不恩惠到了极点。至，极、极点。

〔10〕非胜之主也：意为这不是胜利的主宰者。主，主宰。梅尧臣注：“非致胜主利者也。”另一说，“主”指人主、国君。

〔11〕动而胜人：意为一出兵就能够克敌制胜。动，行动、举动，此处指出兵。而，则、就的意思。

〔12〕成功出于众者，先知也：出于，超过、胜于。先知，预先侦知察明敌情。王皙注：“先知敌情，制胜如神也。”张预注：“先知敌情，故动则胜人，功业卓然，超绝群众。”

〔13〕不可取于鬼神：指不可以通过祈祷、祭祀鬼神和占卜等方法去求知敌

情。张预注：“视之不见，听之不闻，不可以祷祀而取。”

〔14〕不可象于事：象，类比、比附。杜牧注：“象者，类也。”事，事情。此句意为，不可用与其他事情做类比这一办法去求知敌情。曹操注：“亦不可以事类而求也。”

〔15〕不可验于度：指不能用征验星辰运行度数的办法去求知敌情。验，应验、验证。度，度数，指日月星辰运行的度数（位置）。

〔16〕必取于人，知敌之情者也：一定要取之于人，取之于那些熟悉了解敌人内情的人。

校记

[1]“孙子曰：凡兴师十万，出征千里”，汉简本作“孙子曰凡……里”，中缺。《御览》卷二九二引此，“曰”下无“凡”字，“出征”作“出师”。孙校本作“出兵千里”。《长短经·还师》引此“十万”作“百万”，显误。

[2]“百姓之费，公家之奉”，汉简本作“百生之费……”，下缺。“生”借为“姓”。

[3]“日费千金”，汉简本存“费日千”三字，“费日”二字似误倒。《治要》卷三二无“费”字，误脱。

[4]“怠于道路”，《御览》卷二九二、《总要》皆无此四字。

[5]“一日之胜”，《武备志》作“一日之战”，误。

[6]“不知敌之情者”，汉简本此句上缺，仅存“……知适之请者”，简文“适”借为“敌”，“请”借为“情”。

[7]“非人之将也”，汉简本“人”作“民”。《治要》卷三三引此，与简本同。

[8]“故明君贤将”，汉简本仅存“故”字。《治要》卷三三、《御览》卷二九二引作“是故明王、圣主、贤君、胜将”。

[9]“先知也”，《御览》卷二九二引此无“也”字。

[10]“先知者”，《御览》卷二九三引文无此三字，误脱。

[11]“不可取于鬼神”，《御览》卷二九二引文“鬼神”作“神鬼”，与通行各本异。

［12］“不可象于事”，《御览》卷二九二引此，“事”后有“也”字，当系误增。

［13］“不可验于度”，《御览》卷二九二引此，“度”前有“事”字，当系误增。

［14］“必取于人，知敌之情者也”，汉简本作“必取于人知者”。《御览》卷二九二引此，无“者”字。《直解》“人”下有“而”字。

译文

孙子说：凡是兴兵十万，出征千里，百姓的耗费，公室的开支，每天都要耗费千金；前方后方动乱不安，人民疲惫地在路上奔波，不能从事正常耕作生产的，就有七十万家。这样相持数年，就是为了决胜于一旦；如果吝惜爵禄和金钱，不肯用来重用间谍，以至于因为不能掌握敌情而导致失败，那就是不仁慈到极点了，这种人不配作军队的统帅，称不得是国家的辅佐，也不是胜利的主宰者。所以，英明的君主和贤良的将帅，他们之所以一出兵就能战胜敌人，功业超越普通人，就在于能够预先掌握敌情。要事先了解敌情，不可用求神问鬼的方式来获取，不可拿相似的事情作类比推测来得到，不可用日月星辰运行的度数作验证，一定要取之于人，从那些熟悉敌情的人那里去获取。

故用间有五［1］：有因间〔1〕［2］，有内间，有反间，有死间，有生间［3］。五间俱起，莫知其道〔2〕，是谓神纪〔3〕［4］，人君之宝也［5］。因间者，因其乡人而用之〔4〕［6］。内间者，因其官人而用之〔5〕［7］。反间者，因其敌间而用之〔6〕［8］。死间者，为诳事于外〔7〕［9］，令吾间知之，而传于敌间也〔8〕［10］。生间者，反报也〔9〕［11］。

注释

〔1〕因间：即下文的“乡间”。张预注：“因间当为乡间，故下文云‘乡间可得而使’。”

〔2〕五间俱起，莫知其道：五种间谍同时使用起来，使任何敌人都无法摸

清我们用间的行动规律。王皙注："五间俱起，人之不测。"俱，全、一起。道，方法、规律、途径。

〔3〕是谓神纪：这就是神妙莫测的方法。是，这、此。谓，叫作。纪，方法、法度。《吕氏春秋·孟春纪》："无变天之道，无绝地之理，无乱人之纪。"神纪，意为神妙莫测之道。张预注："神妙之纲纪。"

〔4〕因间者，因其乡人而用之：所谓因间，就是利用敌国当地普通人作为己方的间谍。张预注："因敌国人，知其底里，就而用之，可使伺候也。"因，根据、依据，引申为利用。乡人，敌国的普通人。

〔5〕内间者，因其官人而用之：官人，指敌方的官吏。此句意为，所谓内间，是指收买敌国的官吏为间谍。梅尧臣注："因其官属，结而用之。"

〔6〕反间者，因其敌间而用之：所谓反间，就是指收买和利用敌方的间谍，使其为我所用。杜牧注："敌有间来窥我，我必先知之，或厚赂诱之，反为我用，或佯为不觉，示以伪情而纵之，则敌人之间，反为我用也。"在后世大多数人们的理解中，反间更侧重于"示以伪情而纵之"，顺水推舟，借力打力，如后金离间崇祯皇帝与袁崇焕的关系，设计陷害，借崇祯之手除去袁崇焕的做法。

〔7〕为诳事于外：诳，欺骗、瞒惑。诳事，假情报。此句意为，故意向外散布虚假的情报来欺骗和迷惑对手。

〔8〕令吾间知之，而传于敌间也：意思是让我方间谍了解自己故意散布的假情报并传给敌方间谍，诱使敌人上当受骗。在这种情况下，事发之后，我方间谍往往难免一死，所以称之为"死间"。王皙注："诈吾间，使敌得之，间以吾诈告敌，事决必杀之也。"另一说，死间乃打入敌方长期固定潜伏之间。于鬯《香草续校书》："唯其待于敌，故谓之死间也。非真使此间者死也。"

〔9〕生间者，反报也：反，同"返"。此句意为，所谓生间，就是那些到敌方了解情况后能够活着回来报告敌情的人。张预注："选智能之士，往视敌情，归以报我。"

校记

[1]"故用间有五"，《长短经·五间》引此作"故间有五间"。

[2]"因间"，《直解》作"乡间"，樱田本同。刘寅注云："旧本因间作乡

间，今从之。”旧本为何本虽不详，但古有作“乡间”本者。张预注亦云：“此五间之名，因间当为乡间。”

[3]“有死间，有生间”，《长短经·五间》引此，“死间”与“生间”互乙。

[4]“是谓神纪”，平津馆本“谓”作“为”。

[5]“人君之宝也”，汉简本“宝”作“葆”，二字古通。

[6]“因其乡人而用之”，汉简本作“……乡人而用者也”六字。《长短经·五间》、《通典》卷一五一引此，“之”下有“者也”二字。《御览》卷二九二引此，“之”下有“也”字，樱田本同。《总要》卷一五“乡”下误增“国之”二字。

[7]“因其官人而用之”，汉简本存“内间者，因……”四字，《长短经·五间》、《通典》卷一五一、《御览》卷二九二引此，“之”后有“也者”二字，樱田本“之”后有“也”字。

[8]“反间者，因其敌间而用之”，汉简本此句仅存一“反”字。《长短经·五间》、《通典》卷一五一、《御览》卷二九二引此，“之”后有“也者”二字。樱田本“之”后有“也”字。

[9]“为诳事于外”，《总要》误作“外诈立事迹”。

[10]“而传于敌间也”，《长短经·五间》、《通典》卷一五一、《御览》卷二九二引此，作“而待于敌也”，“传”作“待”。又《御览》“敌”后无“间”字。孙校本删“间”字。

[11]“生间者，反报也”，《通典》卷一五一、《御览》卷二九二引此，“报”后有“者”字。

译文

间谍的运用方式有五种，即因间、内间、反间、死间、生间。这五种间谍同时使用起来，使敌人无从捉摸我用间的规律，这就是使用间谍的神秘莫测的方法，也正是国君克敌制胜的法宝。所谓因间，是指利用敌国的当地人充当间谍。所谓内间，就是利用敌方的官吏作间谍。所谓反间，就是利用敌方间谍为我所用。所谓死间，是指故意制造散布假情报，并通过我方间谍将假情报传给敌间[诱使敌人上当受骗，一旦真情败露，我方间谍就难免一死]。所谓生间，就是侦察后能够活着回来报告敌情的人。

故三军之事 [1]，莫亲于间〔1〕 [2]，赏莫厚于间〔2〕，事莫密于间〔3〕 [3]。非圣智不能用间〔4〕 [4]，非仁义不能使间〔5〕 [5]，非微妙不能得间之实〔6〕 [6]。微哉微哉 [7]！无所不用间也〔7〕 [8]！间事未发〔8〕，而先闻者，间与所告者皆死〔9〕 [9]。

注释

〔1〕莫亲于间：于，比。亲，亲密。意为关系的亲密，无过于所委派的间谍。张预注："三军之士，然皆亲抚，独于间者以腹心相委，是最为亲密也。"

〔2〕赏莫厚于间：此言军中的赏赐，没有比间谍所受更为优厚的。王皙注："军功之赏，莫厚于此。"

〔3〕事莫密于间：指军机事务，没有比间谍之事更为机密的。密，秘密、机密的意思。

〔4〕非圣智不能用间：不是才智超群的人不能使用间谍。张预注："圣则事无不通，智则洞照几先，然后能为间事。"圣智，非凡卓越的才智，指具有杰出才智的人。

〔5〕非仁义不能使间：指如果吝啬金钱、爵禄，不能做到以诚相待，就无法使间谍乐于效命。张预注："仁则不爱爵赏，义则果决无疑，既啖以厚利，又待以至诚，则间者竭力。"

〔6〕非微妙不能得间之实：微妙，精细奥妙，这里指用心精细、手段巧妙。实，实情。此句意为，如果不能够做到用心精细、手段巧妙，就无从对所获取情报的真伪进行正确的分析判断。张预注："须用心渊微精妙，乃能察其真伪。"

〔7〕无所不用间也：言无时无地不可使用间谍。王皙注："当事事知敌之情也。"

〔8〕间事未发：发，举、行、施行的意思。《汉书·王吉传》："慎勿有所发"，颜师古注："发谓兴众举事"。此句言间事还未施行开展。

〔9〕而先闻者，间与所告者皆死：先闻，事先知道，即暴露。此句谓间事先行暴露，则间谍和知情者必须杀掉，以灭其口。张预注："间敌之事，谋定而

未发，忽有闻者来告，必与间俱杀之。一恶其泄，一灭其口。”《六韬·龙韬·阴符》：“若符事泄，闻者、告者皆诛之。”

校记

[1]“三军之事”，汉简本作“三军之亲”。《长短经·五间》、《通典》卷一五一、《御览》卷二九二引此，“事”皆作“亲”，与汉简本同。孙校本从《通典》和《御览》改“事”为“亲”。

[2]“莫亲于间”，二十子本“亲”误作“重”，其他各本皆作“亲”。樱田本“莫”上有“交”字，似误增。

[3]“事莫密于间”，杜牧注：“‘密’一作‘审’。”

[4]“非圣智不能用间”，汉简本作“非圣□□□□”，“圣”字下缺四字，疑原无“智”字。《长短经·五间》引此，“不”作“莫”。

[5]“非仁义不能使间”，汉简本作“非仁不能使……”，下缺。“仁”下无“义”字。《长短经·五间》引文无此句。

[6]“非微妙不能得间之实”，《长短经·五间》引此，“微妙”作“密微”，“不”作“莫”。《通典》卷一五一、《御览》卷二九二引此，作“非微密者不能得间之实”。

[7]“微哉微哉”，汉简本作“密戋密戋”，“戋”同“哉”。

[8]“无所不用间也”，汉简本作“毋所不用间……”，下缺。“无”“毋”古通。

[9]“间事未发，而先闻者，间与所告者皆死”，此句汉简本前后皆残，仅存“事未发，闻，间”。“闻”前无“而先”，后无“者”。《通典》卷一五一、《御览》卷二九二引此，作“间事未发，而先闻，其间者与所告者皆死”。樱田本作“间事未发，而先闻，闻者与所告者皆死”。

译文

所以军队事务方面，在人事上，没有比间谍更为亲近的；在奖赏上，没有比间谍更为优厚的；在事情上，没有比间谍更为秘密的。不是睿智聪明的人不能使用间谍，不是仁慈慷慨的人不能指使间谍，不是谋虑精细的人不能分辨证实间谍所提供的情报。微妙呀！微妙呀！到处都用得着间谍！间谍的工作还未开展，而秘密却已泄露出去的，那么间谍和听到秘密的人都要被处死。

凡军之所欲击[1]，城之所欲攻，人之所欲杀，必先知其守将、左右、谒者、门者、舍人[2]之姓名，令吾间必索知[3]之。

注释

〔1〕军之所欲击：此句为宾语前置结构句式，即“（吾）所欲击之军”。下“城之所欲攻”“人之所欲杀”句式同此。

〔2〕守将、左右、谒者、门者、舍人：守将，主将。左右，指守将身边的亲信。谒者，负责传达通报的人员。门者，负责把守城门的官吏。舍人，门客，指谋士幕僚。

〔3〕索知：侦察了解。索，搜索、侦察。

译文

凡是要准备攻打的敌方军队，要准备攻占的敌方城池，要准备刺杀的敌方人员，都必须预先了解其主管将领、左右亲信、负责传达的人员、守门官吏和门客幕僚的姓名，指令我方间谍一定要将这些情况侦察清楚。

必索敌人之间来间我者［1］，因而利之[1]［2］，导而舍之[2]，故反间可得而用也［3］。因是而知之[3]，故乡间、内间可得而使也[4]［4］。因是而知之，故死间为诳事，可使告敌［5］。因是而知之，故生间可使如期[5]。五间之事，主必知之［6］。知之必在于反间，故反间不可不厚也[6]［7］。

注 释

〔1〕因而利之：趁机收买和利用敌间。因，由、就，可理解为顺势、趁机。利，杜佑注："遗以重利。"意即收买。

〔2〕导而舍之：导，诱导、引导。舍，同"捨"，释放、放行。此句意为要对敌加以诱导，然后放他回去，以为己用。赵本学曰："厚利以诱其心，导之以伪言伪事，而纵遣之。彼归告其主，则犹为我之间也。"一说，"舍"作"居止"解。

〔3〕因是而知之：此指从反间那里获悉敌人内情。

〔4〕乡间、内间可得而使也：意为通过利用反间，乡间和内间才能有效地加以使用。梅尧臣注："其国人之可使者，其官人之可用者，皆因反间而知之。"

〔5〕故生间可使如期：如期，按期，此指按期返回报告敌情。杜牧注："可使往来如期。"

〔6〕故反间不可不厚也：厚，厚待，也包含重视的意思。五间之中，以反间最为关键，因此必须给予反间以十分优厚的待遇。张预注："人主当用五间以知敌情。然五间皆因反间而用，则是反间者岂可不厚待之耶？"

校 记

[1]"必索敌人之间来间我者"，《通典》卷一五一、《御览》卷二九二引此，作"敌间之来间我者"，无"必索"二字。武经本、平津馆本作"必索敌间之来间我者"。

[2]"因而利之"，《通典》卷一五一引此，作"因以利"。

[3]"故反间可得而用也"，汉简本仅存"用也"二字。《直解》和赵注本"用"作"使"。

[4]"因是而知之，故乡间、内间可得而使也"，《通典》卷一五一引此，"乡间"作"因间"，孙星衍谓："后人妄改也。"

[5]"因是而知之，故死间为诳事，可使告敌"，《通典》卷一五一、《御览》卷二九二引此，"可使告敌"下尚有"因是可得而攻也"句。

［6］“五间之事，主必知之”，汉简本无“主”字。

［7］“知之必在于反间，故反间不可不厚也”，汉简本仅存“……可不厚也”四字。《通典》卷一五一引此，无“知之必在于反间”句。

译文

一定要搜查出那些前来侦察我方军情的敌方间谍，从而用重金收买他，引诱开导他，然后再放他回去，这样，反间就可以为我所用了。通过反间了解敌情，这样乡间、内间也就可以利用起来了。通过反间了解敌情，这样就可以使死间传播假情报给敌人了。通过反间了解敌情，这样就能使生间按预定时间返回报告敌情了。五种间谍的运用，国君都必须了解掌握。了解情况的关键在于反间的使用，所以，对反间不可不给予优厚的待遇。

昔殷之兴也〔1〕，伊挚在夏〔2〕［1］；周〔3〕之兴也，吕牙〔4〕在殷［2］。故惟明君贤将，能以上智〔5〕为间者［3］，必成大功。此兵之要〔6〕，三军之所恃而动也〔7〕［4］。

注释

〔1〕昔殷之兴也：殷，即商朝。公元前17世纪，商汤灭夏，建都于亳（今河南商丘市北），史称商朝。公元前13世纪，商王盘庚迁都至殷（今河南安阳小屯村），因此商又称殷。传至纣王帝辛时，灭于西方的属国周。兴，兴起。

〔2〕伊挚在夏：伊挚，即伊尹，商朝贤臣，开国元勋。原为夏桀的臣子，后归附商汤，商汤任用他为相，在灭夏过程中，伊尹发挥了很大的作用。夏，夏朝，大禹之子夏启所建立的中国历史上第一个统治王朝，共传十七君，至夏桀时为商汤所灭亡。

〔3〕周：周朝，公元前11世纪周武王伐纣灭商后所建立的王朝，建都于镐京（今陕西西安）。公元前770年，周平王迁都洛邑（今河南洛阳），故人们又以此事件为界限，将周代历史划分为西周和东周两个阶段。

〔4〕吕牙：即姜尚、姜子牙，俗称姜太公，曾为商纣王之臣。祖先封于吕，故又称为“吕牙”。周武王任用他为“师”，推翻了殷商王朝的统治，后被分封于齐地（在今山东境内），为齐国开创者。

〔5〕上智：上乘之智，此处指最有智能谋略的人。

〔6〕此兵之要：这就是军事行动的关键所在。张预注：“用师之本，在知敌情。故曰：‘此兵之要’也。”要，要害、要务、关键的意思。

〔7〕三军之所恃而动也：军队要依靠间谍所提供的情报而展开活动，实现既定的战略目标。

校记

[1]“昔殷之兴也，伊挚在夏”，汉简本此句仅存“在夏”二字。《文选》卷四四《檄吴将校部曲文》注及《御览》卷二九二引此，“殷”上无“昔”字。《通典》卷一五一引此，作“昔伊吕之在夏殷，为殷周反间，岂不重之哉”。文意虽近，然字句相差颇大。

[2]“周之兴也，吕牙在殷”，汉简本作“周之兴也，吕牙在□”，所缺当为“殷”字。简文此句下尚有“衛师比在陉。燕之兴也，苏秦在齐”等语。苏秦时代远在孙武之后，此数语当为后人所增。《讲义》《直解》《武备志》“在殷”作“在商”。苏洵《权书》引此亦作“商”。

[3]“故惟明君贤将，能以上智为间者”，汉简本作“惟明主贤将能……”，下缺，无“故”字，“明君”作“明主”，《通典》卷一五一、《御览》卷二九二引此，亦作“明主”。武经本、平津馆本无“惟”字。

[4]“此兵之要，三军之所恃而动也”，《通典》卷一五一、《御览》卷二九二引此，“军”下无“之”字，“也”前增“者”字。武经本、平津馆本“军”下亦无“之”字。

译文

从前殷商的兴起，在于伊挚曾经在夏为间，熟悉了解夏的内情；周朝的兴起，在于吕牙曾经在殷为间，熟悉了解殷的内情。所以，明智的国君，贤能的将帅，能够任用智慧高超的人充当间谍，就一定能够建立大功。这是用兵的关键步骤，整个军队都要依靠间谍所提供的敌情来策划和决定军事行动。

解读

瑞士是“钟表王国”，为了避免卷入世界大战的旋涡，瑞士早早就宣布恪守永久中立的立场，从而在第一次世界大战和第二次世界大战中都充当了看客的角色。然而，和平主义的立场，并没有泯灭瑞士人关注战争、思考军事的热情，至少若米尼本人是这样。作为西方近代最著名的军事学家之一，他殚精竭虑地写出了一部足以与《战争论》媲美的军事名著——《战争艺术概论》（中国人按自己的观念模式，就曾经干脆把书名译为《兵法概论》）。在这部书中，有一节重要的内容，名称叫作“战争勤务或调动军队的实用艺术”，里面谈到了使用间谍的问题。

若米尼通过对战争经验的总结，发现了使用间谍与夺取战争胜利之间的紧密内在联系。所以，他合乎逻辑地把借助侦察和间谍手段获取敌方的情报，列为战争勤务学的重要内容之一：“组织和指挥各种侦察，通过这种侦察和间谍手段获取有关敌人配置和运动的尽可能准确的情报。”① 若米尼强调指出，战争中实施巧妙机动的最重要的条件之一，毫无疑义是在下达命令之前，切实准确地掌握敌人的情报。而要详细掌握敌军的内部情报，最可靠也最经济的方法莫过于间谍活动。为此，他认为在四种判断敌军行动的方法之中，建立起一个完善的（但有时不免是花费巨大的）间谍网，乃是首屈一指的方法。可以很明显地看到，若米尼是把善用间谍以克敌制胜提到战略的高度来加以认识的。

无独有偶，兵圣孙子同样高度重视用间，一再强调它是“三军所恃而动”的根本。而且值得我们中国人大大骄傲一番的是，孙子这一思想的提出，是在“丘牛大车”的纯冷兵器作战时代，要比若米尼的高见整整早了两千多年，这也从一个侧面说明，在很长很长的时间里，中国的军事思想在世界上绝对是占据

---

① 若米尼：《战争艺术概论》，278页，刘聪、袁坚译，北京：解放军出版社，1986。

领先地位的，“外国的月亮并不比中国的来得圆”，这可教爱好面子、尊重传统的中国人好好长了一口志气，得了一回满足。

中国文化的一个很大特色，是绕同心圆，是起点与终点的重合，这叫作“功德圆满”。《孙子兵法》同样体现了这种文化精神。从算计、预算敌情（《计篇》），经战争准备（《作战篇》），运用谋略（《谋攻篇》），发展实力（《形篇》），创造有利态势（《势篇》），灵活用兵、争夺先机、因敌变化而取胜（《虚实篇》《军争篇》《九变篇》），到解决“处军相敌”（《行军篇》），利用地形（《地形篇》），掌握兵要地理（《九地篇》），实施火攻（《火攻篇》）等更具体的战术问题，恰好完成一个完整的战争程序，现在又回到《用间篇》的预知敌情，重新开始，等于环绕了一个大圆圈，这就是周而复始、否定之否定的大循环。从这个意义上说，《用间篇》既是全书的终结，也是兵学理论生生不息、与时俱进的象征，具有独特的价值与意义。可见，本篇在全书结构中的安排，是孙子颇有深意处置的结果，值得好好玩味。

本篇的主要内容，是论述在战争活动中使用间谍以侦知、掌握敌情的重要性，以及间谍的种类划分、基本特点、使用方式等等。它是一篇从战略层面探讨用间问题的精彩文字，为我国古代用间理论的不祧之祖。

第一，从战略的高度，强调用间以掌握第一手敌情的重要性。

孙子认为，要成为胜利的主宰者，说难也难，说容易也容易，关键看你是否能“遍知”（全面了解敌情），是否能“先知”（预先掌握敌情），有没有真正做到“知彼知己”。而要“知彼”的关键，则在于“知敌之情实”，达到这一目的的最重要手段之一，便是巧妙使用间谍。在孙子的眼中，用间是投入较少而回报较多的合算买卖，具有战略全局的意义，“故惟明君贤将，能以上智为间者，必成大功。此兵之要，三军之所恃而动也”。既然合理又合算，自然不能随便拒绝。

从更深的层次考察，我们可以发现，孙子重视用间不是偶然的，它至少是由三个因素促成的。

一是孙子的用间观属于其战争效益理论的必有之义，也就是说，孙子提倡用间是他认真核计战争成本之后所做出的明智选择。孙子认为，战争不是什么好东西，可在当时的历史条件下它又是不可避免的。如何在参与战争的同时，尽可能设法将战争所造成的损失降低到最小的程度，是每一位未丧尽天良、不缺乏理智的战争指挥者应积极解决的问题，毕竟“一将功成万骨枯”并不是什么值得夸耀的事情。而同战争的巨大耗费相比较，给间谍发放丰厚的奖金，实在是微不足道的开销，既然用间开销小、成本低，又能掌握主动、出奇制胜，那么何必放着阳关大道不走，去走死打硬拼费力不讨好的独木桥。如果太小家子气，为了节省下一些钱财而不重视谍报工作，盲目开展行动，导致战争以失败收场，那便是“不仁之至”，必将成为国家和民众的罪人。

二是孙子的用间观念，称得上是对陈旧“军礼”传统的勇敢挑战和大胆否定。在“动之以仁义，行之以礼让”这样的“军礼”传统氛围之下，用间被看作“下三烂”、不道德的行为，因为它同贵“偏战”① 而贱“诈战”的原则相违背，不守信用，有碍公平交手，所以正人君子不屑为之。孙子认为，这样看问题，未免太迂腐可笑了，蠢得像猪，笨得像熊，完全违背了军事斗争的根本宗旨（打得赢）和一般规律（打得巧），按照这样的逻辑去办事，仗是必输无疑，而仗打输了，其他一切便无从谈起，这才是真正的不仁义，真正的不人道，所谓“图虚名而处实祸”。所以，他旗帜鲜明地主张用间，为用间正名，为胜利呐喊。

三是孙子的用间观念，是对卜筮占验迷信预测的一次根本性的革命。孙子生活的时代，上古三代的卜筮占验歪风依然刮得很厉害，人们往往依据烧龟甲、摆蓍草而得出的结果，来选择作战的时间和地点，来判断胜负的定数，即所谓“卜筮至预见表象，先图其利”②。只要看看时到今天，看风水、八卦算命的骗子依旧逍遥快活于江湖，便可知两千多年前卜筮战争胜负的存在实在是最正常不过的现象了。可是孙子的确了不起，完全不信这一套乌烟瘴气的东西，而是讲“先知者，不可取于鬼神，不可象于事，不可验于度”，强调获取情报、预知胜负的正确方法只有一条途径，就是“必取于人”。这实际上是倡导在掌握敌情问题上，要最大限度发挥人的主观能动作用，充满了朴素的唯物精神，从而“跳出三界外，不在五行中”，摆脱了当时笼罩在兵学思想界的妖氛鬼雾，使得

① 偏战：先布阵再交锋，不搞权谲诡诈的战法。何休《公羊传解诂·桓公十年》云：“偏，一面也。结日定地，鸣鼓而战，不相诈。”偏，是战车临时战斗编组。偏战，即战车的作战方式。

② 《史记》卷一二八《龟策列传》。

自己的“先知”主张牢牢地建立在比较科学理性的基础之上。仅凭这一点，孙子的境界便非同寻常了。

第二，系统全面地说明了使用间谍的一般原则和具体方法。

应该说，“用间”作为军事斗争的一种重要手段，它的发明权不属于孙子，在孙子之前早已有人运用了。夏代少康复国中兴过程中，派遣女艾“殪浇”，杀死了敌人阵线中的关键对手——浇就是一次非常成功的打入敌人内部、虎口拔牙的间谍战。但是，孙子让我们佩服的地方，是他善于总结前人的经验，并且加以理性的提炼和升华，使得中国古代用间思想有了一次质的飞跃。这就像木匠遍地都是，但鲁班却只有一位。

首先，孙子对间谍的种类进行了比较准确的划分。孙子将用间活动按其性质和特点分门别类划分为五种。第一种为因间，又称乡间，中国人喜欢讲人情，老乡观念特别重，所谓“美不美，家乡水；亲不亲，故乡人”。乡间，就是利用敌方阵营中的同乡亲友关系打入敌人内部，探消息，搞情报。第二种为内间，即舍得花大本钱，罗致收买敌方的官员充当间谍，如战国时期秦国贿赂收买赵王宠臣郭开等人，借刀杀人除掉赵国名将李牧。第三种为反间，就是用乾坤大挪移的功夫，借力打力，设法使敌人的间谍自觉或不自觉地为我方所利用，从而达到扰乱敌人视听，搜集各种情报的目的。第四种为死间，就是要心肠如同石头一样硬、血液如同冰水一样冷，“舍不了孩子套不住狼”，故意散布一些虚假情报，以牺牲己方间谍的代价，诱使敌人上当受骗。第五种为生间，就是让自己的间谍在完成搜集情报的任务之后，能够巧妙脱身，平平安安返回大本营报告敌情。应当说，孙子关于“五间”的划分是相当合理和准确的，综观古今中外著名的间谍活动，大多不超出因间、内间以及反间的范围，这叫作“万变不离其宗”。

在说明“五间”的不同特点和功用的同时，孙子进而主张“五间俱起”，使敌人无法了解我方用间的规律，处处被动挨打，时时防不胜防。孙子特别强调，在用间问题上不能不分主次地平均使力，而要抓住关键，突出重点。这个关键，就是在“五间”之中要以“反间”为主，带动其他的“四间”（看来《三十六计》中有“反间计”，而没有什么“生间”“因间”之计，不是偶然的疏忽），广开情报来源，动员各种类型的间谍，运用各种手段窃取敌人的情报，使得敌人的反间谍机构“莫知其道”，整个儿成聋子哑巴再外加睁眼瞎，陷入一筹莫展的困窘境地，从而获得纲举目张的效果：“五间之事，主必知之，知之必在于反间”，反间既为重中之重，那么在他身上要舍得花血本，大投入，这叫作“好钢要用在刀刃上”。

孙子“五间俱起”而以“反间”为主的用间方法论，富有深刻的哲理性。这就如同作战指导要做到灵活主动、变化莫测的道理一样，在用间问题上也要善于运用多种手段，应变无穷，真真假假，虚虚实实，“大方无隅，大器晚成，大音希声，大象无形”，既突出重点，又灵活制宜，不拘一格，这种“因情用兵”的思想方法，表明孙子真正参悟透了神妙无比的用间之道，进入了用间的上乘境界。

其次，孙子系统地提出了用间的三项基本原则，进一步论证了间谍工作在军事活动中的地位，说明谍报问题的关键性、优越性和机密性，这就是所谓的“三军之事，莫亲于间，赏莫厚于间，事莫密于间”。

孙子这个用间三原则的核心精神，指的是怎样对用间行动提供保障，以获得预期的成功。道理很浅显，间谍活动既然直接关系着战争的胜负成败，那么就必须以最大的努力去做好它。而要做好用间工作，真正发挥用间的作用，关键的关键，又在于在用间的过程中严格保密，滴水不漏，“事莫密于间”，使得敌人根本无法了解我方用间的动态，无法掌握我方用间的规律。在必要的时候，甚至不惜杀人灭口：“间事未发，而先闻者，间与所告者皆死。”消除一切隐患，抹去所有痕迹。

正因为需要高度保密，所以间谍的人选，必定是将帅的最亲近之心腹，为将者十分熟悉他们的性格、才能以及爱好，能够牢牢地加以掌控；同时，他们也甘心于服从军队的整体利益，不计个人的安危得失，矢志不渝地效忠于将帅本人，赴汤蹈火，在所不辞，于是乎，用间的定位也就只能是“三军之事，莫亲于间”了。由于间谍工作带有极大的危险性，随时随地有被捕乃至掉脑袋的可能性，为解除人们的后顾之忧，心甘情愿去从事这个充满危险、脑袋拴在裤带上的行当，严守机密，默默奉献，实在有必要在物质上为他们提供最优厚的补偿，以报答酬谢他们为国家、为军队所做出的重大贡献，于是乎，便有了“赏莫厚于间”这一原则的确立。由此可见，孙子的用间三项基本原则，乃是一个完整而连贯的思路，彼此互为前提，互为关系，互为补充，缺一不可，这充分反映了孙子用间基本理论的系统缜密，无懈可击。

第三，提出了用间的必要条件，高度推崇聪明智慧在用间活动中的重要作用。

在孙子看来，用间如同从事其他军事活动一样，必须具备一定的素质和条件。这些素质和条件，概括起来，就是"圣智""仁义""微妙"。前两项决定着能否高明地动员和驱使间谍不遗余力、想方设法去执行并完成任务。因为道理非常简单，只有聪明睿智的统帅，才会把用间当作克敌制胜的重要法宝来认真对待；也只有仁慈慷慨、素孚众望的统帅，才能赢得间谍的由衷信赖和热忱拥戴，愿意前仆后继，死不旋踵，尽个人最大的努力去攫取敌方的情报。后一项则决定着军事统帅能否睿智地甄别、判断间谍所提供的情报之可靠真实程度。因为间谍所搜集到的情报往往真伪混杂，虚实相间，只有通过火眼金睛的仔细分辨，去伪存真，去芜存精，才能使得这些情报在战争中真正派上用场，发挥应有的作用，而不至于弄巧成拙，让对手用反间计来愚弄、暗算自己，造成行动上的败北。而能够避免这种尴尬处境的，也只能是那些谋虑精细、见微知著的军事统帅。由此可见，这三个条件相互作用，不可或缺，紧密结合在一起，共同成为有效发挥"用间"强大威力的保证："非圣智不能用间，非仁义不能使间，非微妙不能得间之实"。孙子之说，可谓深得"用间"之妙道要义矣！它完全建立在睿智善谋的基础之上，"三谛圆融"，绝不会因时空的变化而丧失其生机盎然的活力。

孙子的用间思想，系统完整而又条分缕析，高明卓绝而又不乏可操作性，因此，后世兵家对此无不奉为圭臬。如《百战奇法·间战》就说："凡欲征伐，先用间谍，觇敌之众寡、虚实、动静，然后兴师，则大功可立，战无不胜。"这就把"立大功"同"用间谍"直接联系在一起。《经武要略》正集卷二二《侦侯》也讲："兵家之有采探，犹人身之有耳目也。耳目不具则为废人，采探不设则为废军。"把间谍对军队的重要性，形象地比喻为人身体上的耳朵和眼睛。这类言辞在中国古代兵书战策中可谓，比比皆是，说到底都是对孙子用间理论的衣钵相承。

在实战活动中充分运用孙子用间思想的案例更是层出不穷，不胜枚举，从而上演了一幕幕波澜壮阔、惊心动魄的战争活剧。其中人们较为熟悉的，就有秦昭王重金收买内间使赵王上当受骗，将大将廉颇“下岗”，换上只会纸上谈兵的赵括当大将，一举打赢长平之战；刘邦采纳陈平的计谋，让陈平放手从事间谍大战，离间项羽与部下之间的关系，为争取楚汉战争的胜利扫清障碍；岳飞利用矛盾，巧使反间之计，诱使金人废黜伪齐王刘豫，兵不血刃为自己北伐中原开了一个好头；韦孝宽机心深密，利用间谍借刀杀人，不露声色除掉北齐大将斛律光；种世衡老谋深算，心狠手辣，通过用间，挑拨西夏统治集团内部的关系，西夏朝廷两位亲王不明不白就做了冤死之鬼。诸如此类的故事，史不绝书，孙子的用间思想由此而得到了历史的验证。

这里，我们不妨通过元朝末年朱元璋大破陈友谅的应天之战来具体领略一下用间使诈、角智斗谋艺术的精髓奥妙。

公元 1360 年农历闰五月间，陈友谅统率舟师十万进攻盘踞在应天（今江苏省南京市）的朱元璋势力，企图一举制服与自己争天下的主要对手。

当时，陈友谅在兵力上对朱元璋占有很大的优势，陈军的舟师尤为强大。在陈友谅优势兵力大举东下面前，朱元璋的部下，有的主张举城投降，有的主张退守钟山（今南京紫金山），也有的主张决一死战，打不赢再跑不迟。朱元璋采纳了刘伯温“伏兵伺隙击之”的建议，决定在应天城下与陈友谅决战。他利用陈友谅求战心切、骄傲轻敌的心理，决定巧妙用间，诱敌冒进深入，而后设伏加以聚歼，给趾高气扬、自命不凡的陈友谅一个下马威。为此，他让陈友谅的老朋友、元朝降将康茂才出头，主动写信向陈友谅诈降，同时在应天府郊外埋伏下多路兵马，准备重拳出击，就等不知死活的陈友谅自己送上门来。

狂妄自大的陈友谅接到康茂才写来的求降书后，不知是计，信以为真，以为在大军压境、玉石俱焚之下，康茂才等人为自己预留脱身后路属于正常的现象，就像当年官渡之战前夕曹操众多部下暗中与袁绍拉关系、套近乎的情况一样。于是于五月初十亲率大军自采石进抵大胜港，企图与康茂才里应外合，夺取应天。可待他驻足江东桥（今南京江东门附近），按预先约定的暗号连声呼唤“老康”，不见丝毫反应，陈友谅才猛然醒悟：这一回让朱元璋这个和尚给算计了，捶胸顿足，后悔莫及，被动中仓促派遣士兵一万人登岸立栅，企图做一番困兽之斗。

朱元璋自然不会给这个老冤家任何机会，他在卢龙山（今南京狮子山）上看到陈军天遂人愿进入了自己预设的伏击圈，遂乘着其登岸立营尚未稳固之际，高高举起黄旗，发出全线出击的信号。一时间鼓声震天，伏兵四起，水陆夹击，风卷残云。陈军冷不防遭此凌厉打击，军心浮动，士气萎靡，弃甲曳兵，阵势大乱，只恨爹娘少给自己生两只脚，一窝蜂争相登舟而逃。此时正遇上长江之水退潮，陈军的巨型战舰搁浅，根本移动不得，陈军想逃也逃不成了，只好老老实实待在那里任凭对手疯狂砍杀。一场血战下来，陈军士兵被杀和落水而死者多得数也数不清，被俘的也有二万余人。不少陈军将领见大势尽去，"识时务者为俊杰"，纷纷解甲向朱军投降，朱元璋部队缴获巨型战舰一百多艘。算陈友谅命大，乘坐小木舟侥幸突出虎口，逃窜回江州（今江西九江）。朱元璋得势不饶人，挥军乘胜追击，夺回安庆、太平等战略要点，并占领了信州（今江西上饶）、袁州（今江西宜春）等地。这场关系到朱元璋势力生死存亡的应天之战，就这样以朱元璋的高歌凯旋而告终结。

应天之战的失败，使得陈友谅集团内部的各种矛盾更加激化，将士对陈友谅离心离德，政令军令也无法得到贯彻执行。"宜将剩勇追穷寇，不可沽名学霸王"，朱元璋利用陈友谅的这些弱点，马不停蹄地向西推进自己的势力范围，仅仅在公元1361年一年之间，就相继攻克了蕲州、黄州、兴国、黄梅、广济、乐平、抚州（均在今江西、安徽、湖北诸省境内）等战略要地，实力日益得到加强，基本上扭转了陈强朱弱的战略格局，从而为在公元1363年展开鄱阳湖大决战，最后消灭陈友谅势力奠定了坚实的基础。

朱元璋之所以能够取得应天之战的胜利，一个最重要的原因就是他善于用间，使对手陈友谅做出错误的决断，实施愚蠢的部署。朱元璋注重"先知"，做到"必取于人，知敌之情实者"，即从了解陈友谅性格、为人的康茂才等人那里，获知并把握住陈友谅用兵上骄傲自大、恃强轻进、刚愎自用等特点，对症下药地巧妙行间。孙子说："因间者，因其乡人而用之。"康茂才曾为陈友谅的朋友，根据这一条件，朱元璋对陈友谅采取了"因间"手段，利用康、陈两人熟稔这层关系，顺循普通人的常规思维路子（陈强而朱弱，陈军胜算多而朱军胜算少，为避免出现覆巢之下无完卵的局面，应当预先留下退路）而反用之，诱骗陈友谅，促使他忘乎所以，轻举妄动，然后部署重重伏兵瞅准机会杀他个人仰马翻，片甲不留。由此可见，应天之战，是巧妙使间与出奇制胜作战指导的完美结合，朱元璋料敌如神、应变自如的卓越军事指挥才能在此战中表现得淋漓尽致。无怪乎，这个当年沿街乞讨、四方流浪的皇觉寺小和尚，能够在大乱之中崛起，东征西讨，所向披靡，最终芟夷群雄，底定山河，登上金銮宝殿乐呵呵当他的洪武大皇帝，这叫作“虽系天命，实赖人力”。这个战例，是巧妙使间与出奇制胜作战指导的完美结合，也从一个侧面反映了孙子用间制胜思想的积极意义和蓬勃生机。

在现当代战争中，间谍活动在军事斗争中的作用依然十分突出。只要想一想，希特勒的间谍伎俩奏效，苏联红军最优秀的将领图哈切夫斯基元帅沉冤莫白，一枪毙命，给苏联国防所带来的巨大灾难，人们就不能不承认，有时候一个间谍的力量，抵得上数十万武装到牙齿的军队。当然，间谍的能量之大小，往往取决于操纵、指挥他的统帅之水平，这一点在现代战争中也不例外。苏联优秀间谍左格尔就其本人素质而言，丝毫也不逊色于任何一位西方间谍，他的间谍活动，曾为苏联的国家安全作出过巨大的贡献，然而，斯大林体制的僵硬官僚性质，极大限制了左格尔作用的发挥。苏德战争前夕，他费尽心思、千辛万苦搞来的情报，并没有真正引起苏联最高当局的充分重视，因此苏联忽略了战争迫在眉睫的危险，以至于当德军浩浩荡荡向苏联境内冲杀而来之时，苏军束手无策，濒临崩溃。这个事实提醒人们，间谍固然重要，用间固有作用，但问题的关键是决策者如何用间，否则“黄钟毁弃，瓦釜雷鸣”，一切都是白说。

由于在现当代军事斗争中，用间依然是不可或缺的环节，所以孙子在本篇中所阐述的思想，仍为世界各国军事情报界所重视和借鉴。例如，日本的谍报人员曾把《孙子兵法》作为最大的谍报技巧专家的著作，翻译成日文，而他们在 1904 年的日俄战争和 1941 年偷袭夏威夷珍珠港美国太平洋舰队前后，搜集情报和实际运用情报的策略以及具体手段，大多与《孙子兵法》用间思想若合符契。同样，美国中央情报局也曾把孙子视为谍报理论的鼻祖，让所属雇员认真阅读《孙子兵法》以及按孙子用间原理写作而成的《间书》。尽管随着现代科学技术的高速发展，今天世界上已有了卫星摄影的高超技术，有了监视电讯发射的一整套先进技术设备（如全球定位仪等等），但是在具体的用间和反间谍手段上，本篇所揭示的基本原理并没有过时。同时，需要指出的是，即使是最现代最先进的高科技侦察手段，也无法完全取代人工搜集情报、信息的功能，以人为本位的用间活动，在现代战争乃至于未来战争中仍然会有它重要的位置，这一点在美军发动的阿富汗战争和伊拉克战争中都已有充分的证明。

当然，今天的间谍活动已远远超越了军事、政治领域的范围，商业经济活动中、科学技术领域内的间谍活动同样愈演愈烈，花样翻新。换句话说，用间这只无形的巨手正伸向社会生活的各个方面。这就要求我们各行各业的人都应当多少掌握一些用间和反间谍的基本知识，以便在人生的大舞台上站得更稳，走得更远，这就是所谓的“害人之心不可有，防人之心不可无”。

主要参考书目

1. 曹操等．十一家注孙子．上海：上海古籍出版社，1978

2. 刘寅．武经七书直解．长沙：岳麓书社，1992

3. 中国人民解放军军事科学院战争理论研究部《孙子》注释小组．孙子兵法新注．北京：中华书局，1977

4. 郭化若．孙子译注．上海：上海古籍出版社，1984

5. 陶汉章．孙子兵法概论．北京：解放军出版社，1985

6. 银雀山汉墓竹简整理小组．银雀山汉墓竹简［壹］．北京：文物出版社，1985

7. 杨炳安．《孙子》会笺．郑州：中州古籍出版社，1986

8. 吴如嵩．孙子兵法新论．北京：解放军出版社，1989

9. 吴九龙．孙子校释．北京：军事科学出版社，1990

10. 于汝波．孙子学文献提要．北京：军事科学出版社，1994

11. 于汝波．孙子兵法研究史．北京：军事科学出版社，2001

12. 李零．吴孙子发微．北京：中华书局，1997

13. 李零．兵以诈立：我读《孙子》．北京：中华书局，2006

14. 黄朴民．孙子评传．南宁：广西教育出版社，1994

15. 黄朴民等．孙子兵法详解．长沙：岳麓书社，2005

16. 黄朴民等．《孙子兵法》新读．长春：长春出版社，2008

17. 钮先钟．孙子三论：从古兵法到新战略．桂林：广西师范大学出版社，2003

18. 蓝永蔚等．五千年的征战：中国军事史．上海：华东师范大学出版社，2001

19. 糜振玉．中国军事学术史．北京：解放军出版社，2008

20. 军事科学院．中国军事通史（17 卷 20 册）．北京：军事科学出版社，1998

21. 克劳塞维茨．战争论．中国人民解放军军事科学院，译．北京：商务印书馆，1978

附录一　孙子本传

孙子武者，齐人也。以兵法见于吴王阖庐。阖庐曰："子之十三篇，吾尽观之矣，可以小试勒兵乎？"对曰："可。"阖庐曰："可试以妇人乎？"曰："可。"于是许之，出宫中美女，得百八十人。孙子分为二队，以王之宠姬二人各为队长，皆令持戟。令之曰："汝知而心与左右手背乎？"妇人曰："知之。"孙子曰："前，则视心；左，视左手；右，视右手；后，即视背。"妇人曰："诺。"约束既布，乃设铁钺，即三令五申之。于是鼓之右，妇人大笑。孙子曰："约束不明，申令不熟，将之罪也。"复三令五申，而鼓之左，妇人复大笑。孙子曰："约束不明，申令不熟，将之罪也；既已明而不如法者，吏士之罪也。"乃欲斩左右队长。吴王从台上观，见且斩爱姬，大骇，趣使使下令曰："寡人已知将军能用兵矣！寡人非此二姬，食不甘味，愿勿斩也。"孙子曰："臣既已受命为将，将在军，君命有所不受。"遂斩队长二人以徇。用其次为队长，于是复鼓之。妇人左右前后跪起，皆中规矩绳墨，无敢出声。于是孙子使使报王曰："兵既整齐，王可试下观之。唯王所欲用之，虽赴水火，犹可也。"吴王曰："将军罢休就舍，寡人不愿下观。"孙子曰："王徒好其言，不能用其实。"于是阖庐知孙子能用兵，卒以为将。西破强楚，入郢，北威齐晋，显名诸侯，孙子与有力焉。

孙武既死，后百余岁有孙膑。膑生阿、鄄之间，膑亦孙武之后世子孙也。

（选自《史记》卷六五《孙子吴起列传》）

附录二 十家注孙子遗说并序

求之而益深者，天下之备法也；叩之而不穷者，天下之能言也。为法立言，至于益深不穷，而后可以垂教于当时，而传诸后世矣。儒家者流，惟苦《易》之为书，其道深远而不可穷；学兵之士，尝患武之为说，微妙而不可究，则亦儒者之《易》乎？盖《易》之为言也，兼三才，备万物，以阴阳不测为神。是以仁者见之谓之仁，智者见之谓之智，百姓日用而不知。武之为法也，包四种，笼百家，以奇正相生为变。是以谋者见之谓之谋，巧者见之谓之巧，三军由之而莫能知之。迨夫九师百氏之说兴，而益见大《易》之义，如日月星辰之神，徒推步其辉光之迹，而不能考其所以为神之深。十家之注出，而愈见十三篇之法，如五声、五色之变，惟详其耳目之所闻见，而不能悉其所以为变之妙，是则武之意，不得谓尽于十家之注也。然而学兵之徒，非十家之说，亦不能窥武之藩篱；寻流而之源，由径而入户，于武之法，不可谓无功矣。顷因余暇，摭武之微旨，而出于十家之不解者，略有数十事，托或者之问，具其应答之义，名曰《十注遗说》。学者见其说之有遗，则始信益深之法、不穷之言，庶几大《易》不测之神矣。

或问：死生之地，何以先存亡之道？曰：武意以兵事之大，在将得其人。将能，则兵胜而生；兵生于外，则国存于内。将不能，则兵败而死；兵死于外，则国亡于内。是外之生死，系内之存亡也。是故兵败长平而赵亡，师丧辽水而隋灭。太公曰："无智略大谋，强勇轻战，败军散众，以危社稷，王者慎勿使为将。"此其先后之次也。故曰："知兵之将，生民之司命，国家安危之主也。"

或问：得算之多，得算之少，况于无算，何以是多、少、无之义？曰：武之文，固不汗漫而无据也。盖经之以五事，校之以七计，彼我之算，尽于此矣。五事之经，得三四者为多，得一二者为少；七计之校，得四五者为多，得二三者为少。五七俱得者为全胜，不得者为无算，所谓冥冥而决事，先战而求胜，图乾没之利，出浪战之师者也。

或问：计利之外，所佐者何势？曰：兵法之传有常，而其用之也有变。常者，法也；变者，势也。书者，可以尽常之言，而言不能尽变之意。五事七计者，常法之利也。诡道不可先传者，权势之变也。守常而求胜，如胶柱鼓瑟，以书御马。赵括所以能书而不能战，易言而不知变也。盖法在书之传，而势在人之用。武之意，初求用于吴，恐吴王得书听计而弃己也，故以此辞动之，乃谓书之外，尚有因利制权之势，在我能用耳。

或问：因粮于敌者，无远输之费也，取用必于国者，何也？曰：兵械之用，不可假人，亦不可假于人。器之于人，固在积习便熟，而适其短长重轻之宜，与夫手足不相龃龉，而后可以济用而害敌矣。吾之器，敌不便于用；敌之器，吾不习其利。非国中自备，而习惯于三军，则安可一旦仓卒假人之兵而给己之用哉？《易》曰："萃除戎器，以戒不虞。"太公曰："虑不先设，器械不备。"此皆言取用于国，不可因于人也。

或问：兵以伐谋为上者，以其有屈人之易，而无血刃之难；伐兵攻城，为之次下，明矣。伐交之智，何异于伐谋之工，而又次之？曰：破谋者，不费而胜；破交者，未胜而费。帷幄樽俎之间，而揣摩折冲，心战计胜其未形已成之策，不烦毫厘之费，而彼奔北降服之不暇者，伐谋之义也。或遣使介，约车乘聘币之奉；或使间谍，出土地金玉之资。张仪散六国之从，阴厚者数年；尉缭子破诸侯之援，出金三十万。如此之类，费已广而敌未服，非加以征伐之劳，则未见全胜之功，宜乎次于晏婴、子房、寇恂、荀彧之智也。

或问：武之书皆法也，独曰，此谋攻之法也，此军争之法也？曰：余法概论兵家之术，惟二篇之说及于用，诚其易用而称其所难。夫告人以所难，而不济之以成法，则不足为完书。盖谋攻之法，以全为上，以破次之。得其法，则兵不钝而利可全；非其法，则有杀士三分之灾。军争之法，以迂为直，以患为利。得其法，则后发而先至；非其法，则至于擒三将军。此二者，岂用兵之易哉？乃云"必以全争于天下"，又云"莫难于军争"，难之之辞也。欲济其所难者，必详其法。凡所谓屈人非战、拔城非攻、毁国非久者，乃谋攻之法也。凡所谓十一而至、先知迂直之计者，乃军争之法也。见其法，而知其难于余篇矣。

或问：将能而君不御者胜。后魏太武命将出师，从命者无不制胜，违教者率多败失；齐神武任用将帅出讨，奉行方略，罔不克捷，违失指教，多致奔亡。二者不几于御之而后胜哉？曰：知此而后可以起武之意。既曰将能而君不御者胜，则其意固谓将不能而君御之则胜也。夫将帅之列，才不一概，智愚勇怯，随器而任。能者付之以阃寄，不能者授之以成算。亦犹后世责曹公使诸将以《新书》从事，殊不识公之御将，因其才之小大而纵抑之。张辽、乐进，守斗之偏才也，合淝之战，封以函书，节宣其用；夏侯惇兄弟，有大帅之略，假以节度，便宜从事，不拘科制。何尝一概而御之邪？《传》曰："将能而君御之，则为縻军；将不能而君委之，则为覆军。"惟公得武法之深，而后太武、神武，庶几公之英略耳，非司马宣王，安能发武之蕴哉？

或问：胜可知而不可为者，以其在彼者也；佚而劳之，亲而离之，佚与亲在敌，而吾能劳且离之，岂非可为欤？曰：《传》称用师观衅而动，敌有衅不可失。盖吾观敌人无可乘之衅，不能强使为吾可胜之资者，不可为之义也。敌人既有可乘之隙，吾能置术于其间，而不失敌之败者，可知之义也。使敌人主明而贤，将智而忠，不信小说而疑，不见小利而动，其佚也安能劳之？其亲也安能离之？有楚子之暗与囊瓦之贪，而后吴人亟肄以疲之；有项王之暴与范增之隘，而后陈平以反间疏之。夫衅隙之端，隐于佚亲之前；劳离之策，发于衅隙之后者，乃所谓可知也；则惟无衅隙者，乃不可为也。

或问：守则不足，攻则有余，其义安在？曰：谓吾所以守者力不足，吾所以攻者力有余者，曹公也。谓力不足者可以守，力有余者可以攻者，李筌也。谓非强弱为辞者，卫公也。谓守之法要在示敌以不足，攻之法要在示敌以有余者，太宗也。夫攻守之法，固非已实强弱，亦非虚形视敌也。盖正用其有余不足之形势，以固已胜敌。夫所谓不足者，吾隐形于微，而敌不能窥也；有余者，吾乘势于盛，而敌不能支也。不足者，微之称也。当吾之守也，灭迹于不可见，韬声于不可闻，藏形于微妙不足之际，而使敌不知其所攻矣。所谓藏于九地之下者是也。有余者，盛之称也。当吾之攻也，若迅雷惊电，坏山决塘，作势于盛强有余之极，而使敌不知其所守矣。所谓动于九天之上者是也。此有余、不足之义也。

或问：三军之众，可使必受敌而无败者，奇正是也。受敌、无败，二义也，其于奇正有所主乎？曰：武论分数、形名、奇正、虚实四者，独于奇正云云者，知其法之深而二义所主未白也。复曰：凡战，以正合，以奇胜。正合者，正主于受敌也；奇胜者，奇主于无败也。以合为受敌，以胜为无败，不其明哉！

或问：武论奇正之变，二者相依而生，何独曰善出奇者？曰：阙文也。凡所谓如天地、江河、日月、四时、五色、五味，皆取无穷无竭、相生相变之义，故首论以正合、奇胜，终之以奇正之变，不可胜穷，相生如循环之无端，岂以一奇而能生变，交相无已哉！宜曰“善出奇正者，无穷如天地”也。

或问：其势险者，其义易明，其节短者，其旨安在？曰：力虽甚劲者，非节量短近而适其宜，则不能害物。鲁缟之脆也，强弩之末不能穿；毫末之轻也，冲风之衰不能起；鸷鸟虽疾也，高下而远来，至于竭羽翼之力，安能击搏而毁折哉？尝以远形为难战者，此也。是故麴义破公孙瓒也，发伏于数十步之内；周访败杜曾也，奔赴于三十步之外。得节短之义也。

或问：十三篇之法，各本于篇名乎？曰：其义各主于题篇之名，未尝泛滥而为言也。如《虚实》者，一篇之义，首尾次序，皆不离虚实之用，但文辞差异耳。其意所主，非实即虚，非虚即实，非我实而彼虚，则我虚而彼实。不然，则虚实在于彼此，而善者变实而为虚，变虚而为实也。虽周流万变，而其要不出此二端而已。凡所谓待敌者佚者，力实也；趋战者劳者，力虚也。致人者，虚在彼也；不致于人者，实在我也。利之也者，役彼于虚也；害之也者，养我之实也。佚能劳之、饱能饥之、安能动之者，佚、饱、安，实也；劳、饥、动，虚也。彼实而我能虚之也。行于无人之地者，趋彼之虚而资我之实也。攻其所不守者，避实而击虚也。守其所不攻者，措实而备虚也。敌不知所守者，斗敌之虚也；敌不知所攻者，犯我之实也。无形无声者，虚实之极而入神微也。不可御者，乘敌备之虚也；不可追者，畜我力之实也。攻所必救者，乘虚则实者虚也；乖其所之者，能实则虚者实也。形人而敌分者，见彼虚实之审也；无形而我专者，示吾虚实之妙也。所与战约者，彼虚无以当吾之实也。寡而备人者，不识虚实之形也；众而备己者，能料虚实之情也。千里会战者，预见虚实也。左右不能救者，信人之虚实也。越人无益于胜败者，越将不识吴之虚实也。策之、候之、形之、角之者，辨虚实之术也。得也、动也、生也、有余也者，实也；失也、静也、死也、不足也者，虚也。不能窥谋者，外以虚实之变惑敌人也；莫知吾制胜之形者，内以虚实之法愚士众也。水因地制流、兵因敌制胜者，以水之高下喻吾虚实变化不常之神也。五行胜者，实也；囚者，虚也。四时来者，实也；往者，虚也。日长者，实也；短者，虚也。月生者，实也；死者，虚也。皆虚实之类，不可拘也。以此推之，余十二篇之义，皆仿于此，但说者不能详之耳。

或问：军争为利，众争为危，军之与众也，利之与危也，义果异乎？曰：武之辞未尝妄发而无谓也。军争为利者，下所谓军争之法也；夫惟所争而得此军争之法，然后获胜敌之利矣。众争为危者，下所谓举军而争利也；夫惟全举三军之众而争，则不及于利而反受其危矣。盖军争者，案法而争也；众争者，举军而趋也。为利者，后发而先至也；为危者，擒三将军也。

或问：兵以诈立，以利动，以分合为变。立也、动也、变也，三者先后而用乎？曰：先（兵）王之道，兵家者流，所用皆有本末先后之次，而所尚不同耳。盖先王之道，尚仁义而济之以权；兵家者流，贵诈利而终之以变。《司马法》以仁为本，孙武以诈立；《司马法》以义治之，孙武以利动；《司马法》以正不获意则权，孙武以分合为变。盖本仁者治必为义，立诈者动必为利。在圣人谓之权，在兵家名曰变。非本与立无以自修，非治与动无以趋时，非权与变无以胜敌。有本立而后能治动，能治动而后可以权变。权变所以济治动，治动所以辅本立。此本末先后之次略同耳。

或问：武所论举军、动众，皆法也，独称此用众之法者何也？曰：武之法，奇正贵乎相生，节制权变两用而无穷。既以正兵节制自治其军，未尝不以奇兵权变而胜敌。其于论势也，以分数、形名居前者，自治之节制也；以奇正、虚实居后者，胜敌之权变也。是先节制而后权变也。凡所谓立于不败之地，而不失敌之败，修道而保法，自保而全胜者，皆相生两用先后之术也。盖鼓铎旌旗，所以一人之耳目，人既专一，勇者不得独进，怯者不得独退，此何法也？是节制自治之正法也。止能用吾三军之众而已。其法也，固未尝及于胜人之奇也。谈兵之流，往往至此而止矣。武则不然，曰：此用吾众之法也。凡所谓变人之耳目而夺敌之心气，是权谋胜敌之奇法也。

或问：夺气者必曰三军，夺心者必曰将军，何也？曰：三军主于斗，将军主于谋；斗者乘于气，谋者运于心。夫鼓作斗争，不顾万死者，气使之也；深思远虑，以应万变者，心主之也。气夺则怯于斗，心夺则乱于谋。下者不能斗，上者不能谋，敌人上下怯乱，则吾一举而乘之矣。《传》曰：一鼓作气，三而竭者，夺斗气也；先人有夺人之心者，夺谋心也。三军、将军之事异矣。

或问：自《计》及《间》，上下之法皆要妙也，独云此用兵之法妙者，何也？曰：夫事至于可疑，而后知不疑者，为明；机至于难决，而后知能决者，为智。用兵之法，出于众人之所不可必者，而吾之明智了然不至于犹豫者，其所得固过于众人，而通于法之至妙也。所谓高陵勿向、背丘勿逆，盖亦有可向、可逆之机。佯北勿从、锐卒勿攻，亦有可从、可攻之利。饵兵勿食、归师勿遏，亦有可食、可遏之理。围师必阙、穷寇勿追，亦有不阙、可追之胜。此兵家常法之外，尚有反复微妙之术，智者不疑而能决，所谓用兵之法妙也。

或问：九变之法，所陈五事者何？曰：九变者，九地之变也。散、轻、争、交、衢、重、圮、围、死，此九地之名也。一其志、使之属、趋其后、谨其守、固其结、继其食、进其涂、塞其阙、示不活，此九地之变也。九而言五者，阙而失次也。下文曰："将通于九变之地利者，知用兵矣；将不通九变之利者，虽知地形，不能得地之利矣。"是九变主于九地，明矣。故特于《九地篇》曰："九地之变，人情之理，不可不察也。"然则既有九地，何用九变之文乎？曰：武所论将不通九变之利，又曰治兵不知九变之术。盖九地者，陈变之利，故曰不知变不得地之利；九变者，言术之用，故曰不知术不得人之用。是故六地有形，九地有名，九名有变，九变有术。知形而不知名，决事于冥冥；知名而不知变，驱众而浪战；知变而不知术，临用而事屈。此所以六地、九地、九变，皆论地利，而为篇异也。李筌以涂有所不由而下五利兼之为十变者，误也；复指下文为五利，何尝有五利之义也？绝地无留，当作轻地，盖轻有无止之辞。

或曰：凡军好高而恶下，太公曰"凡三军处山之高，则为敌所栖"，岂好高之义乎？曰：武之高，非太公之高也。公所论，天下之绝险也：高山盘石，其上亭亭，无有草木，四面受敌。盖无草木，则乏刍牧樵采之利；四面受敌，则绝出入运馈之路。可上而不可下，可死而不可久。此固有栖之之害也。武之所论，假势利之便也：处隆高丘陵之地，使敌人来战，则有登隆、向陵、逆丘之害，而我得因高乘下、建瓴走丸、转石决水之势；加以养生处实，先利粮道，战则有乘势之便，守则有处实之固，居则有养生足食之利，去则有便道向生之路。虽有百万之敌，安能栖我于高哉？太武栖姚兴于天渡，李先计令遣奇兵邀伏，绝柴壁之粮道，此兴犯处高之忌，而先得栖敌之法，明矣。学孙武者，深明好高之论，而不悟处于太公之绝险，知其势利之便者，后可与议其书矣。

或问：六地者，地形也，复论将有六败者何？曰：恐后世学兵者泥胜负之理于地形也。故曰：地形者，兵之助，非上将之道也。太公论主帅之道，择善地利者三人而委之，则地形固非将军之事也。所谓料敌制胜者，上将之道也。知此为将之道者，战则必胜；不知此为将之道者，战则必败。凡所言，曰走、曰弛、曰崩、曰陷、曰乱、曰北者，此六者，败之道，将之至任，不可不察也。是胜败之理，不可泥于地形，而系于将之工拙也。至于九地亦然，曰刚柔皆得，地之理也。将军之事，静以幽，正以治，驱三军之众，如群羊往来，不知其所之者，将军之事也。特垂诫于六地、九地者，孙武之深旨也。

或问："死焉不得士人尽力"，诸家释为二句者何？曰：夫人之情，就其甚难者，不顾其甚易；舍其至大者，不吝其至微。死，难于生也，甘其万死之难，则况出于生之甚易者哉？身大于力也，弃其一身之大，则况用于力之至微者哉？武意以谓三军之士，投之无所往，则白刃在前，有所不避也。死且不避，况于生乎？身犹不虑，况于力乎？故曰：死且不北。夫三军之士，不畏死之难者，安得不人人尽其力乎？"死焉不得士人尽力"，诸家断为二句者，非武之本意也。

或曰：方马埋轮，诸家释方为缚，或谓缚马为方陈者，何也？曰：解方为缚者，义不经；据缚而方之者，非武本辞。盖方当作放字。武之说，本乎人心离散，则虽强为固止，而不足恃也。固止之法，莫过于柅其所行。古者用兵，人乘车而战，车驾马而行，今欲使人固止而不散，不得齐勇之政，虽放去其马而牧之，陷轮于地而埋之，亦不足恃之为不散也。噫！车中之士，辕不得马而驾，轮不得辙而驰，尚且奔走散乱而不一，则固在以政而齐其心也。

或问：兵情主速，又曰为兵之事，夫情与事义果异乎？曰：不可探测而蕴于中者，情也；见于施为而成乎其外者，事也。情隐于事之前，而事显于情之后。此用兵之法，隐显先后之不同也。所谓兵之情主速者，盖吾之所由、所攻，欲出于敌人之不虞、不戒也。夫以神速之兵，出于人之所不能虞度而戒备者，固在中情秘密而不露，虽智者深间，不能前谋先窥也。所谓为兵之事者，盖敌意既顺而可详，敌衅已形而可乘，一向并敌之势，千里杀敌之将，使陈不暇战而城不及守者，彼败事已显，而吾兵业已成于外也。故曰，所谓巧能成事者，此也。是则情事之异，隐显先后也。

或问：九地之中，复有绝地者，何也？曰：兴师动众，去吾之国中，越吾之境土，而初入敌人之地，疆场之限，所过关梁津要，使吾踵军在后，告毕书绝者，所以禁人内顾之情，而止其还遁之心也。《司马法》曰："书亲绝，是谓绝顾壹虑。"《尉缭子·踵军令》曰："遇有还者，诛之。"此绝地之谓也。然而不预九地者何？九地之法皆有变，而绝地无变，故论于九地之中，而不得列其数也。或以越境为越人之国，如秦越晋伐郑者，凿也。

或问：不知诸侯之谋，不能预交；不知山林、险阻、沮泽之形，不能行军；不用乡导，不能得地利。重言于《军争》《九地》二篇者，何也？曰：此三法者，皆行师争利、出没往来、迟速先后之术也。盖军争之法，变迂为直、后发先至之为急也；九利之利，盛言为客深入利害之为大也。非此三法，安能举哉？噫！与人争迂直之变，趋险阻之地，践敌人之生地，求不识之迷涂，若非和邻国之援，为之引军，明山川林麓、险难阻厄、沮洳濡泽之形而为之标表，求乡人之习熟者为之前导，则动而必迷，举而必穷。何异即鹿无虞，惟入于林，不行其野，强违其马，欲争迂直之胜，图深入之利，安能得其便乎？称之二篇，不其旨哉！

或问：何谓无法之赏、无政之令？曰：治军御众，行赏之法，施令之政，盖有常理。今欲犯三军之众，使不知其利害，多方误敌，而因利制权，故赏不可以拘常法，令不可以执常政。噫！常法之赏，不足以愚众；常政之令，不足以惑人。则赏有时而不拘，令有时而不执者，将军之权也。夫进有重赏，有功必赏，赏法之常也。吴子相敌，北者有赏；马隆募士，未战先赏。此无法之赏也。先庚后甲，三令五申，政令之常也。武曰：若驱群羊往来，莫知所之。李愬袭元济，初出，众请所向，曰："东六十里止。"至张柴，诸将请所止，复曰："入蔡州。"此无政之令也。

或问：用间使间，圣智仁义，其旨安在？曰：用间者，用间之道也。或以事，或以权，不必人也。圣者无所不通，智者深思远虑，非此圣智之明，安能坐以事权间敌哉？使间者，使人为间也。吾之与间，彼此有可疑之势。吾疑间有覆舟之祸，间疑我有害己之计。非仁恩不足以结间之心，非义断不足以决己之惑，主无疑于客，客无猜于主，而后可以出入于万死之地而图功矣。秦王使张仪相魏，数年无效，而阴厚之者，恩结间之心也。高祖使陈平用金数十万离楚君臣，平，楚之亡虏也，吾无问其出入者，义决己之惑也。

或问：伊挚、吕牙，古之圣人也，岂尝为商、周之间邪？武之所称，岂非尊间之术而重之哉？曰：古之人，立大事，就大业，未尝不守于正；正不获意，则未尝不假权以济道。夫事业至于用权，则何所不为哉？但处之有道，而卒反于正，则权无害于圣人之德也。盖在兵家名曰间，在圣人谓之权。汤不得伊挚，不能悉夏政之恶；伊挚不在夏，不能成汤之美。武不得吕牙，不能审商王之罪；吕牙不在商，不能就武之德。非此二人者，不能立顺天应人、伐罪吊民之仁义。则非为间于夏、商而何？惟其处之有道，而终归于正，故名曰权。兵家之间，流而不反，不能合道，而入诡诈之域，故名曰间。所谓以上智成大功者，真伊、吕之权也。权与间，实同而名异。

或问：间何以终于篇之末？曰：用兵之法，惟间为深微神妙，而不可易言也。所谓非圣智不能用间，非微妙不能得间之实者，难之之辞也。武始以十三篇干吴者，亦欲以其书之法，教阖闾之知兵也。教人之初，蒙昧之际，要在从易而入难，先明而后幽，本末次序而导之，使不惑也。是故始教以计量、校算之法，而次及于战攻、形势、虚实、军争之术，渐至于行军、九变、地形、地名、火攻之备，诸法皆通，而后可以论间道之深矣。噫！教人之始者，务令明白易晓，而遽期之以圣智微妙之所难，则求之愈劳，而索之愈迷矣，何异王通谓不可骤而语《易》者哉？或曰：庙堂多算，非不难也，何不列之终篇也？曰：计之难者，经之以五事，校之以七计而索其情也。夫敌人之情，最为难知，不可取于鬼神，不可求象于事，不可验于度，先知者必在于间。盖计待情而后校，情因间而后知，宜乎以间为深，而以计为浅也。孙武之蕴至于此，而后知十家之说不能尽矣。

（荥　阳　郑友贤　撰）

附录三　历代名家评《孙子》

明之吴越，言之于齐，曰智（知）孙氏之道者，必合于天地。

——《孙膑兵法·陈忌问垒》附简

有提十万之众，而天下莫当者谁？曰桓公也。有提七万之众，而天下莫当者谁？曰吴起也。有提三万之众，而天下莫当者谁？曰武子也。

——《尉缭子·制谈》

临武君与孙卿子议兵于赵孝成王前。

王曰："请问兵要。"

临武君对曰："上得天时，下得地利，观敌之变动，后之发，先之至，此用兵之要术也。"

孙卿子曰："不然。臣所闻古之道，凡用兵攻战之本，在乎壹民。弓矢不调，则羿不能以中微；六马不和，则造父不能以致远；士民不亲附，则汤武不能以必胜也。故善附民者，是乃善用兵者也，故兵要在乎善附民而已。"

临武君曰："不然。兵之所利者势利也，所行者变诈也。善用兵者感忽悠暗，莫知其所从出，孙吴用之无敌于天下，岂必待附民哉？"

孙卿子曰："不然。臣之所道，仁人之兵，王者之志也。君之所贵权谋势利也，所行攻夺变诈也，诸侯之事也。"

——《荀子·议兵》

境内皆言兵，藏孙、吴之书者家有之，而兵愈弱，言战者多，披甲者少也。

——《韩非子·五蠹》

吾治生产，犹伊尹、吕尚之谋，孙、吴用兵，商鞅行法是也。是故其智不足与权变，勇不足以决断，仁不能以取予，强不能有所守，虽欲学吾术，终不告之矣。

——《史记·货殖列传》引白圭语

自是之后，名士迭兴，晋用咎犯，而齐用王子，吴用孙武，申明军约，赏罚必信，卒伯诸侯，兼列邦土，虽不及三代之诰誓，然身宠君尊，当世显扬，可不谓荣焉？岂与世儒暗于大较，不权轻重，猥云德化，不当用兵，大至君辱失守，小乃侵犯削弱，遂执不移等哉！

——《史记·律书》

世俗所称师旅，皆道《孙子》十三篇。《吴起兵法》，世多有，故弗论，论其行事所施设者。

——《史记·孙子吴起列传》

非信廉仁勇不能传兵论剑，与道同符，内可以治身，外可以应变，君子比德焉。作《孙子吴起列传》第五。

——《史记·太史公自序》

非兵不强，非德不昌。黄帝、汤、武以兴，桀、纣、二世以崩，可不慎欤！《司马法》所从来尚矣，太公、孙、吴、王子能绍而明之，切近世，极人变。

——《史记·太史公自序》

春秋之后，灭弱吞小，并为战国……雄桀之士因势辅时，作为权诈以相倾覆，吴有孙武，齐有孙膑，魏有吴起，秦有商鞅，皆禽敌立胜，垂著篇籍。当此之时，合纵连衡，转相攻伐，代为雌雄。齐愍以技击强，魏惠以武卒奋，秦昭以锐士胜。世方争于功利，而驰说者以孙、吴为宗。

——《汉书·刑法志》

孙武、阖庐，世之善用兵者也，知或学其法者，战必胜。不晓什伯之阵，不知击刺之术者，强使之军，军覆师败，无其法也。

——《论衡·量知》

操闻：上古有弧矢之利，《论语》曰“足兵”，《尚书》八政曰“师”，《易》曰“师贞，丈人吉”，《诗》曰“王赫斯怒，爰征其旅”。黄帝、汤、武咸用干戚以济世也。《司马法》曰：“人故杀人，杀之可也。”恃武者灭，恃文者亡，夫差、偃王是也。圣人之用兵，戢而时动，不得已而用之。吾观兵书战策多矣，孙武所著深矣！审计重举，明画深图，不可相诬。而但世人未之深亮训说，况文烦富，行于世者，失其旨要，故撰为《略解》焉。

——《十一家注孙子·注孙子序》曹操语

孙武所以能制胜于天下者，用法明也。

——《三国志·马良传》诸葛亮语

阖闾信其威，夫差穷其武。内果伍员之谋，外骋孙子之奇。胜强楚于柏举，栖劲越于会稽。阙沟乎商鲁，争长于黄池。

——左思《吴都赋》

抱痼疾而言精和、鹊之技，屡奔北而称究孙、吴之算。人不信者，以无效也。

——葛洪《抱朴子·微旨》

孙武兵经，辞如珠玉，岂以习武而不晓文也！

——刘勰《文心雕龙·程器》

朕观诸兵书，无出孙武；孙武十三篇，无出虚实。夫用兵，识虚实之势，则无不胜焉。

——《唐太宗李卫公问对》卷中李世民语

案《曹公新书》曰："己二而敌一，则一术为正，一术为奇；己五而敌一，则三术为正，二术为奇。"此言大略耳。唯孙武云："战势不过奇正，奇正之变，不可胜穷。奇正相生，如循环之无端，孰能穷之？"斯得之矣，安有素分之邪？若士卒未习吾法，偏裨未熟吾令，则必为之二术。教战时，各认旗鼓，迭相分合，故曰分合为变，此教战之术尔。教阅既成，众知吾法，然后如驱群羊，由将所指，孰分奇正之别哉？孙武所谓"形人而我无形"，此乃奇正之极致。是以素分者，教阅也；临时制变者，不可胜穷也。

——《唐太宗李卫公问对》卷上李靖语

太宗曰："严刑峻法，使人畏我而不畏敌，朕甚惑之。昔光武以孤军当王莽百万之众，非有刑法临之，此何由乎？"

靖曰："兵家胜败，情状万殊，不可以一事推也。如陈胜、吴广败秦师，岂胜、广刑法能加于秦乎？光武之起，盖顺人心之怨莽也，况又王寻、王邑不晓兵法，徒夸兵众，所以自败。臣案《孙子》曰：'卒未亲附而罚之，则不服；已亲附而罚不行，则不可用。'此言凡将先有爱结于士，然后可以严刑也。若爱未加而独用峻法，鲜克济焉。"

太宗曰："《尚书》言：'威克厥爱，允济；爱克厥威，允罔功。'何谓也？"

靖曰："爱设于先，威设于后，不可反是也。若威加于前，爱救于后，无益于事矣。《尚书》所以慎戒其终，非所以作谋于始也。故《孙子》之法，万代不刊。"

——《唐太宗李卫公问对》卷中

太宗曰："兵法孰为最深者？"

靖曰："臣尝分为三等，使学者当渐而至焉。一曰道，二曰天地，三曰将法。夫道之说，至微至深，《易》所谓'聪明睿智神武而不杀'者是也。夫天之说阴阳，地之说险易。善用兵者，能以阴夺阳，以险攻易。孟子所谓'天时地利'者是也。夫将法之说，在乎任人利器，《三略》所谓'得士者昌'，管仲所谓'器必坚利'者是也。"

太宗曰："然。吾谓不战而屈人之兵者，上也；百战百胜者，中也；深沟高垒以自守者，下也。以是较量，孙武著书，三等皆具焉。”

——《唐太宗李卫公问对》卷下

语有之曰：“天时不如地利，地利不如人和。”诚谓得兵术之要也。以为孙武所著十三篇，旨极斯道。故知往昔行师制胜，诚当皆精其理。今辄捃摭与孙武书之义相协并颇相类者纂之，庶披卷足见成败在斯矣。

——杜佑《通典》卷一四八《兵一》

自古以兵著书列于后世，可以教于后生者，凡十数家，且百万言。其孙武所著十三篇，自武死后凡千岁，将兵者有成者，有败者，勘其事迹，皆与武所著书一一相抵当，犹印圈模刻，一不差跌。

——杜牧《樊川文集·注孙子序》

武之所论，大约用仁义，使机权也。

——杜牧《樊川文集·注孙子序》

战国诸子言攻战之术，其间以权谋而辅仁义，先智诈而后和平，惟孙武十三篇而已。

——施子美《武经七书讲义·孙子·计篇》引张昭《张昭兵法》语

武之书本于兵，兵之术非一，而以不穷为奇，宜其说者之多也。

——欧阳修《欧阳文忠公集·居士集·孙子后序》

孙武十三篇，兵家举以为师。然以吾评之，其言兵之雄乎！今其书论奇权密机，出入神鬼，自古以兵著书者罕所及。以是而揣其为人，必谓有应敌无穷之才。不知武用兵乃不能必克，与书所言远甚。……

且吴起与武，一体之人也，皆著书言兵，世称之曰孙、吴。然而吴起之言兵也，轻法制，草略无所统纪，不若武之书辞约而意尽，天下之兵说皆归其中。然吴起始用于鲁，破齐；及入魏，又能制秦兵；入楚，楚复霸。而武之所为反如是。书之不足信也，固矣。

——苏洵《嘉祐集·权书·孙武》

神宗论孙武书，爱其文辞、意指。王安石曰："孙武谈兵，言理而不言事，所以文约而所该者博。"上论及韩信，安石曰："信但用孙武一二言，即能成功名。"

——韩淲《涧泉日记》

古之言兵者，无出于孙子矣。利害之相权，奇正之相生，战守攻围之法，盖以百数，虽欲加之而不知所以加之矣。然其所短者，智有余而未知其所以用智，此岂非其所大阙欤？

夫兵无常形，而逆为之形；胜无常处，而多为之地。是以其说屡变而不同，纵横委曲，期于避害而就利，杂然举之，而听用者之自择也。是故不难于用，而难于择。……

古之善用兵者，见其害而后见其利，见其败而后见其成。其心闲而无事，是以若此明也。不然，兵未交而先志于得，则将临事而惑，虽有大利，尚安得而见之！若夫圣人则不然。居天下于贪，而自居于廉，故天下之贪者，皆可得而用。居天下于勇，而自居于静，故天下之勇者，皆可得而役。居天下于诈，而自居于信，故天下之诈者，皆可得而使。天下之人欲有功于此，而即以此自居，则功不可得而成。是故君子居晦以御明，则明者毕见；居阴以御阳，则阳者毕赴。夫然后孙子之智可得而用也。

《易》曰："介于石，不终日。贞吉。"君子方其未发也，介然如石之坚，若将终身焉者；及其发也，不终日而作。故曰：不役于利，则其见之也明；见之也明，则其发之也果。今夫世俗之论则不然，曰：兵者，诡道也。非贪无以取，非勇无以得，非诈无以成。廉静而信者，无用于兵者也，嗟夫！世俗之说行，则天下纷纷乎如鸟兽之相搏，婴儿之相击，强者伤，弱者废，而天下之乱何从而已乎！

夫武，战国之将也，知为吴虑而已矣。是故以将用之则可，以君用之则不可。今其书十三篇，小至部曲营垒、刍粮器械之间，而大不过于攻城拔国用间之际，盖亦尽于此矣。天子之兵，天下之势，武未及也。

——《苏轼文集》卷三《孙武论》

昔之以兵为书者无若孙武。武之所可以教人者备矣；其所不可者，虽武亦无得而预言之，而惟人之所自求也。故其言曰："兵家之胜，不可先传。"又曰："奇正之变，不可胜穷。"又曰："人皆知我所胜之形，而莫知吾所以制胜之形，故其战胜不复而应形于无穷。"善学武者，因诸此而自求之，乃所谓方略也。去病之不求深学者，亦在乎此而已。嗟乎！执孙吴之遗言，以程人之空言，求合乎其所以教，而不求其所不可教，乃因谓之善者，亦已妄矣。

——何去非《何博士备论·霍去病论》

言兵无若孙武，用兵无若韩信、曹公。武虽以兵为书，而不甚见于其所自用；韩信不自为书，曹公虽为而不见于后世，然而传称二人者之学皆出于武，是以能神于用而不穷。窃尝究之，武之十三篇，天下之学兵者所通诵也，使其皆知所以用之，则天下孰不为韩、曹也？韩、曹未有继于后世，则凡得武之书伏而读之者，未必皆能办于战也。武之书，韩、曹之术皆在焉，使武之书不传，则二人者之为兵，固不戾乎武之所欲言者；至其所以因事设奇、用而不穷者，虽武之言，有所未能尽也。驱市人白徒而置之死地，惟若韩信者然后能斩陈余；遏其归师而与之死地，惟若曹公者然后能克张绣。此武之所以寓其妙，固有待乎韩、曹之俦也。

——何去非《何博士备论·魏论下》

孙子十三篇，论战守次第与山川险易、长短、大小之状，皆曲尽其妙，摧高发隐，使物无遁情，此尤文章妙处。

——吕本中《童蒙训》

孙武之书十三篇，众家之说备矣。奇正、虚实、强弱、众寡、饥饱、劳逸、彼己、主客之情状，与夫山泽、水陆之阵，战守攻围之法，无不尽也。微妙深密，千变万化而不可穷。用兵，从之者胜，违之者败，虽有智巧，必取则焉，可谓善之善者矣。然武操术，有余于权谋而不足于仁义；能克敌制胜为进取之图，而不能利国便民为长久之计；可以为春秋诸侯之将，而不可以为三代王者之佐也。

——戴溪《将鉴论断·孙武》

孙子十三篇，不惟武人之根本，文士亦当尽心焉。其辞约而缛，易而深，畅而可用，《论语》《易》《大传》之流，孟、荀、扬著书皆不及也。以正合，以奇胜，非善也；正变为奇，奇变为正，非善之善者也；即奇为正，即正为奇，善之善者也。

——郑厚《艺圃折衷》

自六经之道散而诸子作，盖各有所长，而知兵未有过孙子者。

——陈傅良《孙子发微·序》

世多谓书生不知兵。谓书生不知兵，犹言孙武不善属文耳。今观武书十三篇，盖与《考工记》《穀梁子》相上下。

——陈傅良《止斋先生文集》

司马迁谓，世所称师旅，多道孙子十三篇。始管子、申、韩之学行于战国、秦汉，而是书独为言兵之宗。及董仲舒、刘向修明孔氏，其说皆已黜，而是书犹杰然尊奉逮今，又将传之至于无穷。此文武所以卒为二途也。

——叶适《习学记言》卷四六《孙子》

《吴子》之正，《孙子》之奇，兵法尽在是矣。《吴子》似《论语》，《孙子》似《孟子》。

——罗大经《鹤林玉露》卷二《孙吴》

世之言兵者祖孙氏，然孙武事阖闾而不见于《左氏传》，未知其果何代人也。

——陈振孙《直斋书录解题·兵书类》

孙子言兵，首谓“兵者，国之大事，死生之地，存亡之道”，而切切欲导民使之“与上同意”，欲“不战而屈人之兵”，欲“先为不可胜，以待敌之可胜”，欲“无恃其不来，恃吾有以待之”。至论将，则谓“进不求名，退不避罪，惟民是保而利于主”。盖始终未尝言杀，而以久于兵为戒。所异于先王之训者，惟“诡道”一语，然特自指其用兵变化而言，非欲情所事奸诈之比。且古人诡即言诡，皆其真情，非后世实诈而反谬言诚者比也。若孙子之书，岂特兵家之祖，亦庶几乎立言之君子矣！诸子自荀、扬外，其余浮辞横议者莫与比。

——黄震《黄氏日抄·读诸子·孙子》

以朕观之，［武之］书杂出于古之权书，特未纯耳。其曰“不仁之至”“非胜之主”，此说极是。若虚实变诈之说，则浅矣。苟君如汤武，用兵行师，不待虚实变诈而自无不胜。然虚实变诈之所以取胜者，特一时诡遇之术，非王者之师也，而其术终亦穷耳。盖用仁者无敌，恃术者必亡，观武之言与其术亦有相悖。盖武之书必有所授，而武之术则不能尽如其书也。

——《明实录·明太祖宝训·评古》

不有大智，其何能谋；不有深谋，其何能将；不有良将，其何能兵；不有锐兵，其何能武；不有武备，其何能国？欲有智而多谋，善将而能兵，提兵而用武，备武而守国，舍是书何以哉！

——刘寅《武经七书直解·自序》

武，齐人，吴阖闾用以为将，西破强楚，入郢，北威齐晋，显名诸侯。叶适以不见载于《左传》，疑其书乃春秋末战国初山林处士之所为。予独不敢谓然。春秋时，列国之事赴告者则书于策，不然则否。二百四十二年之间，大国若秦、楚，小国若越、燕，其行事不见于经传者有矣，何独武哉！

——宋濂《文宪集·诸子辨·孙子》

孙子上谋而后攻，修道而保法，论将则曰仁智信勇严，与孔子合。至于战守攻围之道，批抗捣虚之术，山林险阻之势，料敌用间之谋，靡不毕具。其他韬钤机略，孰能过之？

——谈恺《孙子集注十三卷·自序》

十三篇之所论，先计谋而后攻战，先知而后料敌，用兵之事周备明白。虽不足与于仁义之师，苟以之战，则岂非良将乎？视彼恃力之徒，驱赤子而陷之死地者，犹狼残虎噬耳。呜呼！武亦安可得哉！

——方孝孺《逊志斋集·杂著·读孙子》

由直解而知七书之意，融会贯通而求知夫用兵之术，于以登坛号令，附国家元功，为旷世良将，讵弗伟哉！

——张居正增订《孙武子直解》

窃维天地之间，有人则有争，有争则有乱。乱不可以鞭朴治也，则有兵。兵之为凶器，不可以妄用也，则有法。其事起于斗智角力也，则其法不得不资于权谋。用兵而不以权谋，则兵败国危而乱不止。君子不得已而用权谋，正犹不得已而用兵也。用之合天理则为仁义，合王法则为礼乐。……孙子十三篇，实权谋之万变也。数千年来，儒者未尝一开其扃钥。……儒者生于其时，遇国家有难而主兵，何不可之有？其曰猥云德化，不当用兵，此迂儒保身之谋，卖国之罪也。

——赵本学《孙子书校解引类·序》

噫！孙武子“兵闻拙速”一言，误天下后世徒读其书之人，杀天下后世千千万人之命，可胜恨哉！可胜恨哉！世之徒读其书者，每以师老财匮为辞，不知列国相争，师老财匮则诸侯乘其弊而起，故胜亦宜速，不胜亦宜速。其在后世，堂堂讨罪，有征无战之兵，必为万全之画。夫苟一时攻之未暇，取之未克，师老矣，再请新师以益之；财匮也，再请多财以继之，必大破之而后已。愚见世人欲图速成之倖功，视三军之命如草芥，往往而然焉，皆孙武子一言误之也！孟子以杀人盈地、盈野者宜服上刑，然则孙武子一言，杀天下后世之人不可胜计，使孟子而在，将以何刑加之乎？恨之深，恶之切，作《拙速解》下。

——俞大猷《正气堂续集·杂文·拙速解》

愚尝读孙武书，叹曰："兵法其武库乎？用兵其取诸库之器乎？兵法其药肆乎？用兵者其取肆之材乎？"及读诸将传，又悟曰："此固善握器而妙用材者乎！学者欲求下手着实工夫之门，莫逾于此。"数年间，予承乏浙东，乃知孙武之法，纲领精微莫加矣，第于下手详细节目，则无一及焉。犹禅家所谓上乘之教也，下学者何由以措？

——戚继光《纪效新书·自序》（十八卷本）

夫习武者，必宗孙、吴。是习孙、吴者，皆孙、吴之徒也。自夫世好之不同也，每于试文必讥诋其师，无所不至。试使毁其师者，受国家戡定之寄，而攘外安内，如孙、吴者几人哉！夫业彼之业而诋其短，是无师矣。以无师之心，而知忠爱之道者，能之乎？

——戚继光《纪效新书·练将或问》（十四卷本）

孙武子兵法，文义兼美，虽圣贤用兵，无过于此。非不善也，而终不列之儒。设使圣贤其人，用孙武之法，武经即圣贤之作用矣。苟读六经，诵服圣贤，而行则狙诈，六经即孙武矣。顾在用之者，其人何如耳。故因变用智，在君子则谓之行权，在小人则谓之行术。均一智也，而君子、小人所以分者，何也？盖由立心不正，则发之自异耳。奚足怪哉！

……将有五德，智、信、仁、勇、严也。智者，仁之辨也；信者，仁之实也；仁者，人之本也；勇者，仁之志也；严者，仁之助也。任机权之真于义理，慎机权之似于诈伪，作仁之道，岂不在是哉。夫信、仁、勇、严，非智不能辨其弊。信之弊也执，仁之弊也姑息，勇之弊也暴，严之弊也刻，皆不得其当矣。故直看则智为首，横看则仁居中。苟智、信、勇、严而不重夫仁，则皆为虚器，为礼文矣。

——戚继光《止止堂集·愚愚稿上·大学经解》

司马穰苴、孙武，天下之言兵者归之。穰苴兵法不可见，所见独孙子十三篇，其精切事理，吾以为太公不能过也。而太史公独称穰苴兵法"闳廓深远，虽三代征伐未能竟其义"。如其文若尔，穰苴其尤胜耶？然太史公于穰苴则仅详其斩庄贾，于孙武仅详其斩爱姬而已，以为用兵之道，一赏罚尽之矣。……至于吴之强，伍员力耳，柏举之战虽能乘胜入郢，而班处其宫，使秦师得用其救，再合再败而后归，又不能预防夫概之为内孽，安在其为武也？太史公又称其“北威齐晋，显名诸侯”，恐亦附会之过。当其时，武必先死矣。不然，而檇李之败绩，会稽之许成，舍腹心之越从事于石田之齐，武胡为不谏救也？太史公亦云“能行之者未必能言，能言之者未必能行”，盖颇见微指云。

——王世贞《读书后·书司马穰苴孙武传后》

孙武十三篇为百代谭兵之祖。考《汉书·艺文志》有八十二篇，杜牧以曹公芟其繁芜，笔其精粹以此成书。然太史武传固有十三篇之目，而其文章之妙，绝出古今，非魏晋所能润削。……孙武之谭兵，当在穰苴之后、吴起之前。叶正则以《左传》无之而并疑其人，则太过。然武为吴将，入郢，其说或未尽然。丘明于吴事最详练，又喜夸好奇，武灼灼吴楚间，不应尽没其实。盖战国策士以武圣于谭兵，耻以空言令天下，为说文之耳。……兵家，秦汉至众。今传于世而称经者，《黄帝》《风后》《太公》《黄石》《诸葛》《李靖》等，率依托也；《孙》《吴》《尉缭》，当是战国本书。……宋世以《孙》《吴》《司马》《韬》《略》《尉缭》《李卫公》为兵家七书。《孙武》《尉缭》，亡可疑者。《吴起》或未必起自著，要亦战国人掇其议论成编，非后世伪作也。

——胡应麟《少室山房笔丛·九流绪论》

吾独恨其不以“七书”与“六经”合而为一，以教天下万世也。故因读《孙武子》，而以魏武之注为精当，又参考六书以尽其变，而复论著于各篇之后焉。感叹深矣。

——李贽《孙子参同·自序》

古今兵法，亡虑数十百家，世所尊为经者七，而首孙子。孙子之言曰：奇正之变，不可胜穷也。又曰：微乎微乎，至于无形；神乎神乎，至于无声。合而言之，思过半矣。

…………

今古兵法尽于七经，而七经尽于《孙子》……

——李贽《孙子参同·梅国祯序》

愚今无暇究十三篇之先后，孙子之有无，姑据其所作评之。其书先计而后战，修道而保法，论将则曰智信仁勇严，与太公之言吻合。至于战守攻围之法，山泽水陆之军，批亢捣虚之术，料敌用间之方，靡不毕具。是以战国以来，用兵者从之则胜，违之则败。虽一时名帅，莫能出其范围。

——何守法《孙子音注·孙子十三篇源委》

自古谈兵者，必首孙武子。故曹孟德手著之，又为《兵家接要》二十万言，大约集诸家而阐明孙子者也。世有《武侯新书》者，亦所以明孙子，然赝书也，无所短长。孟德书不传，然孙子在，有心者可以意迎之，他书可弗传也。先秦之言兵者六家，前孙子者，孙子不遗；后孙子者，不能遗孙子。谓五家为孙子注疏可也。……要之，学兵诀者，学孙子焉可矣。

——茅元仪《武备志·兵诀评序》

昔者贤君之任将也，如己身有疾委之良医，必曰除疾易而体气无伤。孙子十三篇，智通微妙，然知除疾而未知养体也。夫为将者，智足于军，未善也，军不可遍也。智足于战，未善也，战不可渎也。智足于破敌，未善也，破一敌又有一敌也。善军者，使天下不烦军；善战者，使天下不欲战；善破敌者，使天下不立敌。

——唐甄《潜书·全学》

惟孙子十三篇，简而赅，精而有则，即其始《计篇》曰，“令民与上同意”，则其言近于道，而治国治兵之理，若符券焉。

…………

孙子一书，自始计以迄用间，如同条，如共贯，原始要终，层次井井，十三篇如一篇也。至一篇之中，节有旨，句有义，亦靡不纲举目张，主宾互见。

…………

救乱如救病，用兵犹用药。善医者因症立方，善兵者因敌设法。孙子十三篇，治病之方也。古今帝王将相之战功往迹，名医之案也。医不通晓方案，不谓之名医，将不贯串古今，得谓之名将乎？兹于每篇中语足以法。

……孙子十三篇，无篇不可为法，无句不可为训。

——邓廷罗《兵镜备考》

此书凡有二疑，一则名之不见于《左传》也。……一则篇数不侔也。史迁称孙子十三篇，而《汉志》有八十二篇。……然则孙武者，其有耶？其无耶？其有之而不必如史迁之所云耶？其书自为耶？抑其后之徒为之耶？皆不可得而知也，故入之未定其人例中。若夫篇数，其果为史迁之传而非曹瞒之删，《汉志》八十二篇或反为后人附益，刘歆、任宏辈不察而收之耶？则亦不可得而知也。

——姚际恒《古今伪书考·有未足定其著书之人者·孙子》

兵家之推孙、吴，尚矣。《诗》曰："不测不克"，孙子其不测者也。七子首孙子，次吴子而三司马，不其允哉！……程子曰："荀子才大其过多，扬子才小其过少"，余于孙、吴也，亦云。……若夫孙子之弃齐即吴，非君也；师久于郢，非作战也；夫概自战，非节也；以班处宫，非道也；而未闻谋言。犹未去也，以观沂败。虽高蹈也，庸可愈乎！故其所著书，知机权之制胜也，而不及国家之本也。本既失矣，枝虽万全，不可保也，讵曰论成败哉！夫用兵之法，仁义为先，国之本也；节制次之，以治己也；机权为后，顺应而已。然则司马其庶几乎，孙子末也。……孙子十三篇，其近正者，惟《始计》《作战》二篇。其最妙者，则《军形》《兵势》《虚实》三篇；而最险者，亦无逾于此三篇。至于《用间》，不足怪矣。然则握奇制变，孙子为最；而正大昌明，孙子为下。

——汪绂《戊笈谈兵·司马吴孙总论》

古今谈兵之雄者，首推孙子。盖孙子能推黄帝太公之意，而武侯卫公又皆推孙子之意，故言兵者以孙子为宗，第孙子之微旨不传。

——郑端《孙子汇征·自序》

孙、吴、司马穰苴之书，言言硕画，字字宏谟，上筹国计，下保民生，实以佐《大学》治平之未逮者。

——杨谦《武经三子体注·序》

孙武子十三篇，治病之法尽之矣。

——徐大椿《医学源流论·用药如用兵论》

是书所言皆战国事尔。其用兵法，乃秦人以虏使民法也，不仁之言也。然自是，世言用兵者以为莫武若矣。

——姚鼐《惜抱轩文集·题跋·读孙子》

武书为百代谈兵之祖。叶适以其人不见于《左传》，疑其书乃“春秋末战国初山林处士之所为”。然《史记》载阖闾谓武曰：“子之十三篇，吾尽观之矣”，则确为武所自著，非后人嫁名于武也。

——《四库全书总目提要·子部·兵家类》

诸子之文，皆由没世之后门人小子撰述成书。惟此是手定，且在列、庄、孟、荀之前，真古书也。

——孙星衍《孙渊如先生全集·问字堂集·孙子略解序》

兵家言，惟孙子十三篇最古。古人学有所受，孙子之学或即出于黄帝，故其书通三才、五行，本之仁义，佐以权谋，其说甚正。古之名将用之则胜，违之则败，称为“兵经”，比于六艺，良不愧也。……今世泥孔子之言，以为兵书不足观；又泥“赵括徒能读父书”之言，以为成法不足用；又见兵书有权谋、有反间，以为非圣人之法，皆不知吾儒之学者！……兵凶战危，将不素习，未可以人命为尝试，则十三篇之不可不观也。项梁教籍兵法，籍略知其意不肯竟学，卒以倾覆。不知兵法之弊，可胜言哉！宋襄、徐偃仁而败，兵者危机，当用权谋。孔子犹有“要盟勿信”，微服过宋之时，安得妄责孙子以言之不纯哉！

——孙星衍校《孙子十家注·孙子兵法序》

武子之书，即兵论兵，出奇无穷，以贵速、不战为能，攻城、破军为下。传曰："临事而惧，好谋而成。"然则所以胜诸家者，在是矣。

——张九镡《笙雅堂文集·孙子评序》

《易》其言兵之书乎？《亢》之为言也："知进而不知退，知存而不知亡，知得而不知丧，所以动而有悔也。"吾于斯见兵之情。《老子》其言兵之书乎？"天下莫柔弱于水，而攻坚强者，莫之能先。"吾于斯见兵之形。《孙武》其言兵之书乎？"百战百胜，非善之善者也；不战而屈人之兵，善之善者也。""故善用兵者，无智名，无勇功。"吾于斯见兵之精。故夫经之《易》也，子之《老》也，兵家之《孙》也，其道皆冒万有，其心皆照宇宙，其术皆合天人、综常变者也。

——魏源《古微堂外集·孙子集注序》

孙子奇而不必法，而无不法也。云行空中，因风之势；水流地上，肖地之形。此有何法？何见其奇耳；此有何奇？但见其法耳。

——张象津《白云山房文集·集录弈谱小引》

孙子十三篇，后世学兵者多祖之，而儒者或不道。问其故？曰：诈谋也，圣贤不尚诈谋。呜乎！圣贤不尚诈，圣贤岂不尚谋？吾谓谋一也。自圣贤人出之，将以救世也，为忠谋；自不圣贤人出之，将以乱世也，为诈谋，庸非谋耶？忠与诈，视其人如何也。以孙子之术为盗贼，则不圣贤人之诈谋也，诚有所不可；以孙子之术诛盗贼，则圣贤人之忠谋也，奚不可哉！柳下惠见饴曰：可以养老；盗跖见饴曰：可以粘牡。见物同而所用异也。吾于孙子亦云。

——陈荣昌《虚斋文集·读孙子》

精辟粹语，批郤导窾，较司马子更为过之。孙、吴并称，吾谓孙之用奇，更优于吴之用正也。一言以蔽之曰：兵不厌诈而已。宰相须用读书人，即大将亦乌可以不读书乎？然则治军之道，韬略为先，而器械其后焉者也。明乎此，乃足以安内攘外，强国本，绝边患。

——方濬颐《二知轩文存·读孙武子》

“百战百胜，非善之善者也；不战而屈人之兵，善之善者也。”其言粹然进于王者之道矣。周亚夫之坚壁以败吴楚，赵充国之屯田以制羌人，是深得孙子谋攻之旨者。

——沈宗祉《泖东草堂笔记》

图书在版编目（CIP）数据

《孙子兵法》解读 / 黄朴民著. -- 2 版. -- 北京：中国人民大学出版社，2024. 8. --（高等学校新文科教材）. -- ISBN 978-7-300-33141-6

Ⅰ. E892. 25

中国国家版本馆 CIP 数据核字第 2024JD9531 号

高等学校新文科教材·通识教育系列

《孙子兵法》解读（第 2 版）

黄朴民　著

Sunzi Bingfa Jiedu

出版发行	中国人民大学出版社		
社　　址	北京中关村大街 31 号	**邮政编码**	100080
电　　话	010－62511242（总编室）		010－62511770（质管部）
	010－82501766（邮购部）		010－62514148（门市部）
	010－62515195（发行公司）		010－62515275（盗版举报）
网　　址	http://www.crup.com.cn		
经　　销	新华书店		
印　　刷	北京市鑫霸印务有限公司	**版　　次**	2008 年 10 月第 1 版
开　　本	720 mm×1000 mm　1/16		2024 年 8 月第 2 版
印　　张	25.25 插页 1	**印　　次**	2024 年 8 月第 1 次印刷
字　　数	393 000	**定　　价**	69.00 元